KB271066

학현 변형윤 교수 근영

학현 변형윤 전집 9

삶의 발자취

학현 변형윤 전집 간행위원회 엮음

지식산업사

학현 변형윤 전집 간행위원회

고　　　문 : 박우희 안병직 김세원 이경의 정기준 김수행
간행위원장 : 강철규
편 집 위 원 : 정일용(위원장) 김태동 이근식 장세진 이정우
　　　　　　　박순일 신상기 윤진호 장지상 김용복 원승연
후 원 위 원 : 홍용찬(위원장) 이종태 성기학 이종기

학현 변형윤 전집 9
삶의 발자취

초판 1쇄 인쇄　2012. 10. 10.
초판 1쇄 발행　2012. 10. 15.

지은이　　변 형 윤
펴낸이　　김 경 희
펴낸곳　　㈜지식산업사
　　　　　본사 • 경기도 파주시 교하읍 문발리 520-12
　　　　　　전화 (031)955-4226~7 팩스 (031)955-4228
　　　　　서울사무소 • 서울시 종로구 통의동 35-18
　　　　　　전화 (02)734-1978　　팩스 (02)720-7900
　　　　　한글문패　지식산업사
　　　　　영문문패　www.jisik.co.kr
　　　　　전자우편　jsp@jisik.co.kr
　　　　　등록번호　1-363
　　　　　등록날짜　1969. 5. 8.
책값은 뒤표지에 있습니다.

ⓒ 변형윤, 2012
ISBN　978-89-423-3102-4 (94320)
ISBN　978-89-423-0066-2 (전9권)

이 책을 읽고 지은이에게 문의하고자 하는 이는
지식산업사 전자우편으로 연락 바랍니다.

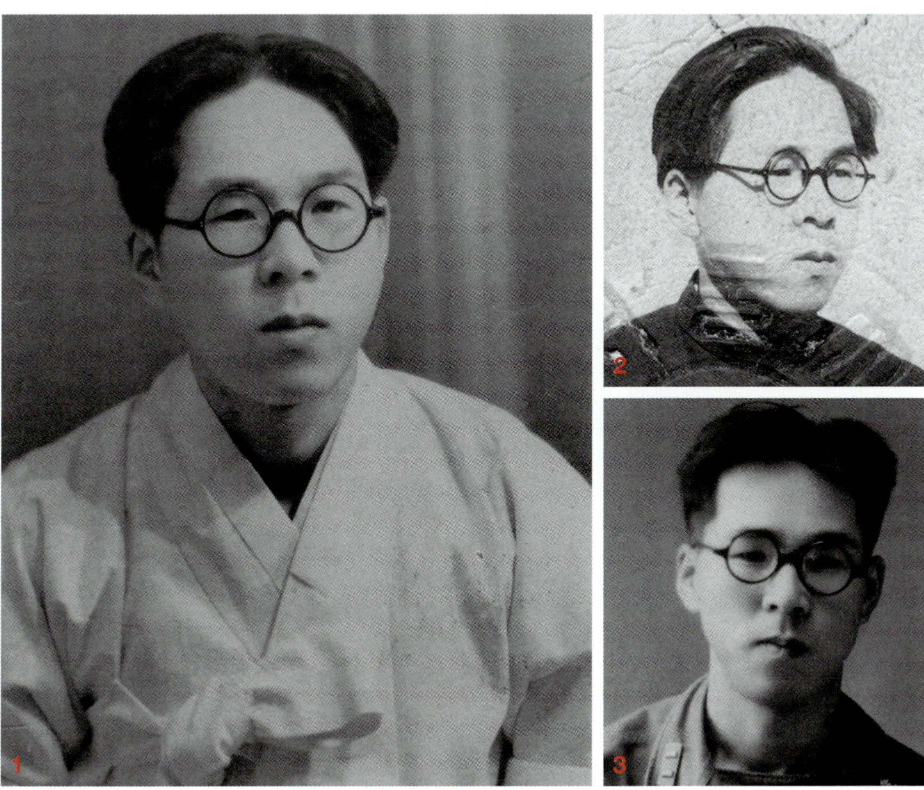

1_ 저고리 차림의 학현 선생(1953년 무렵).
2_ 서울상대 재학시절 학생증 사진.
3_ 병기학교 시절 육군 중위 계급장을 단 학현 선생.

4_ 상대학장 재직 시절의 학현 선생.
5_ 유학시절 밴더빌트대 도서관 앞에서.
6_ 하버드대 존 하버드 동상 앞에서
   최범종 박사와 함께(1970년).

7 _ 평가교수단의 일원으로 베트남을 방문한 학현 선생. 유병현 맹호부대 사단장의 안
　내를 받고 있다(1967년).
8 _ 아시아 지역 경제연구소장 회의에 참석한 학현 선생(도쿄 구보다 회관, 1967년).
9 _ 태국 방콕의 에카페 경제개발연수원에 강의차 방문한 학현 선생(1968년).

10_강의 뒤 제자들에 둘러싸인 학현 선생(1991년).
11_강의 뒤 제자들과 풀밭에서 담소하는 학현 선생.

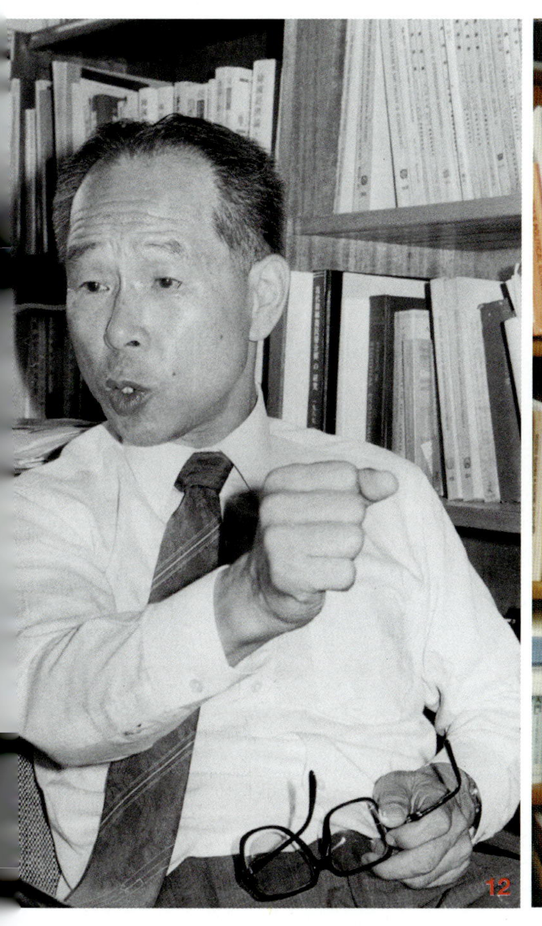

12_ 학현연구실에서 인터뷰하는 모습.
13_ 학현연구실 서가 앞에서 자료를 찾고 있는 모습.

14_ 학현연구실(신림동 시절)의 세미나 장면.

15 _ 서울사회경제연구소 창립총회 모습(봉천동).
16 _ 화갑기념논문집 증정식(대한상공회의소).

17 _ 서울사회경제연구소 워크샵 여행으로 인도 타지마할을 방문한 학현 선생 일행
　　(2003년).
18, 19 _ 서울사회경제연구소 워크샵 여행으로 캄보디아 앙코르와트와 베트남 호치민
　　묘를 방문한 학현 선생 일행(2005년).

20 _ 김대중 대통령과 함께.

21 _ 잠롱 태국 방콕시장의 한국 방문 당시 경실련이 마련한 기념 만찬 자리에서 학현
    선생(1992년).

22_한겨레 통일문화재단 현판식에 이사장으로 참석한 학현 선생(1997년).
23_북한 개성에서 사랑의 연탄나눔운동에 참가한 학현 선생(2010년).

24 _ 한국국제경제학회 주최의 학술대회에서 강연 중인 학현 선생(1985년).
25 _ 다산 정약용 묘소(남양주)를 찾은 학현 선생. 안병직 교수(오른쪽), 박수빈 교수
와 함께.

26 _ 거시기산우회 회원들과 함께 오른 북한산 정상. 소설가 이호철, 박현채 교수 등
　　이 보인다(1981년).
27 _ 백악산(북악산) 정상에서 연구소 회원들과 함께한 학현 선생(2009년).

28_ 미국 유학 길에 오르기 전 가족들과 함께 학현 선생(1963년).
29_ 신대방동 자택에서 큰 외손자를 안고 있는 학현 선생.
30_ 신대방동 자택에서 사모님과 담소하는 학현 선생.

31_유화 그림 속의 학현 선생(화가 노광 그림).
32_만화가 박재동 씨가 그린 학현 선생.

삶의 발자취

발간사

이 전집은 우리나라 경제학계의 큰 별인 학현 변형윤 선생이 1955년 9월 서울대학교 상과대학 교수로 부임한 뒤 지금까지 경제학자로서, 교육자로서, 실천적 지성으로서 활동하면서 쓴 글과 선생의 사회 활동에 관한 기록을 모두 모은 것이다. 이 전집은 선생께서 50여 년 동안 학문 활동 및 사회 활동을 하면서 발표한 학술 논문, 다양한 매체에 기고한 에세이, 칼럼, 서평, 좌담 및 대담, 강연문, 기념사 등을 주제별로 나누어 모두 아홉 권으로 정리하였다. 이와 함께 대담 형식의 학현 선생 대화록을 출간하였다. 전집과 대화록을 통해 학현 선생의 깊은 학문세계와 치열했던 사회 활동의 전모를 처음으로 한 자리에서 살필 수 있도록 하였다.

학현 선생에게는 여러 가지 별칭이 붙어 다닌다. '학현학파의 창시자'라는 말 이외에도 '서울 상대의 산 증인', '한국경제학계의 거목', '진보경제학계의 대부', '대쪽 선비', '만년 야당', '이 시대의 마지막 의인' 등이 그것이다. 모두 학현 선생의 삶과 학문의 한 면모를 드러내는 말이라고 할 수 있다.

교육자, 학자, 실천적 지식인으로서 선생의 일생은 그대로 굴곡진 우리 현대사의 굽이굽이를 반영하는 것이기도 했다. 선생은 지금은 북한 땅이 된 황해도 황주에서 유교 가문의 장손으로 태어나 경기중학교를 거쳐 1945년 서울대학교 상과대학의 전신인 경성경제전문학교에 입학하였다. 그 뒤 지금까지 60여 년의 세월 동안 학생으로서, 교수로서, 학장으로서, 명예교수로서 서울상대와 떼려야 뗄 수 없는 관계를 가져온 '영원한 상대인(人)'이다. 선생은 1955년 서울상대 교수로 부임하여 1992년 정년퇴임하기까지 37년 동안 제자들 교육에 진력하였다. 선생은 무엇보다도 4·19 학생혁명 뒤 걷잡을 수 없는 소용돌이에 휩싸여 있던 서울상대를 손수 재건하였고 교무과장으로서, 또 학장으로서 서울상대를 한국 최고의 인재의 산실로 발전시킨 주역이었다. 학현 선생은 제자 교육에는 무서울 정도의 엄격함과 열정으로 임하셨지만 또 한편으로는 끝없는 자상함과 배려로 제자와 후학을 돌보아 주기도 했다. 1970년대 선생께서 서울상대 학장직에 있을 때, 민주화 운동 과정에서 제적될 위기에 처한 제자들을 보호하기 위해 학장직을 내던지면서까지 애썼고, 경찰에 연행되거나 구속된 제자들을 위해 몸소 경찰서와 법원을 드나들었던 일은 지금도 많은 졸업생들의 기억에 뚜렷이 남아 있는 일화이다.

학현 선생은 경제학자로서도 경제학의 여러 분야에서 선구적인 업적을 남겼다. 선생은 1950년대 후반기에 당시로서는 아직 생소했던 경제수학, 통계학, 수리경제학, 그리고 계량경제학을 한국경제학계에 도입하여 새로운 학문을 일으켰다. 1960년대에는 누구보다 앞서 경제발전론과 경제변동론의 최신 동향을 한국경제학계에 소개하였다. 무엇보다도 선생은 일생에 걸쳐 앨프리드 마셜(Alfred Marshall, 영국의 경제학자)의 학문을 연구하고 소개하는 일에 헌신했을 정도로 '마셜학파'의 대가이기도 했다. "냉철한 머리, 따뜻한 가슴"이라는 마셜의 경구는 지금까지도 학현 선생의 좌우명이 되고 있을 정도로 선생은 마셜을 사표로 삼고 있다. 그러나 역시 학현 선생의 최대의 학문적 업적은 '한국경제학' 또는 '학현경제학'의 체계를 제시한 데 있다. 학현 선생은 일찍이 "한국경제의 현실과 밀착된 한국적 경제학의 정립"을 자신의 경제학 연구의 목표라고 밝힌 바 있다. 선생은 늘 경제학을 추상적인 이론의 틀에 가두어 두지 않고, 우리 현실에 바탕을 둔 연구이자, 곧 인간에 관한 연구로 승화시키고자 노력하였다. 이를 위해 현실분석의 수단으로서 통계학, 계량경제학 등 방법론 과목에 대한 학습이, 경제개발에 필요한 이론적 뒷받침을 위해서는 경제변동론, 경제성장론, 경제발전론에 대한 연구가, 그리고 경제발전의 가치와 방향 정립을 위해서는 경제학사, 경제철학 및 경제사상사에 대한 공부가 필요함을 역설하고 있다. 이 가운데서도 선생은 인간을 모든 가치의 중심에 놓은 '인간 중심의 가치'에 기초해서 한국경제의 발전 방향을 제시하고 한국경제를 분석하였다. 그러한 점에서 선생은 경제학을 실증과학의 범주에서 도덕과학의 범주로 끌어올리고 있다고 할 수 있다.

선생의 대표작에 속한다고 할 수 있는 《한국경제의 진단과 반성》(1980), 《한국경제연구》(1986), 《한국경제론》(1989) 등의 저서에 명시적으로 또는 묵시적으로 전제되어 있는 경제발전의 가치는 첫째, 평등과 분배의 정의, 둘째, 균형적 경제발전, 셋째, 자립경제 등이다. 또한 이 세 가지 가치가 실현되는 과정을 경제 민주화로 파악하고 있다. 학현 선생을 분배주의자, 평등주의자, 구조주의자, 그리고 민족주의자, 민주주의자로 규정하는 것은 선생의 이러한 가치지향성에 말미암는다 하겠다. 이로써 학현 선생의 '한국경제학'은 한국적 현실에서 진보적 경제학의 새 지평을 열었다고 할 수 있다.

학현 선생은 이러한 학문적 업적을 토대로 하여 이를 널리 전파하고 계승하는 일에도 진력하였다. 선생이 1980년의 민주화 운동으로 말미암아 서울대 교수에서 강제로 밀려나 해직교수 생활을 하던 시절 창립한 '학현연구실'은 이후 서울사회경제연구소로 확대, 개편되면서 우리 사회의 진보·개혁적 경제학자들이 모여드는 중심 구실을 하여 왔다. 그뿐만 아니라 선생은 한국의 대표적인 진보적 경제학자들의 모임인 '한국사회경제학회'와 주류경제학에 비판적인 개혁적 경제학자들의 모임인 '한국경제발전학회'를 직접 창립하였고, 회장 및 이사장으로서 후배, 제자들의 든든한 보호막 구실을 하고 있다. 이렇게 하여 선생의 뜻을 따르는 진보적, 개혁적 경제학자들이 선생의 큰 그늘 아래 모여드니 언론에서는 이를 '학현학파'라고 부르고 있다. 학현학파는 '인간 존중'을 핵심적 가치로 삼으면서, 경제정의와 균형발전의 실현을 도모하는 경제학파라 하겠다. 오늘날 학현학파는 우리 사회의 여러 곳에서 활동하면서 민주화와 경제정의 실현을 위해 연구하고 실천하는 학자들의 집단으로 성장하였다.

학현 선생은 결코 상아탑에 안주하는 학자는 아니다. 지성인으로서 사회적 실천을 매우 중시하였다. 옳지 않은 일에는 끝없이 분노하고 저항하였다. 1960년 4·19 학생혁명 당시 자유당 독재체제에 저항하던 다수의 학생과 시민이 경찰의 발포로 희생되자 선생은 분연히 궐기하여 4·25 교수데모에 참여함으로써 4·19 혁명이 성공하는 데 결정적 계기를 만들었다. 선생은 또한 1980년 이른바 '서울의 봄' 시절에는 서울대 교수협의회 회장으로서 민주화를 촉구하는 시국선언에 앞장섰다가 군부정권에 의해 중앙정보부 남산분실로 끌려가 고초를 당하였고 드디어 4년간 해직교수 생활을 해야만 했다. 서울대 교수직에 복직한 뒤에도 학현 선생의 민주화를 위한 활동은 더 넓어지고 더 깊어졌다. 선생은 1987년의 민주화 운동 이후 창립된, 우리나라 시민운동의 효시라 할 수 있는 '경제정의실천시민연합'의 초대 공동대표로서 경제정의와 경제민주화를 위해 노력하였다. 선생은 또 이 시대의 스승으로서 경제민주화, 사회민주화, 언론민주화, 학원민주화 그리고 민족 통일을 위한 다양한 활동을 이끌었다. 선생은 그야말로 언행일치의 삶, 학문과 생활이 일치하는 삶을 사셨다고 할 수 있다. 독자들은 그 구체적 내용을 이 전집과 선생의 대화록을 통해서 확인할 수 있을 것이다.

학현 선생의 가르침을 따르는 제자들은 선생의 회갑 기념으로 《한국경제론》(1987), 서울대학교 교수정년퇴임 기념으로 《경제민주화의 길》(1992), 그리고 고희 기념으로 《한국경제의 구조개혁 과제》(1997)를 출간한 바 있다. 7년 전 선생의 팔순을 앞두고 서울사회경제연구소의 제자들을 중심으로 기념논문집 발간 문제를 논의하였으나 선생께서 극구 말리는 바람에 그냥 넘긴 일이 있다.

이 전집을 본격적으로 준비하게 된 계기는 한국사회경제학회, 한국경제발전학회 그리고 서울사회경제연구소 공동 주최로 2009년 8월 대구에서 열린 공동학술대회였다. 세계 경제위기가 확산되고, 한국 사회의 양극화가 심화되어 가고 있으며, 민생과 민주주의가 후퇴하고 있는 정치·경제의 현실을 극복하기 위해서는 새로운 가치, 새로운 접근방법이 필요하다는 데 학술대회 참가자들은 인식을 같이하였다. 그리고 그러한 새로운 가치, 새로운 접근방법을 실천하기 위한 첫 걸음으로 경제정의, 균형발전, 그리고 자립적 국민경제의 실현이라는 과제를 끌어안고 평생 연구하고 실천하신 학현 선생의 삶과 학문을 되돌아보는 것이 필요하다는 데도 의견이 모아졌다. 이리하여 선생의 전집 발간을 위한 간행위원회가 꾸려져 작업에 착수하게 되었다. 이후 3년간에 걸친 노력 끝에 마침내 학현 선생의 학문과 삶의 전모를 모은 전집 발간에 이르게 되었다.

이 전집은 9권으로 구성되어 있다. 대화록을 합하면 모두 10권이 되는 셈이다. 제1권은 경제사상과 경제철학에 관한 선생의 연구를 모았다. 아담 스미스, 앨프리드 마셜, 존 메이너드 케인스, 조지프 슘페터, 그리고 군나르 뮈르달 등의 경제학자에 대한 선생의 연구를 이 책에 모았다. 독자들은 이를 통해 한국 경제발전의 가치 형성에 이들의 이론적, 철학적 논의가 어떤 영향을 미쳤는지 알게 될 것이다.

제2권은 경제학 각 분야, 특히 경제변동론, 경제성장론, 경제발전론, 경제체제론, 그리고 수리경제학, 계량경제학에 대한 선생의 이론적 연구를 수록하였다. 이를 통해 독자들은 선생의 경제학 연구가 얼마나 광범하고 또 선구적인 것인지를 확인할 수 있을 것이다.

한국경제에 관한 선생의 글은 제3권에서 제7권까지 다섯 권으로 나누어 정리하였다. 제3권에는 경제개발계획과 개발전략에 관한 글을, 제4권에는 한국 경제성장의 역사적 과정과 성장의 모순에 관한 글을, 제5권에는 산업구조와 인구구조의 분석에 관한 글을, 제6권에는 세계경제와 한국의 무역구조, 그리고 대외경제정책에 관한 글을, 그리고 제7권에는 경제민주화와 한국경제의 과제에 관한 글을 수록하였다. 통일, 경제윤리, 환경문제에 관한 글도 제7권에 포함시켰다.

제8권에는 학현 선생이 일상 생활에서 느낀 감상을 서술한 가벼운 에세이를 모았다. 주제가 일정하지 않은 짧은 글들이지만 오히려 세상사에 관한 선생의 높은 식견과 인품의 향기를 읽을 수 있을 것이다.

제9권에는 학현 선생의 '삶의 발자취'라는 제목으로 선생의 다양한 사회활동 가운데 쓴 강연, 기념사, 축사, 치사뿐만 아니라 대중매체에 보도된 선생에 대한 평, 그리고 각종 화보를 포함한 활동 보도 내용도 함께 실었다.

요즘처럼 사회가 어지럽고 나아갈 방향이 잘 보이지 않을수록 큰 가르침을 주고 올바른 방향을 알려줄 수 있는 큰 스승의 존재를 우러르게 되는 법이다. 따라서 학현 선생의 학문과 인품을 직접 보고 배울 수 있는 기회를 가졌던 우리 제자들은 이를 참으로 행운이라 여기고 자랑으로 삼지 않을 수 없다. 선생께서는 여든을 훌쩍 넘긴 연세에도 불구하고 요즈음도 매일 서울사회경제연구소에 나와서 글을 읽고, 사색하며, 집필 활동도 하고 있다. 우리 모두 선생의 건강과 장수를 기원해 마지않는다.

이 전집을 발간하는 과정에서 수많은 사람들의 열성과 노력이 있었다. 전집 발간을 위해 애써준 전집간행위원회 위원 여러분, 전집 발간을 재정적으로 후원해주신 분들, 그리고 기꺼이 출판을 맡아 수고해주신 지식산업사 김경희 사장과 직원 여러분에게 깊은 감사를 드린다.

2012년 9월
학현 변형윤 전집 간행위원회 위원장
강 철 규

차 례

제2편 학문탐구

제1장 강단 시절

제3편 경제정의 실천

제1장 철 학

제2장 정책논평

제3장 경실련 대표로서의 활동

제4편 사회활동

제1장 철 학

제2장 활 동

제5편 대학민주화

제1장 철 학

제2장 활 동

제6편 정치민주화

제1장 철 학

제2장 한겨레신문 참여활동

제7편 연설문

학현 변형윤 전집 차례

제1편
일관된 삶의 자세

제1장 명사들의 평

변형윤*

오랫동안 상고머리 변함없다
수많은 경제학도 경제인 길러낸 사람인데
그게 아니라
매미 우는 날
동네 복덕방에 앉아도 어울리겠다
시시껄렁한
대폿집에 앉아도 어울리겠다
속 깊이
끓어오르는 것이 있어

놀라워라
그에게는 논리보다 감정이 강력하다
그래서 논리가 충돌할 때
그의 무대는 찬란하다

지난 시절
바깥사랑에는 남정네
안사랑에는 아낙네

____

* 고은 시인.

한날 한시
그 두 곳에 나타나도
썩 어울리겠다

같은 황해도 출신이지만
곡산땅 이승만을 영영 싫어해서
때로는 곡산땅조차 쓰거워한다

큰 마을 장승으로 서면
마을에 들어오거나
나가거나
한번씩 쳐다보아야 한다
추웠다가 바로 따뜻해지며
떠들썩해지는 그 물소리 들으며

《만인보》(1996. 11)

오래된 나무에 다시 움이 돋듯*

변교수님을 생각하면
청명한 날의 먼 구름을 보는 것 같다.

유유자적하시고
끄으름 같은 것 묻지 않으시고
햇곡식 같은 마음 바탕을 늘 펼쳐 놓으신다.

변교수님을 생각하면
타는 솔갱이의 불꽃같다.

뜨겁게 타올라도 그 타는 냄새 정겨웁고
재를 남겨도 한 켜의 더러움도 없다.

변교수님을 생각하면

---

* 허유 시인.

오래된 나무에 다시 움이 돋는 것을 본다.

비바람, 쓰린 눈발에 시달리고, 부대껴도
이리 다시 고마운 새 움이 돋는
반가웁고, 고마움에 눈물겹고 또 겹는

그 우리의 환한 봄날을
다시 보는 것 같다.

서울상대의 그 환한 봄날을
다시 보는 것 같다.

《학현 변형윤 박사 화갑기념논문집》(1987)

경제학계의 큰 줄기*

경기뿐만 아니라 우리나라 전체로 볼 때 경제학에 가장 뚜렷한 족적을 남긴 학자를 들라면 변형윤 동문(40회)과 조순 동문(45회)을 꼽는 데 주저할 필요가 없을 것이다. 두 동문은 문자 그대로 우리나라 경제학계의 큰 줄기를 만든 거목들이다.

학현 변형윤 동문은 지난 2월 말 30여 년간 몸담았던 서울대학교 경제학과를 떠났다. 정년퇴직한 것이다. 현재 그는 지난 10년간 개인적으로 가꾸어온 학현연구실에서 연구에 몰두하고 있다. 변 동문이 서울대학교 경제학과(보다 정확히는 서울상대)에 남긴 발자국은 너무 커서 그것을 다 묘사하기는 여간 어렵지 않다.

그는 4·19 때 플래카드를 들고 대학 교수단 데모에 참가하여 한몫을 했고, 그 후 자유당 정권에 협조한 교수들을 몰아내고 이른바 '변형윤 혁명'을 일으킨 주인공이며, 교수진의 공백을 메우고자 전국 각처에 흩어져 있던 실력 있는 교수들을 모아 서울상대를 완전히 새것으로 만드는 한편, 젊은 학구파들을 연구에 전념케 하여 교수진에 흡수

---

* 정운찬 서울대 명예교수.

하였다. 1960년 이후의 서울상대는 완전히 변형윤 동문의 작품이라 해도 과언이 아니다.

이때 발휘된 그의 야인기질은 그 후 30년간 여기저기서 나타났다. 특히 1980년 '서울의 봄'에 그가 보인 사회에 대한 비판은 결국 그를 대학에서 4년간이나 떠나있게 하였다. 그러나 그의 비판정신은 후배나 제자들에게 면면히 전수되어 오늘날 커다란 학파를 형성하고 있다. 이른바 진보적 경제학자들은 거의 모두 그의 문하생이라 해도 과언이 아닐 것이다. 또한 최근 사회의 각광을 받고 있는 경실련의 활동적인 회원은 모두 변 교수의 제자라고 해도 틀림이 없다.

변 동문이 사회정의에 바친 관심이 아무리 크다 해도 그의 학문적 공헌을 압도하지는 못한다. 그는 1950년대와 60년대 초반 척박한 국내 학계에 근대 경제학의 씨를 뿌리고 가꾼 인물이다. 변 동문은 우리나라 경제학계에 계획경제학을 처음 도입했다. 수리경제학도 마찬가지이다. 해방 후 서울상대에서 마르크스 경제학자들 밑에서 공부한 사람치고는 참으로 어려운 일을 해낸 것이다. 항상 차가운 머리와 뜨거운 가슴을 가질 것을 당부해온 변 동문이 계량 또는 수리경제학에 만족할 수는 없었다. 그는 병아리 교수 시절부터 초지일관 소득재분배를 통한 빈부격차의 해소를 주창해 왔다. 대쪽 같은 성품을 지닌 그는 강단이나 공사석을 가리지 않고 이 지론을 폈다. 이러한 생활태도가 그의 수많은 저서에 그대로 표출되어 있음은 물론이다.

1980년대 중후반에는 연구자들의 조합격인 학회에 관심을 보여 계량경제학회, 사회경제학회 등을 직접 만들었고 기존 학회 중 가장 규모가 큰 한국경제학회 회장을 맡아 흩어져 있던 경제학자들을 한군데로 모으는 한편 경제학의 발전에도 크게 공헌하였다.

《경기동창회보》(1992. 6. 10)

영원한 나의 은사*

교육자라고는 하나 나 역시 인간인지라 학생들에게 나의 모든 정성을 쏟지 못할 때가 많다. 무슨 일엔가 바쁘게 매달리고 있을 때 학생이 연구실 문을 불쑥 열고 나타나면 차마 내색은 못해도 조금은 귀찮게 느껴지는 것이 내 솔직한 심정이다. 일단 의자에 앉기를 권하고 티없는 얼굴을 바라보면 그때서야 마음속으로나마 귀찮아했던 것이 후회되곤 한다. 이럴 때 제자들에게 그처럼 정성으로 대해 주시던 변 선생님 모습을 그려보면 몹시 부끄러운 마음이 든다.

선생님이 제자들 일이라면 한 걸음에 발 벗고 나서시는 분이라는 건 한때 그분의 지도를 받아 본 제자라면 모두가 다 알고 있다. 아무리 허물이 있어도 당신의 제자이면 일단 그 허물을 감춰 주시고 그 다음에 좋은 방향으로 이끌어 나가시는 그분의 너그러움에 감복해 본 경험을 가지고 있는 제자가 많다.

그러나 스승으로서, 그리고 몇 년간은 선배교수로서 변 선생님을 모시면서 진짜 매력을 느꼈던 것은 그분의 직선적인 성격이었다는 것을

____

* 이준구 서울대 경제학부 교수.

고백하지 않을 수 없다. 그분은 당신의 생각을 빙빙 돌려서 말씀하실 줄 모른다. 물론 그 방법을 모르셔서가 아니라, 그렇게 말씀하시는 것이 싫으시기 때문에 항상 딱 부러지게 말씀하시는 것이리라. 우리 사회처럼 뭐든지 돌려 말하는 버릇을 가진 사람으로 꽉 찬 세상에서 그분은 늘 신선함이었다.

우리가 학생일 때 선생님들 중에서 제일 무서워한 분이 바로 변 선생님이었다. 시시한 짓을 하는 녀석에게는 단번에 선생님의 불호령이 떨어졌다. 그때는 어린 소견에 잘 몰랐으나, 엄하게 꾸짖으시는 분일수록 제자들에 대한 사랑이 더 크다는 것을 나중에야 깨달았다.

《서울대학교 동창회보》(1993. 7. 1)

불의와 불평등에 맞선 경제학 '대부'*

1961년 내가 서울대 상대에 입학했을 때 변 선생님께서는 34세의 약관에 교무과장을 맡고 계셨으니까, 지금까지 32년 동안 변 선생님을 가까이에서 또는 멀리서 존경해온 셈이다. 사실상 그 사이에 선생님의 학문이나 사상뿐 아니라 성격이나 태도에서도 상당한 변화가 있었다고 나는 생각한다. 그런데 그 변화가 항상 기존의 불의와 불평등 및 부정부패에 대한 도전을 내포하고 있었다는 점에서 선생님은 모든 사람들의 등불 역할을 하신 것이다.

내가 신입생이었을 때 우리는 선생님으로부터 매우 큰 야단을 자주 맞곤 했는데, 그때 우리는 변 선생님이 너그럽지 못하고 신경질적이라고 생각했다. 그러나 지금 생각해 보면 그 당시의 혼란 상태를 정리하기 위해서는 교무과장으로서 그렇게 하셔야만 되었을 것이다. 4·19 이후 상대 선배들은 어용교수를 몰아내기 위해 교수 모두로부터 사표를 받았고, 변 선생님과 같은 일부의 양심적인 교수들과 손잡아 새로운 교수들을 초빙하고 있었다. 이런 상황에서 우리 신입생들은 걸핏하면

* 김수행 성공회대 석좌교수.

집단적으로 강의를 보이콧했다. 강의하는 교수가 실력이 없다든지 성의가 없다든지를 이유삼아, 또는 우리끼리 체육대회나 야유회를 가져야 한다는 핑계로 강의를 많이 빠졌는데, 이때마다 변 선생님의 호된 야단을 맞은 것이다.

선생님은 처음에는 통계학과 계량경제학에 몰두하셨는데, 그 당시 학생들의 인기과목은 경제계획론과 경제발전론이었다. 왜냐하면 4·19와 5·16을 거치면서 '우리도 잘 살아보자'는 구호가 모든 사람들의 심금을 울리고 있었기 때문이다. 그런데 강의내용을 보면, 경제계획론은 정부가 주축이 되어 한 사회의 인적·물적 자원을 어떻게 동원하고 배분하는가를 가르쳤고, 경제발전론은 선진국의 경제성장모델에 매달리고 있었다.

이러한 상황에서 변 선생님은 배런(P. Baran)이 쓴 논문 〈후진성의 근본 원인에 대해〉를 우리에게 소개하신 것이다. 배런의 주장에 따르면, 민중으로부터 지지를 받지 않고서는 후진국의 경제계획은 매판적이고 독재적일 수밖에 없다는 것이며, 선진국의 성장모델은 후진국의 특성인 대외종속성을 올바로 파악할 수 없다는 것이다. 이러한 입장에서 선생님은 후진국경제론과 경제발전론을 새롭게 전개시키려고 노력하셨고 그 뒤 계속 이 분야에 정력을 쏟으셨다.

나 자신은 선생님의 각별한 도움을 여러 차례 받았다. 1968년 통일혁명당 사건에 연루되어 직장을 얻지 못하고 있을 때, 선생님의 적극적인 보증으로 외환은행 조사부에 들어갈 수 있었고, 1987년 6월 항쟁 이후 학문의 개방화와 다양화를 도모하는 취지에서 마르크스 전공자를 서울대 경제학과에 영입하자는 제안을 적극적으로 추진하신 것도 변 선생님이셨다.

이러한 '궂은 일'에 발 벗고 나선다는 것은 스승 모두가 할 수 있는 것처럼 생각하기 쉽지만 사실은 그렇지 않다. 특히 군사독재정권은 자기 자신을 보호해야 한다는 인간의 본능을 고도로 악용했으므로 스승과 제자 사이는 여느 때와 달라질 수밖에 없었기 때문이다.

선생님은 1979년 10·26 이후의 민주화 과정에 앞장서 서울대 교수협의회를 결성해 회장이 되셨는데, 5·18 군사쿠데타를 맞아 1984년까지 교수직에서 쫓겨나셨다. 이 해직 기간이 모두에게 큰 고통이었지만, 다른 한편으로는 선생님을 더욱 대중적이고 사교적인 인물로 만들었다고 나는 생각한다. 해직기간 중 각계각층의 '반골인사들'과 만나 대인관계의 폭을 넓힐 수 있었고, 서로 울분을 토하면서 술을 '배우셨고' 갈 곳이 없어 산으로 다니시면서 건강을 다지시게 되었다는 생각이 든다.

특히 술 실력은 엄청나게 진보하셨다. 선생님의 이야기에 의하면, 사람은 한 평생 마실 술의 양이 미리 정해져 있는데 선생님처럼 매우 늦게 술을 배운 사람은 평생 마실 술을 그만큼 짧은 기간에 마셔야 하기 때문에 보통 사람보다 한 번에 더 많이 마실 수밖에 없다는 것이다. 경제학과 교수들 중에서 술이 가장 세신 덕분에 우리들은 선생님과 함께 술을 마시면서 여러 가지 과거의 에피소드와 교훈담을 듣는 좋은 기회를 누리고 있다.

선생님은 지금 경제정의실천시민연합(경실련)의 의장직을 맡고 계시면서 우리 사회의 부정부패·불공평·불평등에 대해 관심을 계속적으로 표시하시고 있다. 이것은 선생님의 경제발전론에 근거한 실천인데, 선생님이 시민운동의 상징이 되심으로써 중산층 이상의 국민들에게 주의를 환기시키는 큰 역할을 담당하고 계신다. 물론 시민운동은 사용자와 근로자 사이에서는 어느 때는 전자의 편을 들고 다른 때는 후자의 편을 들 수밖에 없을 것이지만, 우리들은 지금 30여 년간의 군사독재체제를 청산하여 민주시민으로서 모든 자유(출판·집회·결사·양심·학문의 자유)를 획득하고 부정부패를 척결하는 것이 급선무이기 때문에, 시민운동은 당분간 큰 역할을 할 수 있을 것이다.

 선생님은 1992년 2월 말로 서울대를 정년퇴임 하시고, 학현연구실을 확대 개편한 서울사회경제연구소에서 제자들과 정기적인 세미나를 가지시면서 선생님의 이론과 체험을 전수하고 계신다. 슬하에는 1남 2녀를 두고 있는데, 친손자 둘, 외손자 셋, 외손녀 하나에 둘러싸여 행복하게 지내신다. 우리는 모두 선생님의 삶을 본받을 수 있기를 바랄 뿐이다.

《한마음》(두산그룹, 1993 여름)

내가 아는 학현선생*

　우선 첫머리에, 내가 이 글을 쓰게 된 내력부터 밝히는 게 순서일 듯하다. 개중에는 내가 이 글을 쓰는 데 대해 어디서 버릇없이 제 분수도 모르고 나타난 장돌뱅이인가 하고 의아하게 여길 분도 없진 않을 것이다.

　애초에 나는 대학 같은 데서 학현선생의 훈도를 몸소 입은 바도 없다. 제자들로 치면야 지나간 40년 동안 학계·관계·업계 할 것 없이 우리 사회의 소위 양지바른 곳에 당신의 숨결이 닿은 제제다사(濟濟多士)들이 그야말로 하늘의 별처럼 널려 있을 것이다.

　학현선생의 그 드물게 고매한 인품을 깊이 접하고, 속속들이 헤아리는 안목으로 치거나, 필력으로 치거나, 어찌 나 같은 일개 장돌뱅이가 나설 자리이겠는가.

　사실 이 점은 지난 초봄, 당신의 맏아드님 결혼식장 한구석에서 나는 새삼 혀를 내두른 바 있다. 그 넓은 천도교 예식장이 꽉 차게 이 나라 선남선녀의 축하객들로 온통 인산인해를 이루고 있었던 것이다. 이

------

* 이호철 소설가.

때 나는 오늘 우리 사회에서 학현선생의 복 받은 위치를 다시 한 번 확인했던 터이었다.

그러고 보니까 내가 학현선생을 처음 뵙고, 그 뒤 자주 상면하게 된 내력도 생각하기에 따라서는 약간 익살맞다 하지 않을 수 없다. 당신께서 1980년 봄, 타력에 의해 약 5년 동안 대학 강단을 떠나 있던 바로 그 기간이었으니 말이다.

만일 대학 강단에서 물러나 있던 그 5년의 세월이 없었던들, 나는 내 인생 행로에서 학현선생을 가까이 뵐 기회가 영영 없었을는지도 모른다. 이 점은 비단 나뿐 아니라 학현선생 입장에서도 매한가지이다. 그리고 서로 가까이 알지 못한 채, 그렇게 제각기의 인생을 살았다 한들, 뭐 특별히 어렵다 할 것은 없다. 세상살이란, 누구나가 주어진 조건만큼 살아가게 마련이고, 그 사는 만큼으로 제각기 사는 슬기가 생겨지게 마련일 터이니까.

하지만 이 자리서 그냥 엄살 비슷이 하는 말이 아니라, 학현선생께서 다만 5년 동안이나마 대학 강단에서 물러나지 않아서 내가 당신을 가까이 대하지 못했더라면 내 인생이 무척 섭섭했을 것 같은 느낌을 떨쳐버릴 수 없다. 그리하여 스스로도 어느새 학현 변형윤 교수라는 분은 내 속에 이 정도의 부피로 들어와 있는가 하고 새삼 놀라면서도, 정작 술자리 같은 데서는 선수 잡듯이 내 편에서 더러 버릇없이 지껄이기도 하는 것이다.

"사실은 변 교수께서 수지맞았지요, 뭐. 대학 강단에 그대로 5년 동안 계셔보았던들, 오늘이 어제 같고, 금년이 십년 전으로 늘 여일하지 않았을까요. 댁과 대학을 시계추처럼 왔다 갔다 하시기나 하셨겠지. 나이 들면서 더 까다로워졌을 것이고. 하지만 물러난 덕에 인생 폭도 넓어지고, 보통 사람 살아가는 것도 더러 구경하고, 그뿐인가요. 산도 아시고, 산친구도 생기고……" 어쩌고저쩌고.

학현선생은 딴은 그렇다며 껄껄 웃는다. 그러니까 내가 학현선생을 처음 뵌 것은 1980년 5월 초 어느 날 저녁이었다. 그날 저녁의 첫인상은 지금도 새삼 선명하게 떠오른다. 소위 '지식인시국성명' 준비 건으로 그날 저녁 몇몇 분이 모이게 되어 있었던 것이다. 유인호, 장을병, 한완상 등등 교수들과 법조계에서 홍성우 변호사도 보였는데, 학현선생은 조금 늦게 나오셨다. 아래위 진한 곤색 양복차림이 첫눈에도 꽤나 깔끔했으며 그때 서울대학교 교수협의회 회장을 맡고 있었다. 나로선 초면이었다. 한자리에 있던 누군가가 두 분이 아직 모르느냐며 인사를 시켜 첫 악수를 교환했다. 학현선생은 이런 경우의 관례적인 몇 마디를 빠른 입놀림으로 하면서 약간 큰 키에 턱을 잔뜩 가슴께로 당기듯이 깊숙한 두 눈을 한껏 벌려 뜨고 와락 노려보듯이 마주보았다. 아니 통째로 이쪽으로 마주 압도해 오지나 않는가 싶을 정도로 얼굴을 내 쪽으로 바싹 들이대고 노려보았다. 그 느낌은 초면에 결례나 아닌가 싶을 정도였다. 그러나 그 뒤, 이것은 학현선생 특유의 포즈임을 알게 됐다. 같이 산행을 다니면서 일요일 새벽마다 만나 악수할 때도, 학현선생은 늘 한결같이 그 포즈이다. 바싹 얼굴을 들이대고 와락 노려보곤 한다.

초면 인사를 그렇게 나누고, 그 뒤 80년 5월의 그 소용돌이에 휘말려 나는 모 기관 지하실에 두 달간 갇혀 있다가 구치소로 넘어갔는데, 그동안 당신도 당신대로 그 기관에 연행되어 며칠 동안 조사를 받는 등 북새를 겪었던 모양이었다. 그리고 그해 초가을, 구치소 속의 가족면회에서 아내를 통해 학현선생도 우리 산우회에 들어와 치악산·설악산 등의 원행도 했다는 사실을 나는 뒤늦게 듣게 되었다. 그해 겨울에 군재 2심에서 관할관 확인으로 풀려나와 본즉 우리 '거시기산우회'는

대폭 새 면면들로 불어나 있었다. 이 희한한 산우회 이름이 나오게 된 사정까지 아울러 이 자리에서 밝히자면, 회원 가운데 한 분이 세 마디 말을 하는데 '거시기'라는 말이 다섯 마디쯤 들어갈 정도로 남용을 하고, 더구나 술자리에서는 더 심하였는데, 그것이 묘하게 구수한 분위기를 돋워주어서 내가 그렇게 제의를 했던 것이다. 외국어로 번역하는 경우에도 일본어로는 'アノアノ'나 'エエト', 또 영어의 경우에는 'well, well'이 될 것이다. 품격은 조금 떨어질지는 몰라도 우리 산우회 특유의 허심탄회함이 잘 살아있는 이름임에는 틀림없었다. 일요일마다 산행을 하며 노닥거리고, 웃고, 허튼 소리깨나 듣고, 술 한잔 마시며 혀 꼬부라진 소리로 더욱 허튼 소리를 남발하고, 또 웃고, 이러고 나면 다음 1주일을 근근이 견뎌갈 수 있는 거였다. 그 1주일 동안에 다시 몸에 마음에, 뜬세상의 먼지에 때 기름이 껴들어 더께가 앉을 만하면, 그것들이 몸속에 가라앉아 더뎅이 지기 전에 다시 일요일 새벽에 만나 산행을 하며, 떠들고, 웃고 허튼 소리깨나 듣는다. 그 우스갯소리로 말하자면, 산우회 터줏대감 격인 이돈명 변호사를 따를 분이 없다. 웃고, 떠들고, 또 웃고, 그렇게 한나절을 보낸다. 그 사이 원행도 여러 번 했다. 지리산 완주를 비롯, 설악산도 수렴동 계곡에 공룡능선에, 화채봉에, 독주골 코스까지 하였고, 소백산·덕유산·태백산·월출산·두륜산 등등 전국을 누비고 다녔다. 이 무렵의 사정은 당신의 에세이집 《냉철한 머리 따뜻한 마음》 속의 〈나의 정치방학 4년〉이라는 글에도 자세히 적혀 있다.

내가 학현선생의 화갑 자리에 분수없이 껴들게 된 내력은 대강 이상과 같다. 80년 늦가을부터 오늘까지 거의 매주 한 번씩 만나 같이 산행을 하고 있는 터이다.

그러나 아무리 그렇다 한들 내가 학현선생에 대해 감히 무얼 안다고 할 것인가. 실로 주제넘고 웃기는 얘기다. 사람이 나설 자리가 있고 나서지 못할 자리가 있는 것이거늘, 누가 보아도 이 자리가 불초소생이 나설 자리이겠는가.

하여, 옆에서 더러더러 뵌 학현선생의 편린이나마 제대로 더듬게 된다면 더 이상 바랄 것이 없겠다.

내가 본 학현 변형윤 교수의 가장 큰 특색은 매사에 있어서의 〈성실한 일관성〉이다. 어떻게 보면 지나치게 곧이곧대로 여서 융통성이 없어 보일 정도의 결벽, 게다가 그것은 깊은 오기로 안받침 되어 있다. 그것은 내가 보기에는 본래적인 의미에서의 무인성(武人性)과도 통한다. 사실로도 학현선생의 먼 조상은 이성계와 함께 남원 근처까지 침입해 들어온 왜군을 쳐부순 장수였다던가. 그 전적비가 지금도 전북 운봉에 있다고 한다. 뿐만 아니라 조부는 의암 유인석(柳麟錫) 휘하의 의병간부였다. 《의암집》(毅庵集)에는 당신의 고조부 이야기도 나오는바, 거기에 鶴峴이라는 동네 이름이 나와, 그 음을 따서 당신의 學峴이라는 아호까지 짓게 된다.

늘 한결같이 짧게 치깎은 머리 모양도 무인 쪽의 분위기이고, 특히 뒤통수 아래 가로 굴곡진 뒷목의 완강한 느낌은 영락없이 그러하다. 평소에 당신께서 군인들의 물욕과 부패에 강한 혐오감을 드러내곤 하는 것도 당신이 지니고 있는 생래적인 무인성의 역설적인 표현일는지도 모르겠다.

1981년인가, 어느 초여름날 운길산엘 갔었다. 일행은 산우회 멤버 7, 8명 정도. 수동사로 올라가는 중턱쯤에서 대형 라디오를 켜든 사람이 섞인 서넛의 한 패거리와 만나게 되었다. 대개 대형 라디오를 둘러메고 크게 음악을 틀어놓은 채 산에 오는 자들은 10대나 20대의 젊은 사람들이기가 십상이었는데, 이때는 그게 아니었다. 나잇살깨나 들어 보였다. 여느 때 산에서의 그 커다란 라디오 음악 소리를 가장 못 참고 짜증을 내는 것이 우리 일행 중에서는 학현선생과 한양대의 이 교수였다. 필경은 두 분 가운데 누가 또 나서겠거니 하였으나, 워낙 상대가 젊은 사람들이 아니고 멀끔하게 생긴 중년들이어선가 둘 다 기척이라곤 없었다. 용케 그냥 넘어가나 보다 하였는데, 그러나 어림없었다.

"여보, 그거 꺼요. 산에 와서까지 누가 그 소리 듣겠댔소."

영락없이 와락 호통이 터지는 것이 아닌가. 학현선생이었다.

그러자 그쪽에선 한마디 군소리도 없이 대번에 라디오를 껐다. 멀끔하게 생긴 얼굴들로 보아서는 남이야 음악을 듣건 어쨌건 당신이 웬 참견이냐, 산에 와서 라디오 듣지 말라는 법이라도 있느냐 하고 같이 맞설 만도 하였으나, 전혀 찍소리 한마디 없었다.

마루턱 거의 올라가서 점심자리를 펴놓으면서야, 일행 중의 누군가 웃으면서 말했다.

"어휴, 아까 아슬아슬하드면. 그런데, 그쪽에선 대번에 라디오를 끄는 게, 와락 공포에 질렸는가봐. 생긴 것들로 보아서는 호락호락할 것 같진 않던데. 뒤에 가만히 생각하니까, 그 이유가 있었어. 변 교수를 보고 변 교수의 그 짧게 치깎은 머리 뒤통수를 보고, 틀림없이 퇴역장군쯤으로 보았을 거야."

"맞어. 그거 틀림없어. 키까지 껑충하게 크지. 걸음걸이도 오기가 뚝뚝 떨어지지, 그러니까 현역장군이 산에 올 리는 없고, 옷 벗은 지 얼마 안 되는 퇴역장군쯤으로 알았을걸."

사실 학현선생의 그 특색이 강한 짧게 치깎은 머리 모양은 당신에게 그렇게도 잘 어울릴 수가 없다. 뒤통수와 뒷목 어간의 그 가로 굵게 굴곡이 져 있는 완강한 느낌도 극히 남성적이지만, 착 달라붙어 있는 앞머리 부분도 차라리 무인적 결곡성을 드러낸다. 더구나 금방 이발을 했을 때의 모습을 보면 이발사의 정성까지도 아울러서 무척 학현답다. 기왕에 말이 났으니 말이지만, 학현선생이 단골로 다니는 이발관은 동네 안에 있는 싸구려 이발관이다. 안암동 살 때는 십 수년 동안 동네 안의 이발관을 애용하다가 지금 사는 신림동으로 옮겨오자, 한동안 이발할 일이 고민이었다고 한다. 그렇다고 신림동에서 안암동까지 일부러 이발하러 왔다 갔다 할 수도 없어, 어느 날은 마음먹고 신림동 안을 돌다가 대강 맞춤해 보이는 이발관 하나가 있어 무작정 들어갔다. 바깥 간판도 그렇지만, 의자 두엇 있는 실비 이발관이었다. 첫날만 이렇게 저렇게 깎아달라고 차근차근 설명을 하곤, 그 뒤부터 다시 몇 년째 이곳을 단골로 애용하고 있다. 물론 당신은 이발 의자에 앉아서도 한마디인들 싱거운 수작이나 허튼 소리 할 리는 없어, 그 안암동 이발사나 지금의 신림동 이발사나 이 사람이 서울대학교 교수라는 사실은 어쩌면 모르고 있을 것이다. 그들 멋대로, 드물게 양심적인 퇴역장군쯤으로 여태 알고 있을는지도 모른다.

앞에서도 비쳤지만, 평소에 학현선생은 군인의 물욕과 부패를 극도로 혐오한다. 그리하여 심지어는 6·25 때 몇 년 동안 군에 몸담고 있었던 일조차 당신의 이력 속에서 지우고 싶어 할 정도로 그때 보고 겪은 일부 군인들의 행태에는 작금까지도 깊은 혐오감을 드러낸다. 거듭 얘기지만, 바로 그것은 실은 5백여 년 전의 그 변 장군으로부터 의병 간부였던 조부로 연면하게 이어져 내려온 진짜배기 이 나라 무인정신의 역설적인 한 표현임에 틀림없다.

83년 여름이었다. 밤새 바켓으로 쏟아붓듯이 소나기가 쏟아졌고, 여전히 새벽까지 퍼붓고 있었다. 일단 약속장소로 나가본즉, 이 변호사 혼자 달랑 서 있었다.

"아무도 안 나왔군요."

"글쎄, 이렇게 퍼붓는데야, 누가 나오겠어. 혹, 변 교수는 모르겠지만. 어제 점심을 같이 했는데, 틀림없이 나오겠노라고 했거든."

"아무리 틀림없는 변 교수일망정, 이렇게 퍼붓는데야 나설라구요."

"그럴 것 같긴 한데."

"그럼 어쩌지요? 조금 더 기다려볼까요."

5분쯤 기다리다가, "우리 둘은 기왕 나왔으니, 갈 수 있는 데까지 가봅시다."

"그럽시다."

결국 둘이서 퍼붓는 비 속을 대남문 쪽을 향해 올라갔다. 산자락으로 접어들자 다행히 빗줄기는 조금 가늘어졌다. 그러나 어림없었다. 골짜기 물은 엄청나게 불어나 있어 우리는 첫 건널목에서부터 벽에 부닥쳤다. 도저히 건널 수가 없었다. 오른쪽 능선으로 붙어서 대밭 쪽으로 억지로 가자면 갈 수는 있었지만, 우리는 되돌아섰다. 그렇게 한참을 내려오는데, 저만큼 앞에 우산을 받은 한 사람이 또 올라오고 있었다. 이 변호사가 피식 웃으면서 말했다.

"저기, 또 하나 도라이 오나보군. 이 비 속에 산행 나서는 사람이야, 그게 온전한 사람일 리가 없지. 우리 둘만 빼놓곤."

그러나 가까이 마주치자 우리는 둘 다 탄성을 지르고 말았다. 바로 학현선생이었던 것이다. 어제 점심때의 약속으로 기다릴 것 같아서 우중을 무릅쓰고 나섰노라는 것이었다. 나와 본즉, 아무도 없어서 기왕 나왔으니 혼자서라도 갈 수 있는 데까지 올라가 보자고, 터덜터덜 올라오고 있다는 거였다.

아아, 그날 우리 셋은 무척이나 웃었고, 그리고 행복하였다. 어째서 그토록이나 행복한지 이유를 알 수 없이 행복하였다.

그 뒤부터 우리는 아무리 소나기가 쏟아져도 철석같이 믿는다. 학현선생만은 틀림없이 나온다고.

학현선생의 두 번째 특색은 크고 작은 일을 막론하고, 맡아낸 일에 대한 '치열성, 철저성'이다. 무슨 일이건 뜨뜻미지근한 법 없이 끝장을 보고야 만다. 이 점은 범(凡)황해도적 성격과도 통한다.

위로는 김구, 안중근, 이승만, 그리고 작금에 와서는 백기완, 소설가 박태순까지도 이 황해도적 성격은 연면하게 이어져오고 있다. 헌데, 그 '치열성·철저성'이 이승만에게 있어서는 다분히 노회성과 결부되어 있었다면, 안 의사와 백·박 씨 등은 다 같이 강한 충동성과 폭발성을 지니고 있어 보인다. 다만, 학현선생은 그것이 비교적 절제되어 있는 편이어서 평소에 쉽게 드러나지 않는다. 그러나 요소요소에서는 더러 드물게 한 번씩 터진다. 그리고 터질 때는 그야말로 불같다.

66년부터 80년까지 경제개발 5개년계획 평가교수로 있을 때, 이른바 개발정책의 근본방향을 두고 당시의 장기영 경제팀과 의견이 정면으로 맞섰을 때였다고 한다. 고 박 대통령도 임석한 자리에서 마지막 마무리 회의가 열렸다. 여기서 학현은 자신의 의견을 펴며 단호하게 장기영 팀을 공격하였다. 그 불같은 기세가 얼마나 거셌던지 같이 이 회의에 참석했던 고모모 씨가 대통령도 임석한 자리에서 감히 저럴 수가 있는가. 변모는 태도가 불손하다 운운했던 모양이었다. 그 뒤부터 학현은 모모라고 하면 사람같이 여기질 않고 아첨배의 필두로 꼽는다. 그 미워하는 양태도 평소의 학현답게 그야말로 수미일관하다.

80년에 학교에서 물러난 뒤, 학현선생은 해직교수협의회 회장직을 맡았는데, 옆에서 가까이 지켜보면서 나는 내심 여러 번 감탄하곤 했다. 한쪽으로 지나치게 치우치지도 않고, 젊은 사람들처럼 과히 들뜨는 법도 없이 돌다리 건너듯 이모저모 널리 깊이 살피며 끈질기게 대처하는 것이, 과연 치열성과 철저성을 아울러 지니고 있었다. 끝내 잡음이나 말썽 하나 없이 해직교수들의 복직을 얻어냈던 것이다. 어른들의 일이란 저렇게 하는 것이로구나 하는 표본 같은 것이었다. 그 일의 중심에 있었던 사람이 바로 학현선생이었다.

연보에 자세히 보듯이 학현선생은 1927년 황해도 황주에서 태어나 어릴 때 황주의 명덕국민학교를 다녔다. 그 이전에 부친 밑에서 천자문을 배웠던 모양인데, 도무지 진척이 없어 부친을 실망시키고, 회초리깨나 맞았다고 한다. 그 회초리를 맞는 어릴 때의 모습은 좀처럼 떠오르지가 않는다. 바짓가랑이를 걷어 올린 채 입을 앙다물고 고집스럽게 견뎌냈을 것 같다. 기왕 맞는 바엔 한번 철저하게 맞아보자는 듯이.

옛날 그때를 회고하며, 언젠가 학현은 웃으면서 말했다. 한자 외우는 것이 그다지나 구질구질하고 싫었다고 한다.

그런데 국민학교를 들어가자 산술공부에는 꽤나 재미를 들려서 비로소 부친께서도 당신의 맏아드님이 전혀 싹수가 없지는 않다고 마음을 놓았었던 모양이라고 한다.

이 점은 무척 학현선생답다. 사실 지금도 학현선생을 보면, 한자와의 인연보다는 숫자와의 인연이 생득적으로 짙어 보인다. 이 점은 작금에, 온 세계 경제학계를 누빌 정도의 경제학 교수가 되었다고 해서 하는 소리가 아니라 애시당초에 학현의 사람 됨됨이에 비겨, 한자라는 것이 꽤나 구질구질해 보이는 것이다. 이 점, 학현은 한국인 토종 쪽의 냄새보다는 처음부터 어딘가 서양 쪽의 합리성 냄새가 풍긴다. 요즘도 가다 오다 더러 드물게 쓰는 '할로우'라는 말 씀씀이도 학현선생에게

만은 썩 어울린다.

국민학교 다닐 때 인근 개구쟁이들과 같이 깜장색 책보를 허리에 동이고 논둑길 밭둑길을 돌아오기도 했던 모양인데, 어릴 적의 그런 학현의 모습은 좀처럼 떠올릴 수가 없다. 학교를 파하여 비가 퍼붓는 속을 돌아올 때, 여느 개구쟁이들은 깜장색 책보를 허리에 동여매고 와자지껄하며 냅다 집 쪽으로 달렸을 것이지만, 어린 학현은 절대로 그랬을 것 같지가 않다. 사실로 그랬다고 언젠가 직접 들었던 것 같다. 아무리 비가 쏟아져도 그냥 한결같은 걸음으로 느적느적 걸었을 것이다. 비야 오겠거든 오고, 말겠거든 말거라 하고. 그만한 나이 또래의 흔한 개구장이들 틈에서 학현만은 한 번도 개구쟁이 모습을 드러내는 법 없이 어떻게 보면 외톨박이로, 그러나 추호나마 외로움을 타거나 특별히 기죽을 것도 없이 자기 베이스를 자연스럽게 지켜낸 약간 키가 큰 맹랑한 소년의 모습이 학현이었을 것이다.

그 뒤, 흔히 일컫는 KS마크 코스인 경기중학과 서울대학을 거쳐 미국 밴더빌트 대학원을 수료한 다음 아닌 게 아니라 학현은 운명적으로 한자 세계보다는 숫자의 세계를 국제적으로 온통 누비다시피 살아오고 있다.

그런데 숫자세계를 살아온 분답게 매사에 깔끔하고 합리적이고 일관하게 성실할 뿐 아니라 숫자세계의 구경이 그렇듯이 치열하고 철저하며 단호할 때는 무서울 정도로 단호하다.

하다못해 학현선생은 술 마시는 것마저 철저하다. 치열하게 뜨겁게 마셔야 성이 차 한다. 유난할 정도로 막걸리를 좋아하는데, 누가 보더라도 학현선생의 이 점은 약간 어색해 보인다. 그러나 술에 취하면 금방 허심탄회해지는 것으로 보아서는 막걸리가 전혀 어울리지 않는 것도 아니다. 맥주는 생맥주를 즐기고, 꼭 1천 시시(cc) 컵을 즐긴다. 이 점도 철저하다. 5백 시시 컵은 보기에도 쩨쩨하다는 것이다. 학현선생의 취기가 어느 정도냐 하는 바로미터 몇 가지가 있다. 말을 많이 하고, 많이 웃고, 〈목포의 눈물〉 3절과 〈봉선화〉 3절 같은 그다지 씩씩하지 않은 노래를 한 팔을 휘두르며 씩씩하게 부른다. 꼭 3절이라야 맛을 낸다. 듣고 보면 가사 생긴 것이 과연 그럴 만하다. 그리고 또 한 가지 1천 시시짜리 생맥주가 그 큰 컵 속에서 출렁출렁 거리도록 컵을 탁자 위에다가 널찍하게 원을 그리며 비벼대는 것이다. 이쯤 되면 술자리가 어지간히 무르익었다는 신호이다. 곤드레만드레로 더 많이 취하면, 더욱 표정이 치열해지지만, 추호나마 흐트러지는 법은 없다. 술도 철저하게 끝장을 보아야만 성이 차 한다.

본시 늦게 배운 술이어서 50 전후부터 마셨다고 한다. 그 이전에는 서린동 낙지골목 같은 데서 더러 과 제자들에게만 사 먹이면서, 저희들끼리 떠들며 설왕설래하는 것을 주의 깊게 가만히 지켜보곤 했다고 한다. 이 점도 무척 술 못 마시던 시절의 학현선생답다.

1982년 6월인가 철쭉제를 맞춰 광주의 전남대학 해직교수 일부가 함께 어울린 지리산 등반은 요즘도 학현선생이 꽤나 뜨거운 추억으로 떠올리곤 한다. 특히 세석평전 밑에서 밤 두 시 넘어까지의 캠프파이어는 말 그대로 화끈한 추억으로 남아 있다. 모르긴 해도 그 등산이 우리 '거시기산우회'의 가장 피크였을 것이다. 오죽하면 광주의 학생 산악반 지도교수라는 분들이 우리를 하나같이 오기덩어리들이라며 혀를 설설 내둘렀을 것인가. 사실 그럴 만도 하였다. 두시 넘어까지 세석평전에서 캠프파이어를 즐기면서 퍼마셨을 뿐 아니라, 악을 악을 쓰며 노래들을 부른 뒤에, 겨우 서너 시간이나 눈을 붙였을까? 6시 기상, 출발, 장터목을 거쳐 천왕봉을 넘어 우리나라 첫째로 꼽히는 우람하고

도 긴 칠성계곡을 내려오는 코스였으니, 아무리 그때 울분에 찬 해직
교수들이긴 했을망정 겁도 없이 대들었던 것이다. 이때의 일을 뒤에
학현선생은 다음과 같이 쓰고 있다.

……정녕 견디기 어려웠다. 그러나 그때마다 다른 사람한테 폐가 되어
서도 또 몰골 없고 약한 모습을 드러내어서도 안 되겠다는 강한 마음,
이러지도 저러지도 못하는 궁지에 빠졌을 때 사람이면 누구나 발휘하게
되어 있는 오기, 의지할 것은 내 몸 하나뿐이라는 절박감……

사실 그때 나는 우연히도 당신 바로 뒤에 바싹 붙다시피 천왕봉 정
상으로 올랐었는데, 어느 순간 문득 당신의 옆얼굴을 가까이서 보았던
것이다. 그것은 노여움의 얼굴이었다. 아니, 노여움이기보다는 오기라
는 쪽이 더 맞겠다. 아니, 오기가 아니다. 자신 속으로 깊이깊이 잠겨
들어가는 아름다운 얼굴이었다. 자신과의 치열한 싸움 그것이었다. 요
컨대 끝내 구경(究竟)에 이르면 매사가 자신과의 싸움인 것이다.
　여기서 나는 올림픽 영화를 보면서 누군가가 쓴 글이 문득 생각이
난다.
　카메라를 의식하면서 한껏 애교 있게 웃던 여자선수들의 얼굴이, 일
단 포환을 어깨에 얹자마자 금세 성자와도 같은 얼굴로 변하더라는
것이다. 어느 선수나 예외 없이 일단 운동에 들어서자마자 일종의 아
름다운 표정을 드러내더라는 것이다. 물론 사람에 따라 제각기 표정은
다르지만, 흔히 말하는 투지 비슷한 것은 어느 얼굴에나 추호도 드러
나 있지 않더라는 것이다. 하나같이 투지니 뭐니 하는 그런 것으로는
도저히 할 수 없는 일을 수행하는 그런 얼굴이더라고 한다. 긴박한 자
기 세계로 끝까지 끝까지 잠입해 들어가려고 하는 얼굴, 그렇다. 그때

천왕봉 정상으로 오르던 학현선생의 얼굴은 바로 그런 얼굴이었다.

내가 본 학현선생의 세 번째 특색은 대인관계에서 '공손하고도 지극한 마음과 깊은 너그러움'이다. 사실은 내가 학현선생을 깊이 존경하는 것도 바로 이 대목이다.

결코 함부로 남을 무시하거나 얕보지 않는다. 아무리 술이 취하고, 아무리 마음을 털어놓을 수 있는 허심탄회한 자리에서도 추호나마 상대에게 소홀한 일이 없다. 최소한의 예의에 어긋나는 일이 거의 없다. 활달한 속에서도 늘 공손하고 마음 씀이 자상하고 지극하다. 구석구석까지 자세히 챙기고 약한 사람에게 일수록 조심스러워 한다.

아마 모르긴 모르거니와, 이 점은 학현선생의 가장 큰 미덕에 속할 것이며, 하루 이틀 사이에 쉽게 몸에 밴 것은 아닐 터이다. 사실 남달리 조금 뛰어나다는 사람들의 일반적인 병폐는 섣불리 남을 얕보거나 무시하는 점이다. 이 점은 여간한 수련과 피나는 자기와의 싸움을 겪지 않고서는 극복되기 힘든 대목이다. 널리 볼 때는 지식인들의 일반적인 병폐이기도 하지만, 약간 특출한 사람들의 병폐도 끝내는 이 점에 귀착된다. 제각기 저 잘난 맛과 저 혼자 똑똑한 맛에 너무 겨워 있다. 그 결과는 대개가 독주독선 쪽으로 뻗어간다. 입으로 지껄이는 것과 평소의 행태가 어긋나고 제각기 따로 놀게 된다.

지식인이라는 사람들을 한자리에 모아 놓았을 때, 그 피차간의 원천적인 껄끄러움과 불편함은 이 점에 연유한다. 제각기 제가 잘났고, 그것을 어디서나 쉽게 드러내려 한다. 보통사람들 입장에서 볼 때, 그건 싸잡아서 얼마나 웃기는 사람들의 얘기이겠는가.

언젠가 내 후배 소설가 하나는 이런 말을 한 일이 있다. 지식인끼리 어딘가 여행이라도 갈 때는 되도록 짝수가 되도록 모아야지 홀수는 피하라는 것이었다. 특히 전체 숫자가 적을수록 그렇다는 것이다. 차라리 둘이 갔으면 갔지, 셋은 절대로 피해야 한다는 것이다. 그 이유는 간단했다. 셋이 가면 반드시 한 사람은 겉돌게 되고, 괄시를 받으며 물을 먹게 된다는 거였다. 금방 둘이 껴 붙어서 파당을 이뤄 나머지 하나를 겉돌게 만든다는 것이다. 백이면 백, 천이면 천, 이 점엔 예외가 없다는 것이었다. 일단 듣기에 그럴 듯하였다. 그러나 문제를 그런 식으로 보는 시각 자체에서부터 보통사람들과는 다른 쪼잔한 지식인들의 좁은 소갈머리가 보인다. 보통사람들은 애초부터 그런 식으로 보질 않는다. 셋 중에서 한 사람이 겉돌게 된다든지, 물을 먹게 된다든지 그런 식의 의식부터 애초에 없는 것이다. 설령 그렇게 됐다 한들, 뭐 어떻다는 말인가. 그게 뭐 그다지도 중요한가. 자존심, 자존의식이라는 게 그렇게 대단한 것인가 하고, 도리어 그런 것에 지나치게 매달려 있는 소위 지식인 족속이라는 것들을 어이없어 할 것이다.

그러나 사실이 그러한데야 어찌할 것인가. 소위 지식인들이라는 걸 한데 모아 놓아보면 피차에 참으로 허심탄회하기가 여간 힘든 게 아니다. 제각기 가시바늘을 온 몸에 돋치고, 혹여나 자존심의 상처를 받을세라 전전긍긍하고 있다. 입 끝으로 민중 소리는 하면서 실제로는 하나같이 양반이 되고 싶어 환장을 하고, 잘난 사람대접을 받고 싶어 제각기 안간힘을 쓰고 있는 것이다.

더욱이 작금년에 올수록 지식인 일반의 이런 행태는 날로 더 심해지고 있는 것 같은데, 그 이유는 여러 가지로 짚어볼 수도 있을 것이다. 원천적으로는 19세기 러시아 인텔리겐치아들 태반이 끝내는 예외 없이 부딪치고 고뇌했던 지식인으로서의 출발점에서부터 '민중과의 엄청난 괴리'를 들 수 있을 것이다. 러시아 인텔리겐치아들 누구나가 러시아의 산천이나 백성들과 너무너무 먼 거리에서 출발했듯이 우리의 지식인 태반들도 그 출발점에서나, 지식인이 되는 과정에서나, 우리 백성들과는 너무 외떨어져 있었던 것이다.

물론 이 점은 학현선생인들 예외일 수가 없다. 그렇긴커녕 가장 대표선수이다. 어린 때 깜장 책보를 허리에 동여매고 가을비 오는 속을 여느 한동네 개구쟁이들과 같이 왁자지껄하며 냅다 달리지 못할 때부터 이미 그이도 대표적으로 보통 백성들 대열에서는 떠나고 있었던 것이다. 그 뒤 소위 KS마크 코스를 거치고, 미국의 밴더빌트 대학원을 나와 대학에 몸담고, 강사·전임강사·조교수·부교수·교수로 밟아 오르고, 세계 계량경제학회를 누비면서 대통령 임석하의 경제발전계획 평가회의에도 참석하고 있을 때, 그이는 어릴 적의 그 이웃 개구쟁이들에게서 이미 몇 천 리, 몇 만 리 밖으로 멀리 나가고 있는 것인가. 이 점은, 비단 학현선생 뿐 아니라 오늘 우리 정황 속의 지식인이라는 사람들이 정도의 차이는 있겠지만, 예외 없이 누구나가 부딪쳐 있는 문제이다. 오늘 우리 지식인들 태반이 서 있는 조건이다. 지식인들 사이의 그러저러한 소갈머리 좁은 행태의 원천에는 바로 이 점이 도사려 있다.

그러나 오늘의 우리 지식인 정황에서 이 소리는 자칫 하나마나한 애기도 되기가 쉽다. 원천적으로 옳은 애기이고, 각자가 잠시인들 소홀함 없이 근원적으로 깊이 명심해야 할 문제지만, 때와 장소를 가리지 않고 노상 이런 소리만 듣고 있으면, 그쪽에서도 멱살이 빠질 것이다. 그렇게 어느새 그런 소리도, 어느 누가 뽐이나 내기 위한 몽둥이로 전락해 버린다. 거듭 강조하거니와, 물론 그 점은 오늘의 우리 지식인들이 처해 있는 가장 근원적인 조건으로서 누군들 추호나마 유야무야로 넘길 수 없는 문제이지만, 그러나 달리 생각하면, 그 조건을 전제로 딛고서 제각기 처한 분수만큼의 최선의 길이 있고, 몫이 있는 것이다.

막말로 그 말을 진정으로 그 말답게 할 수 있는 자격자를 나는 한두 사람 빼고, 아직 본 일이 없다. 게다가 정작 그런 사람은 함부로 그런 말을 안 한다.

대강대강 뽐이나 내려는 사람들이 도리어 그런 말을 남용하며 몽둥이 휘두르듯 하는 것이다. 우선 먼저 해야 할 일은 역사 앞에 제각기 자신을 革하는 일일 것이다. 하늘을 우러러 한 점 얼룩이 없이 부끄럽지 않을 수 있을 때만 그 말은 그 말답게 남에게도 울려갈 수가 있는 것이다.

이 점, 학현선생은 당신 분수와 몫을, 더 나아가 자신의 한계까지를 냉엄하게 스스로 알고 있는 것 같다. 학현선생의 어느 자리에 가서 '공손하고도 지극한 마음과 깊은 너그러움'은 바로 여기에 뿌리를 두고 있는 것 같다. 다시 말하여, 자신의 조건이 여차여차하다고 하여 그 속에 함몰되어서 추호나마 겁겁해져 남의 눈치나 살피거나, 잔뜩 기죽어 있거나 주눅들어 있지가 않다. 어느 자리에서나 늘 자신의 몫만큼 의연하고 당당하다. 본인이 그럴 뿐 아니라 괜스레 그런 쪽으로 잔뜩 얼어 있는 주위 사람들까지도 마음 편하게 도로 기를 펴게 이끌고, 제 몫으로 제대로 돌아오도록 이끈다. 그리하여 작금의 소갈머리 좁은 그러저러한 지식인의 행태들 속에서 학현선생만큼 품이 넓고 깊이 너그러운 사람도 드문 것 같다. 이런 쪽의 그이는 깐깐한 계량경제학자이기보다는, 당신께서 평소에 무지막지한 단순논리로 경멸 혐오하기도 하는 공자 같은 사람에게 차라리 가깝다.

사실 이 점은 극히 미묘한 대목이기도 하다.

실은 학현선생은 매사에 깔끔하고 틀림없다 못해 지나치게 까다롭고 고지식한 분일는지 모르고, 때와 경우에 따라서는 사실로 그렇게도 한 모양이지만, 학현선생을 자주 뵈면 뵐수록 도리어 반대로 속은 확뚫려있고 그지없이 넓다. 사람이란 이래서 곧이곧대로 접근해서는 그 깊이를 헤아릴 수 없고 무한히 복잡한 것인지도 모른다. 앞뒤 논리에 맞추면 맞물리지 않지만, 실체로서의 인간은 논리로 맞물리건 맞물리지 않건 상관없이 그 자체로 있는 것이다.

이건 또 조금 다른 얘기지만, 학현선생의 그 깊은 슬기와 너그러움에 비한다면, 그이의 명소 순례 취미, 곳곳의 유적들을 돌아보고 나서 어린애처럼 좋아하는 모습이라든지, 텔레비전의 사극이나 다큐멘터리물을 보고 꽤나 재미있어 하며 얘기하는 것을 보면, 저 모습이 어떻게 같은 사람일 수 있을까 하고 의아해지기도 한다. 하지만 사람이라는 게 본시 그런 것이다.

솔직하게 말해서, 우리 '거시기산우회'의 가장 큰 미덕의 하나로 자부할 수 있는 허심탄회도 그 근간에는 학현선생의 자상스러운 마음씀이 안받침 되어 있어 보인다. 비근한 예를 들어서, 학현선생이 어쩌다 못 나왔을 때는, 비록 극히 사소한 것으로일망정 어느 누군가가 마음의 상처를 입는 일이 생긴다거나 그다지 바람직하지 못한 감정의 찌꺼기 같은 것이 남는 일이 왕왕 있다. 하다못해 멤버 가운데 어느 한 사람을 과하게 놀린다거나 허심탄회하다 못해 농담이 지나쳐진다거나 하여 모두 작당해서 깔깔대고 웃으며 막말로 재미를 보며, 정작 어느 한 사람을 궁지로 모는 일이 왕왕 있다. 사실 이런 일은 사람이 모여 사는 곳에서는 어디서나 항다반사로 있는 일이다. 그런데 그러다가 보면 제동이 안 걸리기가 쉽다. 그리고 이런 경우, 사람들은 흔히 한도를 넘어서 짓궂어질 수가 있는 것이다. 이 점, 거시기산우회도 예외는 아니다.

그런데 학현선생이 나온 날은 대체로 그런 일이 없다. 당신이 구석구석 챙기면서 알게 모르게 미리미리 제자리로 되돌려 놓곤 하는 것이다. 그것은 깊은 너그러움이면서 동시에 어느 자리에서나 끝까지 균형감각을 잃지 않은 공손하고도 지극한 마음에서 연유되는 것일 터이다. 또한 그것은 본래적인 의미에서 민주적 행태의 근본이기도 할 것이다. 한 사람, 한 사람 골고루 따뜻하게 마음을 쓰고, 자세히 챙긴다는 것은 민주적 행태의 가장 기초가 아니겠는가.

언젠가 학현선생은 지나가는 말 비슷이 그런 말을 한 일이 있다. 60년대 중엽, 평가교수로 처음 발탁된 뒤 어느 날 만찬석상에서였다. 정해진 테이블에 앉아서 마주앉은 사람과 마음 편하게 그런저런 얘기를 나누고 있는데, 옆에서 툭툭 치며 웬 기척이 나서 무심히 돌아본즉, 고(故) 박 대통령이 술주전자를 들고 히죽이 웃고 서 있더라는 것이다. "변 교수지요? 앞으로 좀 자주 만납시다" 하는데 그 모습이 워낙 털털해 보여서 이쪽에서도 그다지 황공해 할 것도 없이 마음 편하게 따라주는 대로 받아 마셨다. 그 인상은 비록 대통령으로서 한번 폼으로 그랬다 치더라도 썩 괜찮아 보였다. 이 정도면 우리나라의 민주주의도 차츰 터를 잡아 가겠거니 싶었다. 그런데 그때로부터 다시 10년 넘어 지나 70년대 말엽에 다시 그런 만찬석상에 참여해 보곤 그 분위기의 변화에 기가 질려버렸다. 저 아득한 높이에 대통령은 상감마마처럼 앉아서 애당초 아래쪽으로는 내려와볼 염두도 안 내더라는 것이다. 구중궁궐이 따로 없었다. 그것은 천상이나 다를 바 없었고, 권력의 절정, 권위의 표상이었다. 그리고 그 얼마 뒤에 10·26 사건이 일어나더라는 것이다.

그때도 학현선생은 내심으로 다졌다. 이런 정권은 망해야 하고, 망할 밖에 없을 것이라고.

학현선생의 민주주의에 대한 믿음은 수미일관하다. 4·19를 끝내 승리로 이끌어낸 대학교수단 데모에 참가한 것을 비롯, 80년의 서울대 대학교수협의회장, 〈134인 시국성명〉의 준비위원 겸 운영위원, 해직교수협의회 회장 등등의 자취가 그걸 웅변으로 입증하고 있고, 이 점에 있어서만은 지금도 철저하다. 그리고 그 이상은 나도 잘 모른다. 아니, 그 이상이 과연 있는 것인지, 있다면 어떻게 있는 것인지 나는 잘 모른다. 그야 의당 있을 것이다. 역사라는 것이 엄연히 있는 이상, 없을 리가 없다. 그러나 그것은 하늘에서 뚝 떨어지듯이 있는 것이 아니라 제각기의 몫에 하루하루 시시때때 최선을 다하는 그 끝머리의 모습으로서만 제대로 있는 것이다. 진정으로 자신을 혁하고, 진정으로 자신을 극복·지양하는 길도 그렇게 열리는 것이다.

이 점으로 말한다면, 아아, 이제 학현선생은 화갑을 맞이하였다! 장안의 제제다사들이여, 우선 공손히 술 한 잔부터 올릴 차례가 아니겠는가.

끝으로, 학현선생께서는 화가 나거나, 속상한 일이 있거나, 울적하거나 할 때에는, 혼자서 베토벤의 제9교향곡을 듣는다고 한다. 한 번 들어서도 화가 안 풀리거나 울적한 기분이 가시지 않을 때는 두 번을 거푸 듣는다. 그러면 대개는 평상의 마음을 되찾는다고 한다.

이런 학현선생의 모습을 본 일은 없지만 그이다운 모습으로 문득 다가온다. 혼자 정성스럽게 레코드판을 얹고, 팔깍지를 끼고 앉아 골똘하게 그 음악 속으로 빠져들어 가면서 무언지 준열한 것을 내풍기고 있을 학현선생이야말로 가장 그이다운 모습이 아닐까.

그러고 보면, 평소에 별로 그런 내색을 드러내지는 않으나, 일찍이 부모님과 생이별하고 살아온 분단의 슬픔도 바로 그런 학현선생의 모습에 짙게 아로새겨져 있어 보인다.

부인 최명순 여사와의 사이에 1남 2녀를 두었고, 모두 성혼시켰으며, 85년 겨울에 첫 외손자를 보았다.

같이 월남해 온 두 계씨(季氏)가 있어 작금에는 매달 마지막 일요일에는 그쪽으로 할애 형제끼리의 등산도 즐기고 있다.

쓰고 사는 집칸은 그 이름에 비해 꽤나 조촐하고, 평소에 버스 타는 것을 즐기며, 아직도 연탄보일러를 애용하고 있다. 저서 12권, 주요 논문은 수십 편에 이른다.

《학현 변형윤 박사 화갑기념논문집》(1987)

제2장 회고와 대담

냉철한 머리, 따뜻한 마음

'냉철한 머리와 따뜻한 마음.' 한 평생을 지탱했고 이끌어 주었던 한 구절이다. 여기에는 앨프리드 마셜(1842~1924)과의 운명적 만남이 있었다.

서울대 상대 학부에 들어가면서 나는 당시 영국의 케임브리지대를 경제학의 메카로 만든 학자 마셜에게 빠져들었다. 그의 저서를 밤잠을 설쳐가며 탐독하고 그 학문적 깊이에 경외감을 떨칠 수 없었다.

그러다 1885년 마셜이 케임브리지대 교수가 되면서 한 취임사를 우연히 접하게 됐다. 취임사의 마지막 구절이 바로 "냉철한 머리와 따뜻한 마음을 가진 제자를 기르겠다"는 것이었다.

이 말을 접하는 순간 내 가슴속에 커다란 격랑이 이는 것을 느꼈다. 한 시대를 풍미했던 석학이 '인간'이라는 화두를 놓고 겪었을 고민이 녹아있는 이 말이 이후 내 인생의 소중한 행동지침으로 자리 잡을 줄이야…….

드디어 70년 9월 제2차 세계계량경제학회에 참석하면서 학생시절 그토록 그리던 케임브리지대에서 10일간 머물 수 있는 기회가 찾아왔다. 발표회 등에 빠지지 않으면서도 틈틈이 마셜도서관을 찾고 마셜이

거닐던 기리를 돌아보며 그의 숨결을 느꼈다.

효율뿐만 아니라 형평이라는 가치를 중시한 마셜의 면모를 단적으로 대변하는 하나의 에피소드가 있다.

마셜은 어느 날 동료와 경제학의 논점에 대해 이야기를 나누다 갑자기 "런던의 빈민가인 이스트엔드에 갔다 왔느냐"고 상대방에게 물었다. 그 사람은 물론 한 번도 그 근처에 가본 적이 없노라고 말했다. 그러자 마셜은 이스트엔드의 주민들이 그렇게 비참한 삶을 살고 있는 것은 전적으로 그들의 무능 탓으로 볼 수 없으며 오히려 그렇게밖에 될 수 없었던 사회구조적 모순을 지적했다고 한다.

나는 80년 군부정권의 탄압으로 서울대 교수직에서 해직되기도 했지만 지금까지 학자로서 웅크리고만 살 수 없었던 것은 마셜의 그 한마디 때문이다. 회색일 수밖에 없는 이론, 거기에 '인간의 숨결'을 불어넣은 그는 여전히 내 마음속의 거인으로 살아 있다.

《동아일보》(1997. 11. 8)

대쪽 같은 선비의 반골기질
: "대학 민주화 아직 멀었다"

서울대 경제학과의 변형윤 교수(65)가 지난 2월 29일 정년을 맞아 30여 년간 정들었던 교단을 떠났다. 변 교수는 국내 경제학계에 경제수학, 통계학 등 주류경제학의 방법론을 본격 소개한 학자로 알려져 있다. 동시에 '대쪽 같은 선비'의 풍모로 후학들의 존경을 한 몸에 받는 인물이라는 점에서 그의 정년퇴임에 대해 많은 사람들이 아쉬움을 표하고 있다.

그러나 정작 본인은 자신의 정년퇴임을 담담한 심정으로 받아들이고 있었다. 정년퇴임 다음날인 3월 1일 오후 서울 관악구 봉천11동 현대아파트 자택에서 만난 변 교수는 "정년퇴임했다고는 하지만 특별한 감회는 없고 그저 담담할 뿐"이라고 말했다. 변 교수는 80년 해직된 이후 4년 1개월간 '퇴임예행연습'을 했기 때문일 것이라며 "84년 복직된 이후에도 한동안은 한 학기, 한 학기를 넘기는 것이 굉장히 어려웠고 언제라도 다시 해직될 수 있다는 각오로 지냈다"고 자신의 심경을 설명했다. 그는 또 "그래도 막상 정년퇴임을 하고 보니 다소 신기하다는 기분도 있다"고 덧붙이기도 했다.

굳이 이 같은 변 교수의 감상을 듣지 않더라도 변 교수가 학원민주화에 남다른 신념을 가지고 있으며 이로 인해 그의 교단생활이 고뇌와 수난으로 점철됐다는 것은 널리 알려진 사실이다. 이는 불의와는 결코 타협할 수 없는 그의 강직한 성품 탓이었으며 권위주의체제의 질곡 속에서 그의 '반골' 기질은 더욱 두드러질 수밖에 없었다.

변 교수는 서울대 상과대학장 재임시절(70년 11월~75년 2월) 외국인 직접투자에 반대하는 글을 썼다가 학장실에서 당시 중앙정보부 요원들의 조사를 받는 등 여러 차례 곤경을 겪었다. 또 반정부 학생들에 대한 무차별 징계 등 유신정권의 전횡에 저항하다 여덟 번이나 사표를 제출하기도 했다. 결국 변 교수는 80년 이른바 '서울의 봄' 때 서울대 교수협의회 회장으로 지식인 선언 등을 주도했다는 이유로 신군부의 미움을 사 강제해직 당하는 아픔을 겪기도 했다.

80년 합동수사본부 요원이 연행
남산의 모처에서 사표제출 강요

변 교수는 "80년 7월 16일 저녁 합동수사본부 요원에 의해 남산의 모처로 연행됐다가 4일 만에 풀려났는데 조사를 끝내면서 사표제출을 강요받아 어쩔 수 없이 그렇게 했다"며 "왜 해직돼야 하는지에 대한 설명도 없었다"고 당시를 회상했다. 변 교수는 해직당한 뒤 1년여 동안 글을 기고하거나 공개강연을 일체 할 수 없었는데, 당시 비슷한 처지에 있던 동료 지식인들과 산행을 하는 것만이 유일한 낙이었다. 그러나 후배, 제자들의 성원으로 82년 5월 자신의 아호를 딴 학현연구실을 개설한 데 대해서는 지금도 흐뭇함을 느끼고 있다.

비록 고초를 겪기는 했지만 변 교수의 학원민주화에 대한 신념은 더욱 굳어지기만 했다. 변 교수가 복직된 이후 87년 9월 재건된 서울대 교수협의회 회장으로 다시 추대된 것도 이 같은 변함없는 신념 탓이다. 변 교수는 학원민주화에 대해 "한마디로 5·16 이전의 대학 운영 방식으로 되돌아가자는 것"이라고 말했다. 구체적으로 그는 "당시에는 단과대학별 교수회의가 의결기관이어서 자율적인 학원운영이 가능했으며 교수들의 신분도 보장됐다"며 "그러나 5·16 이후 총·학장 임명제와 교수재임용제 등이 잇따라 시행되면서 대학이 대학인의 손을 떠났다"고 말했다.

변 교수는 6·29선언 이후 총장직선제가 도입되는 등 교수들의 권리가 상당부분 회복됐지만 아직 목표를 절반 정도 달성한 것에 불과하다고 지적했다. 그는 "유신체제에 길들여져 오히려 총·학장 임명제에 동조하는 교수들도 적지 않은 것이 사실"이라며 대학사회에서 학원민주화에 대한 열정이 다소 식어가는 듯한 모습에 안타까움을 느낀다고 말하기도 했다.

이 같은 변 교수의 신념과 이에 따른 고난은 그의 학문적인 궤적에도 영향을 끼치고 있는 것으로 보인다. 변 교수는 55년 9월 모교인 서울대 상대 강단에 처음 서면서 주류경제학의 방법론을 국내학계에 소개한 선구자이다. 그러나 해직기간 중 그는 종속이론과 국가독점자본주의론 등 정치경제학 분야의 연구에 힘써 83년엔《분배의 경제학》을 저술하기도 했다. 또 84년 9월 복직된 이후 처음 맡았던 '경제변동론' 강의에서부터는 이전과 달리 정치경제학을 강조하는 입장을 견지했다. 그가 대표로 있는 학현연구실에 강철규, 이근식, 김태동, 김대환 교수 등 주류경제학과는 비교적 무관한 진보성향의 교수들이 매달 학술논문을 발표, 토론하는 등 활발한 움직임을 보이고 있는 것도 눈여겨볼 부분이다.

이에 대해 변 교수는 "현실경제에 대한 실증적 분석수단인 계량경제학의 기초를 튼튼히 다진 뒤에 현실분석에 나서는 것이 좋다고 생각해 그 같은 길을 걸어온 것"이라고 설명했다. 그는 자신의 대학시절에는 한때 대부분의 강좌가 마르크스경제학 일색이었으며 이 때문에 자연스레 정치경제학에 관심을 갖게 됐다고 말했다. 그러나 한국경제를 실증 분석하기 위해서는 통계학이나 수학의 지식이 필요하다고 판단해서 우선은 계량경제학에 몰두했다고 한다. 이 같은 바탕 위에서 70년대 후반부터 주류경제학에 대한 비판이론과 정치경제학에 관심을 기울인 것은 당연한 귀결이라는 것이다. 그는 또 "유신정권하에서 주위사람들이 너무 당하는 것을 보고 정치경제학에 더욱 관심을 기울이게 된 것도 사실"이라며 "수리경제학에서는 어려운 삶을 살아가고 있는 사람들에 대한 관심이 미흡한 것 아닌가라는 반성도 있었다"고 덧붙이기도 했다.

경제적인 약자에게 관심 기울이는
'냉철한 머리와 따뜻한 마음' 가져야

이 같은 변 교수의 입장은 평소 그가 영국의 경제학자인 앨프리드 마셜의 "냉철한 머리와 따뜻한 마음"이라는 경구를 즐겨 인용한다는 사실에서도 잘 드러난다. 변 교수는 "처음 강단에 섰을 때 마셜이 남긴 이 교훈의 참뜻을 제대로 전달할 수 있을까 하는 생각에 머리가 무거웠던 기억이 난다"며 "교단을 물러난 지금 이 순간에도 후배들에게 남기고 싶은 말은 바로 '냉철한 머리와 따뜻한 마음'의 소유자여야 한다는 점"이라고 말했다. 그는 또 "따뜻한 마음이란 경제적인 약자에게 관심을 기울이고 그들의 삶을 어떻게 향상시킬 것이냐의 문제를 항상 염두에 두는 자세를 말한다"고 설명했다.

변 교수는 3월 13일 학부과목인 경제발전론 강의시간에 갖기로 한 고별강연의 제목도 '마셜의 경제기사도에 관하여'로 정했다. 또 10여 년 전부터 계속해온 마셜경제학에 관한 연구성과를 집약, 연내에 책으로 발간할 계획을 가지고 있다. 그만큼 마셜은 그의 일생을 지배해온 정신적인 지주라고 할 수 있다.

그는 또 최근 동구권 사회주의국가들의 몰락을 곧바로 정치경제학의 위기로 보는 시각에 대해 경계하는 입장이다. 그는 "사회주의국가들의 몰락은 결국 인위적으로 만든 경제체제 때문"이라며 "그렇다고 해서 자본주의체제가 절대적으로 우월하며 이에 대한 반대는 있을 수 없다는 시각에는 찬성할 수 없다"고 말했다. 주류경제학에서 소홀히 다루는 자본주의체제의 결함이 존속되는 한 정치경제학은 여전히 유효하다는 것이다.

이 같은 입장에서 변 교수는 앞으로도 대학에서는 주류경제학과 정치경제학을 모두 취급해야 한다고 지적했다. 그는 "지금까지도 대학에서는 정규 교과과목은 주류경제학 일색이고 학생들은 정치경제학을 희구하는 양극화현상이 계속되고 있다"며 "경제학도라면 마땅히 주류경제학과 정치경제학이라는 경제학의 두 갈래 흐름을 모두 이해해야 하는 만큼 이에 대한 배려가 필요하다"고 말하기도 했다.

변 교수는 퇴임 이후의 생활에 대해 "이제까지 살아온 길을 그대로 걸어갈 뿐 특별히 달라질 것은 없다"고 말했다. 그는 학현연구실을 재정적으로 외부의 신세를 지지 않으면서도 알차고 자주적인 연구소로 개편할 꿈을 가지고 있다. "기업 등으로부터 금전적인 지원을 받거나 외부기관의 용역을 받는 형태로 연구소를 운영하다 보면 아무래도 객관성을 유지하기 어렵다. 적은 돈이라도 자발적인 성금을 모아 연구소를 운영하는 것이 바람직하다"는 것이 변 교수의 지론이다.

아직도 승용차가 없는 변 교수,
연구실까지 지하철 타고 다녀

변 교수는 앞으로 3년 정도는 서울대 명예교수로 대학원 특강을 계속할 계획이며, 그동안 미뤘던 《한국경제연구》 개정증보판 발간과 《경제발전론》 교과서 집필 등으로 퇴임 이후에도 여전히 바쁜 일과를 보낼 계획이다. 또 현재 공동대표직을 맡고 있는 경제정의실천시민연합의 일도 계속 해나갈 작정이다. 그러나 퇴임 이후 뭔가는 달라져야 할 것 같은 기분에 3월 1일부터는 안경테를 은색으로 바꿨으며, 현재 관악구 신림동에 위치한 연구실을 집 근처로 옮겨 지하철을 타는 대신 걸어 다니기로 했다.

변 교수는 해직교수 시절 탄압받는 지식인들이 모여 결성한 '거시기 산우회' 회원으로 매주 일요일 북한산을 등반하며, 건강을 유지하고 있다. 산우회 회원으로는 이돈명 변호사, 박현채, 백낙청 교수 등 20여 명이 있으며 하산한 뒤에는 모두들 단골 생맥주집에 들러 1천 시시(cc) 잔을 들이키면서 갈증을 푸는 것이 일과처럼 돼 있다. 변 교수는 "해직되고 나서 산우회 회원들과 일요일마다 산행을 하는 기쁨마저 없었다면 버텨 나가기가 훨씬 힘들었을 것"이라고 과거를 회상하기도 했다. 산우회의 명칭은 초기 회원이었던 경남 진주 출신 모 인사가 말끝마다 '거시기'를 연발해 폭소를 자아냈던 데서 연유한 것이라고 한다.

변 교수는 자신이 지난 30여 년간 교단에 서면서 자신의 생각을 실천하기 위해 노력해왔기 때문에 큰 후회는 없다고 밝혔다. 그는 "다만 아쉬운 점이 있다면 국제적으로 내세울 만한 좋은 책을 쓰지 못했다는 것"이라고 말했다. 변 교수는 또 "교수는 연구자·강의자이면서 교육자여야 한다"며 "참 교육자이기 위해서는 누구에게라도 떳떳할 수 있도록 구도자와 같은 극기생활을 해야 한다"고 나름대로 교직에 대한 변을 피력하기도 했다. 아직도 승용차가 없이 연구실까지 지하철을 타고 가는 변 교수의 모습을 보노라면 그 자신이 이 같은 엄격한 가치관을 철저히 체현하고 있음을 실감할 수 있다. 변 교수가 많은 사람들에게 '영원한 스승'으로 남아 있을 수 있음은 바로 이 때문일 것이다.

《주간조선》(1992. 3. 15)

나눔의 경제학자 변형윤

변형윤 교수(66세)는 지난 해 2월 사십 년 가까이 봉직했던 서울대학교 경제학과 교수직에서 정년퇴임한 뒤로 집 가까운 곳에 아담한 연구실을 열어 놓고 평소와 다름없는 연구생활에 몰두하고 있다. 사람은 나이가 들수록 균형 있고 규칙 바른 생활이 중요하다고 생각하는 그이는 담담하게 정년을 맞이했으며, 어찌 보면 기다렸다는 듯이 호젓한 개인 연구실을 열어 학교에 있는 동안 다 못했던 저술 작업을 계속하고 있는 것이다.

"노인이라는 것에 대해 나는 아무 저항감을 느끼지 않습니다. 세월이 흘렀으니 나이가 들었고, 나이가 들었으니 규칙에 따라 정년퇴임한 것으로 받아들입니다. 다행이라면 여느 직장인과는 다르게 직업이 공부하고 가르치는 일이다 보니 퇴임 뒤에도 별로 달라진 게 없어 아무런 충격도 느낄 수 없군요."

퇴임 후에도 학부에서 경제발전론(1학기)과 경제변동론(2학기)이라는 강좌 하나를 맡아 계속 강의를 할 수 있게 되었으니 겉으로는 퇴임 전이나 별반 달라진 게 없고, 학계에 있는 동안 맺은 인간관계가 느닷없이 단절될 일도 없으니 과연 그이의 말대로 정년퇴임이라는 게 그

이에게는 유별난 충격이 아닌 듯하다.

경제학에 문외한이라 할지라도 변형윤 교수의 이름을 들으면 '아!' 하고 알아들었다는 표정을 짓는다. 이는 그들이 변형윤 교수의 혁혁한 학문적 성과를 섭렵했다는 뜻이 아니라 변 교수의 이름이 워낙 뭇사람들에게 알려져 있기 때문이다. 경제정의실천시민연합, 한겨레신문, 노사문제협의회 같이 쟁쟁한 단체나 기관의 임원 명단 맨 윗머리에 고문이나 이사 등 하여튼 그이의 이름자 앞에 무엇무엇 하는 직함이 따라붙으니 먼저 활발한 사회활동을 하는 이라는 면에서도 여느 사람들에게 퍽 친숙한 것이다. 게다가 경제학을 조금 아는 이에게라면 이 땅의 경제학계에서 '분배'라는 문제를 일생 동안 외길로 주창해온 이로서 변형윤 교수를 기억할 것이다.

"내 이름이 붙은 여러 직함을 보고 내가 퍽 분주할 거라고 다들 생각하는데 사실은 그렇지 않아요. 나는 평생 동안 이 연구실과 강의실을 떠난 적이 없습니다."

그러고 보니 그이의 직함들이 말해주듯 그이가 나서서 무슨 단체를 만들지는 않았다. 다만 그이의 뜻에 공감하고 따르는 이들의 청을 거절할 수 없어서 또는 그이들에게 힘이 되어 주고자 자발적으로 이름을 빌려준 경우가 많을 뿐이다.

그이의 표현대로 평생 동안 강의실과 연구실을 지키고 있었다는 점은 꽤 수긍이 가는 면이다. 대개 학문하는 이들 중에서 저들이 익힌 학문을 실제로 펼쳐 봐야겠다는 명분으로 정계에 뛰어드는 이가 많거니와 정통성이 미미하고 나라를 이끌 경륜이 박약한 정치세력들이 공명심에 사로잡힌 몇몇 교수들을 정부의 얼굴로 삼은 적이 많았지만 한 번도 그이의 이름이 그곳에 오른 적은 없다.

"대학 교수란 네 가지 역할이 있습니다. 연구하고, 가르치는 기능적인 역할과 함께 스승으로서 그리고 사회에 이바지하는 공인으로서의 역할이 있는 것입니다. 그런데 일부 미국식 실용주의 교육을 받은 젊은 교수들 중에서 스스로 스승의 역할을 포기하고 기능적인 교수 역할에만 안주하려는 경향이 있는 것 같아요. 그런 이들 가운데 몇몇은 실제로 정권에 참여함으로써 공명심을 채우려 하지만 뜻과는 달리 이름만 더럽히고 마는 작태가 참으로 안타깝습니다. 무엇보다도 한길을 파려는 장인정신이 부족하다는 생각이고, 정치하는 사람들도 유능한 교수들이 제발 학교에 남아 있도록 유혹하지 말았으면 하는 생각입니다.”

교수 이전에 학자로서 순수한 아카데미즘에 몰두하라는 원로교수의 충언일 듯하다. 그런 뜻에서 학문이 바로 서야 세상이 바로 선다는 그이의 말은 비단 학계뿐만 아니라 전반적으로 들떠 있어 중심을 잡지 못하고 있는 각계각층의 뭇사람들에게 시사하는 바가 자못 크다고 할 수 있다.

지난 삼십 년 동안 이 나라 경제가 외형적으로 괄목할 만한 성장을 했다는 것을 부인할 사람은 아무도 없을 것이다. 그러나 그에 걸맞은 분배가 이루어졌는가 하고 물었을 때 그렇다고 자신 있게 대답할 수 있는 자가 과연 몇이나 될 것인가. 사십 년 넘게 경제학을 연구해온 경제학자로서 그이는 남들이 모두 ‘성장’ 우선의 경제학에 몰두하고 있는 동안 내내 한켠에서 묵묵히 분배의 경제학을 지키고 앉아 있었다. 그랬으므로 제3공화국에서 제6공화국에 이르기까지 언제나 비주류로서 한편으로는 소외당하고 한편으로는 위험시되었으나, 꿋꿋하게 한길을 지켜 오늘날 경제학이라는 거대한 학문의 바다에 ‘분배’ 문제를 정식으로 제기하여 적지 않은 동반(同伴)을 형성하고 있는 것이다.

“무엇이거나 지나치면 탈이 납니다. 그래서 항상 견제세력이 필요한 거예요. 경제만 해도 지난 삼십 년 동안 성장만을 강조하다 보니 분배는 언제나 뒷전이고 두터운 기득권층만을 만들어냈지 않습니까? 사실 분배가 강조된다고 해서 성장이 멈추는 것도 아닌데 말입니다."

그이의 분배 경제학은 냉정하고 기능적인 사회과학이라기보다는 인문학적인 철학에 가깝다는 인상이다. 분배의 경제학에는 무엇보다도 사회정의라는 윤리적인 덕목이 바탕에 깔려 있기 때문이다. 생산과 소비라는 경제 사이클에 분배의 개념이 가미됨으로써 사회정의와 빈부격차의 해소가 실현되고, 그로 말미암아 복지국가가 건설될 터이니 말이다. 그런 점에서 변형윤 교수는 스스로를 사회민주주의자라고 스스럼없이 말한다.

"경제거나 무엇이거나 사람이 하는 일입니다. 고로 사람을 반듯하게 키워내는 교육이야말로 다른 무엇보다도 중요한 일이며, 그런 뜻에서 전국교직원노동조합 운동 같은 일을 활성화하여 교육환경을 개선하는 일이 시급하다는 생각입니다. 아울러 무슨 일이거나 일방으로 치우쳐서는 안 되며 그렇기 때문에 강력한 견제세력이 항상 있어야 하는데, 이런 측면에서 언론의 대오각성이 절실하다는 생각입니다."

어쨌거나 해방 무렵 경제학 공부를 시작하여 성장 우선 경제정책의 소용돌이와 집요한 유혹과 탄압의 세월을 겪어오는 동안, 단 한 번도 변절하지 않고 꿋꿋한 장인정신으로 한 세월을 버텨온 변형윤 교수야말로 가치체계가 물구나무를 서고, 도덕과 지조와 상식이 웃음거리가 되는 시대를 사는 모든 사람들에게 귀감이 될 만하다.

요즈음 변형윤 교수를 바쁘게 하는 일은 저술활동이다. 방학 중이기 때문에 딱히 학교에 갈 일이 없으니 요새는 집과 연구실만을 오가며 오랜만에 한가한 시간을 오로지 저술에만 쏟을 수 있게 되었다. 그리하여 올해에는 경제학 공부를 하는 사람들에게 고전이 되다시피 한

《한국 경제론》 개정 작업과 오랜 숙원의 하나였던 《마셜 경제학 연구》
를 끝낼 수 있을 듯하다.

때때로 대학 교수 시절 그이의 손을 거쳐 간 제자 교수들과 '경제발
전 연구팀'이라는 모임을 갖기도 하고, 지난해 9월부터 11월까지 일본,
중국, 미국 등지로 학술발표대회에 다녀오는 등 평소와 다름없이 공부
와 관계된 일들을 빠뜨리지 않고 하고 있지만, 정년퇴임 이전처럼 활
발한 기고 활동은 퍽 자제하고 있는 듯하다.

"예전에는 시간도 많다고 생각하고 관심 있는 영역도 여러 가지여
서 아는 것 모르는 것 가리지 않고 신문, 잡지에 기고했지만, 이제부터
는 되도록 자제하려고 합니다. 그래도 굳이 뿌리칠 수 없는 일이라면
꼭 아는 것만 쓰려고 합니다."

"다들 알다시피 80년대 초반에 내가 해직을 당했잖아요. 그때부터
지금까지 해오고 있는 비장의 건강 비결이 있어요. 바로 등산입니다."

80년 8월부터 84년 8월까지 해직교수라는 이름의 실업자 신세로 지
내는 동안 이름을 대면 대개 고개를 끄덕일 만한, 비슷한 처지에 있던
이들과 함께 '거시기산우회'라는 사뭇 희화적인 이름을 가진 산우회를
만들어 이 나라 방방곡곡의 산이란 산은 모두 등반하게 되었다. 뒤에
복직이 되면서 원행은 여러 가지 이유로 어렵게 되었지만, 지금도 주
말이면 그때의 멤버들이 거지반 모여 가까운 북한산에 오른다.

그이는 요새 크지 않은 아파트에서 부인 최명순(63세) 여사와 단 둘
이서 산다. 아들 하나와 딸 둘이 있지만 제가끔 제금나서 살고, 가끔
손주들을 이끌고 인사를 다니러 올 뿐이다. 하지만 저마다 몰두할 만
한 생활이 있으니 자식 노릇도 그쯤이면 됐다고 그이는 생각한다. 어
쩌다 불현듯이 손주 생각이라도 날 때에는 행장을 꾸려 찾아가거나
부르면 그뿐이다.

변형윤 교수만 해도 예전 사람이기 때문에 안사람과 바깥사람을 엄격히 구분하는 버릇이 남아 있지만, 요새 젊은이들 사이에 유행하는 '가정적인 생활'이 한편으로 부럽기도 하다.

"다른 좋은 평을 들을 자신은 있지만 가정적이라는 평만은 끝내 못 들을 것 같습니다."

많은 인사 중에서 '여전하시군요?'라는 인사말이 가장 마음에 든다는 노교수는 켜켜이 쌓인 책들을 등지고 우뚝 앉아 이렇게 말하며 쑥스럽게 웃는다.

《별과 꿈》(1993. 1. 2)

대쪽교수 변형윤
: 선량하고 꼬장꼬장한 선비

변형윤 교수(60)의 트레이드마크는 아무래도 짧게 치켜 깎은 머리일 것만 같다.

—머리를 너무 짧게 깎으시는 것 같습니다.

"아, 그거요. 아침에 일어나서 머리 손질하는 데 시간을 빼앗기고 싶지 않아서지요. 머리를 이렇게 짧게 깎으니까 한번 쓱 쓰다듬으면 되거든요. 보세요, 좀 편해요?"

오로지 선량하고 꼬장꼬장한 선비일 뿐인 변 박사가 머리를 만지는 그 '촌음'을 아껴서 공부하는 데 이외에 또 무엇에 쓰겠는가. 일단은 여기서 변 박사에 대해 어떤 두려움을 느껴도 좋을 듯싶다.

그는 계속한다.

"머리를 바리캉으로 이렇게 썩 밀어붙여야 깎은 것 같아요. 가위로 살짝살짝 깎아서야 어디 깎은 기분이 나나요. 내가 늘 이렇게 머리를 깎으니까 동네에 단골로 다니는 싸구려 이발소에 가서 척 앉기만 하면 그냥 척척 깎아주지요."

—머리가 그렇게 짧아서 오해받은 적은 없습니까?

"왜요, 있지요. 전에 내가 서울상대 학장으로 있을 때 그만두는 연습을 하느라고 버스를 타고 다녔는데, 내 머리가 이북 사람처럼 짧은데다, 또 고향이 거기(황해도)니까 그쪽 사투리를 쓰지, 그러니까 사람들이 자꾸 이상하게 보데요."

그러고 보니 변 박사에겐 고집스러운 면이 적지 않게 눈에 띈다. 양복바지의 끝단이 요즘 유행처럼 접어 넣은 것이 아니라 밖으로 접어 단을 만들어서 마무리한 구식이었다. 왜 그런 구식을 고집할까.

"난 전에 입던 게 좋아요. 윗저고리도 뒤를 안 튼 걸 입고 다니지요. 자기 편한 대로, 자기 개성대로 입고 다니는 게 편하지요."

—요즘 젊은이들 옷 입고 다니는 모습에 대해선 어떻게 생각하십니까?

"젊은 애들이 비싼 것 입고 사치하면 어떻게 하나 했더니, 도를 넘지 않고 수수하게 입더라고요. 그런데 꼭 끼는 옷은 보기 싫어요."

변 박사의 왼손 팔목엔 아주 낡은 여학생시계가 채워 있다.

"우리 집사람이 전에 차던 건데, 누가 보나요, 막 차기 편해서 이놈을 차고 다니지요."

—선생님 시계는 없으십니까?

"왜 있지요. 내가 목 잘렸을 때(80년 서울대 교수직에서 해직됐을 때) 집사람이 계해서 기죽지 말라고 하나 사준 게 있는데 그건 고급이라서 거추장스러워요."

내친 김에 안경 얘기를 묻는다.

—전에 쓰시던 안경은 검은 뿔테였지요?

"예, 그런데 그놈 다리가 부러졌어요. 또 전에 환갑이 되면 검고 굵은 안경보다 좀 가는 걸 써야겠다 하고 생각해오다가 환갑 때부터(지난 1월 6일) 이렇게 점잖아 보이는 걸로 바꿨지요."

"언제라도 나갈 준비 돼 있다"

관악산 기슭에 있는 서울대학교 사회과학대학의 변 박사 연구실 14동 419호실. 우연의 일치겠지만 419라는 숫자가 4·19를 얼른 연상시킨다. 사실 변 박사는 4·19 때 교수데모에도 앞장섰으며 그때부터 불합리한 현실에 대해 발언하기 시작했던 것이다.

14동 현관을 들어서니 맞은편 게시판에 이런 글이 붙어 있다.

"사회대 학생제군…… 학생제군은 강의실로 돌아가 면학에 정진하기를 거듭 촉구합니다. 사회과학대학장"

마침 그때가 '4·13' 철회와 박종철 군의 사건 은폐를 규탄하기 위해 서울대생들이 동맹휴학을 하고 있었던 때였던 것이다.

4층 그의 연구실 문을 열고 들어서니 왜 그런지 썰렁한 느낌이 엄습한다. 낡은 논문집과 월간지, 학회지 등이 벽면에 붙은 서가에 가득 꽂혀 있었지만, 출입구 맞은편 창 앞에 놓인 커다란 책상이 아직 자리를 잡지 못하고 그 자리에 놓여 있는 느낌이 든다.

어쩐지 한국의 석학 변형윤 박사의 연구실이 되기엔 좀 부족한 썰렁하고 초라한 연구실에서 변 박사가 앉아 있었다. 기자는 연구실을 두릿두릿 하다가 실례의 말부터 했다.

—어째 임시로 들어와 계신 것 같습니다.

변 박사한테선 기다릴 것도 없이 대뜸 이런 대답이 돌아왔다.

"언제라도 나갈 준비가 돼 있으니까. 그래서 내가 책을 여기에 가져다 놓지 않았어요."

—나갈 준비가 돼 있으시다니요. 이제 겨우 대학으로 돌아오셨는데요.

"그렇지만 언제 어떻게 될지 모르잖아요. 지난번(5월 1일)에도 4·13

조치에 반대하는 데(서울대 교수 122명이 서명한 〈시국에 관한 우리의 견해〉) 서명했지만, 젊은 교수들이 그런 걸 가져와서 '선생님은 어떻게 생각하십니까?' 할 때 '나 모른다'라고 할 수 있어요? 서명해야지요. 그러다가 나가라면 또 나가야지 별수 있어요? 그러니까 난 언제나 그냥 나갈 준비가 돼 있지요."

—혹시 누가 '나이 드신 분이니 이제 좀 가만히 계시지요' 하는 소리를 하지 않던가요?

"아니, 그런 소리 못 들었어요. 또 누가 뭐라고 해도 내 할일 내가 떳떳하게 하면 되니까요."

—흔히 대학생들한테 '먼저 학생 본분인 공부부터 하라'는 어른들이 많은데 선생님은 교수로서 어떻게 생각하십니까?

"난 공부부터 하란 말은 안 해요. 지금도 난 출석을 안 불러요. 대학생인데 자기들이 다 알아서 할 일이지…… . 데모할 일이 있으면 하는 거지. 그렇다고 데모하란 말은 아니고."

—그렇다면 자녀분들이 대학에 다닐 땐 어떻게 하셨습니까?

"난 애들에게도 데모하지 말란 말은 안 했어요. 아, 전혀 안 했죠. 내가 늘 비판적인 글을 쓰면서 어떻게 애들한테 데모하지 말란 말을 합니까? 그러나 애들 어머니는 데모하지 말라고 했겠죠. 일전에 어떤 야당 국회의원을 만났더니, 자기는 애들한테 아무 말도 않고 부인이 애들한테 데모하지 말라고 한대요. 그러니까 역할을 분담한 거지요. 하하…… ."

—요즘 학생들 데모는 왜 한다고 보십니까?

"아, 뻔하죠. 정치가들이 정치를 잘못하니까 학생들이 데모하는 거죠. 다 기성세대 잘못입니다."

행복한 세 '도라이'의 웃음

—학생들이 교수를 불신하는 풍조가 만연해 있는데도 선생님은 학생들한테 인기가 대단하시던데…….

"난 인기가 뭔지 몰라요. 그저 내 할일 내가 떳떳하게 하면 그만이니까요. 그렇지만 교수에겐 세 가지 자격이 있다고 생각해요. 하나는 열심히 공부하고 연구하는 것, 또 하나는 열심히 가르치는 것, 그리고 마지막으로 교육자가 되는 것. 그런데 다들 앞의 두 가지는 잘하는데 세 번째 교육자가 되는 건 잘 못해요. 교수는 강의만 할 게 아니라 학생들에게 잘못하는 걸 가르치고 이래라 저래라 해야 합니다. 그래 난 지금도 학생들 야단칠 땐 치죠. 강의시간에 지각하는 학생은 내쫓고……."

여기서 변 박사가 어떤 인물인가를 알아보기 위해 그의 《환갑기념 논문집》에 소설가 이호철 씨가 쓴 〈내가 아는 학현(변 박사 아호) 선생〉의 한 대목을 소개한다.

83년 여름이었다. 밤새 바켓으로 쏟아붓듯이 소나기가 쏟아졌고, 여전히 새벽까지 퍼붓고 있었다. (등산을 하기 위해) 일단 약속장소로 나가본즉, 이(돈명)변호사 혼자 달랑 서 있었다.

"아무도 안 나왔군요."

"글쎄, 이렇게 퍼붓는데야, 누가 나오겠어. 혹, 변(형윤) 교수는 모르겠지만. 어제 점심을 같이 했는데, 틀림없이 나오겠노라고 했거든."

"아무리 틀림없는 변 교수일망정, 이렇게 퍼붓는데야 나설라구요."

"그럴 것 같긴 한데."

"그럼 어쩌지요? 조금 더 기다려볼까요."

5분쯤 기다리다가, "우리 둘은 기왕 나왔으니, 갈 수 있는 데까지 가봅시다" "그럽시다" 하고 결국 둘이서 퍼붓는 비 속을 대남문 쪽을 향해 올라갔다. 산자드락으로 접어들자 다행히 빗줄기는 조금 가늘어졌다. 그러나 어림없었다. 골짜기 물은 엄청나게 불어나 있어 우리는 첫 건널목에서부터 벽에 부닥쳤다. 도저히 건널 수가 없었다. 오른쪽 능선으로 붙어서 대밭 쪽으로 억지로 가자면 갈 수는 있었지만, 우리는 되돌아섰다. 그렇게 한참을 내려오는데, 저만큼 앞에 우산을 받은 한 사람이 또 올라오고 있었다. 이변호사가 피식 웃으면서 말했다.

"저기, 또 하나 도라이 오나보군. 이 비 속에 산행 나서는 사람이야, 그게 온전한 사람일 리가 없지. 우리 둘만 **빼놓곤.**"

그러나 가까이 마주치자 우리는 둘다 탄성을 지르고 말았다. 바로 학현선생이었던 것이다. 어제 점심때의 약속으로 기다릴 것 같아서 우중을 무릅쓰고 나섰노라는 것이었다. 나와 본즉, 아무도 없어서 기왕 나왔으니 혼자서라도 갈 수 있는 데까지 올라가 보자고, 터덜터덜 올라오고 있다는 거였다.

아아, 그날 우리 셋은 무척이나 웃었고, 그리고 행복하였다. 어째서 그토록이나 행복한지 이유를 알 수 없이 행복하였다.

이처럼 변 박사는 융통성이 없어 보일 만큼 철저하다.

—혹 누가 아이들처럼 순진하다고 하지 않던가요?

"왜요, 하지요. 너무 순진하고 고지식하다고 하지요. 그렇지만 그게 욕은 아니라고 생각하지요."

이렇게 순진하고 고지식해서 변 박사는 80년 8월 그의 말마따나 '목을 잘리는' 신세가 된다. 서울대학교 교수직에서 해직된 것이다.

"북풍한설 찬바람에……"

변 교수가 그토록 자랑스럽게 생각하던 모교의 교수직(경제학)에서 해직된 사건은 그에게 대단히 커다란 사건이었다. 오죽했으면 그가 즐겨 부르는 노래 18번이 다 바뀌었을까. 우리는 서울대 앞 신림동 네거리 허름한 술집에서 마주 앉았다. 김세진 군이 분신자살한 건물 뒤에 있는 '옛집'이란 술집이었다. 거기서 18번을 묻는 기자 질문에 변 박사는 이렇게 대답했다.

"난 목포의 눈물 3절을 좋아해요. 그 가사 아세요? 내 한번 불러볼까?"

변 교수는 노래를 부른다.

"삼백 년 원한 품은 노적봉 밑에 / 임 자취 완연하다 애달픈 정조 / 유달산 바람도 영산강을 안으니 / 임 그려 우는 마음 목포의 사랑"

그는 노래를 부르고 또 말한다.

"더 좋은 노래가 있어요. 봉선화 3절. 참 좋습니다!"

또 노래가 나온다.

"북풍한설 찬바람에 네 형체가 없어져도 / 평화로운 꿈을 꾸는 너의 혼은 예 있으니 / 화창스런 봄바람에 환생키를 바라노라."

―언제부터 이런 노래를 좋아하셨습니까?

"아, 이거요? 목 잘리고부터!"

기자는 퍼뜩 정신이 들어 목포의 눈물 3절과 봉선화 3절을 다시 음미하면서 '삼백 년 품은 원한'과 '북풍한설 찬바람에 형체가 없어진 봉선화'와 그리고 '화창스런 봄바람에 환생'키를 바라는 마음을 아픈 마음으로 가만히 느껴봤다.

―핍박 받는 사람들 가운데 〈아침이슬〉이나 〈선구자〉를 좋아하는

사람들이 많지요?

"예, 나도 그런 노래를 좋아하는데 할 줄은 모르니까 가만히 듣기만 하고 있지요."

—그런데 선생님께선 왜 목을 잘리셨습니까?

"그 얘긴 80년 3월에 내가 서울대 교수협의회 회장이 되면서부터 시작돼요. 그때 경희대, 한양대, 세종대, 조선대, 동아대 이런 데서 학생들하고 학교 경영주하고 마찰이 생기니까 교수들이 샌드위치가 돼서 못 살겠다고 살려달라는 겁니다. 그래 몇몇 대학에서 7명의 교수가 모이게 됐어요. 서강대 길현모 교수, 고대 조기준 교수, 숭전대 조요한 교수, 이대 이효재 교수, 중대 유인호 교수, 성대 이우성 교수, 그리고 서울대에선 나, 이렇게 모여서 대책을 협의하고 그랬는데, 이때 이 교수들이 대부분 해직됐지요. 그리고 조금 뒤 5월, 권력을 쥔 사람들이 헌법을 무시해서 지식인 134명이 양심의 소리를 내는 선언을 했는데 내가 교수협의회 회장으로 안 낄 수가 없죠. 그래서 그때 조요한 교수, 유인호 교수, 문인으로 이호철 씨, 김병걸 씨, 언론계 송건호 씨, 법조계 이돈명·홍성우·황인철 변호사 이런 분들과 함께 서명했습니다. 그 뒤 바로 5·17이 일어나고, 그리고 7월에 내가 모 기관에 가서 3박 4일 동안 있었는데, 거기서 사표를 쓰라고 해서 내가 썼고, 학교엔 그게 내가 자발적으로 쓴 걸로 돼서 접수됐고, 이게 다 이렇게 된 얘깁니다."

감옥 갈 각오하고 지식인선언 해

또 어리석은 질문을 던진다.

—그때 지식인선언을 왜 하셨던가요?

"아니, 지식인이라면 그래 일이 잘못되고 있는데 한마디 해야 되지 않겠어요? 지금 당신들 하는 일이 옳지 않다, 왜들 이러느냐, 이런 심정으로 한 거죠."

—교수직에서 물러나야 될지도 모른다는 생각도 하셨습니까?

"그것뿐이 아니오. 우리가 마지막에 선언문을 손질하면서 우린 다 감옥에 들어간다는 각오를 했어요."

80년 8월 변 교수는 정식으로 해임서를 받았다. 그러나 그는 25년 동안 봉직해온 학교에서 쫓겨났다는 걸 실감하지 못했다.

그 무렵의 얘기를 쓴 그의 〈나의 정치방학 4년〉의 일부를 인용한다.

(80년) 8월 말까지는 내가 책임자로 되어 있는 행정개혁위원회의 정부기구에 관한 연구 프로젝트의 보고서를 마무리 짓느라고 매우 분망했기 때문에 해직되었다는 사실에 대해 심각하게 생각할 심적·시간적 여유가 없었다. 게다가 완전히 연구실의 짐을 집으로 이사하기까지 사이에는 계속해서 학교에 나갔으므로 그동안에 있은 총장의 이임식과 취임식에도 참석할 수 있었다. 따라서 어떻게 보면, 그 당시에는 마치 현직에 있는 사람인 것 같은 착각에 사로잡히고 있었는지 모른다.

그러나 퇴직금, 공제회비, 전별금 등을 받고 신분증, 의료보험카드 등을 반납하다 보니 점차로 해직자임을 느끼기 시작했다. 그러나 무어니무어니 해도 나로 하여금 해직자임을 절감하게 한 사건은 그때까지 고문으로 있던 모 국책은행과 모 보험회사로부터의 사직통고, 행정개혁위원회 연구보고서의 책임자 명단 교체, 학교 연구실로부터의 철수, 프랑스 엑상프로방스에서 개최되는 세계계량경제학회의 제4차 세계회의에의 참석불허 등이었다. 다른 것은 그대로 견딜 수 있었으나 세계회의에의 참석이 허용되지 않았을 때에는 참으로 견디기가 어려웠다.

이 글에 언급돼 있지만, 변 교수는 해임이 된 뒤에도 행정개혁위원회의 책임자로 보고서를 내게 돼 있었는데, 해직교수였기 때문에 자기 책임 아래 작성한 보고서의 책임자 명단을 다른 사람 이름으로 바꿔야 했던 것이다.

그런가 하면 이런 일도 있었다.

(83년) 7월 말에는 웃지 못할 일이 생겼다. 모 대학의 신문에 8월 1일자로 써준 글이 해직교수의 글이라는 이유 때문에 그 대학의 교수 이름으로 바뀌어 실린 일이 바로 그것이다. 말하자면 내 글이 딴 교수가 쓴 글로 둔갑해버린 일이 벌어진 셈이다. 이미 내가 쓴 글이 편집부 이름으로 또 전 서울대 교수 대신에 무슨무슨 위원이라는 이름으로 실리는 등의 일을 경험한 바 있었지만, 이렇게 완전히 딴 교수 이름으로 둔갑해버린 일은 처음 겪는 일이었다. …… 뒤에 안 일이지만 이것은 전적으로 그 대학의 학장으로 있는 사람의 정부에 대한 아부에서 빚어진 일이었다. 참으로 불쾌하기 짝이 없었다(〈나의 정치방학(3)〉).

이름 없이 보내온 원고지 한 권

변 교수는 또 비행기를 타고 제주도에 갈 때 탑승 수속을 하면서 서류에 직업을 무엇이라고 적어야 할지 몰라 '끙끙 대다가' 자유업이란 말을 생각해내고 좋아하기도 했다.

이런 가운데 희비가 교차했다.

"굉장히 가깝다고 생각했던 친구들한테 전화도 끊기고, 또 집사람한테도 그렇고……, 그럴 땐 거참 섭섭하데요. 그런데 전혀 예상치 않던 사람들이 찾아오기도 하고 또 전화도 하고 그럴 땐 참 기쁘고. 세상일은 그거 겪어봐야 알겠어요! 그래서 그때부턴 과거사를 생각하지 않기로 했어요."

변 교수는 이런 가운데서도 결코 실의에 빠지지 않았다.

앞으로 어떻게 소일할 것인가를 결정하는 데 있어서는 내가 잘 아는, 사업에 실패하여 화병에 앓아누운 사람이 겪은 일과 발송인의 이름을 밝히지 않고 보내온 원고지 한 권이 절대적인 역할을 했다. 그 사람이 겪은 일을 생각하니 무어니 해도 건강해야 하며 또 건강을 계속해서 유지해야겠다는 굳은 마음이 생겼다. …… 발송인을 모르는 원고지를 받고 보니 그것이 곧 계속해서 원고를 쓰라는 무언의 충고로 받아들여졌으며 따라서 새삼 열심히 글을 쓰기로 굳게 결심을 했다〈〈나의 정치방학(1)〉〉.

이러한 자극과 결심에 따라 그는 '거시기산우회'에 가입해 열심히 산행을 했으며 '학현연구실'을 열어 연구와 집필을 계속했다.

거시기산우회의 '거시기'란 이름은 회원 가운데 하나가 세 마디 말을 하는데 '거시기'라는 말이 다섯 마디쯤 들어갈 정도로 남용을 하고, 더구나 술자리에서는 더 심하였는데, 그것이 묘하게 구수한 분위기를 돋우어 주어서 그렇게 정해졌다고 회원 가운데 하나인 소설가 이호철 씨가 밝힌 바 있다. 이 거시기산우회엔 변 교수와 이호철 씨 외에 이돈명 변호사, 전 언론인 송건호 씨, 이영희 교수, 박현채 교수, 백낙청 교수, 박중기 교수, 이경의 교수 등이 멤버로 돼 있다. 그들은 함께 모여 산행을 하면서 어려운 세상을 같이 살기 위한 굳센 체력과 의지를 단련한다. 변형윤 박사도 80년 해직 이후 이 '거시기'의 단골 멤버가 되면서 지리산 설악산 등의 난코스를 정복하면서 '실패해서 앓아누운 사람이 되지 않기 위해' 심신을 굳세게 했다.

'내 몸 하나뿐이라는 절박감'과 오기

82년 6월경에 있었던 '거시기'의 등반을 이호철 씨는 이렇게 적고 있다.

…… 철쭉제를 맞춰 광주의 전남대학 해직교수 일부가 함께 어울린 지리산 등반은 요즘도 학현선생이 꽤나 뜨거운 추억으로 떠올리곤 한다. 특히 세석평전 밑에서 밤 두시 넘어서까지 열렸던 캠프파이어는 말 그대로 화끈한 추억으로 남아 있다. 모르긴 해도 그 등산이 우리 거시기산우회의 가장 피크였을 것이다. 오죽하면 광주의 학생 산악반 지도교수라는 분들이 우리를 하나같이 오기덩어리들이라며 혀를 설설 내둘렀을 것인가. 사실 그럴 만도 하였다. 두시 넘어서까지 세석평전에서 캠프파이어를 즐기면서 퍼마셨을 뿐 아니라, 악을 쓰며 노래를 부른 뒤에, 겨우 서너 시간이나 눈을 붙였을까. 6시 기상, 출발, 장터목을 거쳐 천왕봉을 넘어 우리나라 첫째로 꼽히는 우람하고도 긴 칠성계곡을 내려오는 코스였으니, 아무리 그때 울분에 찬 해직교수들이긴 했을망정 겁도 없이 대들었던 것이다.

이때의 일을 뒤에 학현선생은 다음과 같이 쓰고 있다.

…… 정녕 견디기 어려웠다. 그러나 그때마다 다른 사람한테 폐가 되어서도 또 몰골 없이 약한 모습을 드러내어서도 안 되겠다는 강한 마음, 이러지도 저러지도 못하는 궁지에 빠졌을 때 사람이면 누구나 발휘하게 되어 있는 오기, 의지할 것은 내 몸 하나뿐이라는 절박감 ……

변 교수는 거시기의 산행에 열심히 참여하면서 다른 한편으론 제자와 지인들의 도움으로 광화문에 '학현연구실'을 열어 학문의 길도 계속 정진했다. 그는 그곳에서 원고를 쓰고 책을 읽었으며, 또 그곳을 해직교수들의 사랑방으로 열어 그곳에서 아픔을 같이하며 앞으로의 대책을 협의하기도 했다. 한편 변 교수는 으시시한 분위기가 다소 풀리자 각 대학이나 기업체 등에 특강을 맡아 나가기도 했다. 그러면서 그는 해직교수들과 뜻을 모아 원적대학으로의 복귀를 강력하게 주장해서 마침내 그 뜻을 이루었다. 변형윤 서울대 교수는 84년 9월 1일자로 다시 서울대 교수로 복직됐다.

서울대 교수로 계량경제학의 대가가 4년 동안 어떻게 살아왔는지를 알면 빙그레 웃음이 나오지 않을 수가 없다. 그는 고작 퇴직금을 상호신용금고에 예금해서 그 이자로 살아왔던 것이다. 학자는 그저 학자일 뿐이다.

변 교수에겐 해직기간 동안에 봉선화와 목포의 눈물 3절을 즐겨 부르게 된 것 말고도 또 한 가지 달라진 게 있다.

"원래 술을 잘 마시지 못하는데 전엔 맥주나 배갈을 마셨지요. 소주는 너무 달아서 안 마셨어요. 그런데 목 잘린 사람들이 다 소주를 마시잖아요. 그래 마셔봤더니 먹을 만해!"

깨끗하고 순박한 선비, 환갑을 넘긴 노교수가 소주잔을 기울이며 눈을 지그시 감고 봉선화 3절을 한껏 무드에 젖어 부르는 모습을 상상한다는 건, 그것 자체로도 참으로 즐겁고 행복한 일이 아닐 수 없다.

부친이 포기한 아이

변형윤 교수는 1927년 1월 6일(양) 황해도 황주(黃州)군 황주읍 예

동리(禮洞里) 239번지에서 아버지 변철희 씨와 어머니 이정사 씨의 3
남 4녀 중 맏이로 태어났다. 변 박사 위에 누이(형순·68)가 있으나 북
한에서 부모와 함께 넘어오지 못했고 끝으로 둔 누이동생 둘(형애, 복
자)도 역시 북에 있다. 현재 둘째 누이 형숙 씨(64·서울의대 홍창의 박사
부인), 동생 형중 씨(57·농장), 형하 씨(53·KBS 국장)가 월남해서 의좋
게 살고 있다. 변 박사는 한 달에 꼭 하루씩은 형제들과 만나서 우의
를 돈독히 한다고 한다.

변 교수의 부친이 아들 3형제의 이름을 지은 데엔 내력이 있다. 衡
자는 돌림자로서 다 같이 넣었고, 맏이에겐 맏 尹자를, 가운데엔 가운
데 中자를, 막내에겐 下 대신 여름 夏자를 넣었다는 것이다. 그러니까
아들 3형제 이름을 '상중하'와 연관 있게 지은 것이다. 그의 부친이 딱
아들 3형제만 두었던 것이 다행스런 일이다. 아들을 하나라도 더 낳았
더라면 무엇이라고 지었을까.

변 교수의 고조와 증조는 진사벼슬을 했다. 그래서 봉산의 변진사댁
하면 모르는 사람이 없었다. 그리고 할아버지〔鄕元〕 때까진 그 일가가
봉산에 살았는데, 할아버지가 의암 유인석 장군 휘하의 의병간부로 군
자금을 대느라고 재산을 다 날리게 돼서, 어머니가 얼마 남지 않은 전
답을 거둬 외가인 황주로 이사를 했다 한다. 그래서 그의 누이들은 봉
산탈춤으로 유명한 봉산에서 태어났고, 변 교수부터는 사과로 유명한
황주에서 태어나게 됐다.

그의 아호 學峴은 봉산에 살던 그 조상의 고향이 鶴峴이어서 鶴을
學으로 바꿔 만들었다고 한다. 그런데 가만히 생각해보면 學峴보다는
원래대로 鶴峴이라고 했더라면 그의 고아하고 청신한 기품과 더 잘 걸
맞지 않았을까 여겨지기도 한다.

아버지 철희 씨(일명 聖雨)는 깐깐한 선비였는데 그가 너댓 살 됐을

때 천자문을 가르쳐보고 대단히 실망했다고 한다.

"왜냐하면 그때 내가 한자를 잘 외지 못했거든요. 그러니까 공부가 싫어지고. 하여튼 우리 부친은 내가 공부를 못한다고 거의 포기하다시피 했으니까. 참 이상하지, 난 지금도 한문은 싫고 배워도 금방 잊어버려요."

그러나 그가 포기할 아이가 아니란 점은 6살 때 황주 명덕 국민학교에 입학해서 바로 증명됐다.

"국민학교를 다른 애들보다 한 해 빨리 들어갔어요. 우리 누이 둘이 그 학교에 다니고 있었는데 공부를 다 잘 했어요. 그런데 1학년에 자리가 하나 비게 되니까 그럼 너희 동생 데려와라 해서 입학하게 된 겁니다. 학교에 가서 1학년 때는 두각을 못 나타냈는데 2학년부턴 쭉 반장을 했지요. 그렇게 되니까 우리 부친도 날 달리 봤죠."

그는 아버지한테선 빈틈없고 곧은 학자의 기풍을 배웠다고 한다. 그러나 '체육·음악·도화만 엉망이었지 다른 공부는 잘했던' 변형윤 어린이가 오늘날의 변형윤 박사가 된 데엔 어머니의 영향이 컸다고 한다.

"거기선 대개 평양고보로 진학을 합니다. 그런데 우리 외8촌형이 경기를 들어갔어요. 우리 모친이 볼 땐 그 형이 별거 아닌데 됐으니 너도 가라 이렇게 된 겁니다. 이렇게 되니 우리 담임선생님이 큰일났다 이거예요. 떨어지면 학교 체면이 말이 아니라는 겁니다. 그런데 시험에 떡 합격해서 고향에 가니까 교장 선생님과 다른 선생님들, 또 학생들이 다 정거장에 마중을 나왔잖아요!"

육사교관으로 11기생 가르쳐

그의 부모는 그가 장차 법과에 가서 판사가 돼 주기를 바랐다. 그 뜻에 따라 그는 경기중학(당시 5년제)을 졸업하기 한 해 전인 4학년 때 경성제대 예과에 응시했으나 낙방하고, 5학년 때 이과 쪽으로 진학하려 했으나 색약이기 때문에 뜻을 못 이뤘다. 그래서 그해 서울상대 전신인 경성경제전문학교에 입학하게 된다. 해방 후 이 학교가 국립서울대학교 상과대학이 된다.

해방 후 변 군은 형편이 어려워서 학교에 다니면서 입주 가정교사를 하다가 저녁 때 영수학관에 나가 영어와 수학을 가르치게 됐다. 어릴 때부터 그는 수학을 좋아했다. 그러다가 드디어 영수학관에서 수학을 썩 잘 가르치는 수학교사가 됐고 드디어는 경제학과 접맥해서 수리경제학, 통계학 분야에서 큰 탑을 쌓게 된다.

6·25가 터지자 남동생 둘이 넘어왔다. 그런데 그의 부모는 동생들보다 하루 뒤에 떠났으나 공산군에 의해 해주 쪽으로 밀려 애석하게 월남하지 못하고 그곳에 남아 있다. 지금 부친이 90세, 모친이 91세여서 돌아가셨을 것으로 알지만, 확실한 것을 알지 못해 제사도 못 지내고 있다. 그는 부모가 그리워서 낡은 사진을 구해 그걸 밑바탕으로 커다란 초상화를 그리게 해서 그의 서재에 걸어두고 있다. 그리고 자녀들이 유학을 가거나 결혼을 하는 등의 경사가 있을 땐 그 앞에 가서 함께 사진을 찍고 보고를 드린다.

6·25 때 그는 가까스로 한강을 건넌다.

"한강 다리가 끊어졌는데, 그때 내가 학관에서 가르치던 학생 하나가 뚝섬에 살고 있어서, 거기로 가니 그 학생네가 다 피난가고 없어요. 그래 강둑에 나가보니 배가 강 건너에만 있지 이쪽에는 없는 거야. 그럴 거 아니오, 다들 건너가기만 하고 건너오지 않았으니. 그런데 어떤 사람이 보트 두 척을 끌고 왔어요. 그 사람이 '선생님!' 하길래 보니까, 또 학관에서 내가 가르친 학생이오. 그 학생이 배 한 척을 줘서 그걸 타고 강을 건넜어요. 다 살라고 그랬나봐요."

그러나 그는 멀리 가지 못하고 겨우 한강을 건너 봉은사 곁에 숨어 있었다. 그러다가 밤중에 수원 쪽으로 도망치다가 발을 삐어서 퉁퉁 붓게 됐다. 그렇게 되니 더 도망갈 수가 없어서 할 수 없이 다시 결혼한 둘째 누이가 살던 용두동 집으로 돌아왔다. 그러다가 공산당에게 잡혀 꼼짝없이 의용군에 끌려가게 됐다.

"그런데 말이오, 참 살라니까 그래요. 내가 공산당들한테 끌려갔는데, 발을 가리키며 그랬어요. '내가 의용군에 나갈라고 그래요. 그런데 이 다리 좀 보시오. 이게 나아야 갈 거 아니요?' 그러니까 돌아가라는 겁니다. 하하……"

서울이 수복된 후인 50년 12월 그는 유엔군 연락장교로 들어가서 공병감실을 거쳐 병기학교에서 근무하게 된다. 그는 이때 병기장교 후보생으로 들어왔던 염보현 서울시장을 기억하고 있다.

52년 그는 최명순(58) 양과 약혼해서 이듬해인 53년 3월 21일 춘분날에 부산에서 식을 올린다.

"동래 무슨 다방에서 맞선을 봤는데, 아 복스럽데요. 우리 집사람이 서울 종암국민학교에서 교사로 있었는데 부산에 피난 와서도 피난 온 애들을 가르쳤어요. 그때 장교 봉급이 얼마 안돼서 살기가 힘들었죠. 그래서 집사람이 맞벌이 하느라고 고생 참 많이 했어요."

54년 육사 경제학 교관으로 부임한다. 변형윤 교관은 거기서 전두환 대통령, 노태우 대통령 후보 등 졸업을 눈앞에 둔 11기생들에게 경제학을 가르친다.

"학자는 공부에 빠져 미쳐야"

변형윤 교수는, 이런 난리통 속에서 서울상대를 졸업하고(51년 9월) 졸업과 동시에 대학원에 적을 두었다. 그런데 55년에 대학이나 대학원에 적을 둔 군인들이 모두 제대하게 돼서, 그는 사학과의 이기백 교수 등과 함께 제대를 하게 된다.

55년 그는 스물여덟의 나이에 서울대 상대에 시간강사로 강단에 서서 전임강사, 조교수, 부교수를 거쳐 10년 후인 65년에 교수가 되고 15년 후인 70년에 서울대학교 상과대학의 학장이 된다.

여기서 잠시 그의 지적편력을 훑어본다. 우선 그의 말부터 듣는다.

"처음엔 경제사가 매력이 있어서 책을 많이 봤는데, 가다가 중간에 유물사관에 척 걸려서 안 되겠더라구. 그래서 굉장히 고심을 하게 됐습니다. 그러다가, 에이 안 되겠다, 옆으로 제껴 놓고 화폐 쪽으로 관심을 돌려서 학생시절에 논문을 쓰기도 했죠. 그런데 여기서 화폐 베일관에 또 걸리는 겁니다. 이게 실물이냐 베일이냐 이거죠. 그러다가 에이 이것도 집어치워라, 그러고 나서 나중에 수리경제학, 통계학 이쪽으로 눈을 돌려 파고들었죠. 그래 이놈을 가지고 강의를 다니는데, 이런 강의를 하는 사람이 없으니까 내가 서울시내 대부분의 대학에 출강했어요. 한 3년 열심히 강의하고 또 그 강의하기 위해 열심히 배우고, 경제수학, 통계학 이런 교과서도 썼는데, 그땐 다른 책이 없으니까 이게 베스트셀러가 됐어요. 내가 그때 참 미친 듯이 공부했습니다. 공부하려면 푹 빠져서 미쳐야 합니다. 학자는 한 3년 푹 빠져서 미친 적이 있느냐 없느냐로 판가름이 납니다."

―그렇게 바쁘게 강사로 다니느라고, 혹 공부할 시간이 없었던 것 아닙니까?

"아니지요, 학생들 가르치자면 공부를 안 하면 못 배기니까 더 열심히 공부해야지요."

그의 지적편력을 좀더 이해하기 위해 〈나의 지적편력〉이란 그의 글의 일부를 인용한다.

나의 경제학 수학시대는 경제학계의 공백기, 독일의 역사학과 경제학과 전체주의 경제학의 색채가 농후했던 시기, 마르크스 경제학이 풍미했던 시기, 프리노트 식에 주로 일본 서적을 그리고 간혹 영·독·불 서적을 참고문헌으로 삼는, 그것도 매우 부실한 강의가 행해지고 있던 시기, 일반수학(이것은 고등수학이 아니다)에 약하거나 그것의 기피증에 걸린 사람들이 경제학을 하는 것으로 여겨지고 있던 시기, 케인스의 《화폐론》은 알려져 있었지만 그의 《일반이론》은 거의 알려지지 않고 있던 시기 등으로 특징지을 수 있을 것 같이 생각된다. …… 그리고 나는 아르바이트한 탓도 있겠지만 자연히 강의에는 별로 출석치 않고 틈이 나는 대로 학교 도서관이나 국립 및 시립 도서관에 가서 필요한 일본 서적 내지 영·독·불 서적을 읽곤 했다. …… 그러면서 내가 중학교 시절에 수학에 소질이 있다는 말을 듣던 탓인지는 몰라도 흥미를 느껴 그 당시 이단시되던 수리경제학(로잔학파의 경제학) 등도 혼자서 공부했다.

…… 그러면 나의 경제학 수학시대에 나의 관심을 가장 많이 끌었고 현재까지도 나에게 커다란 영향을 주고 있는 경제학자는 누구이며 경제 서적은 무엇이라고 할 수 있는가. …… 한 사람과 한 권만을 택하자면 역시 A. 마셜과 그의 주저인 《경제학 원리》를 들지 않을 수 없다.

'냉철한 두뇌와 따뜻한 마음'이라는 그의 케임브리지 대학교의 경제학 교수 취임강연의 맨 끝 귀절 중의 말, 경제학을 배우려거든 런던의 이스트엔드(빈민가)에 가보라고 한 그의 말, '자연은 비약하지 않는다'는 그의 모토, 굉장한 수학자였으면서도 경제학에서의 수학이용의 한계를 강조한 그의 슬기로운 태도 등은 그 당시 나의 마음을 완전히 사로잡았으며 현재까지도 그러하다(《월간조선》 83년 4월호).

"학생들의 피에 보답하라"

변 교수는 63년 미국 테네시 주 내슈빌에 있는 남부 사립의 명문 밴더빌트 대학에 가서 1년 남짓 공부하는 동안 많은 학문적 성장을 했다고 술회하고 있다.

"밴더빌트에서 후진국 개발에 대한 프로그램을 마련해놓고 있었는데 당시 이 프로그램에 따라 그곳에 가서 공부한 사람이 장예준 씨 같은 분입니다. 나도 그 대학에 있는 세계적인 수리 경제학자 조제스큐 로젠(N. Georgescu-Roegen) 교수가 포드재단의 펠로십을 얻어 주어서 그쪽으로 갔지요. 로젠 교수가 마침 그전에 일본에 객원교수로 와 있다가 한국에 와서 나를 인터뷰하게 됐는데, 처음 만나서 얘기해보고 '너나 나나 마찬가지가 아니냐'는 건방진 생각까지 했었죠. 그런데, 아이고, 가서 보니 그게 아니었습니다. 로젠 교수가 고급경제이론과 고급통계이론을 가르쳤는데, 그 강의를 따라가기가 힘든 데다, 이 양반이 공부를 우리보다도 더 열심히 해요. 경제학 강의에 우화도 나오고, 정치학도 나오고, 철학도 나오고, 하여튼 두 손 들었어요. 또 추상수학을 배우는데 아이고 정말 죽겠더라구. 그래도 거기서 순수수학을 완전히 배워온 게 아주 커다란 수확이죠."

변 교수는 그곳에서 한 3년간 공부할 계획이었지만 부인이 위독해서 64년 9월 말에 귀국하고 말았다. 그는 박사학위 대신 부인이 대수술을 받고 완쾌한 기쁨을 함께 나눴다. 변 교수는 그 후 68년 모교인 서울대에서 경제학 박사학위를 받았다.

이보다 앞서 1960년 그는 4·19를 맞이한다.

"내가 그때 각 대학에 바쁘게 강의를 나갈 땐데, 마침 성대에 강의를 나갔어요. 학생들이 노도처럼 막 나오는 겁니다. 나도 뒤를 슬금슬금 따라 나가다가 어느 건물 옥상에서 학생들이 데모하는 걸 보고 있었지요. 그런데 경찰이 학생들을 향해 총을 막 쏘는 겁니다! 학생들이 쓰러져 피를 흘려요. 아 피를 보니까 뒤집혀! 그래 교수들이 일어섰어요. 학생들의 피에 보답하려구. 이게 4월 25일 있었던 교수데모요. 사실은 그때 선언문만 발표하려고 했는데, 아 나이든 교수들이 나가는데 젊은이들이 안 나갈 수 있어요. 그래 데모가 된 겁니다."

변 교수는 교수데모를 하고 와서 이게 화근이 될지 모른다는 생각을 하고 있었다.

"나는 학교에서 쫓겨날 줄 알고 각오를 하고 있었지요. 그런데 이 박사가 물러나게 되니까, 학교(서울상대)에서 나한테 교무과장을 하래요 글쎄. 내가 그때 학생들과 얘기할 수 있는 젊은 나이(33살)니까 그렇게 했나 봅니다."

그가 교무과장으로 재직 시 학생들이 '어용교수 물러나라' 외쳐대서 모두 사표를 냈다가 다시 임명되는 절차를 거치기도 했다.

―지금까지도 학생들한테선 어용교수 물러나라는 말이 나오고 있는데, 어용교수는 왜 생길까요?

"일단은 학자는 공부만 해야 하는데, 교수가 감투에 대한 욕심이 생기면 어용교수가 되죠. 예를 들어 학장이 하고 싶다든가, 장관을 하고 싶다든가 하면 권력 가진 사람한테 잘 보여야 하기 때문에 그 사람들 구미에 맞는 말만 하게 되죠. 그러면 결국 어용교수가 되고말고, 또 하나는 대개 마음이 약한 사람이 어용교수가 되죠."

변 교수는, 서울상대 교무과장으로 일하랴, 또 타 대학에 출강하랴 눈코 뜰 사이 없이 바쁘게 일하다가 드디어는 건강을 망치게 된다. 가슴이 나빠진 것(결핵)이다. 그런데도 교실에서 의자에 앉아 강의를 했다. 그러다가 증세가 악화돼서 결국 부산 동래에 가서 요양을 하기도 했다.

이런 가운데 61년 5·16이 일어났다. 그런데 대학원 코스 등에서 그에게 강의를 받은 사람들이 최고위원이 되기도 해서 그에게 최고회의 고문으로 일해 달라는 요청을 해왔다.

"참 몸이 아팠던 게 다행입니다. 몸이 아파서 못 한다고 했지요. 그래서 5·16 후에도 그 사람들과 아무 관계없이 깨끗했던 거지요."

그런가 하면 62년 김유택 재무장관 유창순 상공장관 시절, 김 장관으로부터 초대 통계국장을 맡아달라는 요청을 받고도, "교수가 좋아서, 그리고 공부하는 교수가 되고 싶어서" 관직을 뿌리쳤다.

드디어 모교의 학장이 됐지만……

그러나 66년엔 어쩔 수 없이 경제개발 5개년계획의 평가교수가 됐지만, 거기서도 그냥 이름만 걸고 있지는 않았다.

"평가교수를 하면서 보니까, 방향이 잘못되면 그걸 돌려주고 해야 되는데 다들 그게 아니에요. 빈익빈 부익부가 점점 심해져서 싹이 노랄 땐데 내가 참다못해 장기영 부총리하고 한판 붙었죠. 이 무렵 수출만 하면 큰일난다, 가득률을 높여야 한다, 물가도 안정시켜야 한다, 이런 얘기를 떠들고 잡지에도 쓰고 그랬죠."

이때의 얘기를 이호철 씨는 앞에 인용한 제목의 글에서 이렇게 쓰고 있다.

66년부터 80년까지 경제개발 5개년계획 평가교수로 있을 때, 소위 개발정책의 근본방향을 두고 당시의 장기영 경제팀과 의견이 정면으로 맞섰을 때였다고 한다. 고 박대통령도 임석한 자리에서 마지막 마무리 회의가 열렸다. 여기서 학현은 자신의 의견을 펴며 단호하게 장기영팀을 공격하였다. 그 불같은 기세가 얼마나 거셌던지 같이 이 회의에 참석했던 작고한 모모 씨가 대통령도 임석한 자리에서 감히 저럴 수가 있는가, 변모는 태도가 불손하다 운운했던 모양이었다. 그 뒤부터 학현은 모모라고 하면 사람같이 여기질 않고 아첨배의 필두로 꼽는다. 그 미워하는 양태도 평소의 학현답게 그야말로 수미일관이다.

70년 11월, 변 교수는 영국 케임브리지에서 열렸던 세계계량경제학 제2차 세계회의에 참석하고 돌아와 바로 서울상대 학장으로 취임한다. 당시 민병구 학장이 부총장으로 가게 돼서 그 자리에 앉게 된 것이다.

"그런데 그 학장 자리를 전태일 사건 때문에 벌어진 농성현장과 함께 물려받았어요. 그래 내가 농성장에 찾아갔지요. 학생들한테, '야 이놈들아, 느이들 하는 게 틀린 일이니 하지 마라!' 그렇게는 못하는 거죠. 왜냐하면 학생들 말이 맞으니까. 그래 그냥 가서 급하니까 그저 호소하는 거죠. '야 이놈들아, 나 좀 봐다우!' 하고 말야. 그때 김근태 군이 재학 중이었는데, 김 군한테 가서도 봐달라고 그랬어요. 그래서 어떻게 농성이 풀리게 됐죠."

그러고도 그는 삼선개헌반대·유신 등의 파동에 휩쓸린다.

한편 그가 교무과장으로 있을 때인 62년 상대 정원이 반으로 줄어드는 비운을 맞게 된다.

"당시 5·16을 일으킨 군인들이 경제과를 좌익 공부시키는 곳으로 아는 거예요 참! 그래서 150명 정원을 50명으로 줄이고 다른 국립대에선 아예 경제과를 없애 버렸습니다. 또 상학과도 반으로 줄이고. 그 대신 경영학과가 40명이 되고 그래서 결국 상대 정원이 반으로 줄었어요.”

그런데 그가 상대학장으로 있을 때인 74년 상과대학이라는 이름이 서울대학교에서 영영 없어지는 비운을 또 맞게 된다.

“서울대학을 관악 캠퍼스로 옮기면서 직제를 개편하게 됐는데, 경영과는 경영대학으로 보내고 경제과와 무역과(국제경제과)는 사회대학을 보낸다는 겁니다. 그래서 내가 이게 무슨 소리냐, 법학도 사회과학이니 사회대로 와야 하는데 왜 법대로 그냥 두느냐, 하고 당시 한심석 총장한테 끝까지 반대했지만, 대세에 밀려 내가 그만 사표를 내고 말았죠. 하도 답답해서 사표를 내고 무주 구천동에 가서 머리를 좀 식히다 왔지요.”

그때 그는 서울대학교 사회대의 학장으로 내정됐으나 이를 뿌리치고 평교수로 남아 80년도 해직될 때까지 경제학 강의를 계속했다.

꿈만 같았던 복직 후 첫 강의

우리는 서울대에 있는 변 박사 연구실과, 광화문에서 신림동 네거리 근처로 옮겨온 학현연구실, 그리고 신대방동 산동네에 있는 변 박사 자택을 순회하면서 인터뷰를 계속했다. 그들 일가가 현재의 신대방동 집(대지 70평, 건평 39평)으로 옮겨온 건 그가 학장을 그만두기 전인 74년이었다. 그리고 이때부터 그는 장차 학교차를 탈 수 없을 것에 대비해서 버스 타는 연습을 했다고 한다. 그의 집 앞엔 자동차가 겨우 들어갈 수는 있으나 경사가 심하고 골목이 좁아 차를 세워 둘 수는 없었다. 그의 집은, 대문을 들어서면 지하층과 마주치게 되고, 그곳을 지나야 1층으로 가게 돼 있었는데, 지하층엔 교수직에서 해임될 때 연구실에서 가져왔던 책들이 비닐에 덮여 아직까지도 임시로 쌓여 있었다.

　―차를 한 대 사시지요?

"나는 무서워서 운전을 못 하겠고, 사람을 두자니 교수 봉급으로 안 되겠고. 그래서 마음 편하게 버스를 타고 다니지요."

그가 학교 출근하는 방법엔 원칙적으로 세 가지 방법이 있다.

"1안은 돈이 제일 많이 드는 건데 갈 때는 택시 타고 가서 올 때는 좌석 타고 오는 것(1,200원＋350원), 2안은 올 적 갈 적 좌석버스 이용하는 것(350원＋350원), 3안은 갈 때 올 때 버스 타고 다니는 것(120원＋120원). 제일 화가 날 때는 350원짜리 좌석을 타고 갔는데 학교에 데모가 있어서 버스를 캠퍼스 안에 못 들어오게 할 땝니다(좌석버스만은 캠퍼스 안 본관 앞에서 시발한다). 그렇게 되면 350원짜리를 타고 갔지만 120원짜리 타고 간 것하고 똑같아지잖습니까."

그의 집 조그만 거실 벽엔 김충현 씨가 쓴 '절차탁마'라는 글씨가 걸려 있다. 그게 변 교수 일가의 가훈이라고.

"참, 제주도에 계신 현중화 씨가 나한테 '사필귀정'(事必歸正)이란 글을 써 준 게 있어요. 그래서 그놈을 내가 대학에 돌아가는 날 연구실에 걸어놔야지 했는데, 막상 복직이 되니까 그놈을 내걸지 못하겠더라구요. 그래서 그냥 싸놓고 있지요."

84년 9월 8일, 그는 49개월 만에 서울대로 돌아와 감격의 첫 강의를 했다. 1백여 명의 학생들이 박수로 맞이한 경제변동론의 강의 첫머리에서 그는 마셜의 케임브리지 교수취임 개강사 끝 구절을 그대로 인용했다.

"냉철한 두뇌와 따뜻한 마음을 갖고서 주위의 사회적 고뇌와 싸우는 데 최선을 다하는 제자를 키우는 것이 나의 가슴속 깊이 숨겨진 염원입니다."

이 강의를 끝내고 나서 그가 심경을 밝힌 글을 읽노라면 꼭 국민학교 학생의 일기장을 훔쳐 읽는 것만 같다.

강의를 끝내고 연구실로 들어오니 꼭 꿈만 같았다. …… 그리고 앞으로도 이제까지의 자세를 그대로 유지해야지, 해직 전보다 더 열심히 연구하고 가르치기 위해서 노력해야지 하고 굳게굳게 다짐을 했다.

…… 사람이 사람답게 살려면 비록 어렵더라도 정도 내지 대도를 걸어야 한다.

종교는 억울한 사람 한 풀어줘야

—우리 경제가 지금 잘 가고 있는 겁니까? 혹 지적하실 일이 있다면…….

"소득의 분배에 대해서 집권당부터 심각하게 생각하지 않는 것 같습니다. 이건 개선돼야 합니다. 있는 사람과 없는 사람의 차가 너무 커요. 그 다음이 외채의 심각성인데, 이걸 당국이 아는 것 같기도 하고 모르는 것 같기도 하고. 또 물가도 소홀히 하면 안 되지요."

—지금 안정 속에 성장을 하고 있다고들 하지 않습니까?

"그거야 3저 때문에 그런 거지요."

—지금 여야가 강경하게 대립해 있는 가운데 앞이 내다보이지 않아 불안한데요.

"안개정국은 오래 안 가겠지요. 그러나 난 낙관도 비관도 안 해요."

—선생님께서 가장 소망하는 사회는 어떤 사회입니까?

"그거 하나도 어렵잖아요. 말하고 싶은 대로 말할 수 있는 사회, 먹고 자고 입는 데 걱정이 없는 사회, 상식이 통하는 사회……. 지도자는 항상 발을 땅에 디디고 살아야 돼요. 국민들이 어떻게 살고 무슨 생각을 하고 있는지를 알아야 합니다. 그게 지도자의 조건입니다."

—혹 누가 선생님께 장관으로 입각해 주십사고 한다면 어떻게 하시겠습니까?

"안합니다. 그러나 같은 생각을 가진 사람끼리 팀을 짜서 들어간다면 할 수도 있죠."

—선생님의 학문이 우리의 경제 발전에 얼마나 기여했다고 생각하십니까?

"난 강의와 글로 구조적인 측면을 강조해 왔죠. 내가 직접적으로 기여한 건 많지 않지만 나한테 배운 사람들이 경제부처, 연구기관, 은행에서 일하고 있으니까 그 사람들이 많은 일을 했겠지요. 사공일 재무장관과 나웅배 상공장관도 나한테 배운 사람들이지요."

—지금 가장 걱정스러운 건 무엇입니까?

"우리 집사람 건강과 안개정국!"

부인은 현재 디스크 수술을 해서 병상에 누워 있는데, 기자가 방문하던 날은 누워 있는 모습을 보일 수 없다고 겨우 일어나 의자에 앉아서 손을 맞았다. 그리고 변 박사도 상대학장 시절 디스크 때문에 고생을 하다가 가까스로 치료한 바 있다. 그래서 그는 지금도 허리에 대해서는 늘 조심하고 있다.

—종교는?

"없지만 가진다면 가톨릭에 생각이 있습니다. 왜냐하면, 뭐 오래 살고 천당 가고 이 따위는 싫고, 종교라면 이웃에 대한 사랑을 적극적으로 표시해야 되지 않겠느냐, 억울한 사람들의 한을 풀어줘야 되지 않겠느냐, 그런 점에서 가톨릭이 낫지 않겠는가 이거죠."

"떳떳하고 마음 편히 산다"

—남들이 선생님을 말할 때 뭐 하신 분이라고 하는 것이 온당하겠습니까?

"그것 참 어려운 말이네요. 뭐 내세울 만한 게 있어야지요. 그저 경제발전론에 매달렸다고나 할까……."

—선생님은 20여 권이 넘는 저서 가운데 어느 것을 가장 역저라고 생각하십니까?

"글쎄 《한국경제연구》하고 《현대경제학연구》 두 권 같아요."

—선생님의 처세훈은 무엇입니까?

"항상 떳떳하게 사는 것 하고 마음 편히 사는 것이죠."

변 교수 부부는 슬하에 1남 2녀를 두었다. 장남 기홍 씨(32)는 경기고와 서울공대 기계과를 나와 작년에 미국 아이오와 대학에서 박사학위를 받고 그곳에서 공부를 계속하고 있다. 변 박사는 장남에겐 "문과를 시키면 애비처럼 될 것 같아서 아예 이과를 시켰다"고 한다. 기홍 씨는 작년에 김찬희 씨와 결혼해서 함께 미국에 가 있다. 변 박사는 "자제분 미국 유학시키기 힘들지 않았느냐"는 질문에 "기본적인 머리만 있으면 다 제 힘으로 공부할 수 있다"고 말한다.

장녀 기원 씨(30)는 경기여고와 서울대 가정대 식품공학과를 나와 부천전문대학에서 교편을 잡고 있다. 사위 이종훈 씨(33)는 서울상대 출신으로 공무원으로 일하고 있다. 그리고 장녀는 어머니가 수술을 받고 누워 있어서 지금 친정에서 어머니 간호를 하며 함께 살고 있다.

차녀 기혜 씨(29)는 평준화된 이후에 덕성여고와 이대 가정대 의류직물학과를 나왔는데 서울공대 출신 최익권 씨와 결혼해서 미국에 가 있다. 최 씨가 오하이오 주립대에서 전자공학박사 학위를 받은 뒤 매사추세츠 대학에서 연구를 계속하고 있기 때문.

변 교수는 딸 둘에게 전공을 달리하게 하고 또 교사자격증을 받게 한 건 유사시 '애들 어머니와 무어라도 함께 차려놓고 할 수 있게 하기 위해서, 또 급하면 교사로 나가 자립해서 살 수 있게 하기 위해서'이었다 밝힌다.

"나는 참 행복한 사람"

—혹시 자녀 교육을 잘 시키는 무슨 비법이라도 있습니까?

"비법은 없는데, 자기 자신이 일단 떳떳하게 살면서 모범을 보여야겠지요. 그리고 난 우리 애들이 새벽같이 학교에 갈 때도 꼭 같이 일어나서 아침밥을 함께 먹었어요. 부모가 애들하고 하루에 한 끼는 같이 밥을 먹어야 되지 않겠어요. 너무 일찍 일어나서 졸리면 애들이 간 다음에 다시 자더라도 밥은 같이 먹었어요. 밥 먹으면서 무슨 대단한 말을 하는 것도 없어요. 요즘 어떠냐, 어려운 거 없느냐, 그저 이런 얘기를 하죠. 그래도 부모 자식 사이엔 다 정이 통합니다. 또 큰 애를 잘 가르쳐 놓으니까 둘째, 셋째도 잘 되는 것 같아요. 서로 경쟁도 할 테고, 또 큰놈을 따라 가기도 할 테고."

—선생님 앞으로의 계획은 어떤 겁니까?

"공부는 계속하는 거고, 은퇴하고 나선 연구소를 차려서 연구도 하고 좋은 책도 쓰고 할 작정입니다."

—지나오신 길을 되돌아보실 때, 또 오늘의 선생님을 생각하실 때 어떻게 느끼십니까? 혹 불행했다는 생각은 들지 않습니까?

"아닙니다. 난 참 행복한 사람입니다. 물론 해직됐을 때 억울하다는 생각은 있었지만 4년 동안 아주 담담해져서 목석처럼 됐어요. 그리고 지금, 우리 집사람 남편한테 뭐 하지 말라는 소리 안 하고, 애들 다 공부 잘해서 소위 일류대 졸업시켜 제 갈길 가고 있고, 나 학교에서 욕 먹지 않고 있고, 또 잘만 하면 모교 교수로 시작해서 모교 교수로 끝나게 될 테니 이보다 더 뭘 바라겠소. 그러니 난 행복한 사람입니다, 안 그래요 오 선생? 난 또 돈 벌려고 지저분하게 살지 않았습니다."

끝으로 그의 제자인 시인 허유 씨(서울상대 14회)가 변형윤 교수의 환갑에 부쳐 바친 시 〈오래된 나무에 다시 움이 돋듯〉의 전문을 소개한다.

변교수님을 생각하면
청명한 날의 먼 구름을 보는 것 같다.

유유자적하시고
끄으름 같은 것 묻지 않으시고
햇곡식 같은 마음 바탕을 늘 펼쳐 놓으신다

변교수님을 생각하면
타는 솔갱이의 불꽃같다.

뜨겁게 타올라도 그 타는 냄새 정겨웁고
재를 남겨도 한 켜의 더러움도 없다.

변교수님을 생각하면
오래된 나무에 다시 움이 돋는 것을 본다.

비바람, 쓰린 눈발에 시달리고, 부대껴도

이리 다시 고마운 새 움이 돋는

반가웁고, 고마움에 눈물겹고 또 겹는

그 우리의 환한 봄날을

다시 보는 것 같다.

서울상대의 그 환한 봄날을

다시 보는 것 같다.

《월간조선》(1987. 7)

한국의 얼굴
: 학현 변형윤 교수

'해직' 경력의 교수

서울대학교 사회과학대학 경제학과 교수인 학현(學峴) 변형윤(邊衡 尹·60세) 박사.

지난 1월 6일로 환갑을 맞았던 변 박사는 한마디로 우리나라 경제 학계를 대표하는 '한국의 석학'이다. 변 박사는 한때 양심의 소리를 외치다가 25년간 정든 대학에서 해직되기도 했다. 그 후 그의 이름 석자 뒤에는 항상 '해직교수'라는 꼬리표가 붙는다.

이 시대 아픔의 한 부분으로 상징되고 있는 '해직'이라는 단어가 그의 이력서에 기재된 것은 순전히 학자적 양심에 따른 행동의 결과였다. 학문을 연구하는 학자로서, 제자를 가르치고 길러야 하는 스승으로서, 그가 지닌 정도(正道)에 어긋나지 않으려는 지성의 소리에 다름 아니었던 것이다.

제자가 많은 탓이기도 하지만 그런저런 관계 등으로 변 박사는 교우의 폭이 매우 넓다. 학계뿐만 아니라 정계·재계·법조계·문화계 등 사회 각 분야에서 우리 사회 지성인임을 자타가 인정하는 인사들과 깊은 조우를 하고 있다.

다양한 직종의 인사들과 교우관계를 돈독히 하는 것은 그가 덕목을 지니고 있기 때문이다. 또 경제학계를 리드하는 학문을 지녔을 뿐만 아니라, 선량하면서도 꼬장꼬장한 성격 등 내면에 흐르는 지성인의 양심적 행동에도 소홀함이 없기 때문이다.

대학에서는 어떠한가. 강의 내용도 그러하거니와 '훈도(薰陶)의 스승'으로서 학생들로부터 인기를 끈다. 그런 데다가 '해직'의 단어 뒤로 연결되는 선명성도 시대적 아픔을 고민하는 학생들에게는 존경심의 발로로 작용한다. 그러나 이러한 점들은 지성인의 당연한 정도에 따른 자연적 현상이지, 인기를 계산한 가식적 행위로 얻어진 인위적 영합은 결코 아니다.

한 가지 예를 들면 변 박사는 학원문제로 학생을 지도해야 할 경우, '…… 하지 마라, 안 된다'는 식의 어휘로 문제 해결을 강요하지 않는다. 학생들의 주장이 옳다고 생각될 때는 더욱 그렇다. 그럴 때는 호소조로 '이놈들아, 나 좀 봐다우!' 그런 식이다. 자신들의 주장이 옳으면서도 노교수의 설득(?)을 받아들이는 것은, 스승과 제자의 신뢰가 있음에서다. 또 그가 남긴 사도(師道)의 족적을 학생들이 너무나 잘 알기 때문이다.

한국 계량경제학의 대가이며, 수많은 제자를 가르쳐 오늘날 우리 사회의 각 분야에서 주도적 활약을 하도록 학문의 전수를 감당해 온 노교수의 오늘이 있기까지 변 박사가 남긴 사도의 족적은 뒤에서 좀더 자세하게 설명되겠지만, 우선은 여기서 그의 주요 이력을 더듬어 보는 것이 이해에 도움이 될 것 같다.

변형윤 박사는 지난 51년 서울대 상대를 졸업하고 64년 미국 밴더빌트대학교 대학원을 수료, 68년 서울대에서 경제학 박사학위를 받았다. 55년부터 서울대 상대 강사·조교수·부교수를 거쳐 65년에 교수가 되었다. 70년 서울대 상대학장, 통계협회장, 무역연구소장을 역임한 후 75년 서울대 사회과학대 교수로 봉직했다.

80년 3월 서울대 교수협의회 회장이 되었다. 그 해 5월, 지식인 134명이 양심의 소리를 담은 선언문을 발표하게 되었는데, 곧이어 5·17이 일어나고 그것을 기화로 7월 31일자로 해직되었다.

해직 후 아호를 딴 학현연구실(學峴硏究室)을 개설, 지금까지 운영하고 있고, 84년 현재의 서울대 사회과학대 경제학 교수로 복직이 되었다. 또 한국계량경제학회와 한국사회경제학회 회장, 금년에 발족된 서울이코노미스트클럽 회장으로 있다. 저서로는 《현대경제학 연구》, 《한국경제 연구》 등 10여 권에다 논문집만도 20여 편에 달한다.

'냉철한 두뇌 · 따뜻한 마음'

우리는 서슴없이 변형윤 박사를 가리켜 '계량경제학의 거두' '한국의 석학' 또 '대쪽 같은 교수'라고 말한다. 그에 대한 이 같은 세론에 변 박사는 이런 말로 항변 아닌 의미를 부여한다.

"거 좀 쑥스러운 얘기 아니요? 좋게 보는 얘기이지만, 대쪽 같다는 것은 꼬장꼬장한 나의 일면을 말하는 것일 게고, 거두니 석학이니 하는 소리는 제발 안 했으면 좋겠어요. 그런 소릴 들을 정도로 해놓은 일도 없고… 뭐 앞으로 그런 소릴 듣도록 더 연구하고 공부하라는 게 아니겠소? 다 그런 겁니다."

분명한 것은, 본인의 의사와는 상관없이 변 박사를 보는 일반적인 견해는 그가 우리나라 경제학계의 거목임을 수긍한다는 점이다. 그건 그렇다 하고, 일단은 여기서 변 박사의 학문의 밑바탕에 흐르는 기본적 사상은 무엇인가를 살펴볼 필요가 있다. 그것은 또한 그의 경제론을 이해하는 데 절대적이기 때문이다.

먼저 그의 지적 편력을 더듬어 보자. 그는 83년 봄 어느 잡지에 〈나의 지적 편력〉이란 제목의 글을 기고한 적이 있는데, 그 글의 일부를 인용한다.

나의 경제학 수학시대는 경제학계의 공백기, 독일의 역사학파 경제학과 전체주의 경제학이 풍미했던 시기, 프리노트 식에 주로 일본서적을 그리고 간혹 영·독·불 서적을 참고 문헌으로 삼는, 그것도 매우 부실한 강의가 행해지고 있던 시기, 일반수학(이것은 고등수학이 아니다)에 약하거나 그것의 기피증에 걸린 사람들이 경제학을 하는 것으로 여겨지고 있던 시기…… 등으로 특징지을 수 있을 것 같이 생각된다.

…… 그러면 나의 경제학 수학시대에 나의 관심을 가장 많이 끌었고 현재까지도 나에게 커다란 영향을 주고 있는 경제학자는 누구이며 경제서적은 무엇이라고 할 수 있는가. …… 한 사람과 한 권만을 택하자면 역시 앨프리드 마셜(A. Marshall)과 그의 주저인 《경제학 원리》를 들지 않을 수 없다. ……

앨프리드 마셜(1842~1924)은 영국 귀족계급의 경제학자이다. 그는 영국 케임브리지 대학교 경제학부 창설자인 동시에 경제학파의 하나인 케임브리지 학파 혹은 신고전학파의 창시자로서 오늘날의 경제학에 미친 영향은 지대한 것으로 평가받고 있다.

변 박사가 경제학 수학시대에 가장 큰 영향을 받았다고 한 마셜의 '경제학 현상'은, 그것이 그의 학문의 뿌리였다고 단정할 수는 없어도 학문적 가치를 정립하는 데 큰 가지였음은 분명하다.

그는 '나의 지적 편력'을 밝히는 글의 끝 부분에서 마셜에게 받은 깊은 충격을 이렇게 썼다.

…… '냉철한 두뇌와 따뜻한 마음'이라는 그의 케임브리지 대학 경제학 교수 취임 강연의 맨 끝 귀절 중의 말, 경제학을 배우려거든 런던의 이스트엔드(빈민가)에 가보라고 한 그의 말, '자연은 비약하지 않는다'는 그의 모토, 굉장한 수학자였으면서도 경제학에서의 수학 이용의 한계를 강조한 그의 슬기로운 태도 등은 당시 나의 마음을 완전히 사로잡았으며 현재까지도 그러하다.

마셜은 교수 취임 강연의 끝 부분에서 이렇게 말했던 것이다.

"강한 인간의 위대한 어머니인 케임브리지가 세계로 배출하는 자는, '냉철한 두뇌와 따뜻한 마음'을 갖고서 자기 주위의 사회적 고뇌와 싸우기 위해서 자기의 최선의 힘 중 적어도 얼마를 기꺼이 바치려고 하며, 또 교양 있는 고상한 생활을 위한 물질적 수단을 모든 사람들에게 주는 것은 어느 정도까지 가능한가를 명백히 하기 위해서, 자기의 전 능력을 다하지 않고서는 만족하지 않는다고 결심한 자(者)인데, 이들을 더욱 더 많이 증가시키기 위해서 나는 나의 부족한 재능과 한정된 힘을 다해서 할 수 있는 일을 한다는 것이 나의 가슴속 깊이 숨겨진 염원이며 또 최고의 노력이다."

변 박사의 경제학 수학시대에서 충격적 감동을 준 '냉철한 두뇌와 따뜻한 마음'은 이후부터 그의 분신이 된다. 86년 지상에 발표된 글을 모아 출간한 저서의 제목도 그것이었으며, 내일의 경영을 생각하는 모임임을 자처하는 서울이코노미스트클럽의 설립 목적으로도 표방되었다.

그러나 80년 해직 이전까지, 마셜의 말은 변 박사에게 단순히 학문의 정신적 주입이었다고 한다면, 해직에서 복직되기까지 무주공처(無主空處)를 헤매던 기간은, 그에게 현실적 상황의 새로운 경험을 터득케 해줌으로써, 더욱 확고한 학문의 사상을 고정시키게 된다. 우리 시대의 목소리라고 할 수 있는 그의 복직 후 첫 강의에서 한 말을 주의 깊게 보지 않을 수 없는데, 그것은 체험적 현실 시각에 의한 뚜렷한 학문지침의 일단을 잘 나타낸 말이었다.

그는 여기서 마셜의 강연을 인용한 후 "나는 해직 이후 비교적 억압받고 힘없는 쪽의 사람들과 어울리다 보니, 나의 학문이 추구해야 할 시각이 확실해졌다. 억울하고 가난한 사람들의 얘기를 자주 듣다 보니 그쪽 사람의 생각을, 당연히 받아야 할 물질적 수단의 혜택 등을 우선하는 글과 내용을 갖게 되었던 것이다"라고 확실히 밝혔다.

이 같은 선언적 강의로 우리는 그의 이상적 학문에 현실 체험이 접목되었음을 보게 된다. 그것은 또 '냉철한 두뇌와 따뜻한 마음'이 분명하게 그의 것이 되었다는 확인이다.

꼬장꼬장한 성격의 선비

기자는, 지난 9월 1일 신림동에 있는 학현연구실에서 변 박사를 만났다. 강의가 있을 때를 제외하고는 그는 항상 이 연구실에 있다. 이날 그와의 인터뷰는 연구실과 학교를 오가면서 4시간여에 걸쳐 이루어졌다.

우선 격렬한 양상을 띠고 있는 최근의 노사분규를 변 박사는 어떻게 생각하고 있는가가 궁금했다. 금년 여름은 계속된 장마와 폭우, 대형폭발사고, 오대양사건 등으로 끔찍한 인명·재산의 피해로 얼룩졌지만, 노사분규는 그것이 경제 기반의 붕괴라는 위험 요소까지 있어 국민 모두의 관심사가 아닐 수 없다.

—최근의 노사분규를 어떻게 보십니까?

"그게 있을 것이 일어난 게 아니오? 유신 이후부터 억압하고 쟁의를 금지하다시피 하면서 잡아가기 일쑤였고, 한마디로 근로자 활동이 억제된 상태에서 불만이 많았던 겁니다. 내가 보기에는 6·29선언이 없었다면, 그 발생 수가 적었는지는 몰라도 열기는 더욱 강했을 게요. 다 겪어야 할 일이고, 넘어야 할 과정입니다."

—앞으로 민주화 시대가 되면, 경제는 어떤 방향으로 나가야 합니까?

"정책의 전환은 오래 전부터 강조해 온 것이지요. 80년부터 안정을 통한 성장을 추구한다고 했지만, 사실은 유신 이후의 성장 위주 정책의 계속이었습니다. 이제는 안정 위주로 끌고 가다가 성장을 해가야 하고, 그러면서 분배에 대한 정책을 강화시켜 나가야 합니다. 근로자의 욕구는 바로 분배에 대한 것이 아닌가요? 안정과 분배를 내세우면 성장이 안 되는 것처럼 생각하는데, 그건 그렇지 않아요."

선량하고 선비 같은 학자에게 어떤 일말의 두려움을 느끼게 하는 것은, 예의 꼬장꼬장한 성격에서 나오는 올바른 행동과 입바른 소리 때문일 것이다.

그의 말은 계속된다.

"처음부터 적정 분배에 따라 성장을 추구했어야 합니다. 다 같이 혜택을 받는 상황, 그게 오히려 생산성을 높이고, 근로자는 더 열심히 일한다는 긍정적인 것을 생각하지 않고, 여태까지 기업가들은 임금을 제조 원가만으로 생각해 왔던 겁니다. 그래서 불만이 쌓여 최근의 노사분규에서 보듯 과격 양상이 발생하는 겁니다. 그럴 거 아니요?”

때문에 안정·분배 추구라고 해서 수출이나 성장이 안 된다는 것은 오도이며 억제와 참음을 강요하는 파이를 키워 나누어 먹자는 지금까지의 정책은 잘못되었다는 변 박사의 논리이다. 그게 사회의 고뇌와 싸워야 하는 경제학자로서의 일면이기도 하다.

변 박사를 보면 좀 시대에 뒤떨어진 느낌을 갖게 한다. 그렇지만 그건 그 특유의 트레이드마크가 된다. 보는 사람으로 하여금 복고풍을 느끼게 하는 특유의 짧게 치켜 깎은 머리, 양복저고리의 뒤가 트이지 않은 것 하며 바지 끝단을 밖으로 접어 마무리한 구식 일색이다. 현대적 감각의 멋이라고는 전혀 볼 수 없는 모습, 그것이 또한 그만의 고유한 스타일이다.

—언제부터 머리를 짧게 깎았습니까?

“아마 50년대부터 일거요. 뭐 특별한 일이 있었던 것도 아니고, 편하고 손질하는 시간도 안 걸리고, 그런 이유지요.”

고집스럽다는 말도 듣겠습니다.

“그럴 수도 있겠지요. 그런데 고집이라기보다는 뭔지 이상해서 시대적 유행에 맞는 것을 못해요. 스스로 불편을 느끼지 않으면 좋다는 생각에서 그냥 옛 것을 입어요. 생각대로 살아간다는 애깁니다. 개성대로 살아가는, 뭐 그런 거지요.”

그러고 보면 그건 고집이 아니라 그의 개성이다. 개성은 꾸밈이 없고, 꾸밈이 없다는 것은 자연미인데, 자연미만큼 좋은 것은 세상 어디에 있겠는가. 그런 변 박사의 개성을 이해하고 보면, 그렇게 온화하고 부드럽다는 느낌을 갖지 않을 수 없다.

“부드럽고 온화하다는 말은 들어요. 아마 그 같은 나의 이미지는 가풍에서 온 것이 아닌가 해요.”

학자는 계속 공부해야

변형윤 박사는 1927년 1월 6일 황해도 황주군 황주읍 예동리에서 아버지 변철희(邊喆熙) 씨와 어머니 이정사(李貞姒) 씨의 3남 4녀 중 장남으로 태어났다. 부모와 위의 누이〔衡順〕, 끝으로 둔 누이동생 둘〔衡愛, 福子〕은 북한에서 넘어오지 못했다. 지금은 둘째누이 형숙(衡淑·64, 서울의대 홍창의 박사 부인), 동생 형중(衡中·57, 농장 경영), 형하(衡夏·53, KBS국장) 씨가 월남해서 의좋게 살고 있다. 변 박사는 한 달에 하루는 꼭 형제들과 만나서 우의를 돈독히 한다고 한다.

변 박사의 고조부와 증조부는 진사 벼슬을 해서, 봉산의 변진사댁이라면 모르는 사람이 없었다. 조부〔鄕元〕 때까지는 그 일가가 봉산에 살았는데, 그의 조부가 의암(毅庵) 유인석(柳麟錫) 장군 휘하의 의병간부로서 군자금을 조달하느라고 재산을 다 날리게 되었다. 할 수 없이 그의 어머니가 얼마 남지 않은 전답을 거둬 외가인 황주로 이사를 하게 되었다고 한다. 그래서 위의 두 누이를 제외하고 변 박사부터는 황주가 고향이 된다.

당시 황주에서는 대개 평양고보로 진학을 했는데, 어머니의 권유를 받은 변형윤 어린이는 경기중학에 응시하게 된다. 담임선생님이나 주위서는 걱정을 했으나, 그는 어머니 뜻대로 경기중학에 떡 합격했다.

변 박사는 자신의 인생에 결정적인 역할을 하게 된 어머니에 대해 이런 글을 쓰기도 했다.

…… 어머니께서는 또 자녀들의 우애를 특히 강조하시었다. 어린 나에게 어머니께서는 '…… 너는 맏아들이기에 앞으로 형제자매간의 우애를 위한 마음가짐으로 살아가야 한다'는 말을 하시었다…… 그런가 하면 어

머니께서는 자녀들을 믿으시는 생활을 하셨다. 그 단적인 예로 우리들의 학교 성적표를 보시지 않는 것을 들 수 있다. 으레 우리 애들은 공부를 잘할 것이니 하는 믿음에서였다. 그러니 우리들은 더욱더 성적을 올리려고 노력하지 않을 수 없었다.

내가 어머니에게 지금으로 보면 마지막이라고 할 수 있는 작별 인사를 드린 것은 1946년 8월 초의 어느 날이다. 대학 2학년 여름방학을 이용하여 위험한 38선을 넘어서 집에 가서 지내다가 바로 그날 '체포자의 명단에 들어있으니 오늘 밤 중으로 서울로 떠나거라'는 긴급 전갈을 받고 집을 떠난 후 아직까지 만나 뵙지 못했기 때문이다.

그때 어머니께서는 하나도 흐트러짐이 없이 나직한 목소리로 '잘 가거라. …… 건강하라. 어느 경우에나 의젓하고 떳떳하라'는 말씀을 해주셨다. 이 이상 더 아들을 위하는 어머니의 심정을 잘 나타내 주는 말이 있단 말인가. 그러기에 나는 두고두고 이 말씀을 마음속 깊이 간직해오고 있다.

—왜 경제학을 택했습니까?

"부모님은 장차 법과에 가서 판사가 되기를 바랐어요. 그 뜻에 따라 경기중학(5년제) 4학년 때 경성제대 예과에 응시했으나 낙방했어요. 다음 해 이공대를 가려고 했는데 색약인 신체조건 관계로 또 뜻을 버려야 했던 거요. 그래 경제학 쪽으로 갔던 겁니다."

변형윤 학생은 그해 경성경제전문학교에 입학한다. 이 학교가 해방 후 국립서울대학교 상과대학이 되었다. 그의 대학시절은 해방 후 가정 형편이 어려워져 가정교사를 하는 등 고학을 해야 했다. 어릴 때부터 수학을 잘해 경제학 가운데 수리경제학, 통계학 분야에서 큰 탑을 쌓으면서 결국 계량경제학의 거두가 되기에 이른다.

　55년 군에서 제대를 한 그는 장차 교수가 되기로 뜻을 세우고 학문에 정진한다. 28세였던 55년부터 모교인 서울상대의 시간강사로 강단에 서기 시작해서 10년 후인 65년 드디어 뜻했던 교수의 자리에 들어섰다. 그는 열심히 강의하고, 강의를 하기 위해 열심히 공부를 하지 않을 수 없었다. 그런 틈에도 경제수학, 통계학 교과서도 썼는데, 그게 베스트셀러가 됐다.

　당시의 상황을 변 박사는 이렇게 회상한다.

　"그때 참 미친 듯이 공부했습니다. 공부하려면 푹 빠져서 미쳐야 해요. 강사생활로 바쁘기는 했지만, 학자는 공부를 안 할 수 없어요. 그럴 거 아니오? 학생들을 가르치자면 공부를 안 하면 못 배기니까 더 열심히 해야 합니다."

《엔터프라이즈》(1987. 1)

제3장 기 타

"여성의 힘, 어머니에게서 느꼈다"

변형윤 제2건국범국민추진위 대표공동위원장(71)은 '전통적인 가정'을 강조했다. "가정에선 남자와 여자의 할 일이 다르다"고 생각하는 입장에서 볼 때 "최근 여성운동은 부분적으로 지나친 면이 많다"는 것이 변 위원장의 주장. 하지만 고용에서의 차별을 가장 고질적이면서 큰 문제라고 지적하면서, 이런 문제들에 비하면 우리 여성운동은 아직도 미진하다고 평가했다.

제2건국위가 정치조직이 아니냐는 야당의 줄기찬 공격을 "정치색을 띠기만 하면 곧바로 사퇴하겠다"고 맞받아치며 6개월째 이 조직을 이끌어 오고 있는 변형윤 위원장. 그에게 제2건국위가 추진할 과제는 무엇인지, 최근 우리나라 여성문제를 어떻게 보는지 등에 대한 의견을 들어보았다.

—제2건국위가 출범한 지 이제 6개월이 됐는데요, 어느 정도 성과를 거뒀다고 보십니까.

"그동안 시행착오를 많이 거쳤고, 이제 틀을 갖춘 정도입니다. 본격적인 활동만 남은 거예요. 이미 활동에 들어간 것도 있고. 건국위는 의식개혁과 생활개혁에 중점을 둡니다. 물론 필요하다면 제도개혁까지 손대야 하겠지만요. 그리고 최근에 앞으로 추진할 중점과제들을 확정했습니다. 기존에 있던 부정부패 추방, 국민 화합과 지역 갈등 해소, 신지식인 양성, 21세기 문화시민, 한마음 공동체 갖기에서 공무원 의식개혁이 추가됐어요. 앞으로 이 6대 과제가 제2건국위의 핵심 과제가 될 겁니다.”

─건국위의 과제들을 보면서 역시 여성과제는 비주류라는 생각이 들었습니다. 성차별 의식은 우리나라 고질적인 문제이지 않습니까. 이런 의식개혁이 중요 과제로 채택돼야 하지 않을까 하는 생각도 드는데요.

“성차별 의식개혁은 저희 과제 가운데 국민화합 속에 포함됩니다. 그 과제 속에서 구체적인 프로그램들이 나올 거예요. 그리고 성차별 개선만을 주요 과제로 삼기는 그래요. 차별이라는 것은 다양한 영역에서 나타납니다. 지역갈등도 차별의식에 속해요. 그런 모든 잘못된 의식 전반을 고쳐 나가는 일이 저희가 할 일이에요. 그리고 심각한 문제가 발생하면 대통령께 건의할 수 있습니다. 그리고 저희 위원회에 계신 여성위원님들이 많이 문제 제기를 할 겁니다.”

─위원회에 여성비율을 살펴보니까 공동위원장은 20퍼센트를 넘었지만 실무를 책임지는 기획위원의 경우 겨우 10퍼센트이던데요. 요즘 기본이 20퍼센트인데 좀 적다고 생각하지 않으세요.

“더 노력해야죠. 하지만 여성이 없는 것보다는 낫지 않아요? 가능하면 더 많이 참여시키도록 할 겁니다. 그런데, 여성관련 조직들이 많지 않아서 그렇게 된 거예요. 위원이 개인의 자격이라기보다 연구소나 단체 대표들을 영입하다보니까 머릿수가 안 찼던 거죠. 하지만 지금이 최선은 아니에요. 그런 것에 절대 인색하지 않아요.”

—제2건국위가 앞으로 어느 정도 성과를 거두면 성공했다고 자평하실 수 있겠습니까.

"우리의 궁극적인 목표는 선진국이 되겠다는 거예요. 그리고 지금의 잘못된 의식과 생활을 하나하나 고쳐 나가겠다는 겁니다. 하지만 개혁이 눈에 보일 정도가 되지는 못할 겁니다. 의식은 바꾸는 게 쉽지가 않잖아요. 성과가 가시적으로 나타난다 생각하지 말고 바꿔야 하겠다는 공감대만 확산돼도 성공이라고 봅니다."

—위원장님은 재야교수의 이미지가 강하시고, 항상 행동하는 지성으로 평가됐었는데요, 그런 만큼 여성문제에 대해서도 생각을 많이 하셨을 것 같습니다.

"우리나라 여성문제는 고용에서 가장 심각해요. 직업전선에서의 차별 말입니다. 모두 남성 중심이기 때문에 여자들이 직업을 얻기가 힘들잖아요. 여성에게 기회를 줘야 하는데 그게 잘 안 돼 있어요. 해결해야 할 중요과제입니다. 또 이런 걸 여성들이 쟁취해야 해요. 여성들이 목소리를 높여야지요. 진보적인 남성들이 해주겠어요? 아닙니다. 여성들이 고용기회를 정당히 달라고 목소리를 높이고 또 여성 자신들이 자구적 노력을 해야지요."

—여성운동가들이 이제까지 주장해온 것이 고용평등이었는데요.

"그래도 대체적으로 미진해요. 그러면서도 부분적으로는 지나치다는 느낌을 받아요. 앞으로 해결해야 할 게 많다는 면에선 미진한데 또 어떤 주장을 들으면 좀 지나치지 않은가 하는 느낌을 받았어요."

—여성운동가들이 지나치다고 느끼신 경우는 구체적으로 어떤 주장이었습니까.

"예를 들면, 우리가 지금 아버지 성을 따르는데, 어머니 성을 함께 나란히 쓴 명함을 제가 받은 적이 있어요. 좀 지나치지 않은가 하는 생각이 들었어요. 난 구식인지 모르겠지만 많은 사람들이 동시에 할 수 있는 주장이어야 하지 않겠어요? 운동에도 단계가 있는데 그런 걸 잘 짜야 한다는 겁니다."

—부모 성 함께 쓰기는 남성 중심의 의식을 바꿔보자는 일종의 문화운동 차원인데요, 오히려 위원장님의 반응이 지나친 게 아닐까요.

"물론 그런 관점에서 본다면 그렇게 얘기하기도 하겠지만, 제가 보기에는 너무 외국에서 하는 대로 따라 가려는 모습을 많이 본다는 겁니다. 전반적으로 분위기를 파악하고 차근차근 풀어야지, 무조건 선진국이 그렇게 하니까, 외국이 그렇게 하니까 우리도 그래야 한다는 식은 마음에 안 들어요. 우리 것에도 본받을 게 많이 있어요."

—호주제를 폐지하자는 여성계의 주장에 대해서도 의견이 다르시겠어요.

"난 개인적으로 호주제가 있어야 한다고 봐요. 무슨 이야기냐 하면 똑같이 남녀가 동등할 수는 없어요. 역할이 각각 달라요. 역할까지 같을 순 없어요. 가정은 여성이 지키고 남자는 밖에서 일을 하는 것이 기본입니다. 물론 맞벌이도 가능해요. 하지만 일단은 가정은 여성의 일입니다. 그런 역할분담을 하면서 남녀동등이라고 하는 것이 잘 먹혀져서 두 사람 사이에 해결이 되면 그게 좋은 거지만, 기본적으로 가정은 여성이 이끌어야 편안하다는 생각입니다."

—위원장님은 가정에선 어떤 모습이신가요.

"독재자예요(웃음). 그래도 확실한 건 뭐냐면 공사를 분명히 가려요. 집에 와서는 절대 바깥일에 대해 이야기 안 해요. 가족에 관한 이야기만 해요. 직장에서 일어나는 일을 절대 집에 안 가지고 온다는 겁니다. 그건 철두철미해요. 역할이 다른데, 왜 다른 역할까지 내 아내에게 맡기겠느냐는 거예요. 내 아내는 집에서 할 일도 많은데 말입니다."

―위원장님은 존경해온 여성이 있습니까.

"당연히 우리 어머니요. 아주 전통적인 한국여성이셨어요. 우리 가친은 글만 읽으셨지만 우리 모친은 가정을 실제로 이끄셨어요. 자식들에게 얼을 심어주셨고 지금까지 내가 살아온 건 우리 모친이 어렸을 때부터 심은 얼 때문이에요. 무엇을 해야 한다, 어떻게 살아야 한다, 이런 거죠. 진정으로 여성의 힘이 강하다는 것도 어머니에게 배웠어요."

―마지막으로 젊은이들에게 당부하시고 싶은 말씀이 있다면.

"자신이 평범한 사람이라는 생각을 가졌으면 합니다. 절대 특별한 사람이라고 생각하지 말라는 거예요. 그것이 첫째고 두 번째는 책을 많이 읽고 생각하는 사람이 됐으면 해요. 그리고 세 번째는 좀 유행에 덜 민감하고 자신을 지켰으면 합니다."

《THE WOMEN'S》(1999. 5. 14)

변형윤 교수 부인 최명순 씨

언제부터인가 우리들 주변엔 '해직'이란 타이틀을 지닌 사람들이 많아졌다. 해직교수, 해직언론인, 해직근로자 등…….

거세게 밀어닥친 '정치파도' 속에서 삶의 현장을 떠나야 했던 이들은 우리 사회가 안고 있는 큰 상흔이었고 우리 사회가 반드시 풀 의무가 있는 응어리였다. 그래서 이 무더위에 불쑥 나온 해직교수의 원대한 복직소식은 한줄기 소나기처럼 답답한 가슴을 시원하게 풀어준다.

전 서울대 변형윤 교수(경제학)의 부인 최명순 씨(55)는 4년 동안 그렇게도 기다리던 소식에 "지병인 고혈압이 다 낫는 것 같다"면서 하루 종일 걸려오는 축하전화를 받으며 그동안 잘도 참아왔던 눈물을 한꺼번에 터뜨렸다.

대다수의 해직교수 가족들이 그렇듯 최 씨에게도 지난 4년은 고통과 기다림의 나날이었다. 경제적인 어려움은 그런대로 극복할 수 있었지만 '가르치는 사람'에게는 생명과도 같은 '지식의 전수'를 타의에 의해 차단당했을 때 그것은 참기 어려운 고통이었다.

최 씨는 해직 이후에도 서재에서 밤늦게까지 연구에 골몰하던 남편의 모습 속에서, 아침이면 광화문에 차려놓은 연구실(학현연구실)로 향하는 남편의 뒷모습에서 해직교수의 갈등을 읽으면서 가슴이 아팠다. 더욱이 지난해 1월에는 1남 2녀 가운데 막내딸(26)마저 결혼, 미국으로 떠나버려 한층 적적하게 지내왔다. 그래도 남편 친구분들과 제자들이 찾아와 격려와 위로를 해준 것이, 또 미국에 가있는 외아들(29)이 혼자 힘으로 박사코스까지 마친 것이 큰 위안이 됐다.

"그분이 정직하고 훌륭한 학자라는 믿음은 변함이 없어요."

참으로 오랜만에 찾아온 '해직'을 털어버리는 이 기쁨을, 최씨는 "모든 해직자들도 함께 할 수 있었으면……" 하는 자그마한 바람을 갖고 있다.

《한국일보》(1984)

혼자 있을 때

동작구 공사 후문에서 바라다 보이는 자그마한 산, 신대방동 학현헌에서 약 30분 거리에 있다. 양녕대군의 능이 있기도 한 이 산은 학현 변형윤 선생이 연구시간 이외에 가장 즐겨 찾는 '개방된 밀실'. 80년 7월 교직에서 물러나면서 지리산을 오른 이래 전국의 명산으로 이름난 곳이면 다 거쳤고, 작년에만 해도 설악산·한라산·치악산 등 어느 유명 산악인 못지않게 자주 산을 찾았다. 올 2월 초에는 오대산을 올랐고 조만간 주왕산을 오를 예정.

학현선생이 특별히 산을 즐겨하는 것은 정상에서 경관이 좋은 것은 물론이고, 현실상의 이해관계를 떠나 사물을 놓고 먼 거리에서 전체적으로 조감할 수 있는 시간을 갖기 위한 듯.

《정경문화》(1982. 3)

나의 건강

: 변형윤(서울대 교수)

■ 기본자료

신장: 176cm

체중: 70kg

혈압: 정상

지병: 없음

주량: 소주 2홉짜리 1~2병

담배: 피우지 않음

음식: 가리지 않음

한 2개월 전에 좀 무리를 했더니 심한 신경통이 있었다. 내 나이에 무리를 하면 안 되겠다는 생각을 절실히 했다. 그 뒤로는 정말 무리하지 않으려 하고 있다. 아무리 늦어도 12시를 안 넘기고 대개는 11시쯤 잔다.

나는 신경통이 좀 있는 것을 제외하고는 아무런 이상이 없다. 날씨가 궂거나 좀 무리를 하면 신경통 증세가 나타난다.

나는 아침운동 같은 걸 하지 않는다. 물론 일어나서 화초에 물주고 간단한 청소 같은 건 가끔 한다.

아침 6시에 일어나고 7시면 아침밥을 먹는다. 주스나 우유를 마실 때도 있다. 내 고향이 황해도 황주인데 젊어서 사과를 많이 먹은 탓인지는 몰라도 사과를 무척 좋아한다. 매일 2개씩을 먹는 셈이다.

나의 건강을 유지하는 데 결정적인 것은 매주 일요일의 산행이다. 1년 52주 중 불가피하게 빠지는 일요일이 10번 정도나 될까.

평일에 운동을 않는 대신 1주일분을 몰아서 하는 것이다. 때로는 원행도 하지만 대개는 북한산에 간다. 백운대 같은데 정상까지 갈 때도 있고 많은 경우는 세검정에서 수유리로 빠지는 코스이다. 일행과 함께 과실주 또는 소주에 고기를 곁들여 먹는다. 거기서 세상 돌아가는 모든 얘기들을 다 털어놓고 같이 웃는다. 마음의 스트레스를 풀어버리는 것이다.

나는 마음이 언짢을 때면 그때그때 풀어버리려고 노력한다. 그렇다고 해서 상대방을 기분 나쁘게 하면서 풀지는 않는다.

음식은 가리지 않는 편이나 육식보다는 야채나 생선을 좋아한다. 술을 먹을 때는 대개 고기를 먹는데 술은 보통 소주 한 병, 기분나면 두 병도 먹는다. 산에 다니는 탓에 식욕이 참 좋다. 그래서 자칫 과식하기가 쉬운데 나는 좀 배부르다 싶으면 수저를 놓는다.

나는 운동에는 소질이 별로 없다. 그래서 학창시절에 체육점수가 나쁘다. 다만 시골에서 자랐으니까 걷거나 좀 뛰는 건 하지만 그 흔한 정구나 탁구도 못 친다.

4년 몇 개월 만에 학교로 돌아가 의료보험카드라는 것이 나와 지난번에 모처럼 건강검진을 했다. 혹시 혈압이 전에 비해 좀 높아지지 않았나 생각했는데 정상이라는 얘기다.

부인 최명순 씨의 말

아이들이 다 출가하고 둘이만 살고 있다. 남편은 매주 일요일 산에 다님으로써 건강유지를 하고 있다.

여름철에는 아침 일찍 산에 가기 때문에 새벽부터 일어나 준비를 해드린다. 요즘에 칡차가 좋다고 해서 아침마다 끓여내고 아로나민 같은 것도 복용케 하고 있다.

전문의 진단 | 허성호(중앙대 필동내과병원·의박)

내과질환의 반 이상이 심인성 질환이라는 통계가 있고 보면 마음을 편히 가진다는 것은 모든 병을 막을 수 있는 예방약이라 하겠다.

아로나민은 비타민B_1(지아민)을 활성화시킨 것으로 마늘 성분이 들어 있어 여름철 체력소모가 많을 때 특히 좋다.

노후의 신경통을 방지하기 위해서는 가벼운 운동을 매일아침 하는 게 상책이다.

《주간매경》(1986. 6. 19)

야권·강성의 실향민 10총사

서울대 경제학교수인 변형윤 박사는 황해도 황주에서 1927년 출생한 실향민이다. 그의 조부 때까지는 봉산에 살았으며 아버지 때에 외가가 있는 황주로 이사했다고 한다.

시골 국민학교를 마치고 서울 경기중학에 합격할 정도로 공부를 잘했던 그는 서울상대로 진학했고 6·25 때는 유엔군 연락장교로 복무했으며 그 후 육군사관학교 교관으로 전두환·노태우 등 11기생, 박준병 등 12기생들에게 영어와 경제학을 가르쳤다.

그 후 서울상대 교수가 되어 4·19를 겪고 젊은 교무과장을 맡았으며 박정희 정권 때는 경제개발계획 평가교수단에 발탁(?)되었으나 대통령 앞에서 경제정책 잘못을 마구 지적하여 '미운 오리새끼'로 소외되고 말았다.

변형윤 교수가 재야권과 '의기상통'하는 맹렬교수로 지칭되기 시작한 것은 1980년 3월 서울대 교수협의회장이 되고 그해 5월 〈지식인 134인 양심선언〉을 발표함으로써 대학에서 쫓겨난 데서 비롯되었다.

강단을 쫓겨난 그는 '정치방학' 4년 1개월 동안 '학현연구실'을 열어 연구와 집필에 전념했으며 결코 권력 앞에 비굴하지 않았다.

84년 9월에 복직된 그는 모교 교수 학생들의 열렬한 환영을 받았으며 그 후 6·29선언, 6공화국 출범이라는 정치적 변혁을 맞이하면서도 냉철한 시각을 계속 유지했다.

특히 변 교수는 89년 12월 '경제정의실천시민연합'(약칭 경실련)을 조직하여 공동대표를 맡음으로써 경제학자의 사회참여를 몸으로 때우고 있다.

그는 타고난 강직성과 정의감으로 비리를 묵과하지 못하므로 정치권력하고는 언제나 대치되는 입장에 서고 있다. 그러나 그 심성의 맑고 소박함이 많은 사람들의 마음을 움직여 그 누구도 변 교수를 '운동꾼'이라고 지칭하지 않는다.

황해도중앙도민회가 1987년 가을에 변 교수에게 '영예도민상'을 수여한 것은 황해도 사람다운 훈훈하고 너그러운 성정의 발로라고 여겨진다.

《월간동화》(1991. 1)

학현 변형윤 박사님(40회)을 찾아뵙고

—선생님 안녕하셨습니까? 선생님께서는 지난 2월 28일로 그동안 37년간 몸담아 오셨던 서울대학교 경제학과에서 정년퇴임을 맞으셨고, 이달 13일 고별강연을 하시게 되어 있는 줄로 압니다만 정년퇴임을 맞아 특별한 감회가 있으시겠죠?

"정년퇴임이 되었다고 하여도 생활에 큰 변화가 없어서인지 특별한 감회는 별로 느껴지지 않는군요. 정년 후에도 학현연구실에서 후학들과 함께 연구를 하고 있고 세미나도 계속하고 있어요. 지난 80년부터 84년까지 4년 동안 '해직교수'로서 학교를 떠나 있었기 때문에 학교를 떠나는 것에 대해서 어느 정도 적응이 되어있다고 할 수 있지요."

—선생님의 화동 시절에 대하여 여쭈어보고 싶습니다.

"내가 경기에 들어간 것이 1939년이었고 졸업한 때가 1944년입니다. 당시 37년에 중일전쟁이 시작되었고 41년에 태평양전쟁이 시작되지 않았습니까? 교육에서는 황국식민화 정책이 시행되고 전시체제하에서 학생들의 근로동원이 강요되는 때였지요. 한마디로 고난에 가득 찬 시절이었다고 생각됩니다."

—그 시절에 특별히 생각나시는 학우는 어느 분들입니까?

"홍순경, 김완수, 김용완, 이은규 군 등과 지금 총동창회 회장직을 맡고 있는 김집 군이 동기이고 북한에서 활약하는 윤기복 군도 기억에 남는군요."

—기억에 남는 은사님은 어떤 분이 계신지요?

"당시 대부분이 일본인 선생이었고 한국인 선생으로는 현재 생존해 계시는 채관석 선생님이 영어를 가르치셨지요. 이관섭 선생님과 박경찬 선생님은 수학을, 그리고 최희남 선생님이 음악을 가르치셨어요. 이관섭 선생님의 명성은 대단했습니다. 학교 선배(14회)로서 '경기혼'을 불어넣는다고 저희들한테 자주 기합도 주곤 했어요. 특히 인상에 남는 것은 당시 지리를 가르치신 김교신 선생님입니다. 그는 무교회주의운동의 선구자였고 민족지사였지요. 더욱이 민족의 혼을 불러일으키는 그의 독특한 수업방식이라든지 근면한 생활태도는 학생들에게 깊은 인상을 남겼다고 봅니다."

—어떠한 동기로 경제학을 공부하시게 되셨고 또 어떤 연유로 경제학자로서 학교에 남게 되셨는지요?

"경기를 졸업하고 지금 서울상대의 전신인 경성경제전문학교에 입학하였지요. 부모들은 내가 법과대학에 가기를 바라셨지만 나는 사실 이과 계통에 취미를 갖고 그쪽으로 진학하고 싶었습니다. 그런데 나는 색약이기 때문에 이과로 진학할 수 없었고 인문계통에서 비교적 적성에 맞고 학교 수준도 괜찮다고 해서 경전에 들어간 것이지요.

그러나 당시는 전쟁 말기라 거의 공부를 할 수 없던 상황이었습니다. 해방 후에 상과대학이 되었습니다만 당시는 마르크스주의 경제학이 풍미하고 있었고 해방 후 정치적 혼란 가운데 좌우의 대립이 격렬하였지요. 특히 상과대학에서 제일 치열했던 것으로 압니다.

나는 평소 대학이 발전하여야 사회와 국가가 발전한다는 생각을 가지고 있었고 이런 가운데 대학교수가 될 결심을 했지요. 그러다가 6·25 후에는 군에 들어가 육사교관으로 복무하면서 경제학을 가르치고 대학원 수료를 위하여 다시 학교로 돌아온 것이 서울대 교수가 된 계기가 되었다고 봅니다."

—선생님께서 한국에 처음으로 수리경제학과 계량경제학을 도입하고 또한 최근에는 한국사회경제학회를 창립하여 초대회장에 취임하시고 젊은 연구자들에게 연구의 장을 마련해 주신 것으로 알고 있습니다. 그 경과를 듣고 싶군요.

"서울대학교에 처음 부임해서 담당했던 과목들이 통계학과 경제수학이었지요. 내가 수학 등에 취미가 있고 남들보다 비교적 그 방면에 관심을 더 가졌던 때문이겠지요. 당시는 서구 선진국의 경제학을 도입하던 단계였고, 나는 그런 상황 하에서 한국에 처음으로 계량경제학을 도입하고 그 과목을 담당했습니다. 한국사회경제학회는 1987년에 창설되었습니다만, 주로 한국의 사회경제현실에 대하여 비판적 안목을 가지고 보다 급진적인 개혁을 추구하는 젊은 연구자 중심의 학회지요.

경제학자들의 현실참여 방식이 직접적인 것보다는 학문연구를 통한 간접적 방식이 되어야 한다고 생각합니다마는, 현실개혁을 위한 다양한 이론과 실천적 대안은 학문적 영역에서 충분히 자유롭게 연구되고 토의되어야 한다고 봅니다. 현재 우리의 경제이론의 폭은 너무 좁고 사상과 학문의 자유가 보장되어 있다고 보기도 어렵지요. 학문과 사상의 폭을 넓혀보고자 하는 것이 한국사회경제학회의 창설에 동참하게 된 까닭이라 할 수 있지요."

—선생님께서는 대학에서 강의나 학회활동 이외에도 '경실련' 등 많은 사회활동도 하고 계신데 특별한 이유라도 있습니까?

"경제학은 사회과학의 한 분야인 만큼 궁극적으로는 사회적 실천을 목표로 하는 것이지요. 최근의 한국경제 상황을 보면 경제정의 및 분배적 형평을 개선하지 않고는 더 이상의 성장과 발전은 기할 수 없는 상황에 다다랐다고 봅니다. 이것이 '경실련'의 공동대표직을 맡은 이유라 할 수 있지요. 나는 학생들에게 강의에 앞서 '냉철한 머리, 따뜻한 가슴'이라는 마셜의 말을 인용하여 경제학을 하는 태도를 가르쳐왔습니다만 경실련 등을 통한 사회활동은 이론을 실천에 옮기는 하나의 노력이라 할 수 있지요."

—선생님께서는 현실과 타협하지 않으시고 항상 학자적 양심에서 현실을 비판하셔서 선생님을 뵈면 '지조'라는 말이 떠오릅니다. 이러한 선생님의 생활태도에 영향을 준 사건이나 인물이 있으시면 말씀해 주십시오.

"지조라는 말은 과분한 얘기고 옹고집이라 해두지요. 교수로서 소위 '현실참여'에 처음 나서게 된 것은 4·19 당시 교수들의 이 정권 퇴진을 위한 시국데모에 나선 것이지요. 당시에는 행정권의 장기집권 음모가 진행되니까 교수사회에도 관변학자 또는 어용학자가 많아지는 현상이 나타났습니다. 그런 가운데 경찰의 발포로 인한 학생들의 희생이 있었고 교육자 및 학자로서 이런 현실에 타협해서는 안 된다 생각한 것이지요.

나의 생활태도와 관련해서 영향을 준 사람을 굳이 말하라고 한다면 전후 동경대학 총장을 지낸 야나이바라 다다오(矢內原忠雄) 선생이지요. 그는 전전 일본의 동경제대 교수로 있을 때 일본의 천황체제를 비판하였다가 대학에서 추방된 후 성서연구와 학문적 집필로 소일하면서 꿋꿋한 자세로 살아오다가, 일본이 패망하자 동경대학의 교양학부장과 총장을 지낸 일본의 최고 지성인의 한 사람이지요."

—선생님 아호인 학현은 어떻게 지어졌는지요?

"내가 해직되었던 당시 해직교수들이 지어준 것입니다. 한말 의병대장인 의암 유인석 선생의 문집인 《의암집》에 나오는 나의 고조부에 관한 글 가운데 '鶴峴'이란 동네 이름이 나오는 것을 기억해서 학현이 어떻겠냐고 물었더니, 성균관대학의 이우성 교수가 '鶴'을 '學'으로 바꾸는 것이 좋겠다고 하고 참석한 다른 교수들도 그것에 동조하는 바람에 나도 그대로 받아들여 '學峴'이 된 거지요."

—앞으로 선생님의 계획에는 어떤 것이 있습니까?

"해직 당시 제자들의 도움으로 이 학현연구실이 마련되었습니다만 앞으로 이 연구실을 이용하여 재직 중 못다 한 경제학 연구를 더 충실히 하는 것이 앞으로 계획이지요. 우선 개인적으로는 그동안 계획을 세워놓고 마치지 못한 마셜에 관한 연구를 완성하고 싶군요. 또한 그의 연구태도를 본받고 싶고요. 그는 56세에 《경제학원리》 저술을 위해서 케임브리지 대학을 은퇴한 후 10여 년에 걸친 연구 끝에 불후의 명저를 남겼습니다."

—경기 후배들에게 당부하시고 싶은 말씀이 있으면 한 말씀 부탁드리겠습니다.

"대개 가장 우수한 사람들이 경기에 모였고 사회에서도 그렇게 알고 있지요. 그러나 스스로 자기를 내세우는 경기인이 아니라 남이 알아주는 경기인이 됐으면 해요."

—바쁘신데 오랜 시간 후학과 후배들을 위해 좋은 말씀 주서서 감사합니다. 아무쪼록 건강하시어 우리 경제학 발전을 위하여 더 많은 연구를 해주시고 후학들을 계속 이끌어 주시기 바랍니다.

《경기동창회보》(1992. 4. 10)

제2편
학문탐구

제1장 강단 시절

대도를 걷는 경제학자 변형윤 교수

신선한 분위기의 원로경제학자

신림 4거리, 동네 상가들이 즐비한 골목어귀에는, 지하에 만화가게 그리고 1층에는 과일가게가 들어서 있는 3층짜리 건물이 서 있다. 그곳 2층에 위치한 '학현(學峴)연구실'을 처음 찾아간 날, 변형윤 교수는 방학기간임에도 일찍부터 이미 자리를 잡고 앉아 집필에 몰두하고 있었다. 인터뷰 전에 그에 관한 자료나 저서 등을 훔쳐볼 요량으로 미리부터 무작정 찾아갔던 기자는 그만 당황하고 말았다. '오늘은 어디 약속이 있다고 했는데……' 하는 생각과 함께 불시에 찾아든 면구스러움으로 쩔쩔매고 있을 때, 변 교수는 찾아온 용건을 듣고는 아주 호탕하게 웃어제꼈다. "허허허, 아주 재밌구만." 그러면서 건네준 것이 그가 80년 7월 해직 이후 집필한 《냉철한 머리 따뜻한 마음》이라는 제목의 책이었다. 그 제목 옆에는 '경제기사도를 생각하며'라는 부제가 붙어 있었다.

'경제기사도'를 생각하며 집필한 그 책 속에는 '정치방학 4년' 동안의 그의 삶이 담겨 있었다. 그 책에서 만난 소박하고 꾸밈없이 나열된 삶의 모습이, 마치 천진한 어린이와 같은 분위기를 내포하고 있어 왠지 모를 안도감을 갖게 했다. 그것은 '계량경제학의 권위자' '서울상대학장' '서울대교수협의회 회장' '국립대교수협의회 회장단의장' '한국경제학회장' 등으로 대변되어왔던 굵직굵직한 그의 직함에서 풍기는 이미지와는 사뭇 다른, 아주 신선한 느낌이었다.

'서울의 봄'으로 불리던 1980년 3월, 그가 서울대교수협의회 회장으로 선출되고 얼마 지나지 않았을 때다. '서울의 봄'이 군부에 의해 무참히 유린당하기 시작하자 그 당시 이를 심히 우려하는 사회 각계의 지식인 134인이 서명한 선언문이 언론에 보도되었다. 이 일로 그는 모 기관에 끌려가 3박 4일 동안 있으면서 사표 쓰기를 강요당했다. 그렇게 해서 25년간 몸담아온 모교의 교수직에서 그는 쫓겨나게 된다. 그것은 '평생을 교수로 살겠다'고 마음먹고 열심히 공부한 학자로, 열강으로 소문난 교수로 인정받아오는 데 한시의 노력도 아끼지 않았던 그에게는 지독한 시련이자 아픔이었다. 특히 그를 두고두고 분노케 한 것은 교수로서 하등 잘못한 일이 없는데 '비위에 안 맞는다'고 쫓아낸 그 한 맺힌 부당함 때문이었다. 그래서 그는 일체의 '다른 길'에의 유혹도 뿌리치고 끝까지 버티어 나갔고 결국 84년 9월, 48개월 만에 복직이 되었다.

대쪽교수로 통하는 그의 학자적 결벽성

그는 1927년 황해도 황주에서 3남 4녀의 맏아들로 태어났다. 2대째 진사를 지낸 집안의 외아들이었던 그의 부친은 한학에 밝고 유학자풍의 소문난 국수주의자였던 탓으로 맏아들인 그에게 일찍부터 천자문을 깨치게 하려고 무진 애를 쓰셨다고 한다. 그러나 지금도 그렇지만 그때는 더욱 그에게 한문은 왠지 낯설고 익혀지지 않더라는 것이다. 결국 포기해버린 채 실망한 부친의 마음을 돌릴 수 있었던 것은 소학교 입학 후부터였다는데 졸업 때는 전체에서 1등을 해서 도지사상을 받을 만큼 공부를 잘했기 때문이었다. 두 딸을 낳은 끝에 기쁘게 얻은 그 아들이 마냥 대견하기만 했던 모친은, 당시 평양의 상급학교 진학을 마다하고 주위의 우려와 반대를 무릅쓰고 서울의 경기중학에 원서를 쓰게 하였다. 경기중학에 합격하면서 그때부터 변형윤 소년의 본격적인 서울 유학생활이 시작된다. 그때 나이 12살.

경기중학 4학년 때 법관이 되기를 희망하는 양친의 뜻을 따라 경성제대 문과 갑에 응시했으나 낙방하고 이듬해 졸업반이 되어 이과에 진학하려 했으나 색약이라는 결점 때문에 뜻을 못 이뤘다. 그때의 일에 대하여 그는 이렇게 말한다.

"그러나 내가 눈 관계로 소질에 맞는 이과를 가지 못하고 문과에 가서 경제학을 하게 된 것은 결과적으로 잘된 일인 것 같다고 생각하지요. 경제학은 어느 정도 이과의 특성을 가지고 있거든." 그것은 이후 그가 수학과 밀접한 수리경제학과 계량경제학 등에 열성적으로 매달려 독보적인 연구결과를 얻어낸 사실에서도 알 수 있다. 사실 그가 경제학을 선택한 것은 '뭐 특별한 동기가 있었던 것도 아니고 그 당시 인기 있는 학과고 적성에도 대충 맞는 것 같고 해서'였다는데, 그는 '공연히 뭐 대단한 포부나 동기가 있는 것처럼 떠벌리며 자신을 내세우고 싶어 하는 가장된 행동'을 아주 싫어한다. 그래서 입학시험 면접 때에도 학생들에게 '넌 왜 왔니?' 하고 대놓고 물어보지만, 구구하게 '옛날에 다리 밑의 거지를 보고 마음을 정했다 어쨌다' 하는 식의 대답을 영 못마땅해 한다. 그저 솔직하게 '부모·형제가 가라고 했다'라든가 '인기학과라고 해서 왔다'는 식의 솔직한 대답을 좋아한다. 그것은 어쩌면 '대쪽교수'로 통하는 그의 학자적 결벽성과도 일맥상통하는 면이 없지 않다. 사실 그의 글을 읽다보면, 참 간단하고 수식어 없는 짤막짤막한 문장들이라 그 속에서 문득 그의 단순 명확한 성격의 일면을 발견하게 된다.

그가 경제학을 선택한 특별한 동기가 없었던 것처럼 그 선택을 특별히 후회해본 적 또한 없었다고 한다.

"난 청년시절에 야망이나 커다란 포부랄까 그런 것이 없었어. 참 묘하지요. 내가 정서가 없어서 그런지는 몰라도 특별히 뭐가 하고 싶었다던가 뭐 그런 게 없어. 지금도 사람들이 '금년에 계획 있습니까?' 하면 '뭐 계획이랄 게 특별히 없어요' 하지요. 나는 그저 그때그때 내가 처한 생활 속에서 열심히 노력하면서 살아갈 뿐이지, 뭐 특별난 게 없어요."

무섭게 공부했던 계량경제학의 대가

그가 상과대학을 다니고 있을 때 6·25가 났고 9·28 수복 때에는 유엔군 연락장교 일을 잠깐 맡기도 했다. 이듬해에 육군 병기학교가 창설되자 그는 그곳의 연락장교로 취직했다. 그가 '변 중위'로 있던 1953년, 부산에서 친척 누이의 소개로 지금의 부인 최명순 씨와 중매결혼을 했다.

휴전이 되자 그는 육군사관학교 교관으로 서울로 올라왔다. 그리고 55년 육사에서 경제학 강의를 맡게 되었다. 그때 그의 강의를 듣던 육사 11기 생도들 가운데는 장차 우리나라 정치사에 등장하는 전두환·노태우 생도들도 포함하고 있다.

그 즈음에 그는 서울상대에 시간강사로도 출강함으로써 '교수가 되려는 꿈'을 조금씩 좁혀 나갈 수 있었다. 그는 전쟁 중에도 서울상대 대학원에 직을 두었던 만큼 그가 그토록 좋아하는 앨프리드 마셜처럼 '하나하나 차곡차곡 쌓아가는 집요한 노력'을 진행해갔던 것이다.

그는 무섭게 공부하는 교수라는 평을 듣는다. 대학시절 때부터 부실한 학교수업 대신 도서관을 출입하며 원서를 놓고 혼자 공부했다. 그 당시 이단시되던 수리경제학도 혼자서 공부했던 것이 훗날 계량경제학의 대가로 권위를 떨치게 된 토대가 되었던 것이다.

사실 어용교수라는 말을 듣지 않으려면 늘 학생보다 더 많이 공부해야 한다고 그는 말한다. 그래서 한때 젊은 시절에는 방학이 오히려 더 고통스러웠다고 한다. "학기 중에 정상적인 교수생활을 하면서는 생각하면서 쓰는 글은 힘들어요. 대체로 미뤄두었다가 방학 중에 시간을 쪼개서 집중적으로 하지 않습니까? 그러니 방학은 정신적으로 육체적으로 제일 고통스러웠지요. 그래도 그러고 나면 책도 나오고 뭐 그랬는데, 요즘 젊은 교수들은 안 그런 모양이에요. 우리 세대에는 뭔가 하나 하려면 그저 매몰해야만 했지요."

그러한 그의 철저한 학문탐구의 자세는 주위의 인정을 받게 되고 1964년, 세계적인 수리경제학자 조제스큐 로젠(N. Georgescu-Roegen)이 한국에 왔다가 돌아가면서 그에게 포드재단의 장학금을 얻어주어 내슈빌에 있는 벤더빌트 대학원에 가게 되는 행운을 얻는다. 그는 그곳에서 경제학과 수학에 몰두하게 된다. 그는 이때 비로소 학문적인 성장을 했다고 여기고 있다. 그곳에서 세계계량경제학회와 미국경제학회의 회원으로 가입하였다. 그 후에도 세계계량경제학회의 세계회의 때마다 빠지지 않고 참석하면서 세계 유수의 경제학자들과 만나 학문적 교류를 가질 수 있는 기회를 얻는다.

그러나 제4차 세계대회 때는 서울대 교수에서 해직되어 있던 시기였으므로 가지 못했다. 이 일은 그로 하여금 해직의 고통을 비로소 심각하게 경험케 했던 것이었음을 그의 저서 《냉철한 머리 따뜻한 마음》에서 술회하고 있다.

마셜의 구도자적 자세에 이끌린 그의 경제철학

해직기간 중에도 그는 《반주류의 경제학》《분배의 경제학》 같은 저작활동을 게을리 하지 않았다. 특히 제자들이 힘을 모아 그의 호를 따서 이름 붙여진 '학현(學峴)연구실'을 마련해주어 지속적인 연구작업을 할 수 있었다. 이는 일생 최대의 고난기였던 당시 그에게 더할 수 없는 위안이 되었다. 그가 현재 집필 중인 '마셜경제학연구'도 이 시기에 착수하게 된 것이다.

경제학자로서의 운명적인 만남이었다고 할 앨프리드 마셜에 대하여 그는 이렇게 술회하고 있다.

"…… 그러면 나의 경제학 수학시대에 나의 관심을 가장 많이 끌었고 현재까지도 커다란 영향을 주고 있는 경제학자는 누구이며 경제서적은 무엇이라고 할 수 있는가…… 한 사람과 한 권만을 택하자면 역시 A. 마셜과 그의 주저인 《경제학 원리》를 들지 않을 수 없다. '냉철한 두뇌와 따뜻한 마음'이라는 그의 케임브리지 대학교의 경제학교수 취임강연의 맨 끝 귀절 중의 말, 경제학을 배우려면 런던의 이스트엔드(빈민가)에 가보라고 한 그의 말, '자연은 비약하지 않는다'는 그의 모토, 굉장한 수학자였으면서도 경제학에서의 수학 이용의 한계를 강조한 그의 슬기로운 태도 등은 그 당시 나의 마음을 완전히 사로잡았으며 현재까지도 그러하다(《월간조선》 83년 4월호)."

앨프리드 마셜이 그의 마음을 완전히 사로잡았던 면들 중 특히 마셜의 그리스도적 정신에 입각한 구도자적 자세의 신념, 자기를 극기할 줄 아는 그의 굳센 정신을 그는 아주 좋아한다고 말한다.

그가 마셜의 구도자적 자세에 마음이 끌린 이면에는 종교에 대한 나름대로의 열정이 숨어 있지 않을까 해서 그의 종교관을 물었다.

"사실 안 된 얘긴데 젊었을 적에는 종교를 가지려고도 했지만 6·25의 혹독한 격변기를 거치면서 종교에 대해서 아주 허구적인 생각을 갖게 되어 멀어졌었지요. 그러다 80년대 들어와서 일부 종교계의 본받을 만한 분들을 보면서 생각이 좀 바뀌었지요. 종교란 사실 기복적인 신앙보다는 적어도 이웃의 어려운 사람들을 위해서 노력하고, 힘없는 이들을 과감하게 대변해줄 수도 있어야 한다고 생각합니다. 불의한 사회에 대해서는 정의를 외칠 수 있어야 하고. 그러나 아직도 많은 종교인들은 개인 기복적인 상태에 머물러 있는 것 같은데 그렇다면 종교를 가질 필요가 없다고 생각하지요. 그러나 만약 내가 종교를 갖는다면 난 가톨릭 쪽을 택할 겁니다. 왜냐하면 그쪽이 하나로 움직이고 있어서 어떤 영향이든 크게 미칠 수 있을 테니까."

'거시기산우회'와의 등반생활과 재야인사

오로지 대학교수 일밖에는 모르던 그가 학교를 떠나고 난 뒤 정신적, 육체적인 공허와 공백을 메우기 위해서 나선 것이 '거시기산우회'라는 대부분이 재야 반정부인사들로 구성된 등산모임이었다. '거시기산우회'라는 이름은 회원 중 한 사람이 1분간 이야기하는 동안 50번 정도는 거시기 소리를 남발한다 하여 붙여진 이름이다. 이돈명 변호사를 비롯, 송건호, 백낙청, 박현채, 이호철 씨 등의 양심적인 재야인사들이 주류를 이루고 있는, 그야말로 허심탄회함을 가장 큰 장점으로

친다는 산우회였다. 그는 이들과 더불어 크고 작은 산행의 관록을 붙여가면서 심리적, 정신적 압박을 맘껏 풀고 오는 것으로 해직기간 동안의 어려움을 나름대로 극복해갔다.

거시기산우회의 등반 중 가장 잊혀지지 않는 산행은 82년 6월 지리산 등반 때였다. 그는 이때 지리산의 난코스를 택해 오르면서 동료들과 밤늦은 술자리, 부족한 잠, 많지 않은 산행경험 등으로 엄청난 어려움을 겪었으나 처절하리만치 그 과정을 견뎌내었다고 술회한다. "정녕 견디기 어려웠다. 그러나 그때마다 다른 사람들한테 폐가 되어도 또 몰골 없고 약한 모습을 드러내서는 안 되겠다는 강한 마음, 이러지도 저러지도 못하는 궁지에 빠졌을 때 사람이면 누구나 발휘하게 되는 오기, 의지할 것은 내 몸 하나뿐이라는 절박감……(《냉철한 머리 따뜻한 마음》 중에서)."

그가 무엇보다 한국의 현실에 따른 경제연구에 많은 노력을 아끼지 않았음을 상기하고 물었다.

―현재 우리나라의 경제문제 중 가장 시급히 해결해야 할 부분은 어떤 것이라고 보십니까?

"그건 한마디로 얘기할 수 없는 것이지요. 너무도 해결해야 할 일이 많으니까. 그러나 우선은 집 없이 사글세, 전세방을 전전하는 사람들의 집 문제부터 해결이 되어야 하지요. 겨울에 천막이나 비닐하우스 같은 데서 사는 이들을 생각해봐야 해요. 가장 급한 것이 생활공간을 마련하는 일 아니겠어요? 임대아파트나 연립주택 등을 자꾸 만들어서 해결책을 찾아줘야 합니다.

그 다음으로 교통문제, 소득격차의 해소, 가진 자들의 과소비를 자제케 하는 일도 시급하고 농민문제도 절박하지요. 농업을 살리기 위해서는 농민들을 살려야 합니다. 정부는 못 가진 자, 약한 자들의 편에

서서 일을 하지 않으면 안 됩니다. 아픈 사람에게 처방된 약은 안 주고 진통제만 주면 결국 그들은 죽으라는 꼴밖에 안 되는 것 아닙니까? 힘 있는 쪽이 나눠야 하는데 시민들도 힘을 합쳐야지요. 언론도 약한 사람들 편에 서서 이러한 문제들을 계속 보도해줌으로써 여론을 조성해야 합니다. 힘없는 이들도 서로 모여서 자구적인 노력을 해야만 하고요.

해직기간 중에 만났던 많은 해직언론인, 예술인, 그리고 무고하게 박해를 당한 사람들을 보면서 이렇게 좋은 사람들이 모두 자기 행동과 얘기를 자유스럽게 할 수 있는 사회가 된다면 우리 한국을 어디 내놓아도 자랑스럽지 않을 수 없으리라는 생각을 많이 했습니다. 나보다 어려운 상황 속에서도 흔들리지 않고 대처해온 동료 교수들을 보면 참, 많은 용기를 얻고 그러지요."

"학원민주화는 아무리 강조해도 지나치지 않습니다"

84년 복직되어 다시 모교의 강단으로 돌아온 뒤 87년 '제2의 서울의 봄'(그는 그 당시를 이렇게 불렀다) 때 그는 다시 서울대교수협의회 회장으로 선출됐다. 그리고 이듬해 또다시 국립대 교수협의회 회장단 의장으로 선출됐다. 49개월간의 끔찍했던 해직의 그 부당성에 대한 분노를 잊지 않고 있었던 그로서는 학원민주화는 반드시 이루어야 할 필연의 과제라는 굳은 신념으로 가득 차 있었음을 짐작하기는 그리 어렵지 않다.

"학원민주화는 아무리 강조해도 지나치지 않아요. 학원민주화가 안 되는 근본 원인은 정치민주화가 안 되기 때문이라고 보지요. 사실 현재 여당사람들이 도대체 민주주의가 뭔지나 아는 사람들인지 의심스러울 때가 많습니다. 현 여당의 생리는 명령에 의해서 움직이고 있는 것이고 그것은 아마도 군생활에 젖어 있던 사람들이 정치하는 탓이 아닐까 생각합니다. 민주주의란 구성원들의 의사가 위로 전달되어야 하는 것인데 사실 사립대학조차도 재단에 있는 사람들이 대학이 뭔지를 모르고 있기 때문에 더 힘들지요. 학원 민주화를 위해서는 교수협의회의 세력 확장이 이루어지도록 자구적인 노력이 있어야만 하겠지요. 나는 학원민주화를 위해서 제1차적으로 교수가 앞장서야 한다고 생각합니다. 그런 맥락에서 전교조를 이해할 수 있을 겁니다. 선생들이 오죽하면 그럭 허겠느냐 말이지…."

사실 군인에 의해 체질화된 현 정치 체제하에서 민의를 수렴하는 참민주주의의 실현을 기대한다는 것은 쓰레기통에서 장미를 찾는 것처럼이나 불가능해 보이는 것이 솔직한 심정이다. 이 나라 군인들에 대한 그의 생각을 단적으로 대변해주는 것으로써 이호철 씨가 쓴 〈내가 아는 학현선생〉이란 글이 있다.

"…… 평소에 학현선생은 군인의 물욕과 부패를 극도로 혐오한다. 그리하여 심지어는 6·25 때 몇 년 동안 군에 몸담고 있었던 일조차 당신의 이력 속에서 지우고 싶어 할 정도로 그때 보고 겪은 일부 군인들의 행태에는 작금까지도 깊은 혐오감을 드러낸다."

모든 경제의 잘못을 근로자에게 돌리지 말아야

그는 지난해부터 한국노사문제협의회 운영이사장 일도 맡아보고 있었다. 그래서 최근 전국노동자협의회 결성에 따른 그의 의견을 물었다.

"전노협이 정말 관의 말대로 정부를 전복하겠다는 세력이라면 물론 잡아가야 되겠죠. 그러나 진짜 노동자들로 이루어진 노동자들의 단체라면 인정을 해줘야 하는 것 않겠소? 서로 만나서 대화도 나누고 이해해보려는 노력도 없이 그들만 나쁜 놈들이라고 몰지 말란 말이지. 사람이란 감정이 있는 것인데 근로자도 사람 아니냐? 그들이 억울하다 할 땐 폭발한단 말이지. 모든 경제의 잘못을 근로자한테 돌리려는 발언은 정부사람이든 누구든지 간에 자제토록 해야 합니다. 분위기 조성을 해 줘야지, 힘으로만 누를 수 없어요. 이제 노동자 힘이 얼마나 커졌다구!"

걸걸한 이북사투리가 부드럽게 배어있는 그의 빠른 말투가 단호하게 느껴져 왔다.

경제학 교수로서 그가 학생들에게 항상 다짐해두는 말이 있다. '경제학도로서 대도(大道)를 걸어가라. 그것은 경제적 약자, 즉 가난한 사람 편에 서서 그들의 문제를 해결하려고 노력하는 것이 곧 한국의 경제학도가 가야 할 길이 아니겠느냐? 입신출세를 위해 경제학을 하는 것은 정도(正道)가 아니다'라는 말이다.

그다운 발언이다. 조상에게서 물려받은 선비정신이 어떠한 경우에도 지저분하게 변질되지 않는 청렴하고 꼿꼿한 모습으로 그의 내부에 건재하고 있는 것이다.

기업이 사회적 책임을 다해주어야

이 나라 계량경제학의 대가요 잘 알려진 원로교수이면서도 그는 아직껏 '운전기사 둘 형편이 안 되어서' 4백 원짜리 좌석버스를 타고 학교와 연구실을 오고간다. '등산으로 단련된 튼튼한 다리'가 있으니 대중교통수단을 이용하는 데 큰 불편을 느끼지 않는다. 다만 '몸이 불편한 집사람'이 병원 가는 일이 잦아 이따금씩 그 필요를 느끼지만 '교수 월급으로 운전기사 둘 형편이 못 됨'을 누구보다 부인이 더 잘 알기에 그런 생각은 마음에 담아두지도 않는다. 그렇다고 돈 좀더 벌겠다고 남에게 머리 숙이고 내키지 않는 프로젝트 맡아서 하고 싶은 마음은 추호도 없으니 천생 그는 주머니 사정에 맞게 살아야 하고 또 그것이 그렇게 마음 편할 수가 없는 것이다.

아들 하나와 두 딸들은 이제 장성하여 모두들 넉넉하게 공부하고 출가하여 제 할일 해가면서 살고 있으니, 그의 바람이라면 집사람이 건강했으면 하는 것이다. 또 하나의 바람은 앞으로 2년 뒤 모교를 정년퇴임하면 지금의 연구실을 연구소로 개편하여 우리 경제에 꼭 필요한 것이 무엇인가를 찾아내는 연구 작업을 하는 것이다.

—여러 가지 사회, 경제문제를 안고 있는 이 나라 현실에 비추어 경제인들에게 당부하고 싶으신 말이 있다면 해주시지요.

"기업의 사회적 책임을 다해주었으면 좋겠다는 것이지요. 좋은 물건 싸게 공급할 수 있게 하는 것, 그리고 근로자를 내 식구처럼 생각해야 한다는 것, 그리고 소득분배를 공정하게 하지 않으면 결국 자본주의체제가 위협을 받을 수밖에 없음을 인식하고 과다소득, 불로소득을 당연시 여기지 말아야 한다는 것입니다."

자유주의 시장경제체제하의 경제학자로 그가 몸담고 있는 이 나라에서 사람답게 살아가는 길은 '경제적 약자 편에 서서 일하고 공부하는 것'임을 그는 굳게 믿고 있다. 그래서 지난해 발족한 '경제정의실천시민연합'에도 기꺼이 참여해오고 있는 그는, 우리 시대를 대표하는 '참선비'의 모습으로, 그리고 '참어른'의 모습으로 우리 곁에 건재해 있는 것이다.

《생활성서》(1990. 2)

스승과 제자[*]

"경제민주화 이룩되는 것이 숙원"

제자 선생님께서 서울대학교에 재직하실 때에는 누구보다도 바쁘게 생활하신 것으로 알고 있습니다만, 작년 2월 정년퇴임하신 후의 근황을 궁금해 하는 동문들을 위해 동창회보에서 마련한 이 자리를 빌려 선생님의 요즘 근황을 여쭙겠습니다. 아울러 최근 문을 연 '서울사회경제연구소'에 관해서도 한 말씀 부탁드립니다.

스승 모교를 떠난 이후의 생활은 강의시간이 3분의 1정도로 줄었다는 것 외에는 별반 변화가 없는 것 같아요. 한편 어떻게 보면 재직 당시보다 더욱 바빠진 것도 같고요. 작년에는 미국·중국·일본에 각 한차례씩 나가 학회에서 발표도 하고, 올해 들어와서는 지난 3월에 학현연구실이 사단법인 서울사회경제연구소로 바뀌어서 이를 위한 준비와 이전, 개소식 등으로 분주했습니다.

제자 이번 출범한 서울사회경제연구소가 선생님께는 각별한 의미를

---

* 학현선생(스승)과 김수행 성공회대 석좌교수(제자)가 나눈 대담이다.

지니고 있는 것으로 알고 있습니다만 향후 어떠한 방향으로 운영해 나가실 계획입니까.

스승 김 선생도 우리 연구소 이사로 참여하고 있지만 질문한 김에 간단히 브리핑하는 기분으로 이야기하자면 이 연구소에 대해 제일 강조하고 싶은 것은 제가 정년퇴임 기념석상에서 밝힌 것처럼 우리나라에서도 일체 남의 간섭이나 지원을 받지 않고 독자적으로 연구활동을 할 수 있다는 것을 보여주겠다는 약속이자 소망을 나름대로 실현시킬 수 있는 계기가 마련되었다는 것입니다. 따라서 지금도 동창 가운데 성의를 보인 분들이 기금을 만들어준 것을 가지고 그 과실로써 운영해 나갈 생각입니다. 앞으로의 연구방향은 대외프로젝트를 받지 않는 것을 전제로 우리가 필요하다고 생각하는 사안에 대해서만 집중적으로 연구해 나갈 생각입니다.

제자 현재 연구소에서 연구원으로 같이 활동하는 교수님들도 대체로 선생님 뜻과 같이 경제민주화를 강조하고 있고, 그것이 현 정부의 사고와 일치하는 면이 있지 않은가 여겨집니다.

스승 경제민주화라는 명제만 가지고 보자면 10년 이상을 20여 명의 사람들이 공통된 생각을 가지고 연구해 왔습니다. 한국사회는 아직까지 경제민주화가 이루어지지 않았고, 때문에 한국사회의 문제를 푸는 데 있어 경제민주화는 관건이 되겠지요. 때문에 이들이 중심이 돼서 이번에 연구소를 발족하게 된 것입니다.

경제민주화를 강조한다는 점에서 현 정부의 발상과 공통점이 있지 않나 하는 시각에 대해서는 자칫 오해의 소지가 있을 것 같아 분명히 해둬야 할 것 같아요. 공통점이 있을지 그렇지 않을지는 제3자의 판단에 맡기기로 하고, 우리는 이와 무관하게 이전부터 이를 주창해 온 만큼 앞으로도 우리의 기준에서 경제민주화가 이루어질 때까지는 계속해서 이를 강조하고 연구할 것입니다.

제자 경제민주화와 관련해서 선생님께서 관여하고 계시는 경실련의 방향도 역시 이 부분에 상당한 비중을 두고 있는 것으로 알고 있습니다.

스승 89년 7월 경실련이 발족될 당시 공동대표를 맡아달라는 요청이 있어 수락했습니다만 4년간 임기를 두 번이나 채웠고, 무릇 조직에서 한 사람이 너무 오래 머물면 좋지 않다는 생각에서 올 7월에는 이를 물러나 개인적인 연구활동과 서울사회경제연구소 일에만 매진할 생각입니다. 경제민주화는 반드시 경제정의의 실현을 요구조건으로 하는 만큼 경실련도 결국은 경제민주화의 실현을 위한 시민운동체라 보아 무리가 없겠지요.

제자 잠깐 화제를 돌려서 5공화국 시절 선생님께서는 해직을 당하셨는데, 그 이유가 무엇이라고 생각하시는지요.

스승 나도 왜 해직을 당했는가는 그쪽 사람들과 이야기해 보아야만 정확한 것을 알겠지만, 아마도 70년대에 비판적인 글을 쓴 것, 79년 무렵 소위 민주화운동을 하는 사람들과 어울린 것, 그 다음엔 80년 서울의 봄 당시 교수협의회장직을 맡고 보니 학원민주화도 외쳐야 했던 것 등이 이유가 되지 않았나 생각됩니다. 지나고 나니 이러한 일들도 추억으로 치부할 수 있겠지만 당시라면 이러한 물음 자체에 화를 내었을 일인지도 모르지요. 그런데 그렇게 사는 것이 옳은 것인지 아니면 학자로서 조용히 연구에 정진만 하는 것이 좋을지는 더 두고 보아야 알겠습니다.

제자 현 정부에서 과거 비리를 파헤치는 문제에 대해서는 어떠한 견해를 가지고 계신지요.

스승 현 정부의 의지를 평가절하 할 생각은 추호도 없습니다만 문민정부라면 당연히 해야 하고, 할 수 있는 일 아닙니까. 문제는 앞으로 어떻게 마무리되는가를 지켜본 연후에 평가를 내려야 할 것입니다. 그러나 재야적인 시각으로 보자면 아직 미흡하다는 생각은 떨칠 수 없습니다. 지금 시점에서 정부가 이러한 문제들을 대충 덮어두고 유야무야하다 보면 이도 저도 안 될 것 같아 일면 걱정도 듭니다. 요는 계속적으로 부정부패 척결 의지를 늦추지 않는 가운데 법적·제도적 장치를 빨리 마련해야 할 것입니다. 이러한 바탕 위에서 사회를 개혁해 가야 한다고 봅니다.

제자 새 정부의 경제정책과 관련해 앞으로 어떠한 경제정책이 바람직하다고 보십니까.

스승 우리 경제의 현실은 농업이 부진하고, 제조업이 조로화(早老化)하고 있는 가운데 유독 서비스업만 번창하고 있는데 이러한 현상을 일컬어 산업공동화라 표현하지요. 경제정책이 지향할 점은 산업공동화를 방지하는 것입니다. 그러자면 우선 기술개발·향상을 토대로 수출을 증대해야 합니다. 이것을 경제가 발전하는 데 필요한 전후축이라 한다면, 이와 꽉 맞물려 있는 좌우축은 다름 아닌 경제정의의 실현입니다. 이는 곧 소득분배 개선, 경제력 집중방지, 건전한 사회기풍 확립으로 대변될 수 있습니다. 이 두 축이 제대로 기능할 때 비로소 진정한 경제발전을 기대할 수 있습니다. 경제정의에 치중하다 보면 성장이 둔화된다고 이야기하는 사람도 있지만 사실은 그렇지가 않아요.

제자 끝으로 원로동문으로서 동창회에 한 말씀 해주신다면.

스승 서울대학교 동창회가 동문들을 위해 애쓰고 있는 것은 사실이지만 한편으로는 너무 현직 위주로 활동이 이루어지고 있는 것 같아요. 동창회보의 경우를 보자면 어느 동문이 훌륭한 관직에 진출을 했고, 훌륭한 기업을 일구고 했다는 사실을 다루는 것도 중요하겠지만

어렵고 음지에 소외돼 있는 동문들을 찾아 동문사회가 작은 도움이라
도 나눌 수 있어야 하지 않을까 생각합니다. 그렇게 할 때 골고루 공
존하는 사회가 될 수 있지, 어떻게 동창회나 사회가 잘된 사람들만을
위해 존재할 수 있습니까.

제자 오랜 시간 소중한 말씀 고맙습니다. 앞으로 선생님과 더불어
연구소의 무궁한 발전을 기원합니다.

《서울대학교 동창회보》(1993. 7. 1)

잊을 수 없는 은사
: 학현 변형윤 선생님을 찾아서

지난 2월에 정년퇴임하신 학현 변형윤 선생님(65세)은 요즘도 바쁜 하루일과를 보내시며 '상대인의 영원한 스승' 역을 계속하고 계신다.

지난 55년 9월부터 시작된 학현선생의 명강의는 37년 동안 후학들을 살찌우고 바른 길로 인도하는 길잡이가 돼왔다.

학현선생은 실천하는 지성인으로서 상대인의 스승에서 한걸음 더 나아가 우리 사회의 큰 스승으로 우뚝 서 계신지 오래다.

등산으로 건강을 다져오신 학현선생은 소주 한 병은 거뜬히 드실 만큼 젊은이 못지않은 주량을 자랑하신다.

"명예교수 자격으로 서울대에서 한두 강좌를 맡고 있어요. 원칙적으로 학부 강의만을 맡기로 했지만 지난 1학기에는 대학원강의도 한 강좌 맡았어요. 지방대와 서울 소재 대학 특수대학원에서 경제특강을 하는 것도 주요 일과 중 하나지요.

정년퇴임 뒷정리로 지난해보다 훨씬 바빠진 것 같아요. 그동안 발표했던 학술논문을 모아 《(속)한국경제연구》를 내년 초에 서울대출판부를 통해 내놓을 예정입니다. 학현연구실을 법인화하는 문제도 있고 이래저래 무척 바쁜 편입니다."

학현선생이 담담히 들려주신 최근 근황이다. 학현선생은 국내뿐만 아니라 해외에서도 많은 특강 요청을 받고 계신다.

지난 9월 중순 일본 문인모임에 참석해 한국경제에 관한 강연을 하신 뒤 9월 말에는 한·미 경제학계 국제회의에 참석하셨고 10월에는 중국에도 들르실 정도로 바쁜 일과의 연속이시다.

또 우리나라의 대표적 시민운동단체인 경제정의실천시민연합의 공동의장을 맡고 계신 학현선생은 지식인의 사회참여란 차원에서 경실련 활동에 좀더 시간을 내기 위해 노력하시지만 그렇지 못한 데 대해 늘 안타까워하신다. 하지만 학현선생은 앞으로 2~3년 내 연구소 일에 전력하실 계획이라고 귀띔해주셨다.

낭만이 가득 찼을 학창시절에 대해 학현선생은 "낭만과는 담쌓고 지냈어요. 워낙 어려운 시절이었던 탓도 있지만 내 취미가 독서였던 이유도 컸지요. 강의시간 외에는 상대도서관, 동숭동도서관, 국립도서관을 찾아 전공공부를 계속했지요.

그리고 영어·수학 아르바이트로 학비를 조달하는 일도 거르지 않았어요. 바쁜 시간을 쪼개 독서의 효율성을 높이기 위해 버스에서는 잡지 등 가벼운 책, 도서관에서는 전공서적, 토·일요일에는 장편소설이나 긴 논문 등을 읽었지요.

굳이 낭만을 찾는다면 배움의 기쁨과 청춘의 이상을 느꼈다는 데 있을 것 같아요."

황해도 황주에서 출생하신 뒤 그 곳에서 국민학교를 마치신 학현선생은 이후 경기중학(5년제)과 서울상대를 거치시면서 다시는 고향을 찾으실 수 없게 된다. 고향을 잃은 학현선생의 학창생활은 배움의 길로 모아진다.

그러나 정겨운 기억이 가득한 고향의 삶을 못내 잊지 못하시는 학현선생의 마음에서 실향민의 아픔이 배어 나온다.

"동네에서 학교까지의 거리는 약 3킬로미터 정도였는데 길가에 밀, 콩, 옥수수 밭이 줄지어 있었지요. 겨울에는 토끼사냥을 했는데 잡아온 토끼와 마을에서 추렴한 돼지, 쇠고기 등으로 푸짐하게 잔치를 벌였어요. 또 농업실습시간에 인분을 메다가 뿌려 직접 가꾼 고구마, 야채 등을 시장에 내다팔던 기억도 선하고…….

그 당시 자주 놀러가던 곳은 황주강에 있는 월파루란 누각이었는데 소동파의 적벽부가 연상될 만큼 아름다운 곳이었어요. 국민학교를 졸업하던 해 11~12월 두 달간 도시락 두 개 싸들고 공부한 끝에 경기중학에 합격했지요."

지난 53년 3월 최명순 여사와 결혼하신 학현선생은 슬하에 1남 2녀를 두셨다.

장남 기홍 씨(38세)는 김찬희 씨와 지난 86년에 백년가약을 맺고 학현선생에게 귀여운 두 손자를 안겨드렸다. 현재 동국대 공대의 조교수로 재직 중인 기홍 씨는 쟁쟁한 신진학자로 부친의 뒤를 잇고 있다.

장녀 기원 씨(36)는 현재 부천전문대 식품영양학과 전임강사로 재직 중이며 재무부 서기관으로 근무 중인 이종훈 씨와 지난 79년에 결혼했다. 차녀 기혜 씨(35)도 전자통신연구소 연구위원인 공학박사 최익권 씨와 지난 83년 결혼, 3남매가 모두 학계에 몸담고 있는 셈이다.

지난 70년 11월부터 75년 2월 말까지 상대학장을 맡으셨던 학현선생은 누구보다도 '상과대학'이란 교명에 애착이 깊으신 것 같다. 학현선생이 학장으로 계시던 때 상대라는 공식교명이 사라졌기 때문이다.

75년 1학기부터 상대인은 경영대와 사회과학대로 쪼개지게 된다.

"상대는 과 구분이 의미가 없었어요. 상대인이라는 의식이 우리를 뭉치게 했지요. 관악캠퍼스로 옮겨온 뒤 상대인의 의식이 뿔뿔이 흩어진 것은 정말 안타까운 일이지요. 내가 상대학장 할 때 상대 해체에 결사반대 했지만 대세에 밀리고 말았지요. 지금 생각하면 동문들이 좀더 적극적으로 나서야 하지 않았나 하는 생각도 들고……. 상대인들끼리 가까워지도록 좀더 노력해야 할 것 같아요."

학현선생뿐만 아니라 많은 상대인들이 상대 해체에 대해 안타까워하고 또 아쉬워하는 것은 그만큼 상대의 자랑스러운 전통에 대한 깊은 애착이 아닐는지……. 우리 모두 노력해야 될 부분이란 생각이 들었다.

학현선생이 가장 보람 있던 일로 꼽는 것도 상대인의 동창의식과 관계된다.

"지난 70년에 영국 캠브리지대에서 열린 경제학회에 참석했을 때였어요. 특별한 연락도 없이 다만 한은 런던사무소에 근무하는 제자에게 숙박예약을 요청해놓고 런던 히드로 공항에 도착했는데 11명의 상대 졸업생들이 나와 있더구면. 졸업생들 얘기가 장관이 와도 그런 환영은 못 받는다는 거예요. 그만큼 상대인이 의리가 깊고 정이 많다는 증거지요." 학현선생은 이후에도 외국에 나갈 때마다 상대인의 후한 대접을 받았다고 말씀하신다.

후학들의 활발한 학계활동도 학현선생의 큰 보람 중 하나이다.

상대인을 어떻게 평가하시느냐는 질문에 학현선생은 "상대인은 한마디로 시골신사[鄕紳]이라 할 수 있어요. 순수하고 소박하면서도 세련된 멋을 풍긴다고나 할까. 상대가 주는 이름에 얽매여 일부에선 약삭빠르다느니 하는 모양인데, 그건 상대인을 중상모략하려는 의도로 밖에 볼 수 없어요. 상대인 만큼 책임감이 강하고 의리를 앞세우는 사람도 드물 거야……."

학현선생의 상대인에 대한 자부심을 가슴깊이 새기며 멋진 상대인이 되도록 부단히 노력해야겠다는 각오가 앞선다.

학현선생은 '우리 사회의 큰 스승'으로 국민들이 거는 기대에 대해 "선비란 필요에 따라 현실에 참여해야 하지만 그것은 학자의 범위 내에서 이뤄져야 한다"고 말씀하신다. 책임을 지는 지식인으로서의 자세를 강조하신 셈이다.

"우리 상대동문회가 분열된 상과대학을 봉합해주는 역할을 맡아야 할 것 같습니다. 동창들 가운데 불우한 처지에 있는 사람들한테도 좀 더 관심을 기울이는 일도 동문회 몫입니다. 이 밖에 여력이 남는다면 연구활동 지원에도 힘을 쏟아야겠지요."

상대동문회에 대한 학현선생의 당부이다.

학현선생이 바라는 이상형의 상대인은 개인의 영달보다는 국가와 사회를 우선 생각하는 사람. 너무나 당연한 얘기이겠지만 선생님께서 거듭 당부하신 부탁이다. 이와 함께 항시 남을 이해하려는 자세를 갖출 것도 학현선생의 당부말씀이다.

끝으로 학현선생이 밝히신 일관된 소신은 "대학이 잘돼야 사회가 발전한다"는 것이다.

"대학은 한 나라 한 사회의 장래 지도자를 양성하는 곳이다. 그런 의미에서 대학이 잘된다는 것은 그만큼 그 사회와 국가의 장래가 밝다는 것을 의미한다.

이에 따라 대학은 아카데미즘을 고수해야 하고 교수들의 자율적인 운영에 맡겨져야 한다. 교수들도 연구자, 강의자, 사회봉사자이면서 교육자이어야 한다."

《향상》(1992. 12)

변형윤 교수님과의 대화

편집부에서는 이번에 우리 과의 원로 교수님이신 변형윤 교수님께 평소 궁금해하던 몇 가지를 서면을 통해 질문 드리고 교수님의 답변을 들었다. 먼저 답해주신 변형윤 교수님께 감사드린다.

1. 경제학과 학생으로서 대학 4년 동안 해야 할 가장 중요한 일은 무엇이라고 생각하십니까?

"무엇보다도 학문적 사색을 통한 세계관 정립이 가장 중요하다고 생각한다. 선현들의 풍부한 지적 탐색의 결정인 고전을 읽는 것은 그 첫걸음이 될 것이다. 가능하면 4년 동안에 스미스(A. Smith)의 《국부론》, 마르크스(K. Marx)의 《자본론》, 케인스(J. M. Keynes)의 《일반이론》 등을 읽어주었으면 한다. 그리고 경제수학, 통계학, 계량경제학과 경제사도 경제학도로서 빼놓을 수 없는 기초 소양이라고 생각하며, 욕심을 더 부린다면 기본적인 철학서를 두루 섭렵하기를 권하고 싶다. 그러나 이러한 학문적 사색은 우리들 삶의 현실과 유리되어서는 공허한 유희에 그치고 말 것이다. 농촌이나 그늘진 곳의 삶의 현장을 찾아 오늘을 사는 지식인의 사명이 무엇인가를 심호흡 크게 하고 고뇌해야 할 것이다.”

2. 경제학이 사회과학이라면 사회과학을 공부하는 학생들의 현실 참여는 어느 정도 불가피하다고 생각합니다. 학생들의 현실 참여는 어느 정도로 이루어져야 한다고 생각하십니까?(지금의 학생운동에 대하여 어떻게 생각하십니까?)

“기성세대와 언론 기관이 제대로 견제 세력으로서의 역할을 행한다면 학생들은 학업에 충실하는 것과 자기주장을 언로(言路)를 통해서 실현시키려고 하는 것이 바람직스럽다고 할 수 있다. 그러나 그렇지 못할 때 순수한 마음의 소유자이고 이상주의자이고 혈기왕성한 젊은이인 학생들이 견제 세력으로서의 역할을 떠맡고 희생해야 하는 것은 불행한 시대의 현실이라고 하지 않을 수 없다. 그러나 설사 그렇더라도 운동은 어디까지나 유연함과 아마추어리즘을 상실치 않는 것이어야 한다고 생각한다. 어떠한 경우에도 중심을 잃지 않는 균형 잡힌 사고를 통해 사물을 바라보려는 자세가 무엇보다 중요하다.”

3. 교수님이 지향하는 사회는 구체적으로 어떤 사회이며, 그러한 사회를 위해 현재의 민중운동 부문(전대협, 전노협 등)의 역할이 어느 정도 필요하다고 보십니까? 그리고 거기에서 ‘경실련’이 어떠한 역할을 할 수 있다고 보십니까?

“영국이나 스웨덴 정도의 사회라고 할 수 있다. 적어도 사회보장제도가 확립되어 있고 소득 분배가 공정하게 행해지고 있는 사회 말이다. 복지사회라고 해도 좋다.

오늘날의 선진 자본주의사회가 소련의 등장으로 사회주의사회의 강력한 도전을 받음으로써 사회보장제도의 확립, 소득분배의 개선 등을 실현시킨 면이 있음을 부정할 수 없다면, 비록 그것과 성격을 달리하는 것이긴 하지만 우리 사회의 한 부문의 현실적인 요구를 대변하고 있는 민중운동 부문은 우리나라에서 복지사회 실현의 촉진제로서 역할을 한다는 긍정적인 면을 갖고 있다는 사실은 인정해야 하지 않을까 한다. 아니 도리어 적극적으로 나가서 그들의 주장 등을 우리 사회가 현재 어떤 중병을 앓고 있는지를 알리는 신호등으로 삼을 수도 있을 것이다. 분명히 그들의 견제세력으로서 역할은 인정할 필요가 있을 것이다.

경실련도 이러한 차원에서 하나의 견제 세력이라고 할 수 있다. 다만 대화와 비폭력을 통한 문제 해결, 대안 제시, 양비론적 논리의 배제 등을 표방하고 있을 뿐이다."

4. '경실련'이 현 정권에 의해 개량화의 한 방편으로 이용될 수 있다는 견해에 대하여 어떻게 생각하십니까?

"언론의 자유, 비판의 자유를 신봉하기에 어떠한 비판도 겸허히 받아들일 준비가 되어 있다. 경실련은 나름대로 현실인식 속에서 현실적인 대안 제시가 필요하다는 원칙을 실천해 나가는 조직이다. 경제적 약자의 입장에 서 있다는 것과 추진하고자 하는 개혁의 속도나 내용 등에 있어서 현 정권의 그것과는 분명히 다르다.

도리어 경실련이 현 정권에 의해서 이용당하고 있다고 하는 견해를 갖는 사람이나 조직들에게는 경실련이 그들과 어떠한 보완적인 역할을 현실적으로 수행하고 있는가에 대해서 좀더 깊이 생각해 볼 필요가 있음을 말하고 싶다. 모두가 경제적인 약자의 편에 서서 그들 약자의 문제를 해결해 가려고 하되, 의례히 있게 마련인 서로의 약점을 건강한 상호 비판과정을 통해 보완해 주는 역할을 할 수 있다고 보기 때문이다."

5. 그 밖에 하고 싶은 말씀을 적어주십시오.

"겸손해 달라는 부탁을 하고 싶다. 서울대 경제학과 학생이기에 자칫 자만에 빠지기 쉬운데 만약 겸손의 미덕을 갖춘다면, 도깨비에 금방망이 격이 될 것이 아닌가. 아울러 장차 이 나라의 지도자가 될 사람이라는 자부심을 자기고 자기 철학을 세우려는 부단한 노력을 게을리 하지 말 것을 당부하고 싶다. 그러기 위해서는 행동에 심한 기복이 없도록 하고 늘 일관성이 있어야 할 것이 아니겠는가. 끝으로 마셜(A. Marshall)의 말을 빌려 '냉철한 머리와 따뜻한 마음'을 갖는 사람이 되라는 말을 덧붙이고 싶다.

《서울대 경제학과신문》(1991. 6. 10)

연구원 변형윤 박사 프로필

　우리 경제학계의 중진이며 이 땅에 계량경제학을 심는 데 선구적 역할을 하고 있는 교수에 대한 새삼스런 소개는 필요 없는 듯하다.

　언제 봐도 늘 그렇듯 매사에 분망하여 잠시라도 휴식의 여유를 허용하지 않는 것 같은 그의 나날을 특유의 재빠른 걸음걸이에서 느낄 수 있다.

　그러나 바쁜 가운데서도 제자가 찾으면 언제나 반가운 인사말과 더불어 '책'과 '펜'을 놓고 제자에게 앉으라고 권하는 모습이며 제자들의 어려운 고충과 질문에는 언제나 자상하게 답해주시는 모습에서 겸손과 소박한 인품을 엿볼 수 있다.

　일찍이 경기고교를 졸업하고 서울대 상대와 미국 밴더빌트 대학교 대학원을 수료한 그는 1968년 〈한국의 경제성장, 고용 및 임금〉이라는 논문으로 모교에서 박사학위를 수여받았다.

　무릇 학문심층의 진가를 터득한 듯 지금까지 이렇다 할 외도 한 번 한 일 없이 오로지 연구와 후배 양성에 전념하고, 나아가 이 나라 경제발전을 위하여 명실공히 올바른 지침을 만들어주기 위해 꾸준히 노력했던 것이다.

존경하는 경제학자로서 마셜(A. Marshall)과 프리슈(R. Frisch)를 드는 것은 그의 전공과 관심의 방향으로 봐서 당연한 듯하다. 그러나 단순히 서구의 계량경제학을 무조건 도입하는 것은 큰 오류를 범한다고 강조하며 우리 현실의 특수성에 대한 연구와 이에 대한 이론적 뒷받침이 단순한 수량적 계측에 우선한다는 것을 강조한다.

현재까지 많은 저서와 논문을 내었다. 저서로는 《통계학》, 《경제수학》, 《현대 경제수학》, 《Reading in Business Cycles》가 있고 논문으로는 〈사회과학에 있어서의 수학적 방법〉, 〈한국의 산업구조〉, 〈한국의 경제성장, 고용과 임금〉, 〈한국의 경제개발계획〉 등 다수가 있다. 한편 국외의 활동에 있어서는 1968년 방콕에 있는 UN 아시아경제개발연수원에서 세미나를 지도한 것과 금년 4월 UN 아시아통계연수원의 운영위원으로 선출되었으며, 이번 OECD(세계경제협력개발기구) 주최로 캐나다에서 열렸던 세계각국경제연구소장회의에 참석함과 아울러 런던에서 있었던 세계계량경제학회 회의에 참석한 것은 그의 여행 중 가장 보람 있는 일이라고 한다.

앞으로의 계획에 대해 개발도상국인 한국에 적합한 경제개발모형을 제시하여 타국에 모범이 되는 방향으로 연구과제를 삼아 보겠다고 역설한다. 취미는 음악 감상이며 슬하에 1남 2녀를 둔 다복한 가정의 가장이다.

《해외논단》(1970)

'쉽게 살자'는 생각이 책을 멀리해

24일부터 30일까지는 독서주간. 공공도서관이 무료 개방되고 독후감 시상이 있는 등 독서행사가 펼쳐진다.

독서가 중요하다고 말하면서도 독서량이 빈약한 것이 오늘의 현실이다. 독서주간을 맞아 '오늘의 책' 심사위원장을 맡고 있는 변형윤 씨(전 서울대 교수)를 만나 우리 '책의 문화'의 문제점을 들어본다.

—책이 많이 읽히지 않는 원인이 어디에 있다고 보십니까?

"우리 사회의 전반적인 분위기가 쉽게 살아가자는 데로 기울고 있는 데서 찾아진다고 봅니다. 책을 읽는다는 것은 넓은 시야를 가지게 되고 생각하게 된다는 것입니다. 또 반성하고 개선할 것도 찾게 됩니다. 그런데 그렇게 생각하고 개선하는 일이 딱딱하고 귀찮게 느껴지는 거지요. 실제로 우리 사회는 책을 읽지 않아도 별 어려움 없이 살아갈 수 있습니다. 틀에 박힌 대로 따라가는 요령만 익히면 잘 되는 경우가 많습니다. 그러니 심하게 말해서는 무얼 생각하고 바꾸어 나간다는 게 위험시되기도 합니다."

—교양이라는 측면에서는 어떻습니까?

"TV나 신문·잡지 등에서 얻는 단편적인 지식만 가지고도 충분하다는 생각이 많은 것 같습니다. 사람답게 살기 위한 마음의 양식으로서의 교양에 대한 요구가 부족합니다. 가령 모임 같은 데서 보면 아파트 시세나 프로야구·주변의 이야기 등이 주된 화제가 되는 경우가 많습니다.

문화적이라든가 사회현실 문제 등에 대한 깊이 있는 대화가 부족합니다. 책을 읽지 않고도 충분히 대화를 해나갈 수 있습니다. 살아가기 힘겨운데 항상 고상한(?) 이야기만 하자는 것은 아니지만 그런 대화도 필요한 것이 아니겠습니까."

―독서도 습관이라 봅니다. 독서습관을 기르지 못한 원인은 무엇일까요?

"우리 교육에 문제가 있습니다. 학교교육이 폭넓은 독서를 권장하지 못하고 있습니다. 수험 위주 교육의 병폐지요. 예를 들어 고2부터 대학 2~3학년까지를 봅시다. 그때 교양서적을 가장 많이 읽어야 할 때입니다. 그런데 고교생이 그런 책을 읽어서는 대학입시에 큰 도움을 받지 못합니다. 요즘 대학 저학년들은 졸업 정원제 때문에 역시 못 읽습니다. 오랜 동안의 이 같은 교육 때문에 대학교를 졸업하면 책을 보지 않는 사람이 많게 되었습니다. 평생교육으로서의 독서습관이 이루어지지 않고 있지요."

―독서운동이 있기도 합니다만 독서생활화를 위해서는 어떤 방안이 있겠습니까?

"여러 가지 방안이 있겠지만 각종 독서클럽이 활성화되는 것이 중요하다고 봅니다. 특히 학내 독서클럽은 일찍부터 육성하는 것이 좋은데 일부에서 색안경을 끼고 보는 것은 바람직하지 않다고 생각되는군요."

─책 자체에는 문제가 없을까요?

“출판인들이 다들 애쓰고는 있지만 우리 책을 보면 너무 어렵거나 그렇지 않으면 통속적이어서 대중이 읽을 수 있는 책이 부족하다는 생각이 듭니다. 판로에 어려움이 따르겠지만 출판인들은 긴 눈으로 대중의 교양을 높여줄 책을 만들어 내어야 합니다. 이런 책은 가격이 저렴하고 또 일반 대중이 쉽게 읽을 수 있도록 내용도 잘 다듬어야 하는 것인데 출판인들로서는 경영상 어려움이 많겠지요.”

─출판인들은 출판에 대한 여러 가지 제한이 있다고들 합니다.

“금서는 적을수록 좋겠지요. 출판의 폭을 넓혀주고 두터운 독자층을 만들어냅시다.”

《중앙일보》(1983. 9. 28)

제2장 해직과 퇴직

1980년 강제해직경위서

　　본인은 1980년 7월 16일 저녁 8시 30분경 계엄사령부합동수사본부 요원 3명에 의해 남산의 중앙정보부 내 한 건물(현 도시지하철공사 연수원) 지하 2층으로 연행되어 7월 18일 늦게까지 김대중 사건, 서울대 교수협의회 회장으로서 한 일 등과 관련해서 취조를 받았습니다.

　　취조가 끝난 후 수사관은 본인에게 사직서를 쓸 것을 강요했으며 본인은 어쩔 수 없이 그 요구를 받아들여 사직서를 썼습니다. 그리고 그 사직서의 날인(捺印)은 7월 19일 오전에 수사관이 집으로 가서 강요하여 아내로부터 받았습니다.

　　이렇게 작성된 사직서는 7월 19일 오후 본인을 석방하면서 수사관에 의해서 서울대 총장 앞으로 제출되었습니다. 그 사직서는 7월 31일 수리되었으며 마침내 본인은 강제로 서울대를 떠나게 된 것입니다.

2000. 5.

경제학부 명예교수 변형윤

해직교수협의회 대표 복직 소감
: "더 열심히 일해야지요"

해직교수협의회 대표 변형윤 교수(57·서울대학교수협의회장)는 "부덕한 소치로 그동안 학교강의가 중단된 것이 무척 부끄러운 일인데 무얼 또 만나느냐"고 거듭 사양한다.

제자들이 마련해준 서울세종문화회관 뒤 조촐한 빌딩 안의 학현연구실에서 변 교수는 파안대소하며 손님들을 맞곤 한다.

"건강하게 내 할일을 할 수 있는 것이 얼마나 떳떳하고 기쁜 일입니까? 대학에 다시 돌아가면 과거에 못 다한 강의를 더욱 열심히 해야지요. 가르치고 연구하면서 교수의 품위를 지켜야지요. 누구나 자기 위치에서 자기 직분만 성실히 이행해 간다면 우리 사회는 더욱 발전할 수 있을 텐데……."

학현연구실은 애초 시골 동네의 '鶴峴'이라고 하려고 한 것을 한문에 능한 사학자가 '學峴'으로 잡아주었다고. 그는 해직 후 1년 6개월간을 자택에서 연구서를 읽으면서 집필했으나 서울대 상대 출신 제자들의 간곡한 권유로 82년 5월 연구실을 마련하게 된 것이라고 설명한다.

"성격이 프로젝트를 받는 '연구비 짜내기'에는 안 맞으니까 그저 제

구미에 맞는 책을 쓰고 오다가다 들르는 동료들을 만나는 장소로 개방하면 족하겠지요. 학교에 안 나가는 동안 외국에서 손님이 오면 모시기가 난처했어요. 일일이 집에 불러들일 수도 없고…… 앞으로도 거창한 연구소가 아니라 조촐한 연구실로 꾸려가렵니다.”

변 교수는 앞으로 그동안 손대온 《마셜경제연구》를 마무리 짓고 '한국경제학'을 수립하는 데 힘쓰겠다고 했다.

《주간조선》(1984. 7. 8)

정년퇴직 고별강연
: "기업 공공복지에 더 큰 관심 가져야"

'대쪽 교수' 변형윤 선생(65)이 13일 정든 교단을 떠났다.

1955년 9월 강사로 첫 출발한 이래 상대 학장 등을 거치면서 만 37년 7개월을 모교인 서울대학교 캠퍼스만을 지켜온 변형윤 선생.

서울대 교수협의회 회장을 하던 지난 80년 서명교수 대열에 끼어 동료교수 80여 명과 함께 해직을 당한 아픔을 겪기도 했지만 세월은 덧없어 어느덧 정년이 된 것이다.

이날 오후 변 선생의 정년퇴직기념 강연회가 열린 서울대 문화관 소강당에는 스승에 대한 제자들의 존경심과 제자들을 아끼는 스승의 애틋한 사랑이 잔잔히 흐르고 있었다. 350석 좌석을 가득 메운 동료교수 및 제자들은 변 선생의 고별강연을 한마디도 놓치지 않겠다는 진지한 표정들이었다.

그의 마지막 수업은 '앨프리드 마셜의 경제기사도에 관하여'였다.

"부의 불평등은 현대의 경제조직이 갖는 중대한 결점입니다. 부유한 사람들이 공공의 복지에 관심을 쏟지 않으면 가난한 사람들은 버림받을 수밖에 없으며 사회적 재난으로 이어질 가능성도 높습니다. ……

중세의 기사가 사심 없는 충성심을 가졌던 것처럼 오늘날의 기업도 공공적 정신을 지녀야 합니다.”

　‘차가운 머리와 따뜻한 가슴’을 강조하고 ‘경제학은 인간연구의 일부’라고 정의내렸던 마셜의 이론을 변 교수는 차근히 펼쳐나갔다.

　그러나 이 같은 마셜의 주장은 바로 변 교수 자신의 주장이기도 하다. “경제기사도는 고상하고 어려운 일을, 그것이 고상하고 어렵기 때문에 행한다는 즐거움을 포함한다”는 고별강연의 한 대목처럼 그는 어렵지만 즐거운 길을 걸어왔다.

　고별강연을 마치고 우렁찬 박수소리가 터져 나오자 그의 눈가는 어느덧 붉게 충혈 돼 있었다. 그의 말대로 가벼운 마음으로 떠나고자 했지만 그의 발길은 결코 가볍게 보이지 않았다.

《매일경제》(1992. 3. 14)

고별강연
: "빈곤해결 위해 기사도 필요"

A. 마셜(1842~1924)은 1865년에 수학우등시험 2등 합격자로 케임브리지대의 세인트존스 칼리지를 졸업, 펠로가 되었다. 원래 그는 물리학을 전공하려고 했지만 관심은 철학·윤리학으로 바뀌어 갔고 마침내는 경제학으로 옮겨갔다.

B. 코리에 따르면 마셜이 이처럼 관심을 경제학으로 돌리게 된 것은 사회생태에 대한 우려와 빈곤이 많은 사회학의 기초라는 인식에 있었다고 한다.

그는 주저 중의 주저인 《경제학원리》(1890)의 첫머리에서 경제학은 한 면에 있어서는 부의 연구이나 더 중요한 측면은 인간 연구의 일부가 돼야 한다고 강조한다.

빈부 차, 자본주의 결점

이런 전제 아래에서 그는 대도시의 하층민들은 교우의 기회를 거의 갖지 못하고 가정생활의 행위 바름과 단정함을 전혀 모르며 가족과 생활을 함께 하는 경험조차 거의 모른다고 지적하고 있다.

종교조차도 그들에게 손을 뻗지 못하는 일이 많다는 것. 이들의 육체적·지능적·도덕적인 불건전함은, 일부는 분명히 빈곤 이외의 요인에 연유할 수도 있지만 빈곤이 바로 그 주요 원인이라는 게 마셜의 견해이다.

빈곤문제는 마셜에게는 경제학 연구의 중심적인 것일 뿐 아니라 그 궁극적인 기초였다. 그러기에 마셜의 주된 관심은 빈곤문제 해결에 있었다고 볼 수 있다. 빈곤문제는 부의 불평등, 즉 부의 불평등한 분배에 기인하므로 부의 불평등을 시정하는 방법이 곧 빈곤문제의 해결책이 될 것이다. 마셜은 "부의 불평등은 자주 지적되고 있는 것처럼 심하지 않다고 해도 현대의 경제조직이 갖는 중대한 결점임에는 틀림없다"고 지적하면서 빈곤문제를 해결하는 방법의 하나로 '경제기사도'를 제창했다.

사회주의는 분배 면에 있어서는 부의 평등을 초래했지만 자유로운 창의와 강한 개성의 원천을 고갈시킬 우려가 있기 때문에 그는 경제기사도를 사회주의를 대신하는 것으로 제창했다고 할 수 있다.

마셜은 《경제학원리》에서 경제기사도의 사회적 가능성이 널리 이해하게 되면 여러 가지 점에서 해악의 발생을 억제할 수 있는 것처럼 생각된다고 말하고 있다. 또 사회적인 지식의 보급에 따라 부유한 사람들이 공공복지에 강한 관심을 보이게 되면 빈곤이라고 하는 최대의 해악을 지상에서 제거하는 데 공헌할 수 있을 것이라고 언급했다.

그들의 재력을 가난한 사람들을 위해 유효하게 활용할 수 있기 때문. 이런 진술들에서 마셜이 빈곤문제를 해결하는 방법으로 경제기사도에 많은 기대를 걸고 있음을 알 수 있다.

그는 또 경제기사도에 관해 다음과 같이 말하고 있다.

"전쟁에 있어서의 기사도가 군주나 조국 혹은 십자군을 위해 사심 없는 충성심을 포함하는 것과 마찬가지로 실업에 있어서의 기사도는 공공적 정신을 포함한다."

마셜은 실업가에게 경제기사도를 지킬 것을 바랐고, 또 강조했다. 그러나 실업가에게 경제기사도를 지킬 것을 강조하는 것만으로는 충분한 효과를 기대하기 어렵다. 왜냐하면 실업가는 부의 축적을 떠나서는 그 성공을 확신할 수 없기 때문이다.

사실 적자로 도산한 기업이 여론의 칭찬을 받는 일은 드물다. 따라서 그는 나아가 실업가가 경제기사도를 지키지 않고서는 못 배기는 환경 혹은 분위기의 형성을 강조한다.

기사도, 공공적 정신까지 포함

여론이 사업이 초래한 부의 다소뿐 아니라 사업을 수행하는 태도라든가, 사업의 사회적 의의에 대해 올바른 평가를 행하여 진정으로 칭찬을 받을 만한 사업의 수행자에게만 사회적 명예를 부여한다고 하면 실업가는 경제기사도를 지키지 않을 수 없게 될 것이다.

마셜은 경제기사도가 지켜지게 되면 부의 불평등은 상당한 정도로 완화되어 사회주의에 의하지 않고서도 빈곤문제가 해결되는 것으로 보았다. 그러나 그가 빈곤문제 해결을 이처럼 경제기사도 준수에서 찾고 있는 것은 그가 살았던 당시의 산업사회에 대한 그의 신뢰에 연유하는 것임에 유의할 필요가 있을 것이다.

경제기사도는 공공적 정신을 포함함과 함께 또 어려운 일을 그것이 고상하고 또 어렵기 때문에 행한다고 하는 즐거움도 포함한다. 경제기사도는 부의 생산에 있어서의 준거만이 아니고 부의 사용에 있어서의 준거이기도 하다.

마셜은 이 경제기사도를 실업가가 지키고 또 지키지 않을 수 없도록 만드는 환경 또는 분위기가 조성되면 부의 분배문제, 나아가 빈곤문제가 시정되는 것으로 생각했다. 때문에 그는 빈곤문제의 해결책으로서 사회주의 대신에 이 경제기사도를 제창했던 것이다.

물론 이 해결책은 성급한 효과를 기대하는 사람들에게는 실망적인 것일 수도 있다. 또 그것이 그가 살았던 당신의 영국 산업사회에 대한 신뢰에 바탕을 둔 것임도 사실이다.

그러나 그렇더라도 현재 우리나라에서 소득분배 시정에 대한 요구가 강하고 또 기업, 기업가에 대한 인식이 별로 좋은 편이 아님을 감안할 때 마셜의 이 같은 주장은 일단 긍정적으로 음미해볼 만한 게 아닐까 하는 생각이 든다.

《주간매경》(1992. 4. 1)

새 출발 준비하는 변형윤 서울대 교수

"담담하고 홀가분합니다. 그동안의 학교생활이 부담스러웠다는 뜻
이기보다는, 일단 현역에서 한발 물러선다는, 눈에 보이지 않는 기분
상 그렇습니다."

올해로 정년을 맞으면서 40년 가까이 재직해온 서울대학교를 퇴임
하게 된 변형윤 교수의 소감 첫마디다.

55년 서울대 경제과의 강단에 오른 이래 '경제발전론' 쪽으로 한 우
물을 파기 시작, 80년 해직되어 84년 복직까지의 풍파를 겪기도 하면
서 오늘까지 학문과 '사회복지 실현'에 생을 바쳐온 그가 오는 2월 29
일, 학교에서의 기념식을 끝으로 현역 은퇴를 하는 것이다.

"지난번 사은회 때도 제자들에게 얘기한 것인데, 특히 경제학을 하
는 사람이라면 사회의 어렵고 가난한 사람들의 편에 서서, 그들을 의
식하며 공부해야 한다고 생각해왔지요. 함께 잘 살 수 있는 길을 모색
하는 것이 학문의 끝이 아닌가 싶습니다."

우리나라 경제학계의 큰 인물이면서도 4년 1개월간의 해직기간이
있었다는 점, 경제정의실천연합(경실련)에 몸담아 왔다는 점, 그리고
퇴임을 맞는 지금까지도 자가용 없이 전철과 51번 좌석버스를 줄곧

타고 다닌다는 점에서 보아 그의 이러한 얘기는 설득력이 있다. 퇴임을 한 달쯤 앞둔 시점이지만 오히려 그 때문에 더욱 바쁘다.

"지난해 12월 방학에 접어들면서 학위논문 심사 3편이 있었고, 올 초부터는 정년퇴임과 관련해 세미나, 강연회 등 계속 모임이 있어 무척 분주했습니다. 그 바람에 퇴임을 앞두고 여유 있어야 할 기간이 되려 더 바빠지고 안사람과 대충 계획해 두었던 모처럼의 부부 여행도 '자동취소' 되었지요."

현역에서는 손을 놓고 물러나지만 학교를 완전히 떠나는 것은 아니다. 명예교수로 강단에는 계속 남아 올 봄부터는 한두 과목의 강의를 맡는다. 퇴임 이후의 거취 또한 '학문의 길'에 매진한다는 것 외에는 없다.

"평생 공부만 해왔으니 앞으로도 그뿐입니다. 사회구성원들에게는 제각기 '주특기'가 있는 법인데, 저는 공부하는 일이 제게 가장 어울리는 일이라 생각해 왔고 지금도 그렇게 생각하고 있습니다. 가끔 매스컴을 타다 보니 '영입설'이니 '진출설'이니 하는 얘기들도 하는 모양인데, 그런 것이야말로 '낭설'입니다. 학자로서 평생을 걸어왔고 마찬가지로 학문에 몸을 묻을 생각입니다."

퇴임 이전과 이후에 달라지는 것이 있다면 '출근지'의 비중이 달라진다는 점. 그동안은 학교연구실이 주(主)였고, 개인연구실인 학현(學峴)연구실이 부(副)였는데, 퇴임 이후에는 이 둘이 바뀌게 되리라는 것이다.

"학자로, 선생으로 살아온 사람의 가장 큰 보람은 역시 제자들입니다. 바로 지금 내게 강의를 듣는 제자들도 나의 기쁨이지만, 훨씬 이전부터 내게 배워 각기 사회에서 '한몫'씩 충실히 해내는 제자들을 보면 정말 뿌듯하고 그런대로 '성공한 삶'을 살아왔구나 싶습니다."라고 흐

못해하는 변 교수는, 86년 아들을 자녀로서는 끝으로 결혼해 내보낸 뒤 지금까지 10여 년을 봉천동의 한 아파트에서 부인과 둘이 지내오고 있다. 나이에 비해 건강이 매우 좋은 편이라고 하는데, 그 비결을 물으니 "후학들이 준비하는 정년기념논문집의 제목처럼 '경제민주화의 길'을 담담히 실천해오다 보니 몸과 정신이 건강해지더라"며 큰 웃음을 지어보였다.

《여성중앙》(1992. 2)

정년 맞은 '대쪽교수' 변형윤

"명예롭게 퇴직해 나는 복 많은 사람"

'냉철한 머리와 따뜻한 마음'을 강조하던 명교수 변형윤 씨(65·서울대 경제학과)가 얼마 전 정년을 맞았다.

그는 스스로 복이 많은 사람이라고 한다. 일찍이 모교 강단에 설 수 있었다는 점과 해직됐다가 다시 복직했다는 점, 그러면서도 한편 언제 쫓겨날지 모르겠다는 생각도 했었는데 명예롭게 정년퇴직을 할 수가 있었다는 것이 그 이유.

"정년퇴직을 했다는 게 신기할 만큼 덤덤해요. 연구실이 없어져 교수휴게실이나 다른 후배 교수들의 연구실에서 쉰다는 것이 피부로 와닿는 달라진 현실이고요."

그는 명예교수로 남아 새 학기에도 '경제발전론'과 '경제발전 특수연구' 등 두 과목을 강의한다.

경기중(5년제)과 서울대 상대 및 대학원을 거쳐 28세 때인 지난 55년 모교 강사로 부임, 경제수학·통계학·계량경제학 등을 강의해 온 그는 경제학계에선 계량경제학을 국내에 본격 소개한 학자로 업적을 크게 평가받고 있다.

5공 시절, 4년 1개월간의 해직이라는 정치방학을 겪어야 했고 지난 89년부터는 '경제정의실천시민운동연합'(경실련) 공동대표직을 맡으면서 시민운동에도 앞장서고 있는 억척교수.

82년엔 제자들의 도움으로 개인연구실인 학현연구실을 개설하고 후배 교수들과 눈문 발표 및 정기세미나를 개최하는 등 연구활동을 활발히 해왔다.

86년 한국계량경제학회, 87년 사회경제학회를 각각 창립, 회장직을 맡았으며, 89년엔 한국경제학회장도 역임하면서 바른 말을 거침없이 해 대쪽 같은 성격의 투사형 학자로 소문났다.

학생들 사이에선 인기. 주례를 서 주면 부부간 금실이 좋다고 알려져 지금껏 8백 쌍 정도 섰다고 한다. 일 년에 평균 70번꼴로.

주례라는 것은 오로지 50대나 되어야지만 서는 것인 줄 알았는데 나이 38세 때부터 주례를 서 주게 될 줄은 꿈에도 몰랐다고 한다. 첫 주례는 아주 불가피한 상황에서 이뤄졌다.

"제 강의를 듣던 학생 중에 부모님이 반대하는 결혼을 기어코 성사시키려는 학생이 있었어요. 학생들만 하객으로 초청한 채 몰래 결혼식장을 잡아놓고 주례를 부탁해 왔어요."

사정이 딱해 한번 주례를 서 준 것이 계기가 되어 지금까지 이어지고 있다.

고향이 황해도 황주. 부모를 마지막으로 본 것이 46년 여름방학 때였다. "의젓하고 떳떳하게 살아야 한다"는 말이 집 떠나는 아들에게 들려준 변 교수 아버지의 마지막 당부. 이후 남북으로 장벽이 막혀 더 이상 부모를 볼 수 없게 됐고 이젠 생사마저 알 수 없게 됐다면서 우울한 표정이다.

대학시절 영국 케임브리지대 경제학부 창시자 앨프리드 마셜의 글에서 "냉철한 머리와 따뜻한 마음"이란 구절에 매료돼 대학 강단으로 진로를 결정했다.

냉철한 머리는 지성적이어야 한다는 뜻이고 따뜻한 마음은 가난한 사람들에 대한 관심을 가져야 한다는 것으로 이해했다.

70년 9월, 때마침 5년에 한 번씩 열리는 세계계량경제학회가 꿈에도 그리던 영국의 케임브리지대에서 열렸는데 기숙사에서 일주일여를 지내는 동안 마셜의 체취를 맛볼 수 있어서 감개무량했다고 한다.

차후에 경제정책 책임자로 권유받으면 어떻게 하겠는가란 질문에 "61년부터 제의를 받기도 했으나 그럴 자격도 없고 절대 그렇게 하지는 않겠다"고 못 박는다. 교수는 교수로 남아 자기의 생각을 논문이나 책, 신문을 통한 기고 등 간접 참여 방식으로 펴야 한다고 주장한다.

"우리나라 경제는 느슨하게 흐트러져 있습니다. 방향감각을 잃고 있어요. 장기적으로 자립과 분배를 실현시켜야 하고 단기적으로는 물가안정 국제수지 개선이 시급합니다."

평소 경제학의 방법론으로서 계량경제, 통계학 등을 다진 뒤에 현실분석에 나서는 게 좋다고 역설한다.

70년대에 들어서부터 경기순환론, 경제발전론, 한국경제론 등의 연구에 몰두하고 있으며 그동안 경제수학, 통계학, 현대경제학 등 20여 권의 저서를 갖고 있다.

《피플》(1992. 3. 22)

"자신에게 떳떳하고자 했던 삶"

　'안도의 한숨'으로 퇴임의 변을 대신하는 변 교수는 51년 상대를 졸업하고 57년부터 모교 강단에 섰다. 그간 한국경제학회 회장, 상대학장, 교수협의회장 등 주요 직책을 맡아오는 한편 80년 해직되어 〈134인 시국성명〉을 내면서 해직교수협의회를 주도하기도 했다. 이후 4년 만에 복직되어 각종 단체와 시국성명에 참여하면서 현재 경실련 공동대표를 맡고 있는데, 그는 이를 "떳떳하고자 했던 삶"이라 말한다. 왕성한 연구욕(慾)으로 《한국경제론》, 《분배의 경제학》 등 20여 권의 저서가 있다.

《서울대학교 동창회보》(1992. 4. 1)

"정치방학 중에 이미 '퇴직예행연습'했지요"

분배의 정의 실현, 민주화를 위해 쉼 없이 뛰어온 서울대 경제학과 변형윤 교수가 오는 2월 정년퇴직을 한다. 그는 신고전학파의 창시자인 앨프리드 마셜의 케임브리지대 경제학 교수 취임사 마지막 구절인 "냉철한 머리와 따뜻한 마음"이란 말에 매료되어 이 말을 교단에서, 사회활동에서 변함없이 실천해온 사람이다.

'경제학은 인간행동의 소산인 경제현상을 다루는 학문이기에 현실과의 관련을 포기하면 그 순간부터 경제학은 성립될 수 없다'는 신념으로 꽉 차 있었던 것이다.

서울대 경제학과의 대부
"정년 맞은 나는 행복한 사람"

서울대 경제학과의 대부로 교수라는 말보다는 선생이라는 말을 좋아한 그는 마르크스경제학을 연구한 사람들에 대한 거부감이 심할 때 은신처가 돼 주기도 했다. 4·19혁명 때 교수단 데모 참가, 80년 서울의 봄 때 시국선언으로 해직, 이후 시국관련 서명 등에 빠짐없이 이름을 올리며 민주화를 위해 살아온 그는 "이제는 사회를 위해 더 보람된 일을 위해 가일층 노력할 것"이라고 말한다.

"정년을 담담하게 맞아들인다"는 그는 자신을 "복이 많은 사람"이라고 말한다. 55년 군복무시절 서울대에서 강의를 시작한 이래 4년 1개월의 해직 등 우여곡절이 많았으나 모교에서 정년을 맞게 되었으니 복이 아니냐는 설명이다.

해직 후 모교에 다시 복직한다는 보장이 없었고 그 후에도 여러 차례 교수들의 시국서명 등에 적극 참여해 언제 또 해직될지도 모른다는 각오로 살아왔는데 정년을 맞았으니 더 할 말이 없다는 표정이다.

"퇴직을 위한 예행연습은 이미 해직기간 동안에 해두었다"는 그는 역시 교직생활 중 가장 기억에 남는 일이 해직이라고 말했다.

80년 3월 서울대교수협의회장으로 선출된 뒤 재경 471인 교수선언, 각계를 망라한 134인 시국선언, 서울대 교수선언 등에 주도적 역할을 하는 등 민주화운동과 관련된 일에는 '약방의 감초'였던 그는 같은 해 7월 말에 해직됐다.

서슬이 시퍼렇던 시절에 시국선언의 주동자로 지목돼 당시 계엄사 합동수사본부로 끌려가 3박 4일 동안 심문을 받으면서 흐트러진 자세를 보이지 않기 위해 '어떤 경우에도 의젓하고 떳떳해야 한다'는 부모님의 말씀을 되새기면서 소신을 굽히지 않았다.

그러나 본인의 해명기회도 주어지지 않는 무력 앞에서 '파면이냐 의원면직이냐'는 양자택일만을 강요당해 의원면직 형태를 취할 수밖에 없었다.

"아는 것이라곤 경제학밖에 없었고 파면이 되면 소송을 제기해야 하는 등 골치도 아플 것 같아서였다"고 당시를 회고한다. "해직 초기에는 불안하고 당황했으나 그때마다 부모님 말씀과 몇 년 째 실직생

활을 하고 있던 반체제 동료들의 조언, 제자들의 물심양면 도움으로
집필과 산행을 하며 버틸 수 있었다"고 말했다.

해직 기간 중 원고료로 집안살림
"민주화는 누군가 해내야 할 일"

이 기간 동안 잊지 못할 일은 어느 날 집으로 발송인을 밝히지 않은
원고지 한 권이 배달된 것. 학교에 있는 동안 글을 써왔기 때문에 원
고를 쓰라는 무언의 충고로 받아들여 이때부터 다시 글을 쓰게 되었
다는 것이다.

이는 곧 원고료 수입이 바로 집살림에 보탬이 되는 것이기도 해 결
심이 더 굳어졌다. 또 의료보험 혜택을 받게 해 준 사람이 있는가 하
면 명절 등 때에도 해직 전처럼 많은 사람들이 자주 찾아주어 큰 힘이
됐단다.

그는 해직의 직접 원인이라면 원인이라 할 수 있는 서울대교수협의
회장으로 자신이 선출된 이유에 대해 "정부비판적인 글들을 많이 쓰는
등 민주화를 위해 노력하는 사람으로 평가받았던 것 같다"고 말했다.

민주화에 대한 그의 신념은 87년 9월 다시 서울대교수협의회장으
로, 88년 국립대교수협의회 회장단 의장직을 수락한 데서도 잘 나타난
다.

"복권의 기분으로 두 직책을 수락했었다"는 그는 "민주화는 누군가
가 해내야 하는 필연적인 일"이었기 때문이라는 것이다.

제자들이 '학현연구실' 설립
거시기산우회 멤버들과 산행

해직을 '정치방학'이라고 표현하기도 하는 그는 이 기간 중 얻은 소중한 것으로 특히 두 가지를 든다. 자신의 개인 사무실인 학현연구실을 갖게 된 것과 등반 모임인 '거시기산우회' 회원이 된 것으로 지금도 생활의 많은 부분을 차지하고 있다.

자신의 호를 딴 학현연구실은 제자들이 곤경에 처한 스승을 위해 마련해 준 것. 학현은 해직교수들과의 자리에서 호를 짓는 이야기가 나와 지어진 것이다.

이 연구실은 82년 5월 개설 당시에는 광화문 부근에 있다가 복직이 된 뒤인 84년 11월 학교와 가까운 현재의 신림동 네거리로 옮겼다.

옮길 당시에는 한가한 곳이었으나 현재는 술집·여관 등이 가득찬 유흥가 한가운데가 돼버렸다. 20여 평의 연구실에는 책들과 토론용 대형탁자 2개, 의자들만이 있는 극히 단조로우면서도 차분한 분위기로 주위 유흥가와는 대조를 이루고 있다.

매달 둘째 주 토요일 오후면 이 연구실은 서울과 지방대학에 재직 중인 부교수 이상 교수 20여 명의 열띤 학문 토론의 광장이 된다. 서울대 대학원 석·박사과정 학위를 받은 사람들로 구성된 경제발전연구팀인 이들 교수들의 토론은 주변의 유흥가에 젊은이들이 모여들어 흥청망청할 때까지 계속된다.

'거시기산우회'는 건강을 유지해주고 있는 바탕이 되고 있다. 반체제지식인들이 모여 만든 이 산우회는 경상도 출신인 한 회원이 말할 때 '거시기'란 말을 하도 많이 해 지어진 이름으로 요즘도 매주 일요일마다 만나 북한산을 오른다.

이영희·이돈명·백낙청·박현채 교수 등과 소설가 이호철 씨 등이 단골손님이다.

남북합의서 채택에
이산의 아픔 새삼스레 다가와

정년 후에도 여건이 허락하는 동안에는 모교 명예교수로 1~2개 강좌(경제발전론)를 계속할 그이지만 남북합의서 채택으로 인한 남북관계의 변화가 예상되는 시기에 강단을 떠나게 된 그의 심경은 또 다른 감회에 차있다.

혹시나 생사조차 모르는 북한의 부모님과 누이들 소식을 들을 수 있지나 않나 하는 혈육에 대한 강한 정이 새삼 솟구치는 것이다.

남북합의서 채택을 환영하면서도 “이제부터 시작으로 끈질긴 노력이 필요하며 당장의 효과를 기대하지 않기 때문에 이 사건 역시 담담하게 받아들인다”는 그의 말에서 남북한 이산가족의 생사 확인, 서신 왕래만이라도 빨리 되기를 바라는 마음이 반증되고 있다.

서울대 상대 재학 중이던 46년 여름방학 때 고향인 황해도 황주에 갔다가 서울로 되돌아갈 수 없을 것 같아 밤에 떠난 것이 부모님과의 마지막 만남이었다. 7남매 중 셋째로 장남이지만 중학교 때부터 서울에 나와 있어 부모님을 제대로 한번 모셔보지도 못한 것이 나이가 들수록 가슴을 더욱 아프게 했다는 것이다.

‘언제나 의젓하라’는 말씀도 부모님들이 헤어질 때 다시 만나지 못할 것을 예견하신 듯 ‘유언’처럼 해주신 말씀이다.

그는 “지금은 계명대 조교수로 있는 장남이 미국 유학을 갈 때 이리저리 수소문해 어렵게 찾아낸 ‘여러 사람과 함께 찍은 부모님의 색 바랜 사진'을 산우회 회원인 화백의 소개로 초상화를 만들어 이 초상화를 배경으로 내외가 장남과 함께 사진을 찍고는 형언할 수 없는 감정에 사로잡히기도 했다"며 눈시울이 붉어진다.

육사교관 시절 11기 생도 가르쳐,
55년 9월부터 서울대 교단에 서

대학시절 때부터 교수가 되는 것이 꿈이었다. 그가 교수와의 인연을 시작한 것은 6·25사변으로 거슬러 올라간다. 51년 상대 5회로 졸업한 그는 동란 중 유엔군 연락장교로 미군과 한국군 간 통역을 맡았다. 이후 54년 6월부터 1년 반 동안 육사 교관으로 경제학과 영어를 가르친 것이 교단과의 첫 인연이 됐다.

악연인지는 모르지만 이때 노태우, 전두환 생도 등 11기생들에게 경제학원론을 강의했으나 두 사람에 대한 어떤 기억도 남은 것이 없다. 모교 서울대 강의는 군복을 벗지 않았던 55년 9월부터 시작됐다.

서울대가 현재의 관악캠퍼스로 이전계획이 확정되고 기구 개편으로 상대가 해체될 당시 최장수 상대학장(70~75년), 마지막 상대학장이었던 그는 큰 고통을 겪어야 했다.

교수들의 반대, 동창회 집단 항의, 학생들의 농성 항의가 계속되면서 그런 반발을 무마하는 데 앞장서면서 뒤돌아서서는 자신도 눈물을 훔쳐야 했다.

그리고 이후에는 평교수로 학생들과 더불어 지내며 학문탐구에 열중해왔다. 89년에는 극좌나 극우를 다 같이 배척하면서 평화적인 방법으로 경제정의를 실천하는 것을 목표로 하는 경제정의실현시민연합(경실련) 공동대표가 되어 지금까지 맡아오고 있다.

경제민주화가 정치민주화의 근간
"기술개발해야 경제회복"

"정치민주화의 알맹이는 경제민주화"라고 힘주어 말하는 그는 노조민주화, 농민조직의 민주화, 소비단체의 민주화가 경제민주화의 핵이라고 설명한다. 이들 세 개의 핵의 구성원들의 의사를 굴절 없이 받아들여 이를 정부와 사회에 요구하면서 조화를 이뤄나가는 것이 곧 소득분배 악화를 해소시키는 근간이 되고 정치민주화도 이뤄지게 한다는 것이다.

그러나 그는 "현재 이 세 개의 핵의 민주화 상태는 어정쩡하고 미흡하기 때문에 부단히 노력해야 한다"고 역설한다.

새해에 국제수지가 개선될 기미가 보이지 않는다고 전망한다. 기술개발을 등한시해 수출경쟁력이 상실돼 당장의 회복이 불가능하기 때문으로 지금부터라도 기술개발에 많은 투자를 해 제품의 고급화를 이루는 것이 경제를 회생시키는 것이라고 조언한다.

기술개발의 소홀이 부동산 투기, 증권 투기에서 비롯됐다고 말하는 그는 이에 대한 강력한 규제 등 제도개선과 아울러 씀씀이를 줄이고 궂은 일 안하려는 풍토와 만연된 향락풍조가 사라져야 하는데도 내년엔 잇단 선거로 많은 돈이 풀려 그럴 가능성이 보이지 않는 것이 걱정이다.

본격적인 연구활동 위해
경실련 공동대표 물러날 결심

앞으로 현재의 학현연구실을 경제연구소로 바꿔 본격적인 연구를 하는데 노력을 투자할 계획이다. 이를 위해 교수로 있으면서 가진 경실련 공동대표 등의 직책을 정리해 나가기로 마음을 이미 정했다.

그래야 본격적인 연구소 활동이 용이해지기도 하겠지만 "어떤 자리를 한 사람이 너무 오래 앉아 있으면 조직이 활성화되지 못하는 것은 물론 새 사람을 키우기 위해서도 자리바꿈은 필요하다"는 신념이 더 큰 이유다.

53년 결혼한 이래 '쥐꼬리 교수 봉급'으로 생활을 꾸리며 1남 2녀를 잘 키운 부인 최명순 씨(62)의 노고가 정년퇴임하는 시점이 되니 새삼스러워진다는 그는 부인으로부터 "경제학자라면서 가장 비경제적인 사람"이라는 푸념을 많이 들었다며 웃었다.

그는 후학들이 "연구자·강의자로서 교수에는 충실한 것 같으나 교육자로서 교수에는 미흡한 것 같다"며 "교육자로서의 교수 역할을 강화해 줄 것"을 권유한다.

교육자의 길은 어려운 길로 교육자는 학생들의 잘못을 나무랄 수 있어야 하고, 그러기 위해서는 학생들로부터 모든 일에서 존경을 받아야 한다는 것이다.

《주간한국》(1992. 1. 5~12)

제3장 학현학파의 형성

서울사회경제연구소 설립
: "물가안정 이루고 견실한 중기 육성해야 경제발전 한다"

"제자들이 마련해 준 기금으로 운영되는 만큼 누구에게도 얽매이지 않고 연구할 수 있어 홀가분합니다. 서둘지 않고 그야말로 짜임새 있는 연구를 해 가능한 많은 사람들이 읽고 후세에까지 남길 수 있는 책을 낼 생각입니다."

원로 경제학자 학현 변형윤 박사(66)가 제자들의 도움으로 서울 청담동에 서울사회경제연구소를 차려 지난 5월 15일 스승의 날에 문을 열었다.

서울사회경제연구소는 지난 80년 학현이 서울대 교수직에서 해직된 뒤 제자들이 힘을 모아 광화문에 마련해 준 학현연구실이 모태다. 그는 그동안 이 연구실에서 20여 명의 학자들과 함께 매월 정기세미나를 개최해 왔다. 이번에 학현연구실이 정식 연구소로 확대 개편될 수 있었던 것은 그가 작년 정년퇴임을 하는 자리에서 밝힌 "자주적이고 독립적인 연구소에서 알찬 연구를 하는 나의 모습을 후학들에게 보여주고 싶다"라는 소박한 바람을 제자들이 들어주었기 때문에 가능했다. 앞으로 이 연구소에는 그의 후학으로서 분배에 관심을 갖고 있는 개혁파 경제학자들이 대거 참여할 예정이다. 제1차년도 자체 기획연구사업은 '변화하는 세계 속에서 한국경제의 진로'로 정했다. 현재 진행 중인 정부의 신경제정책에 대해선 "더 두고 봐야 한다"라는 입장이나 "어떤 경우든 물가안정은 꼭 이뤄야 하며 대기업과 대등한 관계가 되도록 견실한 중소기업을 육성해야 한다"고 피력한다. 그는 연구소일 외에 앞으로도 매달 둘째 주 토요일 오후에 하던 논문발표회 참석과 서울대 명예교수로서 매 학기당 한 강좌씩 계속 강의를 해 나갈 예정이다. 건강은 지난 10년 동안 주말마다 만사 제쳐 놓고 하는 등산으로 다지고 있다.

《이코노미스트》(1993. 6. 20)

변형윤 교수와 학현연구실

학현은 서울대 변형윤 교수의 호이다. 변 교수가 1980년 8월에 해직당한 후 1년 9개월이 지난 1982년 5월 1일에 호를 따서 개설한 것이 학현연구실이다. 본격적인 대규모의 연구소를 개설하면 어떻겠느냐는 그를 아끼는 제자들의 요청을 받고 장고(長考) 끝에 얻어진 산물이라고 한다. 즉 억울하게 해직당했으니 복직하기 위해서 노력할 필요가 있었고 그러려면 자연히 집에서의 칩거생활에서 어느 정도 벗어날 필요가 있어 우선 쓰던 대학 연구실을 연상케 하는 형태로 개설한 것이 학현연구실이라는 말이다.

그 뒤 1984년 9월에 드디어 복직되어 서울대로 돌아가게 됨에 따라서 학현연구실은 동년 11월에 광화문에서 신림 4거리 근처의 현재의 위치로 옮겨졌다. 그리고 운영 형태도 폐쇄형에서 개방형으로 바꾸기로 하여 서울대 대학원에서 그의 지도하에 경제발전론을 전공한 15, 6명의 소장 경제학 교수와 박사과정에 재직 중에 있는 여러 사람들을 정회원으로 하는 경제발전 연구팀을 발족시켜 매월 둘째 토요일 오후 2시에 세미나를 갖도록 했다. 구성원의 반은 서울에 있는 대학의 교수들이고 나머지 반은 대구·부산·마산·광주·대전 등에 있는 대학의 교수들이었다. 세미나는 논문 발표, 고전이나 새로운 외국 논문 등을 읽고 서로 토론하는 형식으로 운영되어 오고 있다. 물론 시일이 흐른 뒤에는 그리고 그럴 필요를 느낄 때에는 언제라도 책으로 발간할 수 있다는 전제하에서였다.

1985년 9월부터는 한국경제사연구팀 등 4개 연구팀이 더 결성되어 역시 매월 둘째 토요일 오후에 세미나를 개최하게 되었다. 따라서 학현연구실은 매달 토요일 오후도 무휴의 상태로 운영되었다. 그러다가 약 1년 뒤에 한국 경제사연구팀이 별도의 연구실을 차려 그쪽으로 가게 되었고 또 1987년 4월에 정치경제학을 전공하거나 그것에 깊은 이해를 갖는 사람들에 의해서 한국사회경제학회가 발족되어 그 사무실이 1988년 5월에 개설됨에 따라 나머지 3개 연구팀이 그리로 옮김으로써 학현연구실은 본래의 모습으로 돌아오게 되었다. 현재도 경제발전론 연구팀은 세미나를 계속해 오고 있다.

그동안 연구팀에서는 많은 경제학자가 배출되었고 또 높이 평가받는 많은 논문들이 발표되었음은 말할 나위도 없다.

올해에는 지난 1년여 동안에 발표와 토론을 거친 논문들을 모아 단행본으로 《민주화와 한국경제》를 발간하기로 되어있다. 그것은 한국경제의 큰 과제의 하나인 그리고 정치민주화의 알맹이기도 한 경제민주화를 각 측면에서 분석해본 것을 담은 것이라고 말할 수 있을 것이다.

그 밖에 그동안 주요국의 산업구조비교·산업정책·산업조정정책 등에 관한 세미나 등이 개최되었으며 수시로 변 교수의 지도 학생들의 박사·석사논문의 사전 발표회가 개최된다.

현재의 전망으로는 변 교수가 정년을 맞는 1992년 2월 이후에는 명실상부한 알찬 민간 경제연구소로 발족될 것으로 보아도 무방할 것이다. 그리고 틀림없이 그것이 지향하는 바는 알뜰하고 실속있고 자주적인 민간 경제연구소일 것이다.　　　　　　　　　　　　《책》(1991. 5~6)

명사의 서재

"내가 서울대 상과대학에서 경제학을 수학한 시기는 경제학계의 공백기, 독일의 역사학파 경제학과 전체주의 경제학의 색채가 농후했던 시기, 마르크스 경제학이 풍미하던 시기, 프리노트 식에 주로 일본서적에다 간혹 영·독·불 서적을 참고문헌으로 삼는, 그것도 매우 부실한 강의가 행해지고 있던 시기, 수학에 약하거나 그것의 기피증에 걸린 사람들이 경제학을 하는 것으로 여겼던 시기, J. M. 케인스의 '화폐론'은 알려져 있었지만 그의 '일반이론'은 거의 알려지지 않고 있던 시기 등으로 특징지을 수 있을 것 같군요."

서울 관악구 신림 4거리에 위치한 학현연구실에서 원로 경제학자 변형윤 교수(서울대·64)는 자신의 경제학 수학시대를 이렇게 회고했다.

"중학교 시절부터 수학에 소질이 있다는 말을 듣던 터라 내심 대학전공은 기계공학을 염두에 두고 있었어요. 그러나 눈이 색약이어서 이과 진학이 불가능해짐에 따라 경제학으로 진로를 수정했습니다. 그 당시 이단시된 수리경제학, 즉 로잔학파의 경제학을 독학한 것도 다 수학에의 관심 때문이었지요."

그때 대학은 학생시절에 고전을 가급적 많이 읽어야 하는 것이 하나의 풍조로 되어 있던 시기이기도 했고, 또 대학 졸업생이 많지 않은 편이라서 취직에 그리 신경을 쓰지 않아도 될 때여서 변 교수는 대학 시절 광범위한 독서를 할 수 있었다고 한다. W. J. 애슐리의 《영국경제사 및 학설》, A. 토인비의 《18세기 영국산업혁명론》, K. 소다의 《화폐》, K. 아카마스의 《경제정책》, 리아시첸코의 《농업경제학》, F. 케네의 《경제표》, C. 멩거의 《국민경제학원리》, T. B. 베블런의 《유한계급론》, E. 발의 《세계경제공황사》 등 경제학의 거의 전 영역을 폭넓게 섭렵했는데 지금도 가장 기억에 남고 그에게 깊은 영향을 미친 책은 마셜의 《경제학원리》와 K. 마르크스의 《자본론》이라고 한다.

"경제학을 배우려거든 런던의 빈민가에 가보라고 한 마셜의 말은 참으로 감동적이었어요. 굉장한 수학자였으면서도 경제학에서의 수학 이용의 한계를 강조한 그의 슬기로운 태도 또한 나의 마음을 사로잡았지요. 또 그가 영국 케임브리지대 경제학 교수 취임강연을 하면서 말한 '냉철한 두뇌와 따뜻한 마음'이란 구절은 평생 내 인생의 모토가 되어 주었습니다."

변 교수는 56년 서울대 경제학과 교수로 부임해온 이래 일관되게 학문적 신조에 어긋나지 않는 꼿꼿하고 청빈한 삶을 살아왔다. 그의 자세가 권위주의적 정권의 눈에서 벗어나 한때 '해직교수'라는 쓰라린 명예(?)를 짊어져야 하기도 했지만 그는 타협을 멀리하고 항상 원칙에 충실했다.

"내 개인 연구실인 이 학현연구실도 82년 5월 학교에서 쫓겨난 뒤 몇몇 재력 있는 분과 후배 학자들의 도움으로 개설된 것이에요. 처음엔 세종문화회관 뒤편 빌딩에 있다가 내가 복직이 되면서 지금 위치로 옮겨왔습니다. 현재 각 대학 조교수, 부교수급의 소장학자 15~16명으로 경제발전연구팀을 조직, 매월 두 번째 주 토요일 세미나를 갖고 있습니다. 곧 공동저술인 《민주화와 한국경제》를 출간할 예정입니다."

강직하면서도 소탈한 성품 때문에 그에게는 따르는 후배와 제자들이 무척 많다. 그가 얼마 전 두 돌을 맞이한 경제정의실천시민연합의 공동대표로 활동해온 것은 널리 알려진 일이다. 공동대표로서 방향만 잡아줄 뿐 실무적인 일들은 관계자들이 다 알아서 처리한다.

"내년 2월이면 정년퇴직인데 그 후 활동은 이 학현연구실이 주가 될 것 같습니다. 본격적인 연구소로 탈바꿈해야 하지 않느냐는 의견이 있어서 심사숙고하고 있습니다."

경제학자로서 다양한 분야에 걸쳐 저술활동을 해온 그는 본격적인 학술서적 외에 일반 독자들을 대상으로 한 계몽적인 성격의 경제에세이집도 다수 출간했다. 《분배의 경제학》, 《냉철한 머리 따뜻한 마음》, 《경제학 교수와 경제현실》 등을 손꼽을 수 있는데, 최근 80년대 각종 지면에 기고한 경제칼럼을 모아 《경제와 휴머니즘》(동아출판사)이란 제목으로 펴냈다. 경제적 약자들이 제소리를 낼 수 있는 사회를 향한 여러 처방을 쉽고 흥미롭게 서술하고 있다.

"지난 7월 연구자료 수집 차 중국, 소련, 동구 등을 순회했어요. 막상 현지에 가서 보니까 그동안 우리 언론에 보도된 사회주의권의 실상이 상당히 왜곡됐고 단편적이란 사실을 발견할 수 있었어요. 호텔의 화장지가 동났다는 식의 센세이셔널 한 보도는 이젠 지양해야 할 거에요."

80년대 어두운 시절에 조선대 이돈명 총장, 소설가 이호철 씨, 한양대 이영희 교수, 서울대 백낙청 교수 등과 함께 '거시기산우회'를 조직, 매주 일요일 산행을 하는 변 교수는 등산으로 단련돼서인지 무척이나 건강해 보였다.

《내외경제신문》(1991. 8. 13)

학현인맥의 스승 변형윤
: "인수위 제자들 강성개혁파 아니다"

DJ정부에 이어 '노무현 정부'에서도 이른바 '학현인맥'들이 중용될 것으로 전망된다. 대표적인 학현사단이 이정우(경북대)·김대환(인하대) 교수가 나란히 대통령직 인수위원회 경제 1·2분과 간사를 맡았다. 학현인맥들은 경제정의실천시민연합과 참여연대에서도 맹활약을 하고 있다. 이들은 경제학도 '따뜻한 가슴'을 가져야 한다고 생각하는 공통점을 갖고 있다. 이들의 스승인 변형윤 서울대 명예교수의 지론이기도 하다. 그러나 이들을 불안하게 바라보는 시선도 많다. 지나치게 형평을 강조하는 것은 아닌지, 수단이 과격하고 급진적이진 않을지 등의 우려다. 이런 점들을 변 교수로부터 들어봤다. —편집자

토요일인 지난 11일 오전 8시 30분. 1960년대 후반 서울대 상대에 입학한 제자들은 스승인 변형윤(76) 서울대 명예교수 겸 서울사회경제연구소(SIES) 이사장을 서울 강남에서 만나 등산을 하기로 했다. 참석한 제자들은 68년에 입학한 강화중 한국은행 국장·박덕제 교수(방통대), 69년 입학생인 신상기 교수(경원대)·박주탁 수산그룹 회장이었다. 이보다 앞선 학번의 김박수 대외경제연구원 소장도 동참했다. 인수위

간사로 있는 이정우(경북대)·김대환(인하대) 교수도 '68학번'이지만 이날은 참석하지 않았다.

"겨울엔 두 달에 한 번 꼴로 선생님을 모시고 등산합니다. 여름엔 더 자주 하죠." 한은 강 국장의 말이다. 경원대 신 교수는 "선생님을 모시고 매년 한 번은 해외로 나갑니다. 2년 전엔 중국의 황산, 지난해는 시베리아의 바이칼호를 다녀왔어요"라고 덧붙였다.

제자들의 스승 사랑은 이뿐만이 아니다.

변 교수의 SIES와 그 전신(前身)인 '학현(學峴·변 교수의 아호)연구실'도 제자들의 도움으로 설립됐다. 그가 전두환 정권을 강하게 비판하면서 80년 서울대에서 해직되자 제자들은 '학현연구실'을 설립하고, 93년 SIES로 발전할 수 있도록 도왔다.

이 연구소가 후일 서울사회경제학회와 한국경제발전학회를 태동시켰으며, 변 교수의 지론인 '분배경제학'의 산실이 됐다. '학현사단'은 지금도 매월 두 번째 주 토요일, 연구소에 모여 토론과 세미나를 연다. 지난달 14일엔 이정우 교수가 '민주주의와 경제발전'이란 논문을 발표했다.

스승이면 누구나 "제자들이 훌륭히 커서 찾아올 때 가장 기쁘다"고 말하지만 성공한 제자들이 스승을 항상 기리는 경우가 대체 얼마나 될까. 변 교수는 어떤 사람이기에 이런 복을 누릴까. 이 문제에 대한 해답은 경기도 수원 경기대 정문에서 해발 6백 미터가량의 광교산 시루봉을 올라가면서 풀렸다.

"학교 다닐 당시 반독재 투쟁으로 어수선했어요. 중앙정보부가 학교에 아예 상주했죠. 당시 상대 학장이던 선생님은 이들로부터 압력도 많이 받았지만, 선생님은 꿋꿋이 버티시면서 학생들을 품었어요." 박 회장의 말이다.

민주당 김근태 의원도 비슷한 얘기를 한 적이 있다. "내 인생에 가장 큰 가르침을 주신 분"이라면서 이렇게 말했다.

"군사독재 정권이 나를 기소하면서 모리스 도브의 《자본주의 발전 연구》란 책을 증거물로 채택했어요. 말 한마디만 잘못해도 모진 상처를 주던 시절이었기에 아무도 나서지 않았지만 선생님은 법정에 서서 '내가 가르쳤다'면서 '위험한 사상을 키우는 책이 아니라 경제학 교과서일 뿐'이라고 말씀하셨지요."

55년 서울대 상대 교수가 된 후 평생을 그렇게 살았다. 4·19 때 대학교수단 시위에 참가한 것을 비롯, 80년 서울대 교수협의회 회장·해직교수협의회 회장 등을 지내면서 독재와 타협하지 않았다. 학문 역시 그랬다. 당시 상당수 학생들은 미시나 거시경제학 등 이른바 주류경제학에 만족하지 않았다. 고도성장의 이면에 그늘이 깊게 드리워지고 있는 현실을 설명하지 못한다고 생각했다. 이 부분을 변 교수의 '분배경제학'이 채워줬다.

산행이 본격적으로 시작됐다. 70대인 변 교수를 40대인 기자가 겨우 따라가는 형국이었다. 70년대 초부터 30년을 매주 산행을 즐기고 있다고 했다. 겨울에 등산이 힘들면 자택인 서울 반포에서 잠실까지 왕복한다.

"총리? 아직도 나를 몰라?"

요즘 총리 후보로 거론되는데, 할 생각이 없느냐고 기자가 질문하자 이렇게 말했다.

"이제까지 살아온 대로 살다 갈 거야. 그 비슷한 얘기를 얼마 전 누군가로부터 들은 것도 같은데, 그때도 나는 그렇게 얘기했어."

그동안 유혹도 많았지만 그는 '학자 외길'을 걸어왔다. 비슷한 연배로 같이 근무하던 이현재(29년생)·조순(28년생) 교수가 총리나 부총리 등으로 '외도'하며 중도 퇴임할 때도 그는 학교를 지켰다. 그러나 그의 제자들은 DJ정권과 노무현 정부에서 계속 중용되고 있다. DJ정권 때는 전철환(충남대)·김태동(성균관대)·이진순(숭실대)·윤원배(숙명여대) 교수가 각각 한은 총재, 청와대 경제수석, 한국개발연구원장, 금감위 부위원장 등을 지냈다. 강철규 교수(서울시립대)는 지금 부패방지위원회 위원장을 맡고 있다. 이어 이정우·김대환 교수가 최근 인수위분과를 맡았다.

—불안하게 생각하는 사람들이 많습니다. 강성 개혁 또는 급진 진보 세력이라고 합니다.

"터무니없는 얘기야. 전두환 정권도 당시 나에게 똑같은 얘기를 하면서 해직시켰어. '빨갱이'라는 얘기도 했어. 5공 때 핵심 실세라는 사람이 만나자고 해서 한 번 봤지. 그랬더니 그 사람이 이러더군. 만나 보니 자기가 들은 얘기가 잘못된 것 같다고 말이야. 이 교수나 김 교수도 그래. 합리적이고 상식 있는 사람이야. 만나 보면 달라질 거야."

변 교수는 사회주의 경제학자나 급진 개혁 사상가가 아니라는 평가가 많다. 자본주의 경제학 체계 내에서 분배와 약자에 대한 배려를 강조하는 비주류 경제학자며 온건 개혁론자라는 얘기다.

"누가 성장을 안 하겠다고 했어? 또 9, 10퍼센트 성장해야만 성장인가? 5, 6퍼센트 성장하면 안 되나? 박정희 이후 고도성장하면서 후유증이 엄청 생겼고, 그게 외환위기로 나타났어. 분배로 돌아올 때가 됐어. 분배를 10년 하다가 후유증이 생기면 다시 성장으로 돌아가면 돼."

—있는 사람의 돈을 빼앗지 않을까 우려하는 시각도 있습니다.

"상식적이고 합리적으로 분배를 개선하려 할 거야. 그리고 지금 기득권층들은 문제가 많아. 세금도 제대로 안 내잖아. 재벌들도 그래. 외환위기 이후 나쁜 재벌은 없어졌다고 하는 등 전혀 반성의 기미가 없어."

―현실 경험이 없는 대학교수들이 제대로 할 수 있을까 하는 회의도 많습니다.

"그러면 독재체제 때 출세한 사람들에게 맡겨야 한다는 얘긴가? 그런 경험은 없는 게 좋아. 또 새 술은 새 부대에 담아야지. 정책은 유능한 사람들이 상식에 맞게 판단해 시행하면 돼. 전문적인 것은 전문가들의 얘기를 귀담아 들으면 되고. 물론 이들도 겸손해야지. 연구하던 자세로 진지하고 성실하게 임해야 하지. 그렇다고 소신을 바꾸면 안 돼."

변 교수는 DJ와는 오랜 인연이 있다. 79년 DJ와 처음 만난 이후 깊은 교분을 가져왔고, 97년 대선 때는 DJ의 자문교수 그룹인 '새정치포럼'의 이사장을 맡기도 했다. 그러나 노 당선자와의 인연은 깊지 않다. 후보로 된 후 '도와 달라'는 요청이 와서 긍정적으로 답변했지만 적극적으로 하진 않았다. '학현사단'에선 그 이유로 대선 후보로 나섰던 정몽준 의원과의 관계를 든다. 마음은 노 당선자에게 가 있지만 사랑하는 제자도 후보로 나선지라 크게 도울 순 없었다는 얘기다.

―노 당선자에게 기대가 크시죠?

"크지. 제자들도 주변에 많고."

당선자에게 할 얘기가 없느냐고 묻자 그는 주말 저녁 KBS 1TV에서 방영하는 '제국의 아침'이란 드라마 얘기를 꺼냈다. 매주 빠지지 않고 보는 유일한 프로다.

"오늘 저녁 고려 광종이 당시 제일가는 호족이었던 평주의 박씨 가문이 파놓은 함정에 빠지는 장면이 방영돼. 임금이 개혁을 하려 하자, 호족들이 왕을 죽이려는 것이지. 개혁은 그만큼 어려워. 그러나 광종은 멋지게 호족을 물리치고 개혁을 완수하지. 방법은 두 가지였어. 노비안검법을 제정해 호족이 거느리던 노비를 해방시키고, 과거제도를 실시해 호족들이 독점하던 관직을 유능한 젊은이들에게 개방하지. 호족들은 자신들이 물러나는 줄도 모른 채 무너졌어."

변 교수는 그러면서 주변의 제자들에게 말했다.

"그런 좋은 아이디어 없어?"

변형윤 교수는…

△ 1927년 황해도 황주생(76세)

△ 경기고, 서울대 상대졸

△ 서울대 경제학과 교수, 상대 학장 역임

△ 해직교수협의회장, 경실련 경제정의연구소 이사장, 한국경제학회 회장, 제2건국범국민추진위원회 공동위원장 역임

△ 현재 서울대 명예교수, 학술원 회원, 서울사회경제연구소 이사장

△ 저서: 《분배의 경제학》《한국경제론》《냉철한 머리 따뜻한 가슴》 등 다수

△ 상훈: 한국경제학술상, 다산경제학상, 국민훈장 무궁화장

'학현사단' 주요 멤버들

이 름	나 이	학 력	현 직	경 력
전철환	65	서울대 경제학과	공적자금관리위원회 위원	한국은행 총재 충남대 교수
안충영	62	경북대 경제학과 미 오하이오주립대 경제학박사	대외경제정책연구원장 중앙대 교수	–
강철규	58	미 노스웨스턴대 경제학박사	부패방지위원장 서울시립대 교수	경제정의연구소 이사장 대통령직속 규제개혁위원장
윤원배	57	미 노스웨스턴대 경제학박사	숙명여대 교수	경제정의연구소 소장 금융감독위 부위원장

김태동	56	미 예일대 경제학박사	금융통화위원 성균관대 교수	청와대 경제수석 대통령자문 정책기획위원장
이근식	56	미 메릴랜드대 경제학박사	서울시립대 경상대학장 경제정의연구소 이사장	경실련 통일협회 운영위원장
박덕제	56	서울대 경제학박사	방송대 교수	–
신상기	55	프랑스 파리9대 경제학박사	경원대 교수	–
정일용	55	서울대 경제학박사	외국어대 교수 한국경제발전학회 회장	외국어대 경상대 학장
김대환	54	영국 옥스퍼드대 경제학박사	대통령직 인수위 2분과 간사 인하대 경상대학장	참여사회연구소 소장 대통령자문 정책기획위 경제노동분과 위원장
이진순	53	미 위스콘신대 경제학박사	숭실대 교수	한국개발연구원장
이정우	53	미 하버드대 경제학박사	대통령직 인수위 1분과 간사 경북대 교수	대통령자문 정책기획위 경제노동분과 위원
조우현	53	미 오하이오주립대 경제학박사	경실련 정책위원장 숭실대 교수	숭실대 노사관계대학원장
장상환	52	연세대 경제학박사	경상대 교수 민주노동당 정책위원장	한국농어촌사회연구소장
이병천	51	서울대 경제학박사	강원대 교수	–
박진도	51	도쿄대 경제학박사	충남대 교수 학술단체협의회 상임공동대표	참여사회연구소 소장
윤진호	50	서울대 경제학박사	인하대 교수 노사정위 실무위원	–
김형기	50	서울대 경제학박사	경북대 교수 대구사회연구소 소장	–
김기원	50	서울대 경제학박사	방송대 교수	–
이재희	47	서울대 경제학박사	경성대 교수	–
장지상	47	서울대 경제학박사	경북대 교수	–
정성진	46	서울대 경제학박사	경상대 교수	–
홍장표	43	서울대 경제학박사	부경대 교수	–
김상조	41	서울대 경제학박사	한성대 교수 참여연대 경제개혁센터 소장	–

《중앙일보》(2003. 1. 14)

'학현인맥'의 뿌리, 변형윤 서울대 명예교수
: "노무현 시대 정책 코드는 분배"

학현(學峴) 변형윤(76) 교수. 요즘 부쩍 사람들 입에 오르내리는 이름이다. 그의 지적 영향 아래 성장한 제자들이 대통령직인수위원회 경제분과에 대거 포진한 탓이다. 새 정부 경제정책의 밑그림을 그리는 자리이니만큼, 자연스레 변 교수의 경제관에 대한 세간의 관심이 커질 수밖에 없다. 김대중 정부 초기 경제정책을 이끌었던 '중경회' 소속 학자들도 대부분 그의 가르침에서 자양분을 얻은 제자들이다.

서슬 퍼런 군사정권 시절. 스승은 독재정권에 맨손으로 맞서 싸우던 제자들을 늘 포근히 감쌌다. 제자들은 성장일변도의 절름발이식 경제정책이 그 뒤편에 어두운 그늘을 남기던 시절, 현실과 거리를 둔 경제모델에 빠져 있는 주류경제학의 한계를 날카롭게 지적하며 '분배경제학'을 내건 그의 목소리에서 그나마 갈증을 채울 수 있었다. 사정이 이렇다보니, 그의 가르침에 젖줄을 댄 제자들은 자연스레 '비주류경제학'이란 공통분모로 한데 모여들었다. 변 교수가 잠시나마 군사정권에 교수직을 빼앗긴 시절, 그의 제자들은 그를 위해 초라한 연구실 하나를 만들어줬고, 이 연구실은 스승과 제자가 한데 모여 현실과 이상을 안

주 삼아 열띤 토론을 벌이던 모임공간이었다. 훗날 '학현연구실'의 씨앗이 된 이 모임은 지난 1993년 서울사회경제연구소로 발전한 바 있다. 김대중 정부에 이어, 노무현 차기 정부에서도 큰 흔적을 남길 이들 학자들을 두고 언론에서는 '학현인맥'이니 '학현사단'이니 하는 이름을 갖다 붙였다. 한국 경제학의 큰 기둥인 변 교수는 요즘도 서초동의 연구소를 매일 찾아 노학자의 열정을 불태우고 있다. 지난 1월 20일, 연구소로 변 교수를 찾아갔다.

—흔히 학현인맥으로 불리는 학자들 사이에는 어떤 공통점이 있지 않나. 이들의 특징이랄까 성향이랄까 하는 걸 한마디로 정의한다면.

"뭔가 공통점이야 있겠지. 그건 아마 이런 게 아닐까 싶어. 성장과 분배를 동시에 주장하지만, 굳이 얘기하자면 분배 쪽에 좀더 무게중심을 두는 편으로 볼 수 있다. 사실 성장이란 말도 확실하게 이해할 필요가 있어. 일반사람들이 성장이라는 단어를 입에 담으면서 떠올리는 건 고도성장이야. 연 10퍼센트에 가까운 성장 같은 거지. 우리는 여기에 너무 익숙해 있거든. 헌데 성장에는 그런 것만 있는 게 아냐. 1퍼센트만 늘어나도 성장이거든. 내 얘기는 성장을 포기하라는 게 결코 아니라, 분배 문제를 진지하게 생각하면서 성장을 추구하자는 거지. 이 둘을 어떻게 균형을 이루어내는가가 중요하지."

—균형을 이룬다는 게 사실 쉽지만은 않은 일인데.

"좀 거칠게 얘기하자면, 성장과 분배는 교대로 가야 한다는 게 내 생각이야. 분명한 건 지금은 분배 쪽에 좀더 치중할 때야. 앞만 보고 고도성장을 해오다가 그나마 방향을 조금이라도 바꾼 지가 이제 얼마 안 된단 말이야. 앞으로 한 10년 정도는 분배 쪽에 무게를 잡아보다가 그때 가서 다시 방향을 조금 틀 수도 있는 거지. 특히 불황이 닥쳤을 때일수록 분배의 중요성은 훨씬 커지지. 이건 과거의 경험이 분명하게 가르쳐 주는 거야. 우리는 여기서 교훈을 얻어야 돼.

―새 정부가 분배정책에 좀더 신경을 쓰겠다고 하지만, 구체적 밑그림이 그려진 것 같지는 않은데.

"곧 구체적 프로그램이 나오겠지. 무엇보다 세제 쪽도 손질을 해야 할 거고. 간접세 비중을 줄이면서 직접세에 무게를 두고 손질을 한다거나 하는 게 필요하겠지. 물론 그렇다고 해서 당장 크게 뜯어고치려 들면 안 돼. 큰 방향을 잡는 데 그쳐야지. 미국을 한번 들여다볼 필요가 있다고 봐. 미국이라는 나라, 사실 그리 대단한 게 아니거든. 선진국 가운데 소득분배가 가장 나쁜 게 미국 아닌가. 그런데 여기도 빈곤층에 대한 사회안전망도 있고, 빌 게이츠 같은 사람들은 사회공헌 활동에도 열심이지 않나."

―일부에서는 한국 경제의 성장동력이 떨어졌다고들 난리다. 이럴 때일수록 성장에 더 신경을 써야 하는 게 아니냐는 메시지를 담고 있다고도 보이는데.

"글쎄, 설령 그렇다고 해서 분배문제를 소홀히 해서는 곤란하지. 물론 성장동력이 떨어졌다는 얘기도 제조업 공동화를 말하는 거라면 중요하지. 아무리 산업구조가 바뀐다고 해도 전통적 굴뚝산업이 튼튼하게 뿌리를 내리고 있어야 된다고 봐. 이것만은 반드시 살린다, 뭐 이런 식의 합의가 이루어지는 자세도 필요할 테고, 특히 철강이나 기타 자재는 반드시 국내에서 공급받을 수 있도록 해야 해."

애기는 자연스레 이번 대선으로 이어졌다. 이번 선거에서는 인터넷이 큰 위력을 발휘했다는 말들이 많다. 문득 앞에 앉은 노학자는 인터넷을 즐기는지 궁금했다. 경제발전론을 전공한 학자니만큼 산업구조의 변화나 흐름을 읽는 눈이 남다를 것이라는 생각이 얼핏 들었기 때문이다. "난 컴맹이야. 인터넷? 어떻게 들어가고 나오는지도 잘 몰라. 결국 이렇게 끝날 것 같아." 변 교수는 수줍음을 머금은 웃음을 지어 보였다. 대신 "솔직히 말해 요즘 젊은 세대에게 큰 기대를 걸지 않았는데, 이번 대선을 통해 생각이 많이 바뀌게 됐다"는 대답이 이어졌다. 사회문제에 눈을 감는다거나, 기성세대를 욕하기만 할 뿐 별다른 행동을 보이지 않는다는 인상이 강했는데, "이번에 기성세대를 적극적으로 설득하려 드는 것을 보고 젊은 세대를 다시 쳐다보게 됐다"면서.

—개인적으로는 이번 대선의 의미를 뭐라고 생각하는가.

"많이 좋아졌지. 이대로 한 번만 더 가면 우리 사회도 많이 바뀔 거라고 봐. 분명히 긍정적인 쪽으로. 이제 우리 사회가 나아가야 할 방향은 어느 정도 정해졌다고 봐. 따지고 보면 이번 선거란 게 기득권 집단이 마지막으로 힘을 썼던 기회 아니었나. 민주주의라는 측면에서 보자면 말이야. 분명한 건 방향은 제대로 잡혔다는 거지."

—인수위에 참여한 학자들이 화제다.

"인수위 사람들에게 왜 그렇게 관심이 많지? 절대로 과격한 사람들 아냐. 그간 주류 목소리를 앞장서 내던 사람들보다는 상대적으로 좀 비판적 시각을 지닌 사람들이 많은 건 사실이지만, 이들을 염려스러워하는 사람들은 뭔가 익숙하지 않은 상황이 펼쳐질 것 같다는 생각을 하는 게 아닌가 몰라. 인수위에 참여하는 사람들 봐. 결코 강성이거나 특별한 사람 아니야. 이정우 교수 봐. 하버드대학 박사에다 한국경제발전학회 회장이잖아. 김대환 교수도 마찬가지야. 옥스퍼드에서 학위 받고 인하대 교수로 일했잖아. 이런 사람들이 뭐 그리 특별히 다른 사람이라는 건지 잘 모르겠어. 모두 충분히 합리적인 사람들이잖아."

―인수위 구성이 학자 위주로 이루어졌다는 것을 두고도 논란이 많은데.

"학자가 많다고? 정책 중심으로 가는 게 맞는다면 학자가 많은 게 당연하지. 필요하다면 새 정부에서 실제 정책을 집행하는 역할을 맡을 수도 있다고 봐. 학자들이 현실을 모른다구? 그건 틀린 소리야. 학자 나름의 방식으로 현실 판단 능력을 분명히 갖추고 있단 말이지."

―여전히 재벌에서는 인수위의 행보에 대해 비판적이다. 어떻게 봐야 하나.

"이런 얘기를 해주고 싶다. 제아무리 개혁 성향의 사람들이 모였다 해도 사회주의 방식을 쓸 수는 없지 않은가. 기업하는 사람들이 원칙을 지키면서 제대로만 한다면 무슨 걱정이 필요한가. 재벌 개혁은 무슨 일이 있어도 꼭 해야 한다. IMF 사태가 왜 왔나? 난 사실 IMF가 내건 처방책은 그리 좋아하지 않아. 있는 사람과 없는 사람의 격차만 더 벌리는 것 아닌가. IMF 모델이란 게 뭐야. 월가나 미국 재무부가 떠받드는 모델이잖아. 다만 그 가운데 기업투명성을 높여야 한다는 건 찬성이야. 그건 국내 재벌들은 빚 갚는다고 허우적대지 않았나. 기업이란 빚 없이 이익을 내는 게 본연의 자세야. IMF 이후에 좋아진 건 기업들의 빚이 줄어들었다는 거지. 또 하나, 기업 지배구조도 꼭 개선해야 할 과제지."

흔히 학현인맥으로 불리는 학자들 중에도 1세대는 김대중 정부에 참여했고, 그보다 연배가 약간 낮은 1.5세대는 노무현 당선자의 경제정책 밑그림을 그리는 데 열중했다. 일부에서는 앞 세대가 주로 금융부문에 관심을 두며 결과적으로 미국 중심의 세계경제 질서와 친화성을 보인다는 평을 내리는 반면, 노무현시대를 이끌 다음 세대 학자들은 앞 세대 학자들보다 분배문제에 더 치중한다는 얘기도 한다.

─두 세대 학자들 간의 분명한 차이가 있다고 보나.

“큰 흐름에서는 동일하다고 보는 게 맞다. 난 오히려 이런 얘기를 하고 싶다. 이번에 인수위에 참여한 사람들은 김대중 정부 때 참여한 사람들 덕을 많이 봤다고 봐(웃음). 만일 이 사람들이 김대중 정부 때 앞에 나섰다고 해봐. 아마 지금보다 훨씬 더 심하게 두드려 맞았을 걸? 5년 동안 사회 분위기가 그나마 많이 좋아진 거지.”

─이런 얘기는 어떨까. 변 교수에게서 영향을 받으며 자란 학자들 가운데 1.5세대를 잇는 2세대 소장학자들 중에는 이번 선거에서 권영길 후보를 지지한 경우도 많이 있는 걸로 알고 있다. 노무현시대 이후를 어떻게 전망하는지.

“I don’t know. 지금 얘기할 수 있는 건 노무현 정부 다음 정권은 더 개혁적 방향으로 갈 거라는 것뿐이다.”

변 교수를 만난 것은 아직 노무현 당선자가 새 내각의 총리로 고건 전 서울시장을 염두에 두고 있다는 소문만이 떠돌던 시점이었다.

─새 정부의 총리는 어떤 사람이어야 한다고 보나.

“장상 씨나 장대환 씨 일을 계기로 우리 사회가 요구하는 도덕적 기준이 상당히 높아졌다. 이제는 그 기준에 계속 맞춰야 하지 않겠나.”

─그럼 경제팀 구성은 어떻게 보나. 혹시 마음에 두고 추천하고 싶은 사람이 있나.

“이런 얘기만 하자. 경제부총리는 상당히 개혁적인 사람이 되어야 한다고 봐. 4대 개혁 과제를 후퇴시키지 말고 끌고 갈 사람 말이지. 지나친 욕심은 부리지 않되, 지금 시점에서 방향 전환을 할 사람은 안 된다고 본다. 다시 얘기하지만 방향은 정해졌어. 삐걱대는 소리를 좀 덜 내면서 어쨌든 이 방향으로 흔들림 없이 밀고나갈 사람이어야 해."

인터뷰가 막바지에 이를 무렵, 김대중 정부에 대해 변 교수는 어떤 평가를 내리고 있는지를 물어봤다. 변 교수와 김대중 대통령과의 교분은 꽤 오래 전부터 시작됐기에, 뭔가 한마디를 던지리라는 기대도 있었다. 하지만 그의 대답은 단호했다. "이 정부의 임기가 끝나는 2월 25일 이전에는 한마디도 하지 않으려고 해. 아직 임기가 남아있는 상황에서 뭐라고 말하는 건 옳지 않다고 봐." 대신 변 교수는 2월 25일 이후에 다시 만나자며 웃음을 지었다.

인터뷰 마지막 질문은 "경제학이 위기에 빠졌다는 말들이 많다. 거대이론에 대한 환멸을 반영하는 것일 수도 있겠지만, 이럴 때일수록 미래의 비전을 제시하고 시대를 큰 틀에서 진단하는 거대이론이 필요하다는 반론도 있다"는 말로 시작됐다. 평생을 경제학에 쏟아 부은 노학자는 경제학의 미래에 대해 어떤 소회를 갖고 있는지 궁금했기 때문이다. 아울러 자신이 꼭 마무리하고 싶은 연구과제가 있는지도 묻고 싶었다. 변 교수는 "난 원래 미국 중심의 경제학에 대해서는 약간의 불만이 있다"며 이야기를 시작했다. "자신의 영원한 스승은 앨프리드 마셜"이라는 말을 덧붙이면서, 1842년에서 1924년까지 살다간 대(大) 경제학자 마셜은 "경제학이란 부의 축적에 관한 연구이면서 동시에 인간 연구의 일부"라고 분명히 못 박았다고 변 교수는 힘주어 말했다.

그간 주류 경제학은 부의 축적에 관한 연구만 발전시켰을 뿐, 인간 연구를 소홀히 했다는 준엄한 목소리가 이어졌다. "인간 연구가 뭐야? 바로 분배문제야. 가난한 사람들이 여전히 많은데 왜 경제학은 이 문제를 시야에서 놓치나. 현대 경제학은 그 방향이 잘못됐어. 이제라도 마셜로 돌아가야 해." "인간 연구의 복원, 마셜경제학의 복원이 바로 자신에게 남겨진 과제"라는 그의 마지막 말에선 현대 경제학에 대한 서운함과 노학자의 마지막 열정이 짙게 묻어나왔다.

《이코노미스트》(2003. 2. 11)

'막강 인맥' 학현학파 학계·시민단체 '포진'… 분배 강조

'학현학파'는 변형윤 서울대 명예교수(경제학)의 제자들이 주축을 이룬 경제학파로 '경제정의 실천'과 '부의 공정한 분배'에 학문적 기반을 두고 있다. 1970~80년대 고도성장기 남덕우 총리의 '서강학파'가 경제성장의 이론 체계를 만들었다면 학현학파는 성장에 따른 부작용, 즉 사회적 약자에 대한 배려, 공정 경제 쪽에 연구의 초점을 맞추고 있다. 따라서 학현학파를 이해하기 위해선 수장인 변 교수의 경제관을 살펴보는 것이 순서다.

"시장경제는 만능이 아니다. 특히 자본주의적 시장경제는 더더욱 그러하다. 시장의 기능을 맹신하면 불공평한 부의 분배, 소득의 분배문제가 발생할 수 있다(2004년 12월 사회안전망 포럼 강연 내용 중)."

학현학파는 사회복지 정책의 선구자로 평가되는 영국의 경제학자 앨프리드 마셜의 경제철학을 이론적 배경으로 삼고 있다. 변 교수 스스로도 자신의 경제철학 근간이 마셜에서 비롯됐다면서 제자들에게 "냉철한 두뇌와 따뜻한 마음을 가져야 한다. 경제학을 배우려거든 런던 이스트엔드(빈민가)에 가보라"는 1885년 마셜의 케임브리지 대학교수직 취임사를 자주 강조했다.

성장이라는 관점을 국민총생산(GNP), 국내총생산(GDP)으로만 해석하면 부의 공평한 분배가 이뤄지기 힘들다는 학현학파의 주장은 1970~90년대 경제개발 시기에는 '성장'이라는 서강학파의 논리에 가려 그다지 주목받지 못했다. 공직보다 강단에서 성장제일의 미국 방식이 아닌 공정한 부의 분배를 강조하는 유럽식 경제 모델을 집중적으로 연구했다. 이런 관점은 케인스주의에 기반을 둔 조순학파와도 뚜렷이 구분된다.

1982년 학현연구실에서 출발

학현학파가 본격적인 체계를 갖춘 것은 지난 1980년 국보위로부터 강제 해직된 변 교수가 제자들의 후원으로 1982년 광화문에 '학현연구실'을 설립하면서부터다. 당시 학현연구실은 변 교수의 개인 연구실이라기보다는 우리나라 사회경제학의 체계를 이룩한 산실이었다. 이후 학현연구실은 1993년 서울사회경제연구소로 확대, 개편되면서 진보 경제학 연구의 중심으로 성장한다. 변 교수가 이사장을 맡고 있는 서울사회경제연구소는 현재 200명의 회원이 활동하고 있다. 정운찬 총리 내정자도 지난 2005년까지 이 연구소의 이사로 활동했다. 이후 설립된 한국사회경제학회, 한국경제발전학회 역시 학현학파의 이론적 토대를 구축하는 또 다른 축으로 발돋움하게 된다.

학현학파의 학문적 목표는 분배 정의 실현, 경제구조의 균형 발전, 자립 경제로 요약된다. 변 교수는 고도성장의 진짜 목적이 성장 자체보다 장기 집권이라는 정치적인 논리에서 비롯됐다며 정치적인 사안에도 적극적인 목소리를 냈다. 중소기업 주도의 경제구조, 특정 국가에 치우치지 않는 자립형 경제구조를 최고의 가치로 여겼다.

이러다 보니 학현학파의 활동 영역은 제한적일 수밖에 없었다. 라이벌인 서강학파가 국무총리, 경제부총리, 경제 관련 장관 등을 배출하는 것과 대조적으로 학현학파는 집권 여당보다 야당, 재야 세력과 연대를 모색하면서 활로를 찾았다. 경실련 등 사회 시민단체 창립에 적극 나선 것도 이런 이유에서다. 그러던 학현학파가 제도권에 입성한 것은 지난 1998년 수평적 정권 교체를 이룩한 김대중 정부 출범부터다. DJ 경제정책의 싱크탱크 역할을 한 학현학파 출신의 경제학자들이 대선 직후 대거 정부 요직에 진출하면서 재야 생활을 마무리했다. 1992년 대통령 선거 직전 조직된 중경회(DJ 경제자문단)는 민주주의와 시장경제라는 국민의 정부 경제철학을 수립하는데 주도적으로 참여했다. 이 당시 정부 참여에 주도적으로 나선 학현학파 출신의 경제학자는 이선 경희대 교수(전 산업연구원 원장)를 비롯해 김태동 성균관대 교수(전 청와대 경제수석, 금통위원), 윤원배 숙명여대 교수(전 금융감독위 부위원장), 신봉호 서울시립대 교수(전 청와대 경제비서관), 이진순 숭실대 교수(전 한국개발연구원 원장) 등이다.

학현학파 주요 인사

이 름	나 이	직 책	경 력
강철규	64	서울시립대 교수	공정위원장
강화중	61	금융결제원 전무	
권광식	69	조선대 교수	
김대환	60	인하대 교수	노동부 장관
김박수	60	대외경제연구원 부원장	
김병준	55	국민대 교수	청와대 정책실장
김세원	70	서울대 명예교수	
김수행	67	성공회대 석좌교수	서울대 교수
김태동	62	성균관대 교수	금통위원, 청와대 경제수석

박덕제	62	방송대 교수	
박우희	74	세종대 총장	서울대 명예교수
신상기	61	경원대 교수	
윤원배	63	숙명여대 교수	금감위 부위원장
윤진호	56	인하대 교수	
이병천	57	강원대 교수	
이 선	62	경희대 교수	산업연구원장
이정우	59	경북대 교수	청와대 정책실장
이진순	59	숭실대 교수	한국개발연구원장
전철환	71	전 한국은행 총재	
정일용	61	한국외대 교수	

이들이 국민의 정부를 기점으로 관계 진출에 적극 나선 것은 변 교수와 DJ의 정치적 성향이 비슷했을 뿐만 아니라 학현학파 출신이 주도가 돼 DJ의 경제철학인 대중경제학의 토대를 만들었기 때문으로 풀이된다. 김성훈 전 농림부장관, 전철환 전 한국은행 총재 등도 범학현학파로 분류되는 인사다.

DJ정부 출범 후 제도권 진출

학현학파의 활동 무대는 참여정부로까지 이어졌다. 이정우 경북대 교수(전 청와대 정책실장), 김병준 국민대 교수(전 청와대 정책실장), 김대환 인하대 교수(전 노동부 장관), 강철규 서울시립대 교수(전 공정거래위원장) 등이 참여정부의 핵심 자리에 올라 막강한 영향력을 행사했다.

하지만 학현학파는 대기업 위주의 경제계와 관료 집단의 엄청난 저항에 밀려 국민의 정부와 참여정부 내내 논란의 중심에 서야 했다. 특정 이념에 사로잡혀 경제를 정치의 도구로 만들었다는 여론의 비판을 받기도 했다. 국민의 정부 초대 경제수석으로 임명되면서 화려한 스포트라이트를 받았던 김태동 교수가 관료 사회와의 갈등으로 1년 만에 경질된 것이 대표적인 예다.

이명박 정부 출범으로 학현학파의 위치는 1998년 이전으로 다시 돌아갔다. 관계에서 학계, 시민단체 등 재야에서 목소리를 높이고 있다. 하지만 글로벌 경제 위기를 불러일으킨 신자유주의의 대한 비판이 거세지자 현 정부를 향한 학현학파의 비판 수위도 한결 높아지고 있다. 이정우 교수는 지난 8월 대구에서 열린 한국경제발전학회, 한국사회경제학회, 서울사회경제연구소 공동학술대회에서 "전봇대 뽑기로 상징되는 규제 완화가 시대적 요구인양 유행하고 있는데 지난해 미국 경제를 강타한 금융 위기가 지나친 규제 완화, 시장만능주의에서 비롯된 결과라고 볼 때 규제 완화 일변도의 이명박 정부의 정책이 어떤 결과를 낳을지 우려된다"고 비판했다. 이들은 이번 경제 위기가 미국식 경제 모델의 한계를 드러냈다면서 분배 정의가 꽃핀 '유러피언 드림'을 실현하기 위한 토대를 만들어야 한다고 강조하고 있다.

인터뷰| 정일용 한국외국어대 교수
'신자유주의 극복 위한 경제모델 연구'

학현학파의 대표 학자로 서울사회경제연구소 소장을 맡고 있는 정일용 한국외국어대 교수는 "학현선생은 경제학의 기본인 강단과 현장의 간극을 최소화하는 데 일생을 바친 경제학자이자 사상가"라면서 "교육·의료·부동산·사회복지 등 우리 사회가 안고 있는 구조적인 문제에 합리적 대안을 제시하는 그의 혜안에 그저 놀라울 따름"이라고 말했다.

—학현학파가 추구하는 이상은 무엇인가.

학현학파는 경제와 경제학의 중심에 '인간'을 두고자 하며 물량적 성장보다 경제의 정의, 민주화, 자립을 표방하는 경제학자 그룹이다. 현실 개혁적이고 참여적이면서 실사구시적 학문 활동을 추구한다는 것이 우리가 꿈꾸는 바다.

―요즘 주된 관심사는 무엇인가.

세계경제 위기는 신자유주의의 한계를 여실히 보여줬다. 이를 계기로 많은 국가들이 분배 정의가 강조된 새로운 경제 모델을 찾고 있다. 그런데 우리만 시대적 조류에 역행하고 있다. 우리(서울사회경제연구소)가 고민하는 것은 민주주의 후퇴에 따른 경제 위기다.

―기존 세력과 대화와 타협보다 경쟁과 대립만 일으켰다는 비판도 있다.

지나치게 분배에만 신경 썼다는 비판에 대해선 동의할 수 없다. 우리는 그동안 공정한 부의 분배를 시도한 적이 없다. 북유럽의 사민주의를 살펴보면 대안을 찾을 수 있을 것이다.

―연구소의 최근 활동이 궁금하다.

1년에 한 차례씩 대규모 심포지엄을 열고 있으며 세미나도 매주 개최하고 있다. 또 1개월에 한 번씩 월례 토론회와 소그룹 모임을 갖고 우리 경제가 나아가야 할 방향에 대해 서로 의견을 나누고 있다.

《BUSINESS》(2009. 9. 21)

제3편
경제정의 실천

제1장 철 학

경제에 비약이란 없다

변형윤 서울대 명예교수(서울사회경제연구소 이사장)가 건국 60년을 상징하거나 대표하는 '한국 석학 10인'으로 뽑혔다. 서울대 상대 교수와 학장을 역임한 변 이사장은 평생을 통하여 '정의로운 경제' 구현과 후학 양성에 매진해왔으며 1993년 서울사회경제연구소를 설립, 한국경제의 바람직한 발전방향을 모색하기 위하여 지금도 '청년'처럼 열정적으로 뛰고 계신다. 현대경영 편집위원회는 '한국 석학' 선정기념으로 서양화가 노광 화백에게 초상화 제작을 의뢰함과 동시에, 변 이사장의 브랜드 마크처럼 되고 있는 앨프리드 마셜(Alfred marshall) 교수의 '냉철한 머리와 따뜻한 가슴'이라는 경제기사도(經濟騎士道) 정신을 'feature story'로 수록한다. 기업체 CEO는 물론, 새 정부의 경제지도자 및 경제학도들에게도 일독을 권한다.

널리 알려져 있듯이 마셜 교수는 마치 변형윤 이사장이 그러하듯이, 외모만으로는 한없이 부드러운 전형적인 신사의 풍모를 갖추었으나 경제학의 사회정의론에 이르러서는 고집스러운 입장을 견지하고 있었다. 마셜은 또한 훗날의 변 이사장처럼 경제학이야말로 인간의 경제적 복지를 향상하는 데 기여해야 한다고 누누이 강조했다. 마셜 교수는 그가 재세(在世)하던 당시의 영국사회에 빈곤이 남아있다는 사실을 개탄해마지 않았다고 한다. 그러나 감정에만 사로잡혀서는 이러한 문제를 해결할 수 없다는 것을 잘 알고 있었던 마셜은 그 나름의 독특한 분석의 틀(frame work)을 개발하게 된 것이다. 이 같은 인식에서 마셜의 그 유명한 '냉철한 두뇌와 따뜻한 마음'이라는 경제기사도 정신이 탄생된 것이다. 현대경영 이사장으로 모시고 있는 변 이사장께 중앙일보사 월간중앙이 뽑은 '한국 석학' 내용을 보고 드리고, '경제기사도' 정신을 특집으로 꾸미겠다고 말씀드리자, '경제적 약자'를 외면하지 말라는 마셜 교수의 경제기사도 정신은 새 정부의 경제정책에서도 유념해야 할 것이라고 당부를 아끼지 않았다. —편집자

경제학에 조금이라도 관심이 있는 사람이라면 앨프리드 마셜(1842~1924)을 모르는 사람이 없다고 해도 과언이 아닐 것이다. 그는 경제학파의 하나인, 좁은 의미의 '신고전학파' 내지는 '케임브리지 학파'의 창시자이며 그의 케임브리지 대학교 경제학교수 취임강연인 '경제학의 현상'(1885)에 나오는 '냉철한 머리와 따뜻한 가슴'은 경제학을 하는 사람에게는 너무나 유명한 말이기 때문이다.

Cool Heads but Warm Hearts

마셜 교수의 '냉철한 머리와 따뜻한 마음'은, 경제학자의 임무가 무엇인지, 경제학을 배우는 젊은이들의 기본적인 태도가 무엇이어야 하는지를 가장 잘 말해주고 있다고 생각한다. 그것은 학창시절에 나를 사로잡았을 뿐 아니라 오늘날까지 나에게 커다란 영향을 미쳤기에 어떻게 보면 내가 어떤 생각을 하고 있는지를 대변해주는 것이기도 하다. 우선 마셜이 주창하는 몇 구절을 보기로 하자.

경제학자는 사실을 악착같이 추구해가지 않으면 안 된다. 그러나 단순한 사실만으로 만족해서는 안 된다. 그는 역사학파(독일)의 위대한 사상가들에 대해서는 무한히 감사하지 않으면 안 되지만, 과거가 현재의 문제에 대해서 직접 해명의 빛을 비친다고 하는데 대해서는 회의적이어야 한다. 그는 이보다도 한층 힘이 드는 일과 항시 대결해가지 않으면 안 된다. 즉 여러 가지 원인이 독립적으로 혹은 다른 것과 결합해서 작용할 때의 행동양식을 알기 위해서 사실을 구명하고 이 지식을 토대로 해서 경제이론의 분석수단을 쌓아올려 이 수단을 이용해서 사회문제의 경제적 측면을 처리해가지 않으면 안 된다. 이렇게 해서 그는 사실의 빛에 비추어서 일을 할 것이다. 다만 이 빛은 직시되는 것이 아니고 과학에 의해서 반사되고 응집된 것이 아니면 안 된다…….

왜 이처럼 많은 사람들의 생활이 진애(塵埃)와 오탁(汚濁)과 비참(悲慘) 속에 빠져들어 가 있는 것일까? 왜 깡마르고 피로한 얼굴과 비굴한 마음이 아직도 존재하는 것일까? 그것은 주로 부(富)가 충분하지 않기 때문이며, 또 존재하고 있는 부의 분배와 사용이 잘 되어 있지 않기 때문이다…… 사는데 좀더 쾌적한 방이라든가 좀더 맛있는 것이 주어지고 덜 격렬한 일과 좀더 많은 휴식이 얻어진다면 우리 국민 대다수는 현재와 달리 훨씬 수준이 높은, 훨씬 고상한 생활을 보내는 힘을 갖게 될 것이다…… 우리의 시대만큼 커다란 사회문제로 가득 채워진 시대는 일찍이 없었다…… 지금 대학인의 대다수가 자기가 살고 있는 시대의 중요한 문제를 분명하게 생각하는 것을 배우고 연구한다면 그 개인적인 영향을 통해서 얼마만큼 큰 힘을 초래할 수 있는가를 생각해보라. ……

누구든 물질적 수단의 결핍 때문에 인간다운 시간을 보낼 기회에서 배제되어서는 안 된다고 소리 높여 외치는 것을 왜 과격한 사회주의자들이라든가 무지한 선동가들에게 맡길 필요가 있는 것일까? 이 문제의 논의에 전력투구하는 사람의 대다수는 그들이 고치고자 원하는 폐해를 도리어 자주 증가시키는 착상을 성급하게 제출한다. 왜냐하면 그들은 곤란하고 복잡한 문제를 생각하는 훈련을 결(缺)하고 있기 때문이다. 이 훈련은 세계에는 매우 드물며 케임브리지에만 풍부하다. ……

강한 인간의 위대한 어머니인 케임브리지가 세계로 배출하는 사람은 냉철한 머리와 따뜻한 마음을 갖고서 자기 주위의 사회적 고뇌와 싸우기 위해서 그 최선의 힘의 적어도 얼마라도 기꺼이 바치며, 또 교양 있는 고상한 생활을 위한 물질적 수단을 모든 사람에게 부여하는 것이 어느 정도까지 가능한가를 명백히 하기 위해서 자기의 전 능력을 다하지 않고서는 안심하고 만족하지 않는다고 결심한 사람들이다. 그런 사람들을 더욱더 많이 배출하기 위해서 나의 모자란 재능과 한정된 힘의 모두를 경주해서 할 수 있는 일을 다 하고자 하는 것이 나의 가슴속 깊이 간직하고 있는 염원이며 또 최고의 노력이다.

It will be my most cherished ambition, my highest endeavor, to do what with my poor ability and my limited strength I may, to increase the numbers of those, whom Cambridge, the great mother of strong men, sends out into the world with cool. heads but warm hearts, willing to give some at least of their best powers to grappling with the social suffering around them; resolved not to rest content till they have done what in them lies to discover how far it is possible to open up to all the material means of a refined and nobel life.

—A. Marshall, *The Present Position of Economics*, 1885

이상의 몇 구절을 통해서 마셜이 경제학에 있어서 사실과 과학의 협동의 필요성을 강조하고 있음을, 또 경제학을 배우려는 젊은이들은 사회문제·경제문제에 대해서 눈을 떠야 한다는 것을 호소하는 한편, '냉철한 머리'와 '따뜻한 가슴'을 스스로 배양해야 한다는 것을 단언하고 있음을 알 수 있을 것이다. 여기서 '냉철한 머리'와 '따뜻한 가슴'도 인상적이지만 국민 대다수의 고상한 생활, 혹은 교양 있는 고상한 생활이라고 말한 부분도 인상적이라고 하지 않을 수 없다.

현재 우리 주위에서는 자칫 경제학의 과학성만을 내세우는 사람들을 흔히 볼 수 있고, 또 경제학을 배우는 사람들은 마치 돈벌이를 잘하는 사람이 되려는 사람, 혹은 취직에 유리하기 때문에 배우는 사람으로 보거나 떠들어대는 사람들을 또한 흔히 볼 수 있음을 감안할 때, 이상의 마셜의 말은 그런 사람들에 대한 일종의 경고로 볼 수 있지 않을까 생각된다.

과학이라고 해서 상식이나 현실을 외면할 수는 없는 것이다. 경제학은 현실인간(現實人間)의 행동의 소산으로서의 경제현상을 다루는 학문일진대 현실과의 관련을 포기하면 그 순간부터 경제학은 성립될 수 없는 것이다. 이런 사실이 간과될 때 다름 아닌 경제이론의 추상화 현상이 일어나게 된다.

어떤 사람은, 그 현상은 경제이론의 암모나이트화(化) 현상이라고 부르고 있기도 하다. 암모나이트는 이미 멸종한 암모패(貝)를 말한다. 현재 주류 경제학으로 하여금 비현실적이라고 비판을 받게 하는 것 가운데 하나가 바로 시장이라는 장(場)에만 있는, 그리고 합리적으로 행동하는 인간, 즉 '경제인'(호모 에코노미쿠스)이라는 가정임을 생각하면 이 말은 수긍이 갈 것이다. 결코 현실인간은 시장이라는 장에만 있는 인간도 아니고 합리적으로만 행동하는 인간도 아닌 것이다.

"경제학을 배우려거든 빈민가에 가보라"

마셜에 관한 이야기는 대학을 나온 사람에게는 그가 경제학을 했건 아니건 그것과 관계없이 진정으로 바람직스러운 사람이기 위해서는 어떻게 해야 하는가, 그리고 여러 가지 사정으로 대학을 나오지 못한 사람에게는 바람직스러운 대학 졸업자와 그렇지 못한 자가 어떻게 구별되어야 하는가에 관해서 많은 시사를 주는 것 같이 나에게는 생각된다. 우리 주위에서 경제학을 배운 사람을 포함하여 대학을 나왔다고 지성인임을 자처하는 많은 사람들의 태도와 자세를 볼 때 더욱더 그러하다고 할 수 있다.

모름지기 지성인이라면 지속적인 자기 노력과 겸손한 자세를 소홀히 하지 않아야 함은 말할 것도 없고, 냉철한 머리와 따뜻한 마음을 갖고서 자기 사회의 고뇌를 해결하기 위해서 노력할 줄 아는, 그리고 많은 사람들이 교양 있는 고상한 생활을 영위할 수 있도록 하기 위해서 기여하겠다는 마음을 가져야 하지 않을까? 끝으로 "경제학을 배우려거든 런던의 이스트엔드(빈민가)에 가보라"고 당부한 마셜 교수의 모토는 "자연은 비약하지 않는다"는 것이었다. 경제에도 비약이란 없다.

건국 60년, 한국 10대 석학,
인간 중심의 경제학으로

'절망'보다는 '희망'이 더 컸던 것으로 보이는 대한민국 '건국 60년'. 그동안 이 땅에 대들보를 세운 인물들과 사건은 무엇일까? 중앙일보사 월간중앙이 건국 60돌을 맞이하여 국내 오피니언리더 100인을 대상으로 '한국을 대표하는 인물과 사건'에 관한 특별기획을 내놓았는데,

본지 이사장인 변형윤 서울대 명예교수(서울사회경제연구소 이사장)가 한국을 대표하는 '10대 석학'으로 뽑혔다.

"건국 후 한국사회를 상징하거나 또는 대표하는 석학으로 누구를 꼽겠느냐"는 설문에서, 국내 오피니언리더 100인은 씨 없는 수박을 개발한 고 우장춘 박사, 한글학자 외솔 최현배 선생, 양주동 국문학자, 이희승 국어학자, 철학자 박종홍 박사를 비롯한 10대 석학을 선정했다. 특히 현재 생존인물로는 이어령 전 문화부 장관, 김태길 학술원 회장, 변형윤 본지 이사장 등이 건국 60년을 대표하는 석학으로 뽑혔다. 10위권 이후에는 고 이기백 국사학자(10%)·조순 한국학중앙연구원 이사장·최장집 고려대 교수·김동길 연세대 명예교수·김용옥 순천대 인문학부 교수·고 황산덕 법무장관·김순권 국제옥수수재단 이사장·황우석 전 서울대 교수·고 이항녕 법학자 등이 석학으로 선정되었다.

한편 월간중앙 서베이에서는 건국 후 한국사회를 대표하는 경제인(복수응답)으로는 정주영 현대그룹 창업주(96%), 이병철 삼성그룹 창업주(84%) 등 두 거인이 압도적으로 많은 추천을 받은 가운데 3위는 철강왕 박태준 포스코 명예회장(49%)으로 나타났다. 그 다음에는 최근 특별사면된 김우중 전 대우그룹 회장(45%), 이건희 삼성 회장(42%), 그리고 청부(淸富)의 표상인 유한양행 창업주 유일한 박사(25%) 등이 그 뒤를 이었다. 그 다음 3퍼센트 이상 지목받은 경제인을 보면 구인회 LG그룹 창업주(10%), 최종현 고 SK그룹 회장(8%), 박현주 미래에셋 회장(7%), 구자경 LG 명예회장(6%), 안철수 안철수연구소 이사회 의장(5%), 박두병 두산그룹 창업주(4%), 신격호 롯데 회장(3%), 정몽구 현대-기아자동차 회장(3%) 등.

건국 60년, 한국사회를 대표하는 석학

(자료: 《월간중앙》)

① 고 우장춘 농학박사 (38%)

② 고 최현배 국어학자 (34%)

③ 이어령 전 문화부 장관 (30%)

④ 고 양주동 전 동국대 명예교수 (26%)

⑤ 고 이희승 국어학자 (22%)

⑥ 고 이휘소 물리학자 (20%)

⑦ 고 박종홍 전 서울대 명예교수 (15%)

⑧ 김태길 학술원 회장 (13%)

⑨ 고 박현채 전 조선대 교수 (12%)

⑩ 고 이병도 사학자·변형윤 서울대 명예교수 (11%)

《현대경영》(2008. 3)

경제 기사도로 일관된 인생

'하늘을 우러러 한 점 부끄럼 없이' 세상을 살 수 있다면 가장 행복한 사람이라 할 수 있다. 지난 3월 경제학 교수로서 명예로운 정년퇴임을 했으며, 지난달 창립 3주년을 맞은 경제정의실천시민연합의 공동대표인 변형윤 박사는 '푸른 대나무'라는 표현이 말해주듯 비굴함 없이 떳떳하게 살아온 이 시대의 양심이다. 변 박사는 지금도 왜곡된 경제를 바로잡고, 경제 민주화를 위해선 소득분배 개선은 물론 정치 민주화도 함께 병행해야 함을 힘써 강조하고 있다. —편집자

감명 깊었던 마셜의 명언

—박사님께선 국내 지성인 가운데서도 대표적 양심으로 많은 사람들의 존경을 받고 계신 줄로 압니다. 경제학자이며 사회정의 실천가로서 박사님의 삶의 철학을 들려주시지요.

"학창시절 수학, 특히 통계학에 많은 관심을 갖고 있던 저에게 경제학이란 학문은 자연스럽게 다가왔습니다.

대학 초년생 때로 기억합니다. 세계경제학의 메카인 영국 케임브리

지 대학교에서 경제학부를 최초로 도입한 바 있는 앨프리드 마셜이 1885년 그의 모교 케임브리지 대학교 교수직 취임사였던 〈경제학 현상〉은 지금까지도 저의 경제학에 관한 소신으로 남아 있습니다.

바로 '냉철한 머리와 따뜻한 마음'이 경제학을 하는 올바른 자세이지요.

올해 3월 저의 정년퇴임 고별강연 주제도 '마셜의 경제 기사도에 관하여'였으며, 학자로서 냉철한 머리와 따뜻한 마음으로 주위의 약한 자를 돕고, 정의를 실천하며 고상하게 삶을 살려고 노력한 것이 저의 전부라 해도 과언이 아니지요."

—요즘 항간엔 정부의 신산업정책에 대해 정치·경제계에서 여러 가지 논란이 진행되고 있습니다. 경제정의실천시민연합의 공동대표이기도 한 변 박사님의 견해는 어떻습니까.

"정부가 구체적으로 신산업정책을 표방한 적은 아직 없지요. 다만 전경련을 중심으로 한 대기업에서 해석하기를 주식공개·기업 상호출자 및 보증축소 등 재벌의 경제력 집중 완화 정책을 말하고 있습니다.

이는 정부가 기업에 직접 간섭하려는 발상으로 시장 경쟁체제에 정면으로 위배된다 하여 업계의 반발도 만만치 않은 것이 사실입니다.

그러나 경실련의 입장도 마찬가지겠지만, 저 개인적으로는 경제력 집중 완화라는 측면에서 매우 긍정적인 조치라고 생각합니다. 경제력 집중 완화는 경제학자로서 저의 소신이자 경제민주화의 올바른 길이라고 봅니다.

그렇다고 해서 소위 신산업정책이나 정부의 강제적 조치를 통해 목표를 달성하는 데는 찬성치 않습니다.

또한 경제력 집중 완화에 병행해야 할 것이 건전한 중소기업 육성입니다. 중소기업들이 요즘 와서 특히 시중 자금사정 악화·증시 침체

등으로 재정적 어려움에 직면해 있으므로 시급한 정부의 조치가 필요합니다.”

경제정의 실현의 길

—경실련 설립 취지와 향후 사업 계획은.

“지난 80년대 말 우리는 눈에 보일 정도로 확연한 경제 왜곡 현상을 체험했습니다.

부동산 투기·증시 가열을 비롯, 각종 뇌물수수 사건 등 불로소득 계층의 증가에 편승, 사치·향락 풍조가 이 사회를 휩쓸었지요.

이를 과감히 시정하고자 하는 외침이 지식층을 비롯 사회 전반에 대두되면서, 토지공개념·금융실명제를 슬로건으로 내세우며 경실련이 탄생하게 됐습니다.

저 또한 제1차 경제개발 5개년 계획이 끝날 무렵에 이런 방식의 경제개발로선 선진국으로의 진출은 불가능할 뿐 아니라, 경제정의도 실현키 어렵다고 판단, 이의 개선을 위해 가장 먼저 분배 개선이 강조돼야 한다고 생각했습니다.

83년 《분배 경제학》이란 책을 쓴 것도 같은 맥락이었고, 경실련의 설립 취지와도 상통해 경실련과 인연을 맺게 됐지요.

오늘(7월 8일)이 마침 경실련 창립 3주년이 되는 날로 경실련도 새로운 도약을 준비하고 있습니다.

경실련에 대한 평가는 타인들이 하겠지만, 저로선 매우 비판적이고 짜게 보고 있습니다. 젊은 운동가들은 자칫 들뜬 마음에 사로잡히기 쉽습니다. 마치 당장에 뭔가 일어나고, 뭔가 성취될 것 같은 착각에 빠지기 쉽습니다. 그래서 나같이 나이든 사람들이 들뜬 마음을 가라앉히는 역할을 해 줘야 한다고 생각합니다.

경실련도 3년의 시간을 보내면서 나름대로 국민들 속에 뿌리를 내리기 시작했습니다. 이젠 무조건적 확대보다는 자기반성을 통한 내실을 기할 때이지요.

특히 경실련이 향후 강조할 사업은 국민 의식개혁 사업입니다. 가장 중요한 것이 인간의 마음이고, 마음에 호소하는 것이 가장 설득력이 있다고 판단되기 때문입니다.

또한 혼자만 독야청청하다는 생각은 버려야 합니다. 경실련도 다른 사회운동 단체들과 뜻만 맞는다면 적극 연대할 자세도 되어 있습니다.

구체적으로 요즘 리우회담을 계기로 세계적으로 환경·공해 문제가 크게 부각되고 있지요.

현재 국내서도 여러 환경·공해 단체가 활발한 활동을 벌이고 있습니다. 그러나 환경문제와 경제는 별개로 생각할 수 없는 밀접한 연관성을 갖고 있습니다.

경실련에선 부설 경제정의연구소를 통해 환경의 경제학적 측면을 적극 연구, 다른 환경 단체를 보완하는 역할을 수행해 나갈 작정입니다.

올부터 본격 시작되는 이 사업은 환경 파괴를 막으면서 경제 또한 발전시킬 수 있는 방향으로 진행해 나갈 계획입니다.

아울러 창립 슬로건인 토지공개념 관련법 추진·불로소득 배제 등 지하경제 척결 사업도 도외시할 수 없지요."

기초 기술에 힘써야

—기술발전이 경제의 원동력이 된다는 것은 누구도 부인할 수 없지

요. 국내 기술발전 방향에 대해서도 말씀 좀 해주시지요.

"기술경제학이란 용어가 생길 정도로 기술발전이 경제에 미치는 영향은 지대합니다.

그러나 기초 기술의 중요성을 인식하고 있으면서도 지금까지 우리는 수출 드라이브 정책을 실시해, 응용 기술에 치중함으로써 기초 기술엔 상대적으로 소홀했습니다.

또한 국내 특성에 맞는 기술개발이 중요하지요. 매년 기능 올림픽에서 우리가 종합 우승을 차지해 온 예를 볼 때, 우리 민족의 손재주와 눈썰미를 잘 활용하는 생산 공정을 중심으로 한 기술 향상이 필요합니다.

지나치게 첨단 하이테크만 강조하며 선진국의 꽁무니만 쫓을 것이 아니라, 세계에서 제일 앞설 수 있는 기술 육성을 강조하고 싶습니다."

—누구보다도 인생의 많은 역경을 겪어 오신 선배로서 후배들에게 들려주고 싶으신 교훈은 무엇입니까.

"80년에 해직돼 84년 복직 때까지 49개월 동안 어려움 속에서도 뜻 있는 분들의 도움도 받으며 사는 과정에서 3가지 삶의 지표를 얻은 것이 있습니다.

들뜨지 말고 어려움 속에서도 낙관적으로 사물을 관찰하라는 것과, 일상생활에서 분수에 맞게 삶을 살아야 하며, 절대 비굴하지 말고 떳떳이 살아가는 것입니다.

요즘도 당시 어려움을 같이 했던 사람들 모임인 '거시기산우회' 회원들과 매주 북한산 등반을 하며 서로를 확인하곤 하지요."

《THE NEW MEDIA》(1992. 8)

꿈도 가져보기도 하고 깨져보기도 하고

짧은 머리, 우렁찬 목소리, 나이를 초월한 강렬한 눈빛, 겉모습만으로도 학현 변형윤 선생이 왜 '대쪽 교수'로 불리는지 알 수 있을 것 같았다. 그의 고별 강연의 주제였던 앨프리드 마셜의 '경제기사도'는 바로 학현선생 자신의 이야기가 아니었을까?

지난 2월 정년퇴임 때까지 4년여의 해직 기간을 포함하여 37년이 넘는 세월을 서울대 경제학과 교수로 재직했고, 경제정의실천시민연합(이하 경실련)의 공동 대표로서 시민운동을 주도해 왔으며, 현재 그의 아호를 딴 '학현연구실'에서 연구 활동에 몰두하고 있는 변형윤 선생을 만나 보았다. 격변의 한국 현대사를 거치면서 다져진 그의 인생관과 세계관은 혼탁한 이 시대의 등불이 되기에 충분했다.

—선생님께서는 평생 경제학자로서 외길을 걸어오셨는데 굳이 경제학을 선택하게 된 특별한 동기가 있습니까?

"특별한 동기는 없고, 하다 보니 그렇게 되었어요. 원래 수학에 소질이 있어서 공과 계통으로 가려고 했는데 색깔 중 몇 가지를 구별하지 못하는 신체적 특성 때문에 사회과학 가운데 그러한 소질을 발휘할 수 있는 분야인 경제학을 하게 되었지요."

─선생님께서는 경제학자들 중 마셜에 대해서 특별한 애착을 갖고 계시는 것 같은데 그 이유는 무엇인지요.

"먼저 그의 유명한 말 즉 '냉철한 이성, 따뜻한 마음'이라는 말에 마음이 끌렸고, 그의 사람됨을 보니 절제할 줄 아는 것이 매력이 있더라고요. 또 뜨거운 경제적 문제가 있을 때마다 할 말은 반드시 하고야 마는 그의 태도에 이끌렸지요."

─그러면 마셜이 학자로서의 선생님의 인생에 모델이 되었다고 할 수 있겠군요.

"지나고 보니 그렇다고 할 수 있을 것 같아요. 물론 캠브리지 학파를 창시한 그의 위대성을 도저히 따라갈 수 없지만 사람 됨됨이로 보면 스승으로서의 역할을 했다고 생각해요.

─37년여 동안 교직에 계시면서 특별히 어려웠던 일 그리고 보람 있었던 일로는 어떤 것들이 있습니까?

"역시 1980년대 초반, 당시 군부에 의해 해직 당했을 때가 가장 어려웠어요. 보람 있었던 일은 훌륭한 제자들을 많이 두었구나 하는 사실을 여러 기회를 통해 알 수 있었던 것이지요."

─정년퇴직 후 요즘에는 주로 어떤 일들을 하시면서 지내시는지요.

"2월 29일 정년퇴임을 하고, 3월 13일에는 고별 강연을 했고,《경제 민주화의 길》이라는 논문집을 봉정받았고, 지방에 특강도 다녀왔고, 또 며칠 전에는 연구실이 이사했고, …… 그러면서 오늘까지 정신없이 지냈지요. 앞으로는 학현연구실을 연구소로 승격시킬 계획인데, 자립적으로 운영되며 가치 있는 연구 성과가 나올 수 있도록 만들고 싶어요."

─선생님께서는 경실련 공동 대표직을 맡고 계신데 경실련의 이념이 무엇인지 말씀해 주십시오.

"경실련의 이념은 없고 또 있어서는 안 된다고 생각해요. 경실련은 시민운동 조직이고 각계각층, 즉 학생, 교수, 노동자, 농민, 철거민 등 다양한 사람들을 포괄해야 하기 때문에 보다 많은 경험과 노력이 축적되고 장시간의 논의가 있은 후에라야 어떤 이념을 내세울 수 있으리라고 생각해요. 그러나 나 개인적으로는 사회민주주의에 가깝다고 생각합니다. 즉 경제정의의 실현이 중요한데, 그것은 경제적 약자의 편에 서서 그들의 어려움을 덜 수 있게 하는 것을 말하지요. 그리고 여기에 마셜의 생각 다시 말해 '경제기사도' 정신을 덧붙일 수 있지요. 어쨌든 경실련으로서는 어떤 특정한 이념을 표방하는 것이 시기상조라고 생각합니다.

—우리 경제의 가장 큰 문제는 무엇이라고 생각하십니까? 그리고 그것이 해결되려면 어떻게 해야 할까요?

"해결 방법에 대해서는 자신이 없어요. 그렇지만 한국경제를 들여다보는 발판이 되는 개념은 '자립'과 '분배'의 두 가지라고 할 수 있지요. 즉 우리나라는 해외 의존적 경제이기 때문에 자립이 중요하고 또 1970년대 이후로 부동산 투기 등으로 돈을 번 불로소득 계층이 늘어나면서 분배의 개선이 강하게 요구되고 있습니다. 그런데 경제 자립과 분배 개선의 두 가지 목표가 완전히 실현되기란 매우 어려운 일이지요. 이 문제들은 오랜 시간에 걸쳐 국민들의 합의를 통해서 해결되리라고 봐요. 즉 일거에 되는 것이 아니라 긴 시간 동안 야금야금 해결되는 것이지요."

—선생님 말씀이 바로 경제민주화와 관련되는 것 같은데요. 경제민주화의 핵심은 무엇일까요?

"경제민주화를 담당하는 주체가 누구냐가 핵심이라고 봐요. 나는 정부가 아니라 노동자, 농민, 소비자가 주체라고 봅니다. 경제민주화의 실현 여부는 이 '삼주체'가 어떻게 하느냐에 달려 있습니다. 우선 민주적인, 즉 다수가 참여하고 합의하는 노동조합이 결성돼야 하지요. 관제 노조가 아닌 민주적인 노조가 결성되어야만 분배에서 소외된 노동자들의 생각을 굴절 없이 나타낼 수 있기 때문이지요. 농민도 마찬가지입니다. 민주적인 농민 조직이 결성되고 활동을 제대로 할 수 있어야만 대다수 농민의 생각을 정책에 반영시킬 수 있는 힘이 생기지요. 또 민주적인 국가라면 소비자 주권이 보장되어야 하지요. 여기서도 관 주도가 아닌 민주적 소비자 단체가 결성되어야 합니다. 이 세 기둥이 힘을 발휘해야만 경제민주화가 가능합니다.

아울러 돈의 흐름이 매우 중요하기 때문에 자금을 관리하는 기구인 중앙은행이 정부의 시녀가 되어서는 안 되지요. 즉 중앙은행은 독립적 혹은 적어도 중립적이어야 합니다.

그리고 재벌의 경제력 집중과 독과점화를 방지해야 합니다. 실질적인 경쟁이 보장되려면 기업의 실질적 공개를 통해 소유가 분산되어야 하고, 아울러 소유와 경영이 분리되어야 합니다.

그래도 가장 중요한 것은 경제민주화의 삼주체가 힘을 발휘하는 것이고 이는 정치민주화를 전제로 하지요. 그리고 정치민주화와 경제민주화가 병행될 때에만 두 가지 민주화가 실현 가능하지요. 즉 경제민주화는 정치민주화의 알맹이요 정치민주화는 경제민주화의 전제입니다."

―선생님께서는 '실천하는 지식인'의 대표 격으로 알려져 있습니다. 선생님께서는 현실 참여와 학문 추구 또는 아카데미즘 사이에서 갈등을 느껴보신 적은 없는지요.

"먼저 현실 참여가 무엇인지부터 따져 봐야 할 것 같아요. 내 생각에는 우리가 살고 있는 현실이 잘못되었을 때에는 그것을 외칠 줄 알고 또 외치기 위해서 행동할 줄 아는 것이 현실참여라고 봐요. 나로서는 정치에 뛰어들거나 관리가 되는 것은 싫고, 단지 대학교수로서 글을 쓰고, 할 말은 하고, 때론 서명도 하고, 4·19 같은 경우에는 데모도 마다하지 않는 것을 현실참여라고 생각해요."

—오랜 시간 동안 교수 생활을 하시면서 정부로부터 높은 자리를 맡아 달라는 유혹도 있었을 텐데요.

"그건 나하곤 거리가 멀어요. 내 성격상 마음이 편할 것 같지 않고요. 무엇보다도 그런 유혹으로부터 나를 묶어준 것은 정년퇴임을 명예롭게 하자는 생각이었어요. 그리고 고문을 당하든 쫓겨나든 내 마음에 있는 얘기는 반드시 한다는 것이 나의 신조이고 그래서 해직도 되었던 것이지요. 결국 복직되었지 않아요?"

—그러면 해직은 선생님께 어떤 의미가 있었는지요.

"인생의 깊이가 깊어졌다고 볼 수 있겠지요. 그 전까지는 순풍에 돛을 단 듯 순항해 왔었는데 해직되고 나서는 다 좋을 수는 없구나 하고 느꼈어요. 해직 기간 중에 다른 세계 사람들, 주로 반체제 인사들이 어려운 중에도 꿋꿋이 사는 모습을 보았어요. 생각해 보니 그때까지 현실에서 붕 뜬 상태로 살았었던 것 같아요. 해직으로 발을 지상에 내려놓게 되었다고 생각해요."

—여담입니다만, 선생님께서는 아직도 150원짜리 마을버스를 타고 다니시는데 그 이유는 무엇입니까?

"별 이유는 없고 수입의 범위 내에서 살아가는 것이 정상적인 생활이라고 생각해요. 그래도 상대 교무과장을 맡았을 때와 상대 학장을 했을 때는 학교에서 차가 나와 타고 다닌 적은 있어요. 그때에도 학교 관계 일을 제외하곤 버스를 이용했지요. 또 나는 애당초 자동차 같은 기계는 못 만져요. 그저 형편대로 살아야죠."

─선생님 같은 분이 많다면 경제기사도도 쉽게 실현될 것 같네요.

"자기 있는 모습 그대로 살아가는 거지요. 꾸밈을 가져서는 안 됩니다. 있으면 있는 대로 없으면 없는 대로 살아가는 마음의 여유를 가져야지요."

─수십 년 동안 학교에 계시면서 학생운동의 역사를 생생히 보셨을 텐데요. 요즘의 학생운동에 대해서는 어떻게 생각하십니까?

"기본적으로 긍정적으로 봐요. 기성세대들이 잘못된 것을 고발하고 고치기 위해 노력해야 하는데 그걸 못하니 우선 자책감을 느끼고, 그래서 순수하고 고발정신이 강한 학생들을 이해하지요. 그리고 이런 학생들이 빨리 공부할 수 있는 환경을 만들기 위해 서명도 하고 나름대로 노력을 했는데 역시 기성세대들이 많이 반성을 해야죠. 기성세대는 아량을 가지고 학생들을 보아야 하고 학생들이 공부할 수 있도록 여러 모로 노력해야 합니다."

─요즘 사회주의권이 붕괴하고 나서 많은 학생들이 가치관의 혼란에 직면해 있는 것 같습니다. 즉 사회주의도 믿을 게 못되고 그렇다고 자본주의도 마음에 들지는 않는다는 식으로 말입니다. 한 말씀 해주시지요.

"사실 양 체제 모두 문제가 있지요. 그렇다고 자포자기 할 수는 없지요. 자본주의의 결함을 고치기 위해 사회주의가 생겨났는데 결국 구소련식의 사회주의는 망하지 않았습니까? 그렇다고 자본주의가 우월하다고 안주하지 않는다고 할 때에는 사회보장제도를 실시하고 분배를 개선하는 방향으로 가야 하지 않겠습니까? 그리고 그 모습은 소위 사회민주주의 체제라고 볼 수 있을 것 같아요.

─끝으로 대학생들에게 당부하시고 싶으신 말씀이 있다면 한 말씀 해주시지요.

"젊었을 때는 꿈도 가지고 깨져 보기도 하고 그러면서 성숙하는 거지요. 절대로 조로(早老)증에 걸려서는 안 됩니다.

그리고 기성세대의 말을 '디스카운트'(discount) 즉 할인해서 들어야 합니다. 내 얘기도 마찬가지입니다. 나도 젊었을 때는 거칠고 조악했고 이것도 해보고 저것도 해보고 하면서 오랜 시간 동안 서서히 가닥이 잡혀서 지금까지 온 것입니다. 기성세대들의 "나는 열심히 했었는데 너희는 뭐냐" 하는 식의 얘기는 달갑게 생각하지 않아요. 대신 나와 같은 기성세대의 말을 여러분이 더 나은 기성세대가 되는 때 도움이 되도록 들어주었으면 해요.

끝으로 꼭 해주고 싶은 말은, 역시 인생의 꽃은 20대 전반이라는 것입니다. 왜냐하면 그 나이에는 아무리 어려운 일을 장시간 계속해도 지장이 없기 때문이죠. 그러니까 쉬운 것만 하지 말고 고전, 철학, 명작 같은 것들을 한두 권이라도 꼭 읽어야 합니다. 이때를 놓치면 어려우니 힘든 건 젊었을 때 하십시오."

《지성과 패기》(1992. 5~6)

제2장 정책논평

《분배의 경제학》의 변형윤 교수

해방 이후 반세기 가까운 시간이 흘렀다. 그동안 학술분야는 물론 문화·예술 각 부문에서 괄목할 만한 저작과 작품이 쏟아져 나왔다. 이 가운데 이미 해당 분야에서 대표작으로 평가를 받은 저작과 작품을 되돌아보고 그 저자와 작가의 근황을 소개하고자 한다. 이를 통해 다가올 2000년대의 우리 문화와 지성사의 새 지평을 가늠해 보고자 한다. ―편집자

경제학자의 삶과 학문적 태도는 어떠해야 하는가. 특히 한국적 상황이란 특수 환경에서 말이다. 그 해답 중 한 가지를 들어보자.

"이 사회, 이 현실 속에서 생활하고 있는 경제학자는 사회과학으로서의 경제학의 현실 적용성과 실천성이라는 관점에 입각하여, 한편으로는 한국경제의 전통과 현실에 부응하는 경제이론을 형성·정착시키기 위한 노력을 게을리 하지 말아야 할 것이며, 다른 한편으로는 현실경제에 대한 부단한 비판적 성찰의 과정에서 민족과 국토의 분단 상황을 포함한 이 땅의 경제적 상황에 대한 인식을 끊임없이 심화시켜 나가는 작업을 계속해 나가야 할 것이다.

경제학자로서는 이 두 가지 작업 중의 어느 한 가지도 게을리 할 수

없으며, 두 가지 작업을 병행할 때만이 보다 보편타당하고 알찬 결실을 얻을 수 있을 것임은 물론이다.”

바로 이 같은 입장에서 지난 83년 출간된 변형윤 교수(64·서울대)의 《분배의 경제학》(한길사 간)이다.

해방 이후 우리 경제학계의 업적 중 하나로 꼽힌 이 저서에 대해 박현채 교수(조선대)는 “한국경제학에서 주류를 이루고 있는 주류경제학의 흐름을 비판하고 그에 대한 전환을 촉구”한 점에 커다란 의의가 있다고 평가했다.

“경제이론을 대중적 차원에서 쉽게 소개하려고 한 점에서 평가받지 않았나 싶다. 그러나 순수 학문적 입장에서는 《분배의 경제학》보다는 곧 출간될 《한국경제연구》(가제)를 꼽고 싶다.

84년 복직한 이후 한국산업구조론에 관한 그간의 연구를 심화시켜 한 권의 책으로 내게 됐다. 물론 이 책의 중심사상도 한국경제의 자립과 분배문제에 초점을 둔 산업구조 개편론에 있다고 하겠다.”

지성인의 현실참여라는 측면에서 60년대 이후 꾸준히 ‘현실문제’에 관심을 보여온 변 교수는 80년대 초 타의로 학교를 떠났다가 복직, 서울대교수협의회를 이끌어왔고 다른 한편 시민운동단체인 ‘경제정의실천시민연합’(경실련)의 공동대표직도 맡고 있다.

“이제 만 2년째 접어들고 있지만, 경실련 활동이 크게 성공했다고 보기는 어렵다(이 점은 외부에서 ‘성공적’이라는 평가와는 의견을 달리한 셈이다). 정부와 독점 재벌의 힘이 너무 커 역부족을 느끼고 있기 때문이다. 그러나 시민연대의 차원에서 앞으로 계속 활동해 간다면 왜곡된 경제구조를 해결하는 데 적지 않게 기여하리라 본다.”

변 교수는 최근 한국경제의 침체를 두고 “책임질 사람이 없다는 데 문제의 심각성이 있다”며 “경제구조 전체를 조정하고 세계시장에서 살아남기 위한 작업이 선행돼야 한다"고 지적한다. "나사가 풀린 것 같은 현재의 상황은 극복돼야 한다"는 것이 변 교수의 현실경제를 향한 처방전이다.

내년 2월 정년퇴임을 맞는 변 교수는 그간 공언해 온 '마셜 경제학' 연구를 꼭 끝내고 '경제발전론'에 관한 교과서를 집필하겠다고.

"기존에 나온 경제발전론 교과서가 없는 것은 아니지만, 나의 생각을 집어넣은 저서를 쓸 계획이다. 후배 경제학자들에게 늘 강조하는 것이지만, 경제 현상은 결코 하나의 시각만으로 봐서는 안 된다.

해방 이후 한국경제학은 주류경제학 일변도로 흘러 오늘에까지 이르렀다. 경제관료든, 학자든 제2, 제3의 시각으로 문제를 보는 습관을 길러야 한다."

《중앙경제》(1991. 9. 10)

경제불균형 시정에 앞장서 소신껏 행동하는 지성인

서울대 변형윤 교수가 경제정의실현시민연합의 공동대표직을 맡았다. 대학 강단에서 경제학이론을 강의하는 데 자족치 않고 경제 불균형의 시정에 앞장설 것을 다짐한다. 평소 행동하는 지성으로서의 면모를 다시 한 번 보여준 셈이다.

특히 변 교수는 5공 시절 어용적 이론 전개에 분연히 맞서는 바람에 해직교수의 명예(?)스러운 영예를 갖기도 했다. 4년여의 투쟁 끝에 결국 서울대에 복귀, 강단에 다시 섰다. 복직 때는 다른 교수들이 어느 대학도 좋다고 했지만 변 교수만은 그만둘 때 바로 그 자리의 복귀를 고수한 끝에 서울대 경제학과 교수직을 재차 맡게 됐던 것.

서울대 복귀 후에도 공백기간 동안의 급료를 법적으로 요구하는 단체행동을 벌여 관심을 끌기도. 그 후에도 변 교수는 행동하는 지성으로서의 소신을 펴기 위해 서울이코노미스트클럽 회장을 맡았고 연구소를 개설, 현실연구에도 깊은 열의를 쏟고 있다.

그는 이번 경실련 의장으로서 대중적인 시민운동을 전개, 경제정의 실현에 앞장설 것을 다짐. 황해도 황주 출신 62세.

《내외경제신문》(1989. 7. 11)

월간 《노사광장》 창간 1주년을 맞이하여*

사단법인 노사문제협의회는 어려운 여건 속에서도 우리나라의 노사문제에 애정을 갖고 월간 《노사광장》을 창간하여 이제 창간 1주년을 맞이하게 되었습니다.

지난 1년간 《노사광장》을 발행하는 동안 독자, 노조와 기업, 편집위원들이 보내주신 성원에 깊은 감사를 드립니다.

월간 《노사광장》은 1987년 6·29 이후 변화된 노사관계 상황에서 오늘의 갈등, 혼란, 시행착오를 딛고 일어서 산업민주주의를 근거로 한 노동운동의 정립, 바람직한 민주적·자율적 노사관계 정립, 그리고 국민경제 발전에 기여하려고 하는 열정과 의지에서 창간되었습니다.

특히 월간 《노사광장》 발행의 사명은 오늘날 일부 산업사회 현장에 적게나마 나타나고 있는 비본질적인 것(현실부정, 그릇된 이념, 물리적 힘의 논리 등)을 제거하고 노사가 서로를 이해·인정·존중하고 협력하여 산업자치주의에 의한 노사관계를 정립함으로써 긍정적이고 미래지향적이며 희망적인 내일의 산업사회 및 복지사회 건설을 위한 노사정

---

* 변형윤 《노사광장》 발행인.

의 공동적 합의와 비전을 제시하는 데 있습니다.

그러나 노사광장의 이러한 의미와 사명은 '이것 아니면 저것'이란 우리 현실과 논리 때문에 노사 양쪽으로부터 색깔의 문제를 제기받기도 하였습니다.

그러나 본 협의회는 정신적, 재정적 부담에도 불구하고 오늘의 노사문제에 관한 애정과 사명감을 갖고 산업사회를 아끼는 마음으로 노력해 왔고, 그 연장선상에서 노사광장은 오늘의 노동문제에 대하여 양식과 객관성을 갖춘 노·사·정 그리고 학계의 의견을 제시하는 토론의 광장을 마련해 왔습니다.

결과적으로 1년여의 이러한 헌신과 노력은 본지의 성격을 규정지어 주었습니다. 본지에 대한 노사 간의 이해가 더욱 깊어짐에 따라 독자들, 노동문제를 아는 이들에 의하여 긍정적 평가를 받게 되었으며 독자수도 매월 증가하고 있습니다.

월간 《노사광장》은 그 사시(社是)에서 밝히고 있는 바와 같이 △ 인간화의 존엄성이 보장되는 국민경제의 발전 추구 △ 경영과 노동의 창조성과 노동권과 경영권의 조화 구현 △ 갈등, 분열을 타협과 조화로 유도하고 노사 간의 자율적 기반에서 산업민주주의의 정착 △ 미래지향적 노사공동체 의식의 유지 발전 그 어디에도 편중되지 않는 공정한 언론매체의 사명 수행 △ 노사문제에 관한 전문지로서의 긍지를 갖고 정보화, 민주화 시대에 부합하는 전문지식의 창달에 힘써 왔습니다.

특히 본지의 편집은 사회적 양심과 노사문제에 전문 지식을 갖고 있는 학계, 법조계, 종교계, 노동계, 경제계, 전문 인사들의 의견에 의해 그리고 어떤 특정 개인의 의사보다는 위원들의 의견합의(committee work)에 의해 이루어졌습니다.

이러한 편집은 총론적이고 진부하다는 평가도 있으나 "우리는 무엇보다도 정확과 공정을 기하며 언론인으로서의 양심과 권위, 직업윤리를 엄격히 준수·실천한다"는 사시에 따른 사명을 감당하고자 진력해 왔습니다.

본지의 이러한 의지와 사명은 혼란과 시행착오 그리고 노사관계론의 시비들 속에서도, 정확한 사실을 보도하고 문제의 본질에 따른 정론을 밝히기 위한 노력 속에 유지되어 왔습니다.

또 87년 6·29 이후의 우리 산업사회 현장에서의 노사 간 쟁점을 분석·정리하였으며 갈팡질팡하는 노사관계 운영에 바른 비전을 제시하여 왔다고 자부하고 싶습니다. 특히 오늘 노사문제가 복합적인 산업사회(또는 국민경제)의 중요한 과제임에도 불구하고 노사문제를 다루는 월간지다운 월간지가 없는 상황에서 본지는 상업성을 배제하고 노사 간의 현안문제를 분석하였으며, 실제적 문제에 가르침을 주었고 문제의 본질과 이념에 비전을 제시해 왔다고 말씀드릴 수 있습니다.

월간 《노사광장》 창간 1주년. 우리는 지난 1년간 이 노사광장을 꾸려 나가기 위하여 최선을 다하였습니다. 그러나 짧은 지난 1년을 돌이켜 보면 우리의 부족과 한계를 너무나 절실하게 느끼기도 합니다. 그러기에 《노사광장》이 허술하고 진부하며 알찬 내용이 없었다는 평가를 인정하기도 합니다. 우리는 창간 1주년을 맞이해 지난 1년간의 모습을 돌이켜 보면서, 우리의 불성실, 우리의 미숙한 판단 그리고 우리의 논리 등에 대한 반성만이 보다 성숙한 모습으로 여러분 앞에 설 수 있는 길임을 알 수 있었습니다.

그러므로 독자 여러분께 옷깃을 여미고 겸허한 마음으로 다짐합니다. 앞으로 월간 《노사광장》은 창간의 의미와 사명 그리고 과제와 방향에 따라 다음의 본지 사시에서 밝히고 있는 것처럼 "산업사회의 인간화와 노사 공존번영을 목표로 언론의 자유와 책임을 다함으로써 민주적 노사관계 정립과 선진노사문화의 창달에 이바지"하고자 계속 노력하겠습니다.

사시(社是)

1. 본지는 인간화의 존엄성이 보장되는 국민경제의 발전을 추구하며 국제화 시대에서 국가 간의 이해를 증진시키는 데 앞장선다.

2. 경영과 노동의 창조성을 장려키 위하여 노동권과 경영권을 조화시켜 21세기 문화세계 창조에 앞장선다.

3. 갈등을 은폐하기보다는 노출시켜 타협과 조화를 유도하고 단체교섭과 고충처리를 통한 노동조합의 적극적인 참여를 정확하게 보도함으로써 산업민주주의의 정착에 이바지한다.

4. 미래지향적 노사화합을 위해 노·사·정 그 어디에도 편중되지 않는 공정한 언론매체 역할을 수행한다.

5. 노사문제에 관한 전문지로서의 긍지를 갖고 정보화·민주화 시대에 부합하는 실천적 전문지식의 창달에 힘쓴다.

6. 본지는 무엇보다 정확과 공정을 기하며 언론인으로서의 양심과 직업윤리를 엄격히 준수·실천한다.

한편 월간 《노사광장》은 6·29 이후의 노사문제에 관하여 분석·정리해 본다는 입장이 강하게 작용해 원칙적이고 총론적인 것에 역점을 두어온 것이 사실입니다. 그러나 앞으로 본지는 △ 노사문제에 관한 본질적인 문제와 현안문제에 관한 비전을 제시하면서 △ 노사문제에 관심을 갖고 자신들의 삶을 바쳐 일하고 있는 노사관계 실무자들(인사, 노무관리자, 노동조합간부)에게 구체적이고 실제적인 정보와 지식을 정확히 전달하여 △ 노사 간에 첨예하게 대립되는 중요문제에 관하여 객관적이고 명쾌한 의견을 제시하는 데 충실하고자 하며 △ 노사문제를 광의로 해석하고 핵심적인 문제는 물론 주변적인 문제까지 광범위하게 다루는 등 편집을 새롭게 하고자 노력하겠습니다.

이제 우리 산업사회도 혼란과 시행착오, 갈등과 분열을 딛고 일어서 안정된 기조에서 산업민주주의를 근거로 노동운동과 노사관계를 발전시킬 단계에 접어들고 있다고 생각합니다. 본지는 이런 상황에서 긍정적이고 미래지향적이며 희망적인, 그리고 구체적이고 실제적인 노사관계 정립에 역점을 두어 편집하겠습니다. 그리고 더 나아가서는 국민경제 발전에 적게나마 공헌하도록 우리의 얼과 몸 전체를 바쳐 최선을 다하고자 합니다.

정신적으로나 재정적으로 지원하시는 노조, 기업의 관계자 여러분과 독자 여러분의 계속적인 뜨거운 성원과 지도를 부탁드립니다.

감사합니다.

《노사광장》(1991. 11)

관심과 애정을 보여주신 《노사광장》 독자들께 드리는 말씀

발행인으로서 월간 《노사광장》이 9월호를 마지막으로 1991년 창간된 지 약 4년 만에 폐간하게 된 것을 알려 드립니다. 그동안 본지에 대하여 깊은 관심과 애정을 갖고 구독하여 주신 독자들께 폐간을 알려드리게 된 것을 무척 마음 아프게 생각합니다.

본인은 창간사에서 다음과 같이 말씀드린 바 있습니다.

"출판매체를 통한 노사관계의 민주화, 산업평화 조성, 국민경제 발전 등에 기여하고자 월간 《노사광장》을 창간하게 되었습니다. 월간 《노사광장》은 노사 간에 존재하는 문제들을 노사정계 및 학계가 함께 토론 협의하여 문제해결의 실마리를 풀고 산업민주주의를 기반으로 한 노사관계의 정립, 노사 모두가 일체감을 갖고 공존번영 할 수 있는 공동체를 건설하는 데 기여하고자 합니다.

월간 《노사광장》은 그 사시에서 천명하고 있는 바와 같이 인간화와 노사 공동체의식의 증진, 노동권과 경영권의 조화, 산업민주주의를 근거로 한 노사관계의 민주화, 미래지향적인 노사관계를 위해 그 어느 편에도 편중되지 않는 공정한 언론매체의 역할을 할 것이며 노사문제에 관한 전문지로서의 긍지를 갖고 정보화, 국제화, 민주화 시대에 부응하는 실천적 전문지식의 창달에 힘쓰고자 합니다(1991년 11월 창간호 중에서).”

이러한 창간사를 말씀드린 지 약 4년 만에 다시 폐간사를 쓰게 된 것에 대하여 그동안 깊은 애정과 열의를 갖고 본지를 구독하여 주신 독자들에 게 심심한 사과의 말씀을 드립니다.

본지는 상업적 영리추구가 목적이 아니라 “출판매체를 통한 노사관계의 민주화, 산업평화 조성, 국민경제발전 등에 공헌하고자” 사회적 사명감을 갖고 성심껏 봉사하여 왔습니다. 이러한 선의의 목적과 사회적 사명감도 재정적 압력으로 더 이상 유지하기 어려운 형편에 이르게 되어 마침내 발행 중단을 선언할 수밖에 없게 되었습니다.

사단법인 노사문제협의회의 협력단체인 한국기독교사회산업개발원을 비롯하여 회원단체인 기업과 노조 및 노사단체들이 본지 발행을 위해 성의 있는 지원을 아끼지 않으셨기에 지난 약 4년간을 견디어 왔습니다. 그럼에도 불구하고 운영난으로 인하여 1994년 6월 29일 본 협의회 이사회는 9월호를 마지막으로 폐간할 것을 결의하게 되었습니다. 이 점에 대하여 다시 한 번 독자 여러분들의 깊은 이해와 용서를 부탁드립니다. 물론 운영을 책임진 사무국의 역량 부족을 시인하지 않을 수 없겠습니다만, 본지의 성격상 상업적 영리만을 추구할 수 없다는 한계를 갖고 있기 때문에 최선을 다하였음에도 불구하고 적자 운영으로 더 이상 부채를 감당할 수 없게 되었기에 폐간을 결심하게 되었습니다.

월간 《노사광장》은 그 사시에서 천명하고 있는 바와 같이 인간화, 노사 공동체의식 증진, 노동권과 경영권의 조화, 산업민주주의를 근거로 한 건전한 노사관계 및 노동운동의 정립 등을 위하여 약 4년간 최선을 다하여 왔습니다.

본지는 6·29 이후 혼란과 시대착오적 갈등이 산업현장에서 노사는 결국 공존번영 하여야만 한 몸의 공동체 간 의식, 무한정의 국제 경쟁력 시대에서 기업이 살아남고 국가경쟁력 강화를 위해서는 노사관계도 새로운 변화와 발전이 있어야 된다는 것, 그리고 제도권과 비제도권 노동운동단체 간의 갈등을 차원 높은 노동운동의 통일과 운동의 연합이란 미래지향적인 노동운동으로 승화시키려는 노력도 해 왔습니다. 그래서 본지는 적게나마 우리 노·사·정의 발전에 공헌하였다는 자부심을 갖고 있습니다.

본지는 이제 들었던 붓을 꺾으면서도 선각자적 입장에서 6·29 이후 갈등과 분열이 있는 산업현장에서 "계란을 갖고 바위를 깨려는 것"과 같은 무능을 몸으로 느끼면서도 적은 힘을 모아 산업민주주의를 근거로 한 협력과 친화의 근대적 노사관계 정립에 최선을 다하여 왔습니다. 독자님들의 깊으신 이해를 부탁드립니다.

본지를 발행, 운영하면서 많은 것을 배웠고 우리 노사관계의 현실에 대한 깊은 이해도 하였으나 아직도 우리의 노사관계가 바람직한 노사관계의 정립을 위해서는 멀고도 험한 길이 아직도 남아 있다는 아픈 경험을 하게 되었습니다. 그리고 정계와 학계에 드리고 싶은 애정 어린 말씀도 많이 남아 있습니다.

이제 월간 《노사광장》을 폐간하면서 감사해야 할 많은 분들을 기억하게 됩니다.

첫째, 약 4년에 걸쳐 본지를 구독하여 주신 독자들에게 감사와 함께 폐간에 따른 이해와 용서를 구합니다.

둘째, 본지를 위해서 물심양면으로 지원하여 주신 기업과 노동조합, 노사관계 단체들에 깊은 감사를 드리며 동시에 본 협의회의 능력 부족으로 폐간한 데 대해 이해하여 주시기를 부탁드립니다.

셋째, 본지를 위해 그동안 옥고를 주신 필자들의 노고에 깊은 감사를 드리면서 그 많은 지원에도 불구하고 폐간하게 된 것에 깊은 이해를 구합니다.

끝으로 본지의 편집, 기획위원님들과 사무국 실무자 특히 기자들의 노고에 치하를 드립니다.

다시 한 번 독자들에게 그리고 본지를 끝까지 지원하여 주신 분과 노사단체들께 폐간에 따른 사과의 말씀을 드립니다. 그리고 언젠가 독자들의 애정과 지원 및 본 협의회가 능력을 갖게 될 때《노사광장》은 다시 태어날 것이란 희망을 갖고 있습니다. 다시 한 번 깊으신 이해와 용서 그리고 4년여의 독자들의 지원에 감사드리며 폐간의 말씀을 드립니다.

《노사광장》(1994. 9)

교수 371명 대정부 집단성명
: "농정의 발상 대전환만이 살 길"

다수의 대학교수들이 당면한 농업문제와 관련, 집단으로 성명을 발표해 정치권은 물론 정부와 관변 이코노미스트들에게까지 경종을 크게 울리고 있다.

전국 52개 대학교수 371명은 최근 〈농업·농민문제에 대한 우리의 견해〉라는 대정부성명을 통해 현 농업정책의 일대전환을 촉구하고 나섰다.

농민시위 정치이용에 "일침"

이들은 "오늘날의 농업·농민문제에 대한 궁극적인 책임은 반농민적 농정에 있다"고 규정하고 정부는 '획기적인' 농업 육성정책을 실시해야 한다고 주장했다.

이에 따라 현재의 농정을 둘러싸고 조만간 한 차례의 경제 대논쟁이 전개될 것으로 보여 교수들의 집단성명에 대해 더더욱 관심이 집중되고 있다.

‘농업·농민문제를 염려하는 교수일동’의 이름으로 발표된 성명에서 서명교수들은 농정의 실패로 “대다수의 농민은 빈농화, 부채농화, 소작농화, 탈농화의 운명을 벗어나지 못하고 있다”고 지적, 농촌 문제의 심각성을 일깨우고 있다. 그러나 “정부는 그간 제반 농민문제의 본질을 호도하는 조치만으로 대응했다”고 비난하고 그에 따른 농촌의 낙후상을 극복하기 위해서는 농정개혁을 포함한 경제정책의 위상 재정립이 시급하다고 강조하고 있다.

이번 공동성명에 참여한 교수들 가운데 대부 격인 변형윤 교수(서울대 경제학과)를 만나 성명서 발표에 따른 그의 소신을 들어봤다.

—정부의 농업정책과 농민문제에 대해 교수들이 집단적으로 의사를 표시한 것은 이번이 처음인 것으로 알고 있다. 지난번에 있었던 여의도 농민집회 때문인가.

“여의도 농민시위가 배경이 된 것은 사실이다. 그러나 보다 근본적인 계기는 농민시위를 정치적 수단으로 악용하려는 집권여당과 정부 일각의 자세에 있었다.”

—여의도 농민집회에 대한 시각은.

“참고 참다가 분노를 터뜨린 농민들의 생존권 요구 운동이라고 본다. 농민문제를 해결해 달라고 수십 년간 요구했으나 번번이 거절당하자 분연히 일어선 것이다. 관에 순종을 잘 하던 농민들도 인내에 한계가 있는 법이다. 오죽하면 곡괭이나 죽창을 들고 나오겠는가. 정부여당은 농민의 심정을 충분히 이해해야 될 줄로 믿는다.”

—현 농정을 어떻게 평가하는지.

“지금까지 우리 농업정책의 기조는 경제학의 비교우위이론에 입각해 있었다. 이는 외국, 다시 말해 선진국의 농업에 비해 우리 농업이 열세에 있음을 전제로 하고 있다. 이런 전제조건을 깔고 값비싼 우리 농업생산물 대신 저렴한 외국의 농산물에 의존하면 되지 않느냐는 극단적 사고까지 낳은 것이다.

그런 시각에서 공업중심 정책으로 일관해온 것도 사실이다. 따라서 우리 농업은 극단적인 비교우위 논리에 희생당한 것으로 볼 수 있다. 문제는 아직도 비교우위론적 시각을 포기하지 않고 있는 경제학자나 관료들이 적지 않다는 점이다. 그들은 대부분 미국에서 일반경제학을 전공한 사람들이다. 한국농업은 사양산업이라는 주장까지 서슴지 않는 이들 관변 이코노미스트들이 정책결정의 핵심포스트에 포진하고 있는 이상 농민의 맺힌 한을 풀기에는 요원한 일이라고 강조하고 싶다. 현 농정의 발상대전환이 시급히 이루어져야 한다.”

—바람직한 농정의 재정립을 위한 견해는.

“무엇보다 농·공병진정책이 뒷받침돼야 한다. 공업화가 농업부문을 위축시키는 게 아니고 함께 공존공영 하는 모습이 가장 바람직한 것이다. 굳이 농자천하지대본이라고까지 얘기할 필요는 없다. 결과적으로 농업이 공업보다 부가가치 측면에서 열세에 놓여있는 것은 사실이나 아직도 고용측면에선 20퍼센트 수준의 비중을 갖고 있지 않는가. 또 농업기반 없이 선진국이 된 나라가 어디 있는가. 되풀이해 강조하지만 우리 농업을 선진국의 농업에 비해 열위에 있다고 보는 비교우위이론은 비난을 면하기 어렵다.”

—이번 공동성명에서 집약된 농정기조의 일대전환은 구체적으로 무슨 뜻인가.

“빨리 경제민주화를 실현하라는 경고로 받아들여야 한다. 민주화란 무엇인가. 다른 게 아니다. 바로 다수의 참여를 의미한다. 따라서 다수의 농민과 노동자들의 진정한 목소리를 반영시키는 방향으로 정책을 펴나가야 한다는 주장이다.

농업민주화와 노동민주화는 그런 경제민주화의 '두 기둥'이랄 수 있다. 농업민주화는 농협민주화와는 별도로 농민의 소리를 적극 대변할 수 있는 민주농민조합이 결성돼 활성화돼야 비로소 의미를 지니는 것이다. 농민자치조직의 자유로운 설립 보장이야말로 농업민주화의 핵심이라고 생각한다."

"농업기반 없는 선진국 없다"

—농가부채에 대한 소견은.

"심각한 문제이면서 동시에 처리하기에 미묘한 것이 농가부채라고 할 수 있다. 농민이 안고 있는 빚을 탕감해줘야 한다는 것은 누구나 공감하는 바이다. 그러나 부채탕감에는 전제조건이 있다. 어쩔 수 없이 빚을 졌는지, 그렇지 않은지를 가려 선별지원을 해야 합리적이다. 성실하게 빚을 안 진 농민이 손해를 보는 사례는 없어야 할 것이다. 어렵지만 이런 작업을 해야 된다."

—농산물의 수입개방정책이 농민들의 강력한 반발을 받고 있는데…….

"개방은 하되 농민의 요구를 수용, 보상과 병행해 실시돼야 한다. 분명한 것은 국내농업을 적극적으로 육성하면서 농산물수입개방 정책을 추진해야 한다는 점이다. 자립경제를 실현하려면 농업이 '소걸음'을 해서는 절대 안 된다. 또 국제역학관계상 마지못해 개방하는 식으로 힘의 논리에 눌리면 안 된다. 국민들이 자칫 패배의식에 사로잡힐 가능성이 있기 때문이다. 나는 예나 지금이나 한결같이 국민의 지지를 받지 못하는 정부가 외국의 수입개방압력에도 가장 약하다고 생각한다."

―지금 정책 방향을 둘러싸고 '안정우선론'과 '복지론'이 첨예한 대립양상을 보이고 있는데…… 전반적인 경제정책에 대한 견해는.

"안정론, 복지론 하지만 결국 같은 맥락이라고 본다. 안정을 전제하지 않은 복지는 생각할 수 없는 일이 아닌가. 그러나 나는 물가안정을 중시하고 싶다. 돈을 자꾸 쓴다고 해서 복지가 저절로 이뤄지는 것은 아니다. 현재 정책 전환기를 맞고 있는 것 같다. 조순 장관을 비롯한 경제팀은 나름대로 소신을 갖고 뭔가 새로운 모습을 보여주려고 하는 것 같은데 장애물이 있어 보인다. 여당 정치인과 일부 관료들의 해묵은 발상 때문에 진통을 겪고 있지 않나 본다.

역시 발상의 대전환이 절실하게 요구되는 시점임에는 틀림없다. 그러나 그것은 몇 사람의 노력만으로는 불가능하다. 정치권과 국민의 폭넓은 지지를 받아야 한다. 그런 관점에서 하루속히 이뤄져야 할 것이 정치민주화이다. 정치민주화가 되지 않는 마당에 경제민주화를 운운하는 것은 한낱 공염불에 지나지 않는다는 생각이다."

《주간매경》(1989. 3. 16)

'진짜 기업가'를 기대한다

　—교수님 안녕하십니까. 지금 온 나라가 'IMF 경제'로 걱정이 태산 같습니다. 교수님을 찾아뵙기 위하여 여의도에서 택시를 타고 왔는데, 운전기사가 우리나라 국민총생산이 얼마냐고 물어서 어림잡아 '4천만 명×1만 달러(1인당 GNP)=4천억 달러'쯤 될 거라고 얘기했습니다. 그러자 그 기사는 원화가치 절하로 우리나라는 '그냥 앉아서 1천5백억 달러 정도' 손해 봤다고 얘기하던데 올바른 설명인가요.

　"설명방식으로는 틀린 것은 아닙니다만 정확한 수치를 말한다면 우리나라의 GDP(국내총생산)는 96년 기준으로 4,846억 달러, GNP(국민총생산)는 4,804억 달러입니다."

　—IMF 경제시대의 전개와 관련하여, 'IMF 구제금융' 'IMF 지원금융', 'IMF 관리경제' 등 용어상으로도 혼란이 뒤따르고 있는데, 교수님께서는 어떻게 정의하십니까.

　"나로서는 이번 사태를 'IMF 쇼크'라고 표현하고 싶습니다. 우리는 이번 IMF 쇼크의 본질과 의미를 정확히 살펴보아야 합니다. 지금 많은 사람들이 IMF가 권고한 GDP 2.5~3.0퍼센트 성장과, 물가 5퍼센트 등을 크게 걱정하고 있으나 가장 중요한 문제는 어떻게 우리가 98년 경상수지적자 규모를 GDP의 1.0퍼센트까지 줄이느냐 하는 것이죠.

IMF 구제금융이라고 해서 그냥 돈을 지원해 주는 것은 아닙니다. IMF는 3년 동안 한국에 약 210억 달러의 돈을 빌려주고 우리는 2001년과 2002년 두 해에 걸쳐 원금과 이자·서비스금액 43억 5천만 달러를 합해 총 253억 5천만 달러를 갚아야 합니다."

—이번 'IMF 쇼크'의 근본 원인에 대해서도 깊은 성찰이 있어야 할 것으로 봅니다만.

"물론 여러 가지 현상들이 복합된 결과이지만, 무엇보다도 외환위기와 금융위기가 주범입니다. 특히 지난 30여 년간 비대해진 재벌들이 5분의 1밖에 안 되는 자본(자기자본비율: 20%)으로 5분의 4에 달하는 자금을 국내 또는 외자로 충당해서 방만한 경영을 한 것도 중요한 원인을 제공해준 것이라고 봅니다. 그러나 바로 지금부터가 중요합니다. 앞으로 이번 사태에 대응하는 재벌들의 자구적 노력에 따라서는 긍정적으로 작용할 여지도 있다고 봅니다."

—교수님께서는 그동안 '비주류 경제학'의 대부로서 재벌의 독과점과 금융특혜 등의 문제를 줄기차게 제기해 오신 것으로 압니다만, 이번 IMF 쇼크는 그러한 구조적 문제를 일시에 해결하는 측면도 있다는 논의에 대해서는.

"캉드쉬 IMF 총재도 '한국의 금융위기는 기업과 은행 간의 유착에서 발생한 것'이라고 단정적으로 지적한 바와 같이, 앞으로 재벌의 재무구조와 지배구조에 커다란 변화가 있을 것으로 전망됩니다. 제2차 대전 이후 맥아더 사령부가 일본에서 '재벌해체'와 '농지개혁', '노동3권'을 확립함으로써 전후 일본경제를 부흥시킬 수 있었던 것도 우리가 새겨 보아야 할 일이죠."

—IMF 쇼크가 당장에는 대량실업으로 연결될 것이라는 우려의 소

리가 높은데요.

"IMF가 '노동시장의 유연성'을 강조한 것처럼, 앞으로 2~3년간의 대량실업이 제일 큰 과제입니다. 가능한 수단과 방법을 총동원해서, 예컨대 2교대를 3교대로 늘리고 8시간 노동을 6시간 노동으로 줄여서라도 여러 사람들이 공생하는 '정상고용상태'로 몰아가야 합니다. 1930년대 미국의 대공황 때, 루스벨트 대통령이 실행한 뉴딜정책과 같은 획기적인 사업이 기대됩니다."

—그렇다면 앞으로 예견되는 저성장시대의 기업가정신에 대해서도.

"지금과 같은 비상의 시대야말로 '진짜 기업가'가 진가를 발휘할 때라고 봅니다. 종업원들을 '한 식구'로 생각하고 노사협력으로 생산성을 높여 수출을 늘려 국제수지 적자를 해소하고 외채를 갚아 나가는 그러한 진짜 기업가들이 이제부터는 많이 나와야 합니다."

—끝으로 교수님께서는 모름지기 경제학도는 '냉철한 머리'와 '뜨거운 심장'을 가져야 한다고 늘 강조하셨는데, IMF 쇼크에 대응하는 우리의 자세에 있어서는 어떤 자세가 우선이 될까요.

"과거 대영제국이 산업혁명으로 세계유일의 공업국이었을 때 자유무역을 내세웠던 논리나, 오늘날 미국이 세계경제의 맹주로써 IMF를 앞세워 '세계경제'를 지배하려는 논리는 모두 '강자의 논리'입니다.

IMF의 논리에는 바로 이 '냉철한 머리'는 있지만 '뜨거운 심장'은 없는 것이죠. 따라서 우리는 '냉철한 머리'로 대응을 하면서도 '뜨거운 심장'으로 이 난국을 헤쳐 나가야 합니다."

—좋은 말씀 감사합니다.

《현대경영》(1998. 1)

제3장 경실련 대표로서의 활동

"이제부터의 과제는 경제정의 실현"

"경제정의실천시민연합(약칭 경실련)은 소득분배의 개선을 위해 시민의 입장에서 할 수 있는 모든 것을 여론화하여, 그 여론화된 힘을 바탕으로 정부와 국회 등에 이의 시정을 촉구하며, 감시하는 시민의 자발적 조직입니다."

최근 경실련 공동대표로 선임된 변형윤 박사(서울대 교수·62)는 그동안 우리 경제는 양적 팽창에도 불구하고 빈부의 격차는 오히려 심화되고 있다고 말하고 이의 시정 없이는 지속적인 발전이 어렵다고 힘주어 말했다. 특히 최근 토지의 공개념 도입과 관련해서는 "최근 만연되고 있는 부동산 투기는 저소득층의 상대적 빈곤감을 더욱 부채질하고 있습니다. 따라서 경실련은 임금격차 해소, 복지제도 확충, 중소기업 육성, 소비자 보호, 공정한 교육제도 확립, 농촌문제의 해결 등 여러 가지 목표를 잡고 있습니다만 무엇보다도 먼저 토지공개념의 확대 도입에 힘을 쓰겠습니다. 토지공개념의 확대 도입에는 토지는 한 개인의 점유물이 아니라 모든 사람이 공유하는 국민의 재산이라는 생각이 앞서야 합니다"라고 말하고 10년 전 이미 겪었던 부동산 과열을 다시 겪는다는 것은 정부 시책이 크게 잘못되었다고 말했다.

지난 7월 8일 발기인 대회를 가진 경실련은 30명 내외의 상임집행위원회를 중심으로 활동을 하게 된다. 과격한 요구보다는 다양한 방식의 평화적이고 대중적인 시민행동을 통해 목표를 달성한다는 것이 경실련의 입장이다. 또 경실련은 학계, 교계 등 활동적인 사람들이 참여함으로써 이 운동의 확산에 자신감을 갖고 있다.

경실련이 최대 현안으로 꼽고 있는 것이 부동산 투기 문제로 모든 경제적 불의의 원천이라고 보고 있다. 특히 토지 보유자의 5퍼센트가 전국 민유지의 65퍼센트를 소유하고 있는 데서 부의 편중, 한국경제의 왜곡화, 국민적 위화감이 조성되고 있다고 생각, 이의 시정에 최대의 역점을 두기로 했다.

변형윤 박사는 80년 잠시 학교를 떠났다가 84년 9월 복직되었으며, 학교를 떠났을 때 학현연구실이라는 개인연구실을 내어 지금까지 운영해오고 있다. 틈이 나면 클래식을 즐겨 듣고 운동 삼아 등산을 하기도 한다. 현재 한국경제학회 회장으로 있으며, 본지 조사출판자문 위원으로 활동 중이다.

《현대경영》(1989. 8)

"성실하게 사는 사람이 대접받아야"

지금 우리 사회는 부동산 투기와 빈부 격차의 심화 등 경제위기가 고조되고 있고 계층 간 불신과 대립으로 분열과 혼란이 우려되고 있다. 경제부정의 문제를 해결하기 위해 민간단체로 출범한 '경제정의실천시민연합'(경실련)은 공청회·시민대회 등 다양한 활동을 벌이며 경제정책의 전반적 전환을 요구하고 있다.

변형윤 교수(62·서울대 경제학). 지금 경제정의와 사회평등을 외치며 시민운동으로 착실하게 뿌리를 내리고 있는 경실련의 공동대표이다. 변 교수를 그의 학현(學峴)연구실에서 만났다.

성실한 사람이 불이익한 사회

—우리나라에서 경제적 부정의라 했을 때, 그것은 구체적으로 무엇을 말합니까.

"성실하게 일하고 있는 사람들이 경제적으로 불이익을 당한다면 그것이 곧 경제부정의를 말하는 것 아니겠습니까? 어떤 사람이 어느 날 갑자기 정치권력과 결탁하여 졸부가 된다, 부동산 투기를 해서 큰 이

득을 보는 따위도 경제적 부정의이죠. 성실하게 노력해서 저축을 하고 오랜 시간에 걸쳐 재산을 모으는 사람들이 많으면 '경제부정의'라는 이야기는 나오지 않습니다. 정당하게 노력하는 사람들이 우리 사회의 주류를 이뤄 나가야 되겠습니다. 그런데 지금은 그 반대가 되고 있으니 경제부정의를 외치는 목소리가 생겨나게 된 것입니다.

─경실련은 어떻게 경제부정의 문제를 풀어갈 것입니까.

"경실련은 지성에 호소하는 운동단체입니다. 인간에게 지성과 감성의 양면이 있다면, 경실련은 지성에 호소하는 것을 더 중요시할 것입니다. 구체적으로 국민을 계도해 갈 것이고 잘못하는 것에 대한 감시 기능을 강화하고 고발의 형식도 취할 것입니다."

─경제정의가 실천되고 생활화되기 위해서는 우리 사회의 의식구조와 사회제도가 어떻게 바뀌어야 하겠습니까.

"성실하게 일하는 사람들이 존중되어야 한다는 쪽으로 의식구조가 바뀌어야 하겠지요.

사회제도도 그런 사람들에게 유리하도록 고쳐져야 되겠습니다. 정당한 방법에 의하지 않는 사람은 죄악시 당하게 하고 그들에게 응분의 응징이 따르도록 해야 합니다."

─그 사회제도는 구체적으로 어떤 내용을 말합니까.

"우선 조세제도를 들 수 있겠지요. 불로소득 하는 사람들로부터 세금을 거둬들이는 것입니다. 그들이 불이익을 당한다는 것을 가시적으로 알 수 있도록 해주면 '성실하게 일해야겠구나' 하는 생각을 갖게 될 것입니다. 사회 지도층들이 자숙할 수 있도록 그들을 견제하고 묶어가는 제도가 되게 해야 할 것입니다."

─경제정의가 실천된다면 서민들이 어떤 혜택을 받게 됩니까.

"성실하게 노력하고 일하며 살아가는 사람들이 편안하고 자유스럽게 살아가는 세상을 기대하고 있습니다."

—왜 경제정의가 달성되지 못하고 있습니까.

"성실하게 사는 사람들이 소리 내지 못하는 사회가 됐다면 이 사회는 잘못된 사회이고, 사회가 그리된 것은 진정한 비판세력이 없었기 때문입니다. 권력으로부터 직간접으로 혜택을 받은 사람들은 정권에 대해 비판의 소리를 못합니다. 정권들이 경제개발을 앞세워 개발독재를 한 것은 분배문제를 지나치게 소홀히 본 것이었습니다. 사회분위기가 한때 그편으로 쏠리곤 했던 것은, 진정한 비판세력이 그것을 적절히 견제해내지 못했기 때문입니다. 이제부터라도 견제세력을 강화해 나갈 때입니다."

사회변혁과 연관된 경제정의

—오늘 우리 사회가 겪고 있는 사회상황이 경제적 접근만으로 해결될 수 있습니까.

"경제적인 해결이 이루어지지 않은 가운데, 정치적 사회적으로 여러 가지 해결책이 나온다 하더라도 그것은 그다지 큰 의의를 갖지 못할 것입니다. 알맹이를 이루고 있는 것은 경제적 행위라고 볼 수 있습니다. 그 기본적인 문제의 해결이 없이 정치·사회·문화적으로 사람들의 삶을 실현해 나간다는 것은 어려운 일이고 또 설사 그리된다 하더라도 별 의미가 없을 것입니다.

—경실련은 회원으로 일반 시민까지 받아들이고 있지만, 한국경제의 구조적 모순을 치유하려는 지식인 운동이라는 인상이 짙습니다.

"경실련 운동은 지식인들이 주도하고 있으나, 아픔을 겪고 있는 많은 사람들, 사회적으로나 경제적으로 약한 처지에 있는 사람들이 관심

갖고 많이 참가하고 있습니다.

경실련은 사회적 약자들의 간절한 요구들을 파악하여 그것을 대변하는 방향으로 나갈 것입니다. 그래야만 많은 호응도 얻고 생동하는 단체가 됩니다. 보통 사람들이 겪고 있는 답답함이 무엇인지 현장답사를 통해 생생히 알아내서 사회에 널리 알리고 고발하고, 감시하는 길로 걸어갈 것입니다."

—경실련 운동이 단순한 경제정의 실현운동입니까, 아니면 근본적인 사회변혁운동까지 지향하고 있습니까.

"앞에서도 이야기했듯이 경제문제가 우리들에게는 가장 기본을 이루는 것이므로 우선 경제문제 해결에 진력하고자 하는 것입니다.

그런데 경제문제가 대대로 해결되려면 딴 문제들도 연관적으로 해결되어야 한다는 점에서 긴 장래로 보아 경제문제로 끝날 것이 아니라 근본적인 사회변혁까지도 지향해야 하겠지요.

물론 이 문제는 여러 사람들과 상의해 보고 이야기해야 할 문제입니다마는, 일단 제 개인적인 생각으로는 사회변혁운동으로 발전해 갈 수밖에 없지 않겠느냐는 생각입니다."

—지식인들에게는 자기 희생성이 부족하고 우리나라에서 지식인 운동이 사회적 연대성을 갖기는 아주 힘든 것이라고 평가되고 있는데요.

"지금 경실련에 가담하고 있는 지식인들은 지식인들의 약점이 어떤 것이고 또 지식인들의 연대의식이 약하다는 것 등에 대해 통절히 느끼고 있는 사람들입니다. 경실련에 가담하고 있는 지식인들은 실천력을 갖춘 사람들이고, 영향력을 갖고 그 위치에서 많은 것을 동원할 수 있는 사람들입니다."

사회지도층의 의식전환은?

—이 운동은 소외되고 있는 민중들과 중산층을 어떻게 각성시키고 교육시켜 나갈 것입니까.

"지금 경실련 회원들과 시민들을 위한 시민학교를 개설해 놓고 있습니다. 여기에서 '경제정의 실현은 왜 필요한가', '경실련 운동의 과제와 시민의 역할' 등에 관한 교육을 하고 있습니다. 시민학교를 통한 이러한 교육과 함께 언론매체를 통해 우리의 운동이 어떤 운동인가를 알려 시민들을 계도해 나가고자 합니다."

—이 경실련 운동이 한국사회 변혁과 시민의식 변화의 뚜렷한 분기점을 이루게 할 수 있겠습니까. 그러기 위해서는 많은 어려움이 예상되는데, 가장 어렵기는 역시 사회지도층과 기득권층의 사고방식을 돌려놓는 일이겠는데 어떻게 할 생각이십니까.

"사회지도층의 사고방식을 돌려놓는 일은 그리 쉬운 일이 아니지 않습니까. 차라리 그들을 제외한 나머지 사람들이 모여, 속 털어놓고 이야기하고 꽁꽁 뭉쳐서 할 수 있는 역할을 해나가는 것이 수월한 일일 것입니다. 기득권을 가진 누가 과연 가진 것을 잃으려고 합니까. 그런 사람들의 사고방식을 바꾸게 하기보다는 그 이외의 다른 사람들이 확실히 뭉쳐 해나가도록 촉매제 역할을 해 주는 것이 더 필요하다고 생각합니다."

—사람들의 의식을 바꾸는 문제는 대단히 어렵고도 중요한 문제라고 많은 사람들이 말하고 있습니다. 변 교수님께서는 앞으로 이룩해 나갈 새로운 사회에 대해 어떤 비전을 갖고 계십니까.

"바른 의식과 인간성을 갖춘 사람들이 정의롭게 살겠다고 하는 사회, 그런 사람들이 주류를 이루고 있는 사회가 우리가 바라고 있는 사

회입니다. 정의스럽고 진실되게 사는 사람들이 지금은 사회적 약자이
지만 언젠가는 그들이 강자가 되는 사회가 오기를 기대하고 있습니다.
우리는 그런 정의로운 사회를 목표로 삼아가지고 계속해서 운동을 전
개해 가겠습니다.”

경실련의 이데올로기성은?

—경실련 운동이 커다란 사회변혁운동으로까지 정착되려면, 어떤
정신성이나 이데올로기적 내용까지 갖추어야 한다는 견해까지도 있는
데요.

“지금 시작은 경제문제에 국한하여 해나가고 있습니다. 경제는 이념
을 초월해 있는 기본적인 삶의 문제로서 여기에 이념문제는 넣지 않
는 것이 좋을 듯합니다. 그러나 지금 이 운동을 해나가다 보면 어떤
방향이 서서히 찾아지리라고 생각합니다. 아직은 구체적으로 운동의
방향을 이해시킬 정도는 아니라고 봅니다. 지금 당장은 토지공개념 입
법추진과 같은 싸움을 전개해 가고 있는 상황입니다.”

—토지공개념, 금융실명제 등에 대한 감시활동과 그 입법추진에 있
어서 경실련은 구체적으로 어떻게 해나갈 것입니까.

“급한 것이 토지공개념에 관한 것입니다. 우리는 전문가들을 총동원
하여 내용을 검토하게 하고 그리고 고쳐야 할 것이 무엇인가 분명히
하여 이것을 공청회나 언론매체 등을 이용하여 일반인들에게까지 이
해시켜 주는 것입니다.

또 과연 정부가 이것을 추진하려고 하는가, 입법부가 제대로 입법화
시키고 있는가, 감시를 철저히 하고 경우에 따라 직접적으로 힘을 과
시할 필요가 있을 때는 회원들과 시민들을 동원하여 나가고자 합니다.

그렇게 하여 정말 부족한 부분을 고치고 입법화하지 않으면 못 배기게 사회분위기를 형성해 나갈 것입니다.

그러나 이때 시민들이 적극 나서서 할 때도 공권력이 동원되면, 우리가 힘 가진 자들이 결코 아니기 때문에 성과 없이 끝나버릴 수도 있습니다. 그렇지만 그런 한계에도 불구하고 우리는 지속성을 갖고 계속해서 해나갈 것입니다.”

모두가 자기 몫을 찾아야

—지금 우리 사회는 민주화의 진도에 있어서나 계층 간 욕구분출과 이해관계 조정에 있어서 미흡하다는 얘기가 들려오고 있습니다. 우리 국민들이 자유스럽게 그들의 권리와 이익을 확보해 갈 수 있는 사회적 분위기가 이룩되고 있는지 말씀해 주십시오.

“노동자, 농민, 시민들 모두가 진정한 자기 몫을 찾아야 할 것입니다. 기득권을 가지고 있는 사람들이 지배의 속성을 버리지 못한다면 사회변혁이 이루어지기 어려울 것입니다. 사회적 강자들인 기득권층이 뒷전으로 밀려나 그들의 힘이 덜 발휘되어야 바람직한 사회입니다. 지금은 사회적 약자들이 힘을 합쳐서 자기들 몫을 찾아내고 이런 분위기를 연장시켜 사회개혁의 바람을 일으켜야 할 때입니다.

언론이 사회적 약자를 보호해 주는 목탁 노릇을 제대로 하는 것도 중요합니다. 우리가 사회정의라 했을 때, 그것은 약자를 보호하고 약자 편에 서서 그들의 권리를 찾아주는 것으로부터 시작됩니다.”

—지금 우리 사회는 과소비와 각종 지하경제가 판을 치고 있고, 사회적 분위기도 매우 악화되어 가고 있는 것 같습니다.

“우리 사회에 이른바 ‘가진 자’들이 언제부터 생겨났습니까. 60년대 초까지 '가진 자'들이란 그리 많지 않았습니다. 70년대를 거치고 80년대 초에 이르면서 벼락부자들이 많이 나왔습니다. 불로소득하고 권력유착으로 횡재를 한 사람들이 사치스럽고 향락스러운 생활에 빠졌습니다. 그들이 분수를 모르고 흥청망청하는 데 큰 문제가 있습니다. 보릿고개를 생각해 보십시오. 우리가 분수에 맞지 않는 사치스러운 생활을 할 처지입니까. 우리 사회의 일부 향락과 퇴폐풍조는 사회의 몰락을 앞당길까 걱정됩니다. 우리 사회에서도 벼락부자, 떼부자들이 각성하고 생각을 바꾸지 않는다면 사회정의와 경제정의는 계속 멀어져만 갈 것입니다.

그들이 자체적 노력도 하고, 여론도 그런 사회적 분위기로 이끌어 가며, 정부 차원에서도 정책적 방향을 잡아 실천해 가면, 우리 사회는 나아질 수 있다고 생각합니다.”

《세계와 나》(1989. 11)

실천 경제의 징검다리를 놓는 서울대 변형윤 교수*

서민들의 경제정의에 대한 소박한 열망을 대변하고, 개인이나 단체, 또는 기관이 행할지도 모르는 경제적 불의를 감시하는 시민 모임인 '경실련'이라는 단체가 발족했다. 공동의장인 변형윤 교수를 찾았다.

'경실련'이라는 단체를 잘 모르는 독자도 있겠지만 신문이나 방송에서 여러 차례 보도했기 때문에, 이 조직이 얼마 되지 않은 깐으로는 꽤 알려졌으리라 믿는다. 정식 명칭은 '경제정의실현시민연합'인데 요새는 모든 단체의 이름이 약자로 호칭되는 마당이어서 '경실련'이래야 금방 머리에 들어온다. 이런 시민조직을 이끌어 가는 공동의장의 한 분이 변형윤 서울대학 교수다. 나와는 오랫동안 다른 사사로운 모임에서 달마다 만나는 처지여서 오늘의 대담이 다소 멋쩍기는 하나, 어떻든 '어려운 감투'를 쓰신 분에게 새삼스럽게 경의를 표하고 인사를 드린다.

---

* 최일남 소설가.

정의란 잘못된 것을 바로잡는 것

"허허, 그것도 감툰가요. 감투란 원래 돈과 힘이 따라야 하는 걸로 되어 있는데 그런 인식과는 거리가 멉니다. 더구나 이번 창립총회를 계기로 기구가 바뀌었어요. 상임위원회 중심으로 운영하게 됐습니다. 저도 처음엔 퍽 망설였습니다. 그러나 토지공개념에 관한 법률안이 대두되고, 서경석 목사나 우리 대학 졸업생 등, 젊은 교수들이 이 문제에 달라붙는 걸 보고 관계를 갖다가 함께 일을 시작한 거지요. 저 자신이 학교에서 '분배문제'를 다루는 입장이기도 하고요."

—대학교수의 대외활동이랄까 사회활동을 보는 학내 시각은 여러 가지겠습니다.

"안 좋게 보는 사람도 많겠죠. 그것과는 상관없이 열심히 하는 사람도 있고 해서 반반으로 갈라진다고 보면 될 겁니다. 저도 교수의 적극적인 사회참여를 그다지 좋게 생각하지는 않는데, 학교에서 자기 할 일을 열심히 하면서 사회에 도움이 될 만한 활동을 하는 건 괜찮다고 이해합니다. 그러나 정부와 관청에 직접 뛰어든다든가 여야를 막론하고 현실 정치에 간여하는 일에는 반대입니다. 무슨 서명운동이라면 질색하는 사람이 있지만 그것은 나쁠 게 뭐 있습니까. 따라서 제가 이 단체와 관련을 맺은 것도 서명운동의 또 다른 표현이라고 생각하고 있습니다. 옳다고 믿는 일에 가담하는 것은 책잡힐 일이 아니지요."

'경실련'은 구체적으로 어떤 활동을 할 것인지 궁금하다. 막 태어난 단체를 놓고 너무 성급하게 덤빈다고 할지 모르나, 내세운 과제의 정당성 못지않게, 그리고 우리에겐 다소 생소한 이런 시민운동이 더욱 활성화되기를 희망하면서도 다소 막연하고 포괄적이란 느낌이 없지 않다.

'경제정의 실현'이란 수식어도 그렇다.

"경제정의란 경제의 잘못된 부분을 바로잡아 나가자는 것입니다. 고른 분배와 경제적 약자 문제 등 할 일이 태산 같으나 일단은 범위를 좁혀야지요. 잡화 상식으로 해서는 안 된다는 걸 강조하고 있습니다."

그래서 당장은 토지공개념에 관련된 법안의 국회 통과에 역점을 두고 있다.

"일종의 감시 기능입니다. 전세입자 보호와 부재지주 문제, 나아가서는 한은법(韓銀法) 등에 대한 정부 조치를 감시하는 구실을 차츰 해나갈 계획입니다. 우선 13가지의 당면 목표를 세우고 하나씩 하나씩 해 나가기로 한 것이지요. 한몫에 다하기는 어렵습니다."

―이것도 하나의 노파심입니다. 우리나라 시민운동의 역사가 짧은 탓도 있지만, 거대한 관료조직과 막강한 경영인단체 사이에서 이 단체가 얼마만한 성과를 거둘지, 또는 제대로 배겨날지 선의의 걱정이 앞서기도 하는군요.

"실지로 그렇습니다. 토지공개념 법안도 정부가 국회에 보내긴 했습니다만 통과되기까지의 과정이 걱정됩니다. 그러니까 자원봉사자들이 나와 국회를 지켜보고 압력을 가해야지요. 일을 시작해 보니 의외로 종교 계통의 젊은이들 중에 부동산 투기 등을 막아야 한다는 정의감을 지닌 사람이 많았습니다. 우리는 그걸 뒷받침하는 것이죠. 그 사이에서 정론(正論)을 외쳐대고 그걸 바라는 많은 국민들의 뜻을 알아가지고 대변하는 겁니다. 시민들의 소박한 경제정의 열기를 표현해야지요. 설사 그것이 찌부러진다 한들 주장만은 제대로 하자 이것입니다."

―정부나 경제계서는 '경실련' 출범을 어떤 눈으로 보는지 짐작하거나 경험해 보셨습니까.

"토지공개념을 다루는 부서는 경제기획원도 있고 직접적으로는 건설부인데, 거기 있는 사람들은 이 법이 꼭 통과된다고 믿는 것 같습니다. 그런 사람이 많습니다. 그러므로 원군(援軍)을 만난 기분이겠죠. 하지만 우리는 억울한 사람들의 편에 서서 일하기 때문에, 정부와 의사가 맞아 떨어지면 좋으나 안 맞으면 또 반대할 수밖에 없습니다. 토지공개념에 관한 한 우리 편인 줄 알았는데, 그게 아니구나 하는 현상이 나타날 수도 있잖습니까. 경제단체는 음으로 양으로 우리 활동을 좋게 보지 않을 것입니다. 저한테는 정부나 경제인단체에서 아무 말도 온 것이 없습니다. 기자들 얘기를 들으면 못마땅하게 여긴다는 소리가 있습니다."

'경실련' 회원이 얼마인지는 자세히 모르나 지방서의 지회 결성 욕구는 늘어가고 있다. 회비는 월 1만 원에서 2만 원선이며 5천 원짜리도 있다. 한꺼번에 일 년치를 내는 수도 있고 10만 원으로 탕감해 주는 경우도 있다. 아무튼 별의별 단체가 다 있는 가운데, 그래도 '경제'가 들어가면 일단은 풍족한 살림을 꾸려가는 것으로 간주하는 보통 상식과는 다른 모양이다.

"우리 단체가 가난뱅이일 수밖에 없는 것은 그런 성금을 모아 운영하기 때문입니다. 무슨 돈인지 모르는 건 받을 수 없고 깨끗한 돈만을 받아 운영해야지요. 그나마의 돈도 없으면 몸으로 때우는 거지요. 서 목사는 왕년에 학생운동을 한 경력도 있고 이 운동의 필요성을 절감하며 발 벗고 나섰는데, 대부분의 회원들은 이런 시민운동의 경험이 없으니까 일하기 어려운 점이 많습니다. 언론계에서 잘 봐 주어야 합니다."

─그래서 저도 이렇게 찾아오지 않았습니까.

"허허. 그런가요."

발표하지 못한 5·19 성명서

막상 내가 찾아간 것은 '경실련' 사무실이 아니라 변 교수의 개인 연구실이었다. 관악구 신림동 네거리 근처에 있는 그의 연구실은, 술집과 여관이 다닥다닥 붙어 있는 골목 안이다. 허름한 건물 2층에 자신의 아호를 딴 '학현(學峴)연구실'을 차렸거니와, 이곳은 집과 학교에서 아주 가까운 거리다. 자녀를 모두 출가시키고 부인과 단 둘이서 사는데, 집에 있으면 게을러지기 십상이어서 연구실에 나와 바깥과 연락을 취하고 연구와 집필을 한다. 80년 7월 해직교수로 대학에서 밀려났을 때 광화문 쪽에 마련했던 연구실을 다시 옮긴 것이다. 두 사람의 이야기는 자연히 당시의 사정을 되돌아보는 방향으로 가닥을 잡아 나갔다.

"해직교수들의 해직 사유는 각각 다르겠습니다만, 큰 줄기는 그해 5월 15일인가에 발표한 134명의 '지식인 선언'이 아닌가 합니다. 내용이 굉장히 비판적이었습니다. 보안사령관이었던 전두환 대장이 헌법을 어기고 중앙정보부 서리를 맡은 것은 잘못이니 즉각 물러가라고 했던 겁니다. 그 사람들이 볼 때는 우리가 눈의 가시였겠죠. '지식인 선언'을 추진한 사람은 일곱 명이었습니다. 저도 그 중의 하난데 서명자의 대부분은 무사했으나 주동자는 모두 해직됐습니다. 그때 대내적으로는 교수 해직자 30명의 명단이 작성되어 있었나 봅니다. 그런데 각 대학에서는 거기다가 평소 총장이나 재단 측에 반대 입장을 취해 온 사람까지 덤으로 불려 내보냈어요."

─당시 해직언론인이 당했던 양상과 똑같군요.

"그런 셈입니다. 저는 80년 봄에 이미 서울대학의 교수협의회에 관여하고 있었지만, 그때는 민주화 추진 외에 월급 문제 등 복지증진 요구가 중심이었습니다. 그것도 거슬린 데다, 광주에서 5·17이 난 줄도 모르고 서울대학 교수 이름으로 성명서를 준비하고 있던 일이 그쪽에 알려진 겁니다. 학생들은 학교로 돌아오고 정부는 학생 탄압을 중지하라는 내용의 성명서를 내기로 했었는데, 깜짝 놀란 것은 그 사실이 벌써 MBC 뉴스에 나오더라는 겁니다. 그것이 5·18 0시였습니다. 봉천동 왜식집에서 동료 교수들과 19일에 성명서를 내기로 작정하고 집으로 돌아왔더니, 방송에서 이미 그 집회 내용이 나오고 있지 뭐예요?”

84년 9월에 다시 복직하기까지의 세월 중, 처음 1년은 강의는 물론 글을 쓸 자유조차 없었다. 한마디로 아무것도 하지 못하고 지낼 수밖에 없었다.

“1년이 지나자 해직공무원 가운데 차츰 기업체로 들어가는 사람이 생기고 우리도 점차 글을 쓸 수 있게 되었습니다. 1년 묶여 있는 동안 ‘기사연’(기독교사회문제연구소)이라든가 안병무 선생이 하시는 한국신학연구소에서 이야기할 기회를 주었습니다. 숨통을 트게 해 준 두 기관에 그래서 지금도 감사하고 있습니다.”

—딴 화제로 넘어가겠습니다. 경제학에 까막눈인 제 눈에는 경제의 궁극적인 모습이 분배의 문제와 깊이 연관된 것으로 비치더군요.

“그렇죠. 약자의 처지에서는 더욱 그렇습니다. 공산권에서의 저와 같은 개혁바람도 소비재를 어떻게 많이 만드느냐가 주된 내용입니다. 물건의 질을 떠나서, 그들은 일단 분배의 격차가 작아 그 문제는 그런대로 해결했다고 보아야겠죠. 하지만 그러다 보니 경제의 효율이라든가 인센티브(자극 유발)가 떨어져서 그걸 어떻게 높이느냐가 새로운 과제로 등장한 겁니다. 자본주의는 2~3백 년의 역사를 헤쳐 오는 동안 비도 맞고 바람도 맞으며 커왔습니다. 사회주의는 탄생한 지 70년 정도의 역사밖에 안 되지만 인위적으로 분배의 원칙을 지키려 했습니다. 그러니까 우리는 자본주의 체제가 인간에게 유리하고 효율이 높다고만 자랑할 것이 아니라 사회보장제도의 확대 등, 없는 사람의 입장에서 그들을 위하는 정책이 무엇인가를 생각하자는 것입니다. 한때는 분배 소리만 나와도 공산주의자로 몰았는데, 토지공개념 같은 것도 있는 사람과 없는 사람의 차이가 너무 두드러지니까 그걸 막아보자는 것 아닙니까. 눈덩이가 커지듯 불로소득만을 노리는 사람의 욕심에 제동을 걸자 이거지요. 흔히 그들은 말합니다. 토지공개념은 사유재산제도를 침해하는 것이라고요. 그건 자가당착입니다. 자본주의가 사회주의로 가지 않게 하려면 분배의 정의가 실현돼야 합니다."

시민운동은 정치성이 배제됩니다

—그런데 말입니다. 특히 우리나라의 경우 '모든 현상의 정치문제화'가 일반적이고 심합니다. 경제가 경제문제로 끝나지 않고 맞바로 정치권의 이해와 직결되는 경향이 짙습니다. 그랬을 때 토지공개념도 마찬가지 뜻에서 정치적 영향을 받지 않고 해결되기는 어려울 것으로 보는데요.

"이 연합체는 단순한 시민운동이므로 정당으로 탈바꿈하는 일은 반대합니다. 그러기 때문에 우리의 일은 정부와 입법부와 언론에 대해 주장하는 것으로 끝납니다. 정치와 손잡으면 이미 시민운동이 아니지요. 제가 관여하는 한 이런 선에서 우리 요구를 강력히 주장하고, 민주정치 개념에 입각해서 중산층이나 서민들의 여론매개체 역할을 충실히 하여, 이것이 큰 힘으로 뭉쳐지기를 바랄 뿐입니다. 옳은 얘기라고 많은 사람이 믿는 바를 실천해야지요. 이것이 이 운동의 한계이자 장점입니다."

—우리 사회엔 유달리 여성 경제활동가가 많다는 느낌입니다. 좋게 말해서 그렇고, 실지로는 투기 바람을 일으키는 데 앞장선 일부 유한 여성을 두고 하는 소립니다. 다른 나라에는 그런 예가 있나요.

"그와 관련된 다른 나라 형편을 잘 모르겠는데 돈이면 제일이라는 풍조에서 왔다고 봅니다. 굳이 연원을 따지자면 기독교를 기반으로 한 미국사회에서 그런 추세가 승합니다. 하지만 그쪽과 다른 점도 많습니다. 제가 미국서 겪은 바로는, 그들은 성경과 관련된 생활방식을 택하고 있다는 것입니다. 어렸을 적부터 기독교 윤리에 젖어 있기 때문에 정의롭지 못한 일은 안 한다는 관념이 강합니다. 범죄가 많다고는 하지만 법 집행 또한 엄격해서 저만한 사회를 유지한다고 봅니다. 법이라는 장치가 매우 엄격한 거지요. 그런데 우리는 그런 장치가 없거나 희미합니다."

남편이 부도덕하게 번 돈을 사회적으로 익명성이 높은 아내를 시켜 그런 짓을 하는 측면도 있을 것이다.

"옳은 지적입니다. 그런 점이 있다고 봅니다."

—보통 시민들의 처지에서 본 경제지수랄까 다가오는 경제 현상에 대한 예상이나 전망은, 그것을 발표하는 기관에 따라 각각 논다는 느낌입니다. 물론 변화와 유동성이 심한 경제 흐름을 옳게 판단하는 일이 쉽지야 않겠지만, 때로는 어느 쪽 장단에 춤을 춰야 할지 헷갈리는 수가 많습니다. 관과 경제단체의 계산이 다르고, 양자의 중간에 선 경제학자나 연구기관의 예상이 또 달라 혼란스럽기조차 합니다.

"말씀하신 대로 경제 현상을 제대로 파악하기에는 어려운 점이 많습니다. 거기 플러스해서 생각할 것은 판단을 내리는 측의 이해관계가 그 속에 개입되어 있다는 측면입니다. 기업가가 죽는 소리를 하면서 금리를 낮추라고 요구하는 것도 그런 내력입니다. 또 컴퓨터에 무엇을 입력했느냐, 어떻게 가정(假定)을 했느냐에 따라 다를 수가 있습니다. 학계 쪽은 그 중간인데, 결국 무엇이 맞고 안 맞고는 지나놓고 보아야 하지요. 그렇다고 기준이 전혀 없는 건 아닙니다. 우리는 많은 소비자가 어떻게 생각하고 있는가를 알기 위해 노력하고, 그것이 어떻게 내년 경기를 좌지우지하는가를 살핍니다. 막연하게 들릴지 모르지만 그것이 객관적일 수도 있습니다. 반대로 독재하는 사람은 그런 여론을 애써 외면하니까 탈이지요. 각자의 주장은 이해관계에 사로잡히고."

여기서 변 교수의 오랜 경험을 통해 하루 이틀의 날씨를 점치고, 내년 봄의 기후까지 내다보는 농부의 지혜를 예로 들었다. 설사 그 예측이 틀린다 하더라도, 많은 사람의 경험이 그걸 믿는 점을 무시해서는 안 된다고 지적했다. 그렇다면 '돈은 있다가도 없고 없다가도 있는 것'이라든가 '사람 나고 돈 났지 돈 나고 사람 났느냐'는, 일반 서민들의 소박한 '돈관(觀)'도 맞는가를 묻는다.

"맞기는 맞겠는데 그걸 한낱 공염불로 생각하거나 쇠귀에 경 읽기로 흘려버리는 사람이 많다는 데에 문제가 있습니다. 물질만능의 분위기나 힘과 권력을 더 치는 풍조가 문제이고, 결국 많은 사람이 저렇게 해서는 안 된다고 했을 때 그 충고는 옳게 받아들이는 자세가 중요합니다. 가령 저걸 먹으면 1년 뒤에 죽는다고 염려하는 일을 해서는 안 되지요. 그걸 막는 일을 정부가 해야 합니다."

―그건 그렇고, 선생님 자신의 경제계획이나 평가는 어떻습니까. 평생을 월급쟁이로 살아 온 셈인데, 서서히 결산기에 들어선 스스로의 경제적인 목표와 결과 간에 어떤 격차가 생겼습니까.

"아무것도 없어요. 최 선생님께 하는 말인데 자기도 모르는 사이 소비 수준이 높아졌을 것입니다. 우리 같은 사람은 자기 수입을 기준으로 계획을 짜야 합니다. 집사람에게도 계속 그렇게 얘기해 왔지만, 덕분에 무리 없이 빚지지 않고 살아왔습니다. 우리 집사람이 보면 서울 대학 경제학교수라는 사람이 무던히 주변이 없다고 할 수도 있겠죠. 호화스럽게 사는 친구들, 땅도 사 놓고 일본이다 유럽이다 쉽게 여행을 떠나는 친구들을 보면 더러 화도 나겠지요. 그런 점에서 저는 경제적으로는 낙제생입니다. 그러나 모든 게 상대적입니다. 돈이 많다고 거들먹거리는 친구들 별것 아닙니다. 환갑을 지나고 보니 더욱 그런 생각이 들어 나름대로 현재의 생활에 적응하고 있습니다. 한 나라의 경제사정으로 볼 때, 우리 정도는 그런대로 복 받았다고 보아야지요. 아끼고 저축하면서 큰 걱정 없이 살아왔으니까."

학교에서 강의를 듣고 배운 제자나 학생들과는 세대차를 느낄 수밖에 없다. 자신이 살던 때와 그들이 '출발할 때'와는 사정이 달라 '같을 수가 없는데' 그것과는 상관없이 그들을 믿음직스럽게 보고 있다.

"건실하게 살려는 모습이 괜찮습니다. 아버지가 무얼 하건 그들은 태어날 때부터 잘 사는 편 아닙니까."

—대학생의 과외지도가 허락되면서 그들의 '과소비'를 걱정하는 소리도 들리더군요.

"극소수입니다. 그런 학생은. 하기야 자가용차를 타고 다니는 학생이 많아 교수와 학생의 주차장을 일정 구역으로 한정시키기도 했습니다만, 적어도 우리 과 학생들을 보면 개인적으로 돈을 버는 일보다 나라 전체를 생각하는 경향이 강하다는 느낌입니다."

고향에 가고 싶지만……

황해도 황주가 고향이다. 고향에 살아 계신다면 90이 넘었을 양친의 생사는 그러나 모른다.

"46년 방학 때 뵙고 그만이었습니다. 6·25 후 남으로 출발하셨다는 말을 들었으나 그 뒤로는 모릅니다. 동생들이 그해 11월 초에 저를 찾아올 때도 50리 밖의 사리원으로 잠시 피난 갈 셈으로 나왔다가, 미국 트럭을 타고 내달아 서울서 공부하고 있던 저와 만났거든요."

70이 넘었을 큰 누님도 역시 나오지 못해 생사를 알지 못한다. 누이 동생 둘도 마찬가지다. 어려서 헤어졌기 때문에 지금 만난들 얼굴은 몰라 볼 형편이다. 하지만 7남매의 나머지 형제는 모두 남쪽에서 산다. 둘째 누님은 저명한 소아과 의사인 홍창의(洪創義) 박사의 부인이다.

"우리 집은 원래 봉산에 있었습니다. 증조부가 유인석(柳麟錫, 한말 의병장) 장군의 친구여서, 조부는 휘하 간부를 지냈고 군자금을 댔습니다. 2대 진사(進士)이자 말하자면 소규모 지주랄까 부농인 셈이지요."

최근 남북적십자회담에서 논의되고 있는 고향방문단 왕래가 이루어지면 맨 먼저 가고 싶겠다.

"저 자신은 안 가고 우리 동생들을 먼저 보내고 싶습니다. 저도 가고 싶지만 쉽게 되겠습니까. 고향 방문이 궤도에 올랐을 때나 갈까 합니다."

아까도 잠깐 얘기가 나왔습니다만 학문과 실제 생활과의 합치나 괴리를 어떻게 파악하면 좋을지는 특히 경제학은 현실과의 깊은 연관이 불가피할 것 같은데,

"잘 아시겠지만 픽션을 쓸 때도 아주 상상만으로는 안 되잖아요? 현장답사도 해야겠지요. 경제를 다루는 학문도 그렇습니다. 신문 등을 통해 현실을 잘 파악해 가지고 이론을 세워야 하며 그게 바람직합니다. 그러나 실천을 중시한다고 해서 학자가 정부기관이나 기업체에 들

어가는 것은 반대합니다. 자기주장은 논문이나 글로만 발표하는 것이지요. 그것을 받아주고 안 받아주는 건 다른 문제입니다. 학계와 경제계와 관청을 왔다 갔다 하는 미국의 모양을 본떠 우리도 5·16 후에 그런 곳을 왔다 갔다 하는 사람이 많이 생겼는데, 그건 안 좋습니다."

고기 맛을 알아서는 안 될 사람이 그걸 아는 데서 오는 잘못된 이치와 같다고 말한다.

"비범한 사람은 잘할지 모르나 자기 분수를 알아야 합니다. 교수는 연구하고 강의를 열심히 하는 게 본분 아닙니까."

―그래도 장관 자리를 주면 기다렸다는 듯이 들어가는 사람도 있고 못 이기는 척 미적거리다가 입각하는 사람이 얼마나 많습니까.

"교수가 일단 참여했다고 합시다. 혼자 들어가서는 경륜을 펼 수가 없습니다. 그만한 조건이 갖추어지지 않았는데 되겠어요? 이상적으로 한다면 팀워크를 짜갖고 들어가면 모를까 단독 플레이는 병신 되기 알맞습니다. 그러니까 저는 안 가는 것이 낫다고 생각합니다."

그런데도 그걸 노리는 사람이 적잖은 것 같다고 나는 집요하게 물었다.

"그게 사람 아닙니까. 이해해 주려고 노력은 합니다. 누구나 똑같을 수는 없으니까요."

경제 문제는 사람 문제입니다

―'정치경제학'이라는 강좌가 서울대학에 개설되었더군요. 그 때문에 말도 많더니 결국 선을 보였는데, 잘은 몰라도 진작부터 있어야 했던 게 아닐까요.

"원래 경제는 정치경제적인 성격을 띱니다. 앨프리드 마셜(영국 케임브리지 학파의 중심인물)이나 그전의 애덤 스미스(국부론으로 유명한 영국의 고전파 경제학자)도, 경제는 '폴리티컬 이코노믹스'라고 표현했거든요."

새뮤얼슨이나 프리드먼 등으로 대표되는 경제이론은 시장 매커니즘에 경제의 흐름을 맡긴 것이었으나, 케인스를 포함한 이들이 그 원리를 절충하여 정치경제학을 정립했다는 것이다. 이 부분은 다소 전문적이고 어렵기 때문에 이 정도로 해두자. 요컨대 종전의 경제학엔 경제행위의 주체가 되는 '사람'이 빠진 감이 있었다는 말로 알아들으면 되겠다.

"경제를 시장 기능에 맡기다 보니 돈이 있는 쪽으로만 소득이 몰렸습니다. 분배문제를 강조하는 쪽은 그것 갖고는 안 되겠다 해서 적극적인 분배론이 생긴 겁니다. 물론 힘을 가진 측에서는 이걸 반대하는데, 그걸 감안해서 이 문제를 다루려는 경향이 정치경제학을 통해 주장되고 있습니다. 마르크스는 결국 정치경제학을 내세운 것이고."

—그 마르크스 얘기 좀 했으면 합니다. '자본론'이란 책만 읽어도 잡혀가던 시절을 지나, 이제는 서울대학의 김수행(金秀行) 교수가 번역한 세 권짜리 《자본론》이 버젓이 서점에 진열되고 신문에 크게 소개되는 시대에 우리는 살고 있습니다. 그런데 백 년 전에 쓴 이 책의 고전적 가치는 몰라도 예측은 틀렸다는 비판이 정설인 듯합니다. 무엇이 맞고 무엇이 틀렸습니까. 한마디로 말하기는 무리겠습니다만.

"맞고 틀리고를 말하기는 어렵지요. 어떻든 그는 노동자를 주역으로 하여 사회주의 체제의 모습을 나타내면서 자본주의를 분석했습니다. 그리고 자본주의는 망한다고 했는데 안 망했으니까 그런 비판이 나올 만하고, 어떻든 중국을 포함한 3분지 1의 세계 인구가 그 체제 속에 살고 있는 현실이기도 합니다. 문제는 스탈린 독재였습니다. 그 체제

가 갖고 있는 결함은, 한 나라의 투자자원을 배분하는 데 있어 국방을
비롯한 정치적 배려를 우선시킨 점입니다. 소비는 그 잔여 부분에 불
가했지요. 하지만 시대 진전에 따른 국민들의 소비욕구를 충족시키지
못해서 오늘날의 개혁이 불가피해졌습니다. 자본주의가 망한다고 했
는데 안 망했으니까 결국 틀린 겁니다. 단, 농담을 하나 곁들이건대 자
본주의가 안 망한다고 했으면 거꾸로 망했을지도 모릅니다. 허허.”

그 때문에 자본주의는 스스로의 체질강화를 위해 무진 애를 썼다는
말을 보탰다. 세계대공황 때 케인스가 수정자본주의를 주장하고, 당시
의 정부들이 적자재정을 감수하면서까지 실업자 구제에 발 벗고 나선
일 등을 예로 들면서. 그렇다면 북한의 이른바 자립경제 체제의 전망
은 어떨까가 궁금하다. 그들의 ‘홀로서기’는 언제까지 가능할 것인가.

“자급자족은 어느 나라에도 없습니다. 소련이나 중국과의 무역관계
만으로 가겠다면 간단하나 그건 어렵고, 자본주의국가들의 돈이 필요
하게 될 것입니다. 주체성을 내세우니까 외국과의 합작(合作)도 시간
을 끄는데, 국민들의 소비 욕구가 증대하면 문제가 커질 것입니다.”

─저도 마찬가지고 주변에서도 가끔 상상해 봅니다. 얼핏 막막한 추
리이기는 하나, 우리가 통일만 되면 경제적으로도 막강한 힘을 발휘할
거라고요.

“그건 틀림없죠. 내부적으로 통일지향 노력이 강하면 그 때문에 주
변국가에서 제동을 걸 가능성이 있습니다. 걱정되는 것은 40여 년에
걸친 분단의 체험입니다. 양쪽의 생활이 너무 달라 정신적인 적응기간
이 필요할 듯합니다. 서로를 알아야 할 텐데, 마찰기간이 1년이 될지
2년이 걸릴지는 모르나 있기는 있을 것입니다. 지도자들이 유의할 일
입니다.”

천민 자본주의를 벗어나야 합니다

어제 오늘 대두된 현상은 아니지만 한국의 재벌이라든가 그 밑의 '졸부'들을 대하는 시민들의 눈은 범연하지가 않다. 노상 축재과정의 부도덕성이 논란되기 때문이기도 하지만, 빈부 격차가 가속화되는 마당에서는 이 문제가 더욱더 갈등의 부피를 키워갈 공산이 크다. 다른 나라에서는 비교적 경험하기 드문 이 현실을 어떻게 해석하는 것이 좋고, 불행하다면 불행한 이런 상황에 대한 처방은 무엇인가를 상투적이지만 질문하지 않을 수 없다.

"안 그래도 한국경제학회(변 교수는 이 학회 회장이다)가 이 과제에 대해 내년 2월쯤 특별히 요구하고 나설 것입니다. 과소비라든가 토지공개념 법안 등, 당면한 뜨거운 문제에 대해 다른 선진국의 전례를 점검하도록 전문가들에게 물을 작정입니다. 1948년에 존 스튜어트 밀(영국의 사회사상가이자 고전경제학자)이 그의 《경제학 원리》에서 말한 분배문제를 살피도록 할 계획인데, 아울러 베블런의 《유한계급론》, 헨리 조지(미국의 토지개혁론자) 등이 주장하는 싱글 택스 무브먼트(토지투기의 폐해를 막기 위한 토지의 국유화와 단일세운동)를 통틀어 연구 발표한 것입니다. 그들이 살던 시대의 사정과 자본주의의 과정을 살피다 보면 오늘의 한국에도 교훈을 줄 것이라고 믿기 때문입니다. 60년대에 시작했던 5개년 계획 등으로 30년 세월이 흐른 지금은 대재벌도 형성되고 벼락부자도 많이 생겼습니다. 옛날엔 부잣집 아이를 보면 나와는 옷이 다를망정 저 집은 부자니까 하고 돌아서는 게 보통이었습니다. 그러나 요새는 어디 그럽니까? 같이 자랐는데도 집이 어마어마하고 고급 세단을 타고 다니는 걸 보면 마음이 편치 않습니다. 거기다가 졸부들은 또 너무 거들먹거려서 눈살을 찌푸리게 안 합니까. 이것이 다름 아닌

천민(賤民) 자본주의상(相)입니다. 이런 것들을 감안하여 우리는 빨리 '천민자본주의상'을 벗어나야겠다는 생각입니다. 근검절약이 미덕이라는 의식을 다시 일으켜 세워야지요. 그럼 누가 그 일을 하느냐? 언론과 시민운동이 앞장설 수밖에 없습니다. 가진 만큼 세금을 물게 하는 법을 만드는 데에도 우리가 운동을 일으키고 나서야 합니다."

소위 '정경유착'으로 돈을 벌고 고급 사기를 치는 수준의 방법으로 돈을 번 사람이 많다는 시각이 상당히 보편화되어 있다. 그들의 돈복을 '정재'(淨財)로 치부하는 인식이 드문 현실은 따라서 확보한 사람들의 의욕을 꺾는 심정적 불편을 자극하게 마련이다. '현대적 봉이 김선달'이 더 교묘한 방법으로 설친다면 이처럼 불행한 일도 없겠거니와, 옛날의 '김선달'은 차라리 귀엽기조차 하다. 오염되지 않은 대동강물을 팔아먹었으므로 최소한 '어떤 소비자'의 위장을 버려놓지 않았으니까.

"허허. 부정한 수단으로 갑자기 큰돈을 번 사람은 김선달 소리를 들을 수 있고, 그를 욕할 자격이 없을지 모르죠."

마음 편한 회장님

—좀 다른 각도에서 연암 박지원(朴趾源)이 쓴 〈허생전〉이란 소설은 어떻습니까. 무위도식하는 양반들을 풍자한 이 작품이야말로 우리나라 기업소설의 효시가 아닌가 싶은데요. 최근엔 김우중(金宇中) 대우그룹 회장의 《세상은 넓고 할일은 많다》는 수필집이 베스트셀러로 떠오르는가 하면, 《돈황제》라는 장편소설이 출간되어 화제를 뿌리고 있습니다. 지금까지 우리나라에선 산업사회의 급진전과는 달리 기업소설이 드문 아쉬움이 있었습니다.

"한겨레신문 논설위원이기도 한 정운영(鄭雲暎) 교수 같은 분은, 필재(筆才)가 좋아 마음먹기에 따라서는 그것도 쓸 수 있을 거요. 경제학을 하는 사람들은 일반적으로 필재가 약해요. 그러니까 글 잘 쓰는 사람과 합작을 하면 좋을 것 같습니다. 서로 1년이고 2년이고 상의해서 잘 맞는 표현을 구사하면 어떨까 합니다. 경제계를 풀이한 글 중에, 전문가가 보기엔 미흡한 것이 있거든요."

—김우중 회장 책의 독자들은 대학생과 젊은이들이 주류가 아닌가 싶은데 김 회장이 밟아온 길을 자기도 갔으면 하는 잠재의식도 있을 줄 압니다. 하지만 김 회장은 김 회장입니다. 그이가 놓여 있던 환경은 재연되는 것이 아니죠. 하면 된다는 정신은 좋지만 누구에게나 해당되는 건 아닙니다.

한국 경제관료들의 위상이나 수준은 어떤가. 엘리트라는 말을 함부로 '진상'해도 좋은가.

"역할이 컸다고 생각합니다. 잘 된 것도 많고 긍정적으로 봅니다만, 반대로 농업분야나 분배정책은 부정적으로 인식하고 있습니다. 61년부터 경제 계획을 세우고 군대식으로 고지 점령하듯 해 왔습니다. 그러나 엘리트라면 엘리트답게 항상 양면을 고려해야지요. 많은 사람이 무엇을 생각하는가를 반영시키는 일이 중요합니다."

—변 선생님 댁의 '경제 실세'는 누군가요.

"하하. 실세는 둘입니다. 나도 우리 집사람도 다 실세에요. 월급은 갖다주면 그만이고 일체 간섭은 안 합니다. 그 대신 원고료나 강연료 수입은 제 차지죠."

1927년생이다. 1남 2녀를 두었으며, '회장님'인데도 남의 차를 얻어 타는 기회를 빼고는 지하철을 많이 이용한다. 나이 들고 보니 구속을 안 받는 생활이 제일 편하더라는 말에 나도 전적으로 동감을 표시한다.

《홈토피아》(1989. 12)

"고르게 잘사는 경제를 실천할 때"

오늘의 우리 경제는 심각한 상황에 이르고 있다는 목소리가 높다. 노사분규, 임금인상, 인플레, 수출 부진, 부동산가(價) 폭동 등이 서로 맞물려 악순환이 거듭되고 있다는 것. 그러나 '위기'라고 일컬어지는 경제현실 속에서도 호화 과소비 풍조는 만연되고 있는 것이 현실이기도 하다. 오늘 우리 경제의 당면 과제는 무엇인가. 경제문제가 위험수위에까지 이르고 있다면 그 해결방안은 없는가. 최근 '경제정의'를 실천하겠다는 민간단체 '경제정의실천시민연합'을 구성, 대표를 맡은 변형윤 교수(서울대 경제학)로부터 오늘의 경제문제에 관한 견해를 듣는다. (변 교수는 처음 인터뷰 요청에 "할 말이 뭐 있겠느냐"고 사양했으나 일단 시작된 그의 이야기는 끝날 줄을 몰랐다. 강의와 강연 등으로 바쁜 시간을 보내고 있는 변 교수는 신림동의 한 작은 골목 안에 있는 개인연구실 학현연구실에서 오래된 선풍기 한 대로 삼복더위를 식히고 있었다.) —편집자

—지난 8월 경제정의를 실천하겠다는 경제정의실천시민연합을 창립했습니다. 이는 어떤 단체입니까.

"우리 사회는 지금 범죄, 퇴폐, 사치 등 도덕성의 타락이 참을 수 없

을 상태에 이르고 있습니다. 이것은 빈부의 양극화, 부정부패, 민생치안 등 경제적 부정의에서 비롯된 것입니다. 경제적 부정의로 피해를 보는 층은 불특정다수로서 조직화되어 있지 못한 데 비하여 이득을 보는 층은 상당한 힘으로 조직화되어 있기 때문에 정부와 국회에만 맡겨서는 경제정의가 실현될 수 없습니다. 따라서 모든 양심적 시민들이 힘을 모아 국민적 압력을 통해 법적, 제도적 장치를 마련하고자 경실련을 만들었습니다.

평화적이고 합법적이며 대중적인 방식의 시민운동이 나와 탐욕을 억제하며 자기 것을 남과 나누어 가짐으로써 다함께 잘 사는 사회를 이룩하려는 시민운동이 전개될 때만이 진정한 민주복지사회는 실현될 것입니다. 이것이 경실련이 만들어지게 된 이유입니다."

―경제정의라는 말은 비교적 낯선 낱말인데 어떤 뜻입니까.

"정의라는 말은 정치적·사회적·법률적으로 상당히 폭넓게 정의될 수 있겠지만 경제적 형평을 지키자는 것이 아니겠어요. 소득분배의 악화를 방지하고 악화된 것을 바로잡아 나가는 것이 경제정의를 실현하는 길입니다. 쉽게 말하자면 누구는 쉽게 많이 벌고 누구는 어렵게 조금 버는 것을 개선해 나가자는 것이지요."

―오늘 우리 경제의 가장 큰 문제는 무엇이라고 보십니까.

"한마디로 소득의 불균형이지요. 거기서부터 모든 문제가 파생됩니다. 부가 한쪽으로 쏠리게 되고 위화감은 커지며 따라서 분규와 범죄가 악화되는 겁니다."

―소득의 분배상태는 어떻다고 보십니까.

"그 나라의 소득분배 상태가 어느 정도냐 하는 것을 재는 방법은 몇 가지가 있습니다만 그 중 하나가 '지니집중계수'라는 겁니다. 이 계수가 1이면 소득의 분배가 완전히 집중됐다는 뜻이고 0이면 완전분배가 이루어졌다는 뜻이지요. 최근 계수는 나온 게 없는 걸로 알고 있는데 85년의 계수는 0.37 정도예요. 선진국의 경우 우리보다 대개 낮고 제3세계 등 후진국은 우리보다 높은 편입니다.

소득분배 상황은 82년쯤 다소 개선되다 다시 나빠져 부동산 투기 붐이 일어난 지난해 상당히 악화됐다고 봅니다. 그러나 중요한 것은 수치가 아니죠. 우리나라의 부는 토지나 집 등의 자산까지 포함시켜야 이야기가 됩니다. 따라서 소득분배 형편을 나타내는 수치보다 부가 얼마나 나누어져 있는가 하는 것이 현실적으로 더 중요합니다.”

―최근 몇 달 사이에 아파트 값이 두 배 이상 뛰었다고 합니다. 이처럼 부동산 문제는 심각한 지경에 이르렀다는 목소리가 높은데.

“땅값 때문에 고민하는 곳은 서울을 비롯한 대도시지요. 요즘은 지방까지 그 영향이 번져가지만. 오르는 땅에 집을 지으니까 집값이 치솟는 거지요. 경제적 정의를 가로막는 가장 큰 요인이 부동산 문제입니다. 그동안 땅값 상승은 물가상승의 15배 이상인 데다 토지보유자의 5퍼센트가 전국 민유지의 65.2퍼센트를 갖고 있었으니 말이 됩니까.”

―소득이나 부의 분배문제가 가장 시급하고 중요한 문제라면 어떻게 풀어나가는 것이 현명한 방법이겠습니까.

“그렇다고 해서 지금 당장 있는 사람의 것을 뜯어다가 없는 사람들에게 나눠줄 수는 없지요. 다만 조금씩 고쳐 나가는 수밖에 없습니다. 보세요. 성장이라고 떠들어대면서 분배를 고려하지 않는다면 ‘도대체 무엇을 누구를 위한 성장이냐’는 국민의 불평은 커지게 됩니다. 불평이 커지면 사회불안이 야기되고 사회불안이 커지면 정치불안이 됩니다. 지금의 상황이 그런 것 아닙니까. 분배가 잘못되어 있으니까 내놔라 하는 건 있을 수 없지요. 잘못 되어 있다는 사실을 사실로 받아들이고 개선책을 모색해 나가는 게 중요합니다.”

―개선책을 찾아 나가는 방법이 문제가 아니겠습니까.

"먼저 여건조성이 필요합니다. 예를 들어 농민의 문제를 봅시다. 지금까지 우리 정책은 쌀값이 오르면 임금이 오르고 임금이 오르면 물가가 오른다는 식이었어요. 그래서 쌀값을 못 올린다는 얘기였는데 이건 실질적으로 입증된 자료가 없어요. 그저 그럴 거라는 생각뿐이었다는 얘깁니다. 땅값, 아파트값은 쌀값과 관계없이 몇 배씩 눈 깜짝할 사이에 치솟는데 과연 그런 논리가 설득력이 있겠어요. 소득분배가 나쁘다는 것을 인정하고 없는 사람의 소득을 더 북돋워준다는 생각을 뿌리박는 것이 분배형평의 여건을 마련하는 지름길입니다."

―그런 인식의 전환이 쉬운 일은 아닐 것으로 생각되는데.

"이미 늦었다고 볼 수도 있겠지만 해나갈 수 있다고 볼 수도 있습니다. 정부가 심각한 상황을 제대로 인식하고 여건을 만들며 노력할 때 분배문제는 풀릴 것입니다. 여기에는 국민의 힘이 필요해요. 스스로 불이익을 인식하고 강한 반발을 보인다면 정부나 가진 자의 사고는 점차 바뀔 것이라고 믿습니다. 언론의 힘도 크게 작용하리라고 봅니다. 시간이 걸릴 것이나 해결될 때까지 그들의 이성에 호소하는 겁니다."

―경실련은 '극우도 극좌도 배격하고 평화적 방법으로 경제정의를 실천하겠다'고 내세우고 있는데 경제 면에서도 극우 극좌가 있는 겁니까.

"있는 사람들의 것을 몽땅 끌어다가 나눠주자는 게 극좌라면, 자본주의에서는 기업가가 주역이니까 기업가가 하는 일이 지장을 받아서는 안 되기 때문에 근로자의 요구는 묵살해도 좋다 하는 시각이 극우지요. 이런 시각은 정치적 극우와도 서로 통합니다.

기업가들 가운데는 근로자를 이해하고 위해주는 사람도 많아요. 그러나 올바른 시대인식을 갖지 못한 채 요구하는 사람을 불순분자라며

'올려줘 봐야 또 떠들 것'이라고 생각하는 이도 있습니다. 이런 사람은 내가 제일 싫어하는 사람입니다."

―신도시개발계획이 발표된 이후 분당지역만 하더라도 특정 개인이나 기업체, 종교단체 등이 엄청난 땅을 갖고 있는 사실이 밝혀져 문제시되기도 했습니다. 최근 들어 토지공개념 문제가 큰 관심을 모으고 있습니다만.

"경실련이 먼저 힘을 기울이고자 하는 것이 토지공개념을 제도화하는 겁니다. 우리 땅은 개인의 점유물이 아닙니다. 어떻게 그럴 수가 있어요. 소유는 개인이 할 수 있겠지만 모두가 이용할 수 있는 게 땅입니다. 우리 국토를 마치 자신의 점유물처럼 사고팔고 값을 올리고 하는 일을 억제하기 위해서라도 토지공개념의 입법화가 시급하다고 봅니다. 입법과정에서 그것이 제대로 될지 안 될지 우리는 감시자가 되겠다는 겁니다."

―제도적으로 보장받을 수 있었기 때문에 땅이 개인의 점유물로 변한 것이 아니겠습니까.

"그동안 서울시가 무슨 일을 했고 건설부가 무슨 일을 했으며 또 주택공사가 무슨 일을 했는가를 보면 알 수 있잖습니까. 산과 들을 불도저로 밀어붙이고 체비지다 아파트 단지다 해서 얼마나 팔아먹었습니까. 국유지·사유지·공한지라면 필요에 따라 불허하고 죄다 팔지 않았어요. 서울 주변의 공한지만 해도 거의 개인소유주가 있잖습니까. 정부당국은 국유지, 사유지를 팔아먹지 말고 최소한 임대화하든지 해야지요. 무작정 팔다 보니 땅값을 잡을 수 없고 그러다 보니 부동산 투기는 제멋대로 춤추게 되는 노릇입니다."

―자본주의 속에서는 돈 있으면 땅을 살 수 있는 것 아닙니까.

"사유재산을 기본으로 하는 게 자본주의지요. 그러나 소유는 할 수 있지만 점유한다는 것은 문제라는 얘깁니다. 좁은 땅을 함께 효율적으로 이용할 수 있어야지요. 정부는 왜 자꾸 땅을 개인 소유로 만드는 데 앞장서느냐 말입니다. 땅값이 걷잡을 수 없이 오르는 쓰라린 경험을 했으니까 이제 정부는 남은 땅이라도 불하하지 말라는 뜻에서 토지공개념 입법과정을 부릅뜨고 지켜봐야 할 것입니다.”

―우리 경제가 위기에 처했다는 목소리가 높습니다. 과연 위기라고 보십니까.

“솔직히 말해서 기업의 속사정은 잘 모릅니다. 큰 어려움을 겪고 있다는 것은 알고 있습니다만, 그러나 ‘위기’라는 말에는 거부감을 느껴요. 뭔가 정치적인 의미가 들어있는 것 같거든요. 자본주의 사회라는 것은 호황과 불황이 교체하며 성장하게 되어 있습니다. 80년대 중반 3저 호재다 뭐다 하던 호황이 언제까지나 계속될 거라고 생각하는 사람이 잘못이지요. 뜨거우면 식을 때가 있고 식으면 뜨거워지는 날도 있습니다. 이것을 조정하는 게 정부의 기능이에요. 지금을 냉각기로 보면 좋을 것 같습니다. 중소기업은 환율 등 외풍 때문에 큰일 났다고 느끼고 있는 게 사실이지만 이런 상황을 정치적 억압의 한 방법으로 몰아가는 듯한 분위기는 못마땅합니다.”

―올해 상반기 임금투쟁 문제는 매듭단계에 들어서고 있습니다. 임금 인상이 물가 상승을 부채질하기 때문에 이를 억제해야 한다는 지적이 있는데 어떻게 생각하십니까.

“임금이 오르니까 물가가 오른다는 실증이 어딨습니까. 임금 10퍼센트 오르면 물가가 10퍼센트 뛴다 하는 분석결과는 어디에도 없어요. 그저 막연히 그러려니 하고 받아들이는 것뿐입니다. 어느 기간부터 어느 기간까지 임금이 얼마나 올라서 물가가 얼마 올랐다 하는 분석만 있어도 설득력이 있지요. 이것 없이 임금이 오르니 물가가 오른다고 언론에서도 지적하니 근로자들은 답답하지요.

임금이 올라 물가가 오르느냐 물가가 올라서 임금이 오르느냐는 닭이 먼저냐 달걀이 먼저냐를 따지는 것과 같습니다. 기업이 준조세 형식으로 지출하는 돈을 줄이면서 경영합리화를 추구한다면 임금인상에 크게 인색하지도 않을뿐더러 임금인상이 곧 물가상승을 가져온다는 말은 쉽게 안 나올 겁니다."

—재벌을 비롯한 기업인들에게 하고 싶은 말이 있다면.

"기업이 성장하기까지 애쓴 것은 받아들입니다. 국민의 입장에서 보더라도 대기업들이 언제 그렇게 컸나 싶어 놀랄 지경이에요. 대견스럽기도 하지만 한편 불만도 있을 겁니다. 근로자는 놔두고 기업만 커버린 것 같아서 말입니다. 결국 국민의 돈을 긴급대출 받아가며 세계 몇 위라고 하면 뭣하나 하는 생각이 드는 거지요. 정상적으로 함께 성장하도록 노력하자는 부탁을 하고 싶습니다."

—근로자들에게는 어떤 말을 하고 싶습니까.

"상대가 벽창호 같으니까 과격한 수단을 쓸 수밖에 없겠지요. 그러나 되도록 과격한 방법은 쓰지 말고 대화로 풀도록 합시다. 지금까지도 많이 참지 않았습니까. 나를 이상주의자라고 해도 섭섭하지는 않아요. 현실을 모르는 사람이라고 말입니다. 그러나 현실을 벗어나 이상을 갖고 있는 사람도 있어야 사회는 발전하는 게 아니겠어요."

—경제위기 속에서도 호화 과소비 풍조가 만연되는 기현상이 일어나고 있습니다. 어떻게 받아들이겠습니까.

"돈 많다는 사람들, 자본주의사회에서 내가 번 돈 내가 쓰는데 무슨 상관이냐고 할지 모르지만 그러는 게 아니에요. 호화판 생활은 못 가진 사람들의 눈에 거드름으로 보이고 그것은 불만의 표적이 됩니다. 정말 자숙하고 극기해야 돼요. 조그마한 아파트 한 채 마련하기 위해 알뜰살뜰 모았다 칩시다. 그러면 아파트값은 벌써 저 멀리 달아나버리고 아파트가 몇 개씩 있는 사람은 공짜 돈이 굴러들어왔으니 펑펑 쓰고 알뜰살뜰 모아봤자 별 수 없다 그러니 나도 쓰고 보자 하는 식이 되니까 우리 사회는 황량해져 가는 겁니다."

—6공화국의 경제정책을 어떻게 평가하십니까.

"5공과 6공의 경제정책이 무슨 차이가 있던가요? 다만 지금은 되도록 여론을 반영하려는 것 같으니 경제가 흔들리고 있지 않나 하는 생각입니다. 장관 바뀌었다고 경제가 바뀌는 것도 아니지만 경제팀 역시 그 사람이 그 사람이잖습니까. 지금 경제가 크게 흔들리는 것도 따지고 보면 5공 시절부터 구제금융이다 뭐다 해서 돈이 엄청나게 풀렸기 때문이에요. 하지만 우리는 돈이 없잖습니까, 그 많다는 돈이 모두 어디 갔느냐, 이게 문젭니다."

—경제정책 팀이나 정치인에게 하고 싶은 말은.

"1백억 원 가진 사람이 있다고 생각해봅시다. 은행에만 넣어둬도 1년에 10억 원의 돈이 생겨요. 한 달에 약 1억 원, 하루에 3백만 원이 저절로 들어옵니다. 하루에 3백만 원씩 매일 쓰기도 힘들 거예요.

—경실련은 누구나 가입할 수 있는 단체입니까.

"근로자도 주부도 학생·기업인·정치인 누구나 참여할 수 있습니다."

—지금 생활수준은 어느 정도라고 생각하십니까.

"봉급 가지고 평생 살아온 사람 아닙니까. 탈세가 한창 문제될 때 월급봉투 받고서 우리도 탈세 좀 해보자고 농담한 일도 있지요. 87년 10월 아파트로 이사왔는데 그 뒤 아파트값이 치솟아 본의 아니게 득을 봤다고 할까요.

《일요신문》(1989. 7. 23)

빈익빈 부익부의 세태, 시민들의 손으로 바로잡자

　'경제정의실천시민연합'의 탄생을 눈여겨 지켜본 사람은 그리 많지 않을 것이다. 지난 7월초 학계, 종교계, 법조계, 청년 여성단체, 문화예술계 등을 총망라한 사람들이 모여 만든 이 단체는 발기문에서 다음과 같은 요지의 창립 이유를 밝히고 있다.

　지금 우리 경제는 주택·토지값의 폭등으로 인한 노사분규의 격화와 국제경쟁력의 약화로 몸살을 앓고 있다. 그로 인한 졸부들의 과소비와 퇴폐·향락문화가 도시를 뒤덮었으며 무주택자와 주택소유자, 못 가진 자와 가진 자의 부익부 빈익빈 현상이 두드러지게 나타나고 있다. 그럼에도 불구하고 정부는 늘 가진 자의 편에 서서 가진 자들을 더욱 배부르게 하는 결과를 낳았으며, 재벌기업들은 재벌기업들대로 기업 확장을 위해 수단과 방법을 가리지 않아 왔다.

　더 이상 참을 수 없는 지경에 와 있는 지금, 뜻을 같이 하는 시민들이 모여 경제정의를 실천할 수 있는 기구를 만들어 고른 분배를 실천해야 할 때이다. 양식 있는 기업인에서 거리의 노점상까지 뜻을 같이 하는 시민이 모여 일치단결한다면 다함께 잘 살 수 있는 그 날이 앞당겨질 수 있음을 확신한다.

이러한 취지 아래 만들어진 경실련의 대표인 서울대 경제학과 변형윤 교수를 만나러 그의 연구실을 찾았을 때 그는 태극부채로 삼복더위를 식히며 독서에 열중하고 있었다.

—우선 경실련의 취지부터 말씀해 주시죠.

"지금 우리 사회는 부동산 투기와 아파트값 폭등 등으로 해서 가진 자와 안 가진 자의 대립이 첨예화되고 있습니다. 이러한 문제들을 방관할 수많은 없다고 판단하여 뜻을 같이하는 사람들끼리 모임을 만들었습니다. 말하자면 시민압력단체로서 정부와 국회에 소득분배의 악화와 부작용을 시정하도록 촉구하고, 수립된 정책이 빈틈없이 시행되고 있는지 감시하는 기관이 될 것입니다."

—소득분배 문제가 거론되었는데 현재 우리 사회의 소득분배가 제대로 되지 않는 이유가 어디에 있다고 보십니까?

"저는 62년부터 시작된 경제개발 5개년 계획에서 그 이유를 찾습니다. 우리의 고도성장 중심의 경제전략은 결과적으로 농촌의 피폐화, 중소기업의 영세성, 도시빈민문제, 교통문제 등을 야기시키는 전략이었습니다. 대기업이 커지면 중소기업도 커질 수 있다고 생각하여 대기업에게 지원을 아끼지 않다 보니 대기업만 살찌우고 중소기업은 더욱 가난하게 만들었습니다."

지나친 고도성장 정책이 소득분배의 악화를 불렀다

—지난 20년간 물가가 11.5배, 땅값이 170배가 뛴 것에서도 알 수 있듯이 전반적으로 생활수준이 향상된 것도 사실이지만 일반시민들의

가계는 더욱 피폐해진 요즘입니다. 역시 소득분배에서 원인을 찾을 수 있을 텐데요.

"인플레가 진행될수록 손해 보는 사람들은 근로소득층입니다. 재산소득층들은 오히려 덕을 보게 되죠. 이럴 때일수록 재산소득층이나 지도층들이 각성해서 과소비 풍조는 막아야 합니다. 정부 여당이 현실을 제대로 파악하지도 못한 채 소득분배에 무리가 없다고 생각하고 있는 것은 이러한 '부와 빈곤' 사이의 골을 더욱 벌여놓은 셈이죠."

―현재 일반시민에게 최대의 관심사는 토지와 주택문제, 쉽게 말해서 '내 집 마련의 꿈'을 실현시키는 것이 최대의 목표입니다. 그러나 올 봄의 아파트값과 땅값의 폭등으로 인해서 그 꿈은 자꾸만 멀어지고 있는데 해결방안이 없겠는지요?

"현재 국회에 토지소유상한제, 토지종합과세제, 토지거래허가제 등이 상정되어 있습니다. 우리 경실련에서는 우선 이 법에 문제가 없는지를 검토하고, 9월 국회에서 이 법이 꼭 통과되도록 감시할 것입니다. 그리고 정부는 중대형 아파트 건설은 업자에게 맡기고, 임대 아파트 건설에 온 힘을 기울여야 합니다. 주택공사와 서울시, 건설부 등이 합심하여 임대아파트를 대량 건설하는 것이 지금의 부작용을 막는 최선의 방법입니다. 그리고 도시재개발지역에 중대형 아파트를 짓곤 하는데 이건 잘못돼도 한참 잘못된 것입니다. 도심지에 서민들이 살고, 외곽지역에 중산층들이 살아야 하는데 우리 경우는 거꾸로 돼 버렸어요. 서울 변두리로 밀려난 서민들은 집이 없는 것도 서러운데 아침, 저녁으로 출퇴근 전쟁에 시달려야 합니다. 이래 가지곤 어떻게 정서적인 안정을 찾으며 일에 몰두할 수 있겠습니까?"

―재벌기업의 독과점 현상은 날이 갈수록 심화되고 있습니다. 이러한 재벌횡포를 막을 수 있는 방법은 없겠는지요?

서민의 내 집 마련 꿈 정부정책으로 실현시켜야

"현재 경제기획원 내에 공정거래실과 공정거래의원들이 있습니다. 정부의 기업윤리에 대한 법적·제도적 장치인 셈인데 그동안 그 역할을 충실히 수행치 못했던 것이 사실입니다. 이제는 그 책임은 정부에게 떠맡기고 마냥 지켜볼 수만은 없습니다. 시민들이 힘을 모아 감시하고 정부와 언론이 협조하여 여론을 조성해 나가야 합니다. 그래야만 재벌기업들의 횡포를 막고 건전한 중소기업 육성에 밑거름을 줄 수 있으리라 생각합니다."

—상반기 임투(賃鬪)가 거의 끝나가고 있습니다. 정부여당이나 언론에서는 이번 임투를 통해 지나친 임금인상이 되었기 때문에 물가가 올랐다고 주장하고 있습니다. 그 문제에 대해 교수님의 생각은 어떠신지요?

"임금이 오르니까 물가가 오른다는 실증 어디 있습니까? 임금이 10퍼센트 오르면 물가도 10퍼센트 뛴다는 분석결과에는 어디에도 없어요. 그저 막연히 그럴 것이라고 생각하는 것뿐이지요. 정확한 분석도 하지 않고 그럴 것이라고 언론에서도 지적하고 있으니 근로자들은 답답할 뿐이지요. 앞으로 경실련에서는 이러한 문제도 정확히 연구하여 지적해 줄 것입니다."

—우리 경제의 앞날이 불투명하다고 비판적으로 내다보는 사람들이 많습니다. 교수님 생각은 어떠신지요?

"사람들이 목에다 풀칠을 하려고 사는데 죽기야 하겠습니까(웃음). 오히려 경제위기 운운하는 것은 정치적 이용물로 삼으려는 사람들의 알팍한 술수일 수도 있죠. 그러나 우리 사회가 그동안 경제의 고도성장에 대해 허상을 많이 만들어 왔어요. '하면 된다'라는 구호 아래 허리띠를 졸라매게 하더니 이내 잘사는 나라니 선진국이니 하면서 허상을 만들어 선전했던 게 우리의 현실입니다. 그러나 이제는 우리의 현재 상황을 정확히 파악하고 근면하게 살아가야 합니다. 우선 정치·경제·사회의 지도층들이 모범을 보여야죠. 쉽게 돈 벌려는 한탕주의와 향락산업이 오늘날에 왜 이렇게 번창했는지 생각해 봅시다. 없는 사람들의 책임이 아닙니다. 있는 사람들의 책임이고, 올림픽이다 관광중흥이다 해서 국민을 들뜨게 만든 정부의 책임도 크다고 봅니다. 지금부터라도 들뜬 기분을 가라앉히고 우리의 참모습을 찾는다면 우리 경제의 앞날은 희망적입니다."

가정경제의 기본 원칙은 분수에 맞게 생활하는 것

—경제학자인 교수님댁의 가계는 어떻게 운영되고 있는지요? 그리고 저희 주부들에게 가정경제의 원칙에 대해 귀띔해 주시죠.

"저희 집은 철저하게 월급 가지고 살아갑니다. 제가 모든 돈을 아내에게 맡기고 아내는 그 월급을 가지고 비교적 합리적으로 쓰고 있습니다. 가정경제의 가장 큰 원칙은 자기 분수에 맞는 소비생활을 하는 것입니다. 그렇지 않으면 쉽게 파탄이 옵니다. 요즘 개성껏 살자는 목소리가 높은데 자기 분수에 맞게 사는 것이 개성껏 사는 것 아닐까요?"

—다시 돌아가서 경실련에 대해 얘기해주시죠. 앞으로 경실련이 펴나갈 사업은 무엇이며 경실련에 가입할 수 있는 조건은 어떻게 되는지요?

"앞에서도 말씀드렸지만 우선 과제는 땅문제와 주택문제를 해결하는 데 최우선을 둘 것입니다. 그런 다음 인구문제나 농촌문제, 부의 분배문제를 집중적으로 파고들 것입니다. 이러한 문제를 해결하기 위해서는 시민들의 적극적인 협조와 동참이 필요합니다. 6월 항쟁 때 보여준 우리 시민들의 정치역량을 경제문제에서 다시 보여준다면 충분히 가능합니다. 경실련은 현재 황인철 변호사와 제가 공동대표로 있으며, 소설가 박완서 씨를 비롯한 7명의 고문단과 6명의 자문위원 16명의 상임집행위원 그리고 각계의 인사들이 대거 참여하는 집행의원으로 구성되어 있습니다. 무엇보다도 이 운동의 주인은 시민입니다. 기업인, 근로자, 학생, 주부 등 뜻을 같이 하는 모든 사람들은 회원에 가입할 수 있습니다.”

경제정의가 바로 서면 통일의 그날도 멀지 않다

노학자의 열변은 하루 종일이라도 계속될 수 있을 것 같았다. 행동하는 학자로 알려진 변형윤 교수는 이번 경실련의 발족이 진작부터 있어야 했다며 아쉬워했다. 1953년 춘분날 부인 최명순(崔明淳) 여사와 결혼하여 슬하에 장남 기홍(奇弘·대학출강 중·공학박사) 씨를 비롯하여 1남 2녀를 두고 있는 변 교수는 한국경제학회장과 한국사회경제학회장 등을 겸임하고 있다. 그동안 우리 경제문제를 심층적으로 다룬 《한국경제론》《분배의 경제학》 등을 써서 밀리언셀러를 만들기도 했으며, 55년부터 지금까지 서울대 경제학과에서 수많은 후진들을 배출했다.

취미로 음악 감상을 주로 하면서 한때 해직교수로 있을 때 같이 어려움을 겪었던 이돈명(조선대 총장), 이호철(작가), 백낙청(문학평론가), 송건호(한겨레신문 편집인 겸 발행인)들과 만든 ‘거시기산우회’ 회원이기도 하다. 이들 회원들은 아직도 주말이면 가까운 북한산을 오르며 공통의 관심사에 대해서 의견을 교환하며 산행을 즐긴다고.

여하튼 이러한 좋은 뜻을 가지고 출발한 경실련이 그 취지대로 경제정의를 실천할 수 있는 사회를 만든다면 고르게 잘 살 수 있는 그날이 우리에게 올 수 있으리라는 확신이 섰다.

가진 자들의 거드름에 주눅들 수밖에 없어 없는 자들마저 자포자기하는 세태, 그로 인한 범죄와 퇴폐, 사치 등 도덕성의 타락이 참을 수 없는 지경에 이른 지금 하루빨리 도덕성이 회복되고 근면·검소가 몸에 배고 평등한 사회가 확립된다면 우리가 바라는 통일의 그날도 빨리 올 수 있지 않을까.

《주부생활》(1989. 8)

분배문제의 해결이 중요하다

"땅값, 아파트값이 폭등해 집 없는 사람들이 허탈감에 빠져 있습니다. 이러다가 사회체제가 무너지는 것이 아닌지 우려될 정도예요. 이런 사회 분위기를 고쳐 나가기 위해 생각을 같이 하는 사람들끼리 모이게 됐지요."

지난 7월 8일 발기인 대회를 가진 '경제정의실천시민연합'(경실련) 공동대표 변형윤 씨(62세·서울대 교수). 그는 우리 사회에서 분배문제의 해결이 매우 중요하다고 강조한다.

경실련은 올해 해야 될 중요한 과제로서 토지·주택 등 부동산 문제를 첫손에 꼽았다. 현재 회원 수는 1천5백여 명으로 전국 각지에서 참가문의가 많이 들어오고 있다.

"양극단을 배제하고 평화적이고 온건한 방식으로 문제를 제기하고 해결을 촉구할 거예요. 정당·사회단체와의 연대 여부는 사안에 따라 우리들하고 뜻이 같은 것인지를 독자적으로 판단, 결정해나갈 것입니다."

그는 경실련의 목표가 이루어지기 위해서는 여론의 힘을 모아 감시 기능을 한층 강화해야 한다며 언론도 적극 도와주기를 당부했다.

《다리》(1989. 9)

"경제는 약자 편에 서야 한다"

고향 아저씨처럼 소탈하고 친근감을 주는 얼굴. 그러나 그 눈빛은 대쪽같이 강직한 선비답게 사뭇 날카롭다. 1927년 황해도 해주 출생으로, 경기고보, 서울상대를 거쳐 55년부터 모교 교수로 재직하고 있는 변형윤 교수(62세). 청렴, 결백, 검소, 겸손, 강직 등의 단어로 묘사되는 그의 인품은 후학들로부터 크게 존경받고 있다는 사실에서도 뚜렷이 드러난다. 책과 도시락을 싼 보자기를 즐겨 들고 다니는 그는, 야합하길 싫어하고 견해를 달리하는 제자에 대해서는 포용력이 큰 교수로도 유명하다. 격동의 80년 7월 〈134인 지식인 선언〉의 주모자로 몰려 강제해직돼, 강단 아래에서 진통하는 역사를 뜬눈으로 지켜보았던 변 교수는 만 4년 1개월의 '정치방학'을 끝내고 84년 9월 교단에 복귀했다.

92년 2월의 정년퇴임을 앞두고 요즘 그는 '경제정의실천시민연합'(경실련)의 공동대표로서 젊은 사람 못지않은 정열로 경제정의 실현에 앞장서고 있다. 서울대학교 연구실에서 왜곡된 경제현실과 경제민주화에 대해 목청을 돋우는 변 교수의 이야기를 들어본다.

　―한국경제가 위기냐, 아니냐에 대해 상당기간 논쟁이 있었고 이제 위기국면으로 파악하는 사람들이 많아지고 있는 것 같습니다. 교수님의 생각은 어떻습니까?

　"위기의 내용이 문제지요. 노사분규, 통상압력, 고환율 등으로 수출이 부진하고, 전노협이 생겨 임금인상 폭이 커질 것이라는 우려 때문에 경제위기라고 한다면 그것은 무책임한 말입니다. 부동산 투기 등으로 불로소득층이 기승을 부리고, 사치·향락이 극심하며, 산업의 공동화로 인한 생산직 종업원의 구직이 어렵고, 기술개발이 행해지지 않으며, 농업이 제 기능을 못하게 내버려두는 등, 이런 현상이 일반화되어 손을 댈 수 없는 지경이 될 때 위기라고 할 수 있습니다. 그런 의미에서 지금은 위기가 아니라고 보고 싶습니다. 그러나 빨리 손을 써야 합니다."

　―지금 경제정책이 바른 방향으로 나가고 있는 것입니까? 지난 11월 14일 정부는 경기부양을 위한 종합대책을 발표했고, 이는 그때까지 밀고 왔던 정책기조의 변경이라고 볼 수 있는데, 이에 대한 평가를 해 주시지요.

　"방향 선회가 심하냐, 아니냐의 정도 차이는 있겠지만 힘 있는 기업에 떠밀려 궤도 수정을 한 것만은 사실입니다. 기본적으로 안정 기조를 견지해야 한다고 봅니다만 경제현장에서 어려움을 겪고 있는 기업가들의 소리를 무시할 수 없었겠지요. 현실적으로 이해는 합니다."

　―물가 때문에 불안을 느끼는 사람이 많은데.

　"그동안 돈을 너무 많이 뿌렸고 지금도 많이 나오고 있습니다. 앞으로 있을 선거와 기업의 요구를 감안할 때 더 많은 자금이 풀리겠지요. 다행히 원자재 값이 오르지 않아 통화량에 의해 물가가 좌우되는 형편이긴 하나 내년도의 물가에 대해서 대단히 불안스럽게 생각합니다."

―교수님은 임금상승을 물가상승 유발의 주된 요인으로 파악하시지 않고 있는데 까닭은 무엇입니까?

“그렇습니다. ‘임금상승 때문에 물가가 상승하느냐, 물가가 올랐기 때문에 임금이 오르느냐’는 ‘닭이 먼저냐, 달걀이 먼저냐’의 논쟁입니다. 임금상승으로 물가가 오른다는 주장은 근로자의 감정을 악화시키는 데 기여할 뿐, 실증이 안 된 부분입니다. 임금은 제조원가의 10퍼센트 정도를 차지한다고 보는데 나머지 90퍼센트는 다른 갖가지의 것으로 구성되겠지요. 준조세, 접대비, 비자금 등을 기업 측에서 줄인다면 임금상승분을 상쇄할 수 있으리라고 봅니다.”

―6공화국에 들어와 정치·사회의 불안정이 경기불황의 주된 요인으로 꼽힙니다. 이에 따라 일부 기업인들은 5공 시절에 대한 향수마저 느끼고 있다는 말까지 들립니다. 과도기에 나타나는 현상으로 이해하면서도 마치 정치민주화와 경제발전이 병행될 수 없는 것처럼 비쳐지는 것이 안타깝습니다.

“(목소리를 한껏 높이며) 나는 민주화하니까 경제가 어렵다는 주장을 제일 싫어합니다. 경제적으로는 5공·6공이 없어요. 6공을 옹호하는 것이 아니라 경제가 안 되는 이유 중 절반은 5공 독재에 기인합니다. 앞서 뿌린 씨 때문에 지금도 허우적대고 있는 셈이지요. 경제적 측면에서 볼 때 5공은 참으로 운이 좋았어요. 물가안정과 경제성장은 유가하락, 엔고 등 바깥바람이 좋아서이지 민주화가 안 돼서가 아닙니다. 기업가들도 이제 노동조건 등 여러 가지 기업여건이 바뀌었다는 사실을 깨달아야 합니다. 물가야 뛰든 말든 기업만 살면 그만이라는 생각은 버려야 하고 임금을 비용으로만 볼 것이 아니라 노동자 입장에서 볼 때는 그것이 바로 수입이라는 인식도 새롭게 해야겠지요.”

―내년 1월 결성을 공언하고 있는 전노협에 대해 어떻게 생각하십

니까? 기업가들과 일부 국민들이 너무 과격한 단체가 아닌가 하고 우려의 눈길을 보내고 있습니다만.

"잘은 모르나 기존의 노총이 관제 노동단체라는 일반의 여론을 뒤에 업고 나타난 신생 노조이겠지요. 그런데 정부에서 불온시하여 '허용하지 않겠다'고 한다면 안 됩니다. 자본주의 체제를 부정하려는 사람이 있다면 정부가 그들을 가려내고 나머지 사람들은 활동하게 해야지, 과격한 사람을 배제한 단체의 실체를 매도해선 안 되지요. 변신의 노력을 하고 있는 노총과 경합관계를 이루어 공동의 목표를 추구하다 보면 통합이 될 수 있고, 또 통합이 안 되어도 그만이지요."

─교수님은 농촌문제, 빈민문제, 그리고 분배문제 등에 특히 관심이 많으신 걸로 압니다만 어떤 계기가 있었나요?

"내가 농촌문제에 관심을 갖는 것은 내 고향이 황해도에 있는 농촌이기 때문일 것입니다. 또 노동자·빈민에 대한 관심은 영국의 경제학자 앨프리드 마셜의 영향이 컸지요. 마셜은 "경제학을 공부하려면 '이스트엔드'(런던의 빈민굴)에 가보라"고 했지요. 경제학을 공부하면서 관변 경제학자가 될 것인가, 아니면 약자의 편에 설 것인가에 대해 고민한 뒤에 후자를 선택했습니다. 도시빈민이나 농촌의 문제가 결국 '없는 자'의 문제지요. 도시빈민의 대부분은 농촌을 떠난 사람들입니다. 농업은 고용흡수 효과가 큰 산업이기 때문에 농촌으로부터의 인구유출을 방지할 뿐만 아니라 도시로부터의 인구역류도 가능하게 해줍니다. 농업을 사양산업으로 간주해선 안 되고 적극 육성해야 합니다."

─해직기간 동안 강단을 떠나 있으면서 새롭게 발견했거나, 학문 방향에 영향을 받은 점은 없었습니까?

"강단을 떠나 있는 동안 억울해도 흐트러짐 없이 살려고 노력했지요. 특히 마셜 경제학에 몰두했습니다. 민주투쟁을 하다 감옥에 간 사람들과 밑바닥 인생들에 대해 이해가 깊어졌고, 성실하게 사는 사람과 고생하는 사람의 편에 서야겠다는 생각을 더욱 굳혔습니다."

—우리나라는 아직 분배문제에 신경 쓰기보다는 생산증대에 더욱 치중해야 된다고 주장하는 학자들도 있는데.

"바로 그것이 문젭니다. (그는 여기서 두 번째로 목청을 높였다) 관리들이 그런 관변 경제학자들의 주장을 그대로 받아들여 자기 입장을 합리화시키고 있어요. 분배문제가 심각하다는 것은 모두가 공감하고 있는 부분인데 심각한 문제는 일단 다루어야지요. 그것을 제쳐놓고 성장에만 관심을 보이는 지식인의 양식을 의심합니다. 분배를 내세운다고 성장하지 말자는 이야기가 아닙니다. 분배에 신경 쓰면서 성장하자는 것이지요. 앞으로는 과거처럼 10퍼센트 이상의 성장은 무리입니다. 성장률은 조금 낮게 잡더라도 분배문제에 많은 관심을 쏟아야 할 때입니다."

—경실련의 공동대표를 맡게 된 경위를 말씀해주시지요.

"서경석 목사, 정성철 변호사, 그리고 40대 중반의 제자들인 강철규 교수, 이근식 교수 등의 권유를 받고 1주일 동안 망설이다 경실련 운동의 방향에 공감하고 또 이 시점에서 꼭 필요한 운동이라고 생각했기 때문에 그들의 제안을 수락했습니다. (경실련은 7월 초 명동 YWCA 회관에서 학계, 종교계, 법조계, 여성계, 문화예술계 인사 5백여 명이 '경제부정의 척결'을 표방하고 발기하여 11월 4일 문화체육관에서 회원 1천5백 명이 참석한 가운데 창립대회를 열었다. 그동안 경실련은 토지·주택문제에 대한 공청회와 세미나를 개최했고 내년도 예산심의 가이드라인을 내놓았으며 경제정의 실현에 기여한 의원과 역행한 의원 명단을 국민에게 폭로하기 위해 의정감시단을 발족시켰다. 또 11월 5일에는 2천여 명의 회원들이 국회의사당 앞에서 토지공개념, 세입자 보호, 영구임대주택 건설 입법을 주장하며 시위를 벌였다.)

―경제부정의란 무엇을 말합니까?

"성실하게 일하고 있는 사람들이 경제적으로 불이익을 당한다면 그 것이 곧 경제부정의라고 할 수 있지 않을까요? 어떤 사람이 어느 날 갑자기 정치권력과 결탁하여 졸부가 되고 부동산 투기를 해서 큰 이 득을 보는 따위도 경제적 부정의이지요. 그 밖에 과소비, 사치, 독직에 의한 부정부패, 식품공해, 탈세, 과세불공정 등 이루 헤아릴 수조차 없 을 정도지요."

―경제정의 실현은 어떤 방향으로 이루어져야 할까요?

"첫째는 분배정의의 실현으로 있는 자와 없는 자, 불로소득자와 성 실하게 노동하는 자, 도시와 농촌, 공업과 농업 중 약한 쪽에 유리하도 록 분배가 이루어져야 하며 둘째는 앞에서 말한 부조리를 척결해야 합니다."

―그 구체적인 방법은 무엇입니까?

"우선 소득분배의 악화를 막을 수 있도록 여건을 조성시켜야 하고 다음으로는 정책적인 뒷받침이 따라야 합니다.

물가를 안정시켜 각종 투기를 억제해야 하고 농업과 중소기업을 육 성·강화해야지요. 절대로 불로소득을 허용해선 안 됩니다. 그들에 대 한 누진세를 강화해 그 재원으로 사회보장제도를 튼튼히 해야 해요. 또 한 가지 현 단계에서 중요한 것은 경제민주화를 실현하는 일입니 다. 경제민주화의 핵은 민주노조, 민주농민조직 그리고 민주소비자단 체의 적극적인 활동이지요."

―사회 전체에 팽배한 과소비 풍조에 대해 어떻게 생각하십니까?

"'과소비'란 표현 대신 '사치·낭비·향락화'란 말을 쓰고 싶군요. 우 리 사회에 이른바 '가진 자'들이 언제부터 생겨났습니까. 60년대 초까지 '가진 자'들이란 그리 많지 않았습니다. 70년대쯤 거치고 80년대 초에 이르면서 벼락부자들이 많이 나왔지요. 불로소득과 권력유착으로 횡재를 한 사람들이 사치스럽고 향락스러운 생활에 빠졌습니다. 그들이 분수를 모르고 흥청망청하는 데 큰 문제가 있습니다. 우리 사회의 일부 향락·퇴폐풍조가 사회의 몰락을 앞당기지나 않을까 걱정됩니다. 우리 사회에서도 벼락부자, 떼부자들이 각성하고 생각을 바꾸지 않는다면 사회정의와 경제정의는 계속 멀어져만 갈 것입니다."

—사치·향락풍조를 추방할 방법이 없을까요?

"우선 돈이 있더라도 사람 눈을 의식해 마음대로 쓸 수 없는 사회 분위기가 되어야 합니다. 이를 위해서는 여론을 이끄는 언론기관의 감시도 중요하겠지요. 다음으로 정책적·제도적으로 자금의 편재를 막고 불로소득과 탈세를 막아야 하는데 토지공개념 제도와 금융실명제가 한 방법이 될 수 있을 것입니다. 사치·낭비를 하는 사람이 불이익을 당한다는 것을 느끼도록 해야 합니다. 특히 사회지도층 인사들의 검소한 생활과 극기적인 노력이 요구됩니다."

—토지공개념 도입에 대한 정부의 의지를 어떻게 보십니까? 그리고 입법화되면 그 효과는 어느 정도일까요?

"일단은 정부의 의지를 믿고 싶습니다. 그러나 자꾸 후퇴해 원래의 의도가 퇴색되는 것 같아 걱정이 됩니다. 입법과정에서 또 어떻게 변질될지 모를 일이지요. 이 정도의 법안으로는 별 효과가 없을 것입니다. 벌써 투기조짐이 보여요. 과표현실화를 통해 자금이 제조업 쪽으로 흐르도록 잘 잡아주어야 그나마 효과를 거둘 수 있겠지요."

—경실련의 온건개혁 노선을 개량주의로 보는 운동권의 시각도 있습니다만.

"그렇게 봐도 좋습니다. 어차피 경실련이 지선(至善)의 것은 아니니까요. 경실련은 양극단에서 비판을 받을 수 있고 또 비판은 자유입니다.”

—경실련 운동의 성공 여부를 전망하신다면?

“경실련이 빨리 없어져야겠지요. 경실련이 필요 없도록 경제정의가 속히 이루어져야 한다는 말입니다. 경실련은 정당도 아니고 힘이 있는 것도 아닙니다. 여론을 조성하고 국민의 참여를 이끌어내는 시민운동 단체지요. 성공 여부에 대해서는 낙관도 비관도 하지 않습니다. 차분히 가라앉은 상태로 화려하지 않게 지속적으로 나갈 것입니다. 설사 우리의 주장이 당장 실현되지 않는다 해도 국민 각자의 가진 소박한 생각들을 모아 정론을 펴면 되는 것입니다. 한 가지 고무적인 일은 경실련 활동에 대한 국민들의 관심이 굉장히 높다는 점입니다. 경제정의에 대한 일반의 바람이 얼마나 강한지를 실감하고 있습니다.”

—분배정의 실현과 관련, 10년 후의 한국을 어떻게 내다보시는지요.

“10년 후라면 21세기의 문턱에 서 있는 시점이군요. 지금 우리나라는 분배정의를 강조할 수밖에 없는 상태입니다. 일반 국민의 경제정의 실현과 부정의 시정 욕구가 강해지고 있기 때문에 위정자, 사회지도층이 가볍게 볼 수 없는 문제지요. 이대로는 안 된다는 국민들의 여망을 위정자들이 싫든 좋든 실행하지 않을 수 없을 것입니다. 꼭 전망을 하라고 한다면 ‘상당한 정도의 분배향상을 기대한다’고밖에는 말할 수 없겠군요. 개선까지는 못 간다 할지라도 분배문제가 더 나빠지는 것은 막을 수 있지 않겠어요?”

—92년 2월 정년퇴임 후의 계획은 세워놓으셨습니까?

“정년 때까지 성실하게 봉직한다는 것 외에 다른 생각을 하지 않고 있습니다. 다만 지금의 ‘학현연구실’을 정부나 기업의 지원을 받지 않고 연구소로 탈바꿈했으면 하는 바람이 있습니다. 독자적이고 알찬 연구결과를 책으로 내는 연구소 말입니다."

(그가 해직돼 있던 82년 5월 졸업한 제자들이 그를 위해 세종문화회관 뒤편에, 그의 아호를 따 학현연구실을 마련해주었다. 복직 후인 84년 11월 '더이상 제자들의 도움을 받지 않아도 되기 때문'에 신림동 학교 근처로 연구실을 옮겼다. 매달 둘째 토요일에는 오후 2시부터 경제발전론팀이 모여 세미나를 연다. 경제발전론팀은 15명의 서울대 출신 전임강사 이상의 제자들로 구성돼 있다.)

—좌우명은 무엇입니까. 또 후학들에게 주고 싶은 말이 있다면?

"좌우명은 '절차탁마'(切磋琢磨). 옥이나 돌 따위를 갈고 닦아 빛을 내듯이 학문과 덕행을 지속적으로 배우고 닦는다는 뜻이지요. 제자들에게는 성실하게 노력하라고 말합니다. 선진국에 사는 것이 아니라 한국에 산다는 생각을 잊지 말고 항상 이웃과 경제적 약자에 대해 관심을 가지라고 당부하고 싶습니다."

《시사저널》(1989. 12. 17)

"'땅의 편재' 이대로 방치해선 안 된다"

지난 달 발기인대회를 갖고 발족한 '경제정의실천시민연합'이 다음 달로 예정된 창립총회에 앞서 벌써부터 활발한 활동을 펼치고 있다. 지난달 21일부터 22일까지 토지와 주택문제에 관해 세미나를 가진 데 이어 25일엔 '한국의 토지·주택정책, 어디로 가야 할 것인가'를 주제로 공청회를 갖는다.

황인철 변호사와 함께 경실련을 이끌고 있는 변형윤 서울대 교수는 "가지지 못한 사람들에게 혜택이 돌아가게 분배가 잘 이뤄져야 하는데 그렇게 되지 않았고 경제정의가 흔들리고 있기 때문에 시민운동에 나서게 됐다"고 밝힌다.

변 교수가 이 단체의 공동대표를 맡은 것은 주위의 권고에서였지만 꿋꿋이 강단만을 지켜오며 지난 60년대부터 분배론을 강조해온 그로서는 그의 지론을 여론화할 수 있는 활동의 장을 만년에 마련한 셈이다.

―경실련의 탄생에 대해 주위에서 많은 관심을 가지고 있는데 어떤 문제부터 다루어 나갈 계획인지.

"제일 급한 문제는 토지와 주택문제이다. 사람이 살려면 의식주가 해결되어야 하는데 많은 사람들이 살아갈 공간 마련에 어려움을 겪고 있는 것이 오늘의 현실이다. 집값, 특히 아파트값은 겨우 몇 개월 전에는 정신을 차릴 수 없을 정도로 뛰어올랐다. 땅값도 마찬가지였다. 땅값이 엄청나게 올랐고 투기열풍이 전국을 휩쓸고 지나갔다. 이렇게 치솟는 부동산 값을 그냥 물끄러미 바라보고만 있어야 하는 서민들의 입장은 마치 서울역에 나가 언제 어디로 가야할지 모르고 서성거리는 바로 그것으로 비유할 수 있다. 그런 만큼 서민들의 주거 안정을 이룩하기 위해 주택과 토지문제에 역점을 두고 있다."

—그렇지 않아도 땅 투기를 막고 토지의 편재현상을 시정하기 위해 정부에서 토지공개념 확대 도입을 추진하고 있는데.

"현재 토지문제가 심각한 상황에까지 이르고 있는데 이는 그동안 정부가 정책을 잘못 추진했기 때문에 빚어진 것이다. 토지는 다른 것과 달리 어느 소수의 사람들에게 전유돼서는 안 된다. 그러나 요즈음은 돈 많은 사람들에게 거의 몰려있다. 이런 상태로 가다간 집 없는 사람은 갈수록 집을 마련하기 어렵게 된다. 나는 개인적으로 토지공개념이란 용어를 좋아하지 않지만 정부가 뒤늦게나마 이를 추진하고 있는 정책방향은 옳다고 보며 이는 반드시 도입되어야 한다. 그런 만큼 경실련은 정부가 제대로 입법을 추진하고 국회에서도 제대로 심의·처리하는지 지켜볼 예정이다."

—토지공개념 확대도입에 관한 것 중 택지소유상한제는 자본주의 체제에서 사유재산권을 침해한다는 점에서 많은 논란이 일고 있다. 이에 대한 견해는.

"분배는 공정하게 이뤄져야 하는데 정부정책의 잘못으로 있는 사람과 없는 사람의 소득격차가 날로 벌어지고 있다. 땅도 소수의 사람들에게 전유될 성격의 것이 아닌데 심각한 편재현상이 빚어지고 있고 땅값이 많이 치솟았다. 땅 문제가 이런 상태로 방치되면 사유재산권을 존중하는 자본주의 체제가 흔들리게 된다. 그런 만큼 자본주의 체제를 유지하기 위해 토지에 관한한 사유재산권의 제한도 불가피하다고 본다. 다만 택지소유상한선에 대해서는 땅 소유자들이 억울하다는 생각을 가능한 덜 가질 수 있게 잘 정해야 할 것이다."

─경실련이 내세우는 경제정의는 바로 분배정의와 맥락을 같이 한다고 본다. 현재 우리나라의 분배구조는 어떤 상태에 놓여 있는가.

"그동안 정부는 경제성장만 추진하면 모든 문제가 모두 풀리는 줄만 알고 정책을 펴온 반면 소득의 분배문제는 소홀히 다뤄왔다. 아직도 분배문제를 대수롭지 않게 생각하는 사람들이 많은데 정말 답답할 뿐이다. 예를 들어 농업부문을 보면 농민들의 절대소득은 높아졌지만 다른 부문에 비해 상대적으로 소득이 낮아졌다. 중소기업들도 대기업만 중시하다 보니 상대적으로 불리해졌다. 이렇게 되면 비록 절대소득이 높아진다 하더라도 상대적으로 없는 사람들이 많아지게 마련이다. 올 들어 전국을 휩쓴 아파트투기·땅투기 열풍도 중동 붐이 일었던 77·78년에도 일어났었다. 10여 년 전에 일어났던 것이 올해 재발한 것이다. 집값·땅값이 마구 뛰면 알뜰하게 저축해서 내 집을 마련하겠다는 소박한 서민층은 허탈감에 빠지게 된다. 이렇게 분배문제가 심각해지니까 잘못되어 가고 있는 것에 대한 개선의 소리가 높아지고 있는 것이다."

─경실련의 모토가 경제정의 실천이기 때문에 이 단체에 대한 기대감도 큰 것 같다. 앞으로 활동방향은.

"공권력을 가진 것도 아니니까 오직 여론에 호소해서 시민들의 소리를 모아갈 예정이다. 많은 시민들이 무슨 생각들을 하고 있고 무엇을 바라고 있는지 파악해서 국민적 합의를 도출, 이를 반영시키는 데 최선을 다할 계획이다. 시민들의 소리를 모으는 방법으로는 세미나, 공청회 등의 모임과 간행물 등을 활용할 것이다. 현재 황 변호사와 함께 공동대표를 맡고 있는데 여성계와 언론계 등의 대표 등을 영입하고 보강할 예정이다. 회원은 창립모임 때까지 1만 명을 목표로 하고 있다. 그러나 정치색을 배제하기 위해 정치인들의 가입은 철저히 막을 방침이다."

—현재 우리나라 경제가 심각한 국면에 접어들고 있다고 우려하는 사람들이 많다. 경제학자로서 현재의 상황을 어떻게 보고 있는가.

"위기다, 어렵다는 말들이 많은데 그렇게 심각한 것으론 보지 않는다. 경제라는 것은 호경기와 불경기가 반복해가면서 성장해가는 것이고 요즈음의 상황은 3년간 12퍼센트 이상의 고도성장을 기록한 뒤에 오는 침체기에 접어들었다고 본다. 단순히 이러한 경기순환 과정으로만 보면 큰 문제는 없지만 지나친 소비풍토가 큰 문제라고 본다. 항간에서는 이를 과소비라고들 하는데 분수에 넘친 소비가 끼치는 해독은 엄청난 것이다. 있는 사람들이 거드름을 피우지 않고 소비를 자제하면서 여유자금을 생산적인 투자로 돌려야 한다. 요즈음 같이 있는 사람과 없는 사람 사이에 위화감이 조성되고 있는 상황에선 가진 자들의 자세가 매우 중요하다. 모두들 들떠 있는데 마음을 가라앉히고 지나친 소비를 자제하면 어렵지 않게 풀려 나갈 것으로 본다."

서울 종로5가 서울신탁은행 빌딩에 사무실을 구한 경실련은 26일 하오 입주모임을 갖고 오는 9월 30일 창립총회를 가질 예정이다.

《서울신문》(1989. 8. 25)

전 · 월세 인상규제엔 공감
: 민자당 정책팀 · 경실련 회동 오간 말

민자당 정책팀은 27일 경제정의실천시민연합(약칭 경실련)을 끝으로 7개 주요 경제단체에 대한 '초도순시'를 마치고 그동안 토론된 내용을 바탕으로 경제 현안에 대한 당의 대안마련 작업에 들어갔다.

이날 재야의 경실련과 제도권 집권여당의 접촉은 서로 상반된 시각을 갖고 있는 집단 간의 대좌(對坐)라는 점에서 관심을 모았는데 경실련 공동회장인 변형윤 서울대 교수와 김용환 민자당 정책위의장 간 논전이 특히 주목을 끌었다.

변 회장 성장 위주로의 경제정책기조 전환은 우리 경제구조를 더욱 왜곡시킨다. 최근 개각과 함께 정부가 취한 태도는 경제력 집중을 더욱 심화, 빈부의 양극화를 가속화시켜 경제성장 기반을 무너뜨리게 될 것이다.

김 의장 성장 위주로의 경제정책기조 전환이 아니다. 일부에서 생각하듯 안정을 해치고 빈부 양극화를 가속화하는 경제정책을 세우자는 것이 아니다. 형평을 수반한 성장이므로 바른 이해가 필요하다.

변 회장 이해가 부족했는지 모르나 아무쪼록 그러한 정책기조를 지켜주기 바란다. 그런데 금융실명제 실시와 관련한 최근 정부의 태도는 의아스럽다. 부작용을 이유로 2~3년 연기를 한다는 것은 설득력이 없고 이는 재벌기업 등 가진 자의 이익 옹호에 불과하다.

더욱이 그럴 경우 노태우 대통령의 임기가 끝나는데 이는 선거공약의 포기이고 하지 않겠다는 것과 다름이 없다.

김 의장 오늘 당정회의에서도 실명제가 거론됐지만 아직 확실한 결론은 나지 않았다. 다만 현재의 경제 여건으로 볼 때 실시가 어렵다는 것이고 비실명예금에 대한 중과세 등 보완조치로도 충분한 효과를 거둘 수 있으므로 부작용을 최소화하는 의미에서 재검토해 보자는 것이다.

하지만 토지공개념은 반드시 실시, 토지투기를 끝내 뿌리 뽑겠다는 것은 당정의 일치된 의견이라는 것을 알아 달라.

변 회장 최근 전월세 폭등으로 서민들이 엄청난 고통을 겪고 있다. 이를 한시바삐 덜어주기 위해 임대료 인상규제가 조속히 이루어져야 한다고 보는데 민자당의 입장을 분명히 밝혀 달라.

김 의장 그 점에 대해 공감한다. 당으로서도 합리적 해결방안을 찾고 있는데 이 중 임대료 인상규제는 대도시 등 임대료가 폭등한 지역에 선택적으로 적용하는 규제책이 나올 것이다.

변 회장 현실을 고쳐 나가야 한다는 차원에서 볼 때 서로 관심을 갖고 대화를 해나가면서 이해의 폭을 넓히는 게 필요하다고 본다. 그런 점에서 오늘 자리는 유익했다고 본다.

김 의장 경실련이 한국경제에 대해 나름대로 현실감을 갖고 발언한다는 인상을 받았다. 정부 측에도 경실련 등과의 대화를 촉구하도록 하겠다. 다만 정부는 역시 여론보다 한두 발짝 뒤에서 따라갈 수밖에 없다는 것을 이해해 달라.

《중앙경제》(1990. 3. 28)

부동산 투기 못 잡으면 민주화도 없다

신림동 사거리에서 보라매공원 쪽으로 내려가면 왼쪽으로 작은 골목이 하나 나온다. 건물들이 다닥다닥 붙어 있어 약간은 혼잡한 길거리지만, 왠지 깊은 고민의 냄새가 배어있는 것 같다. 아마 그리 멀지 않은 곳에 서울대가 자리 잡고 있기 때문이리라.

그곳에 만화가게가 딸려 있는 3층 건물이 있다. 그 계단을 올라서면 '학현(學峴)연구실'이라고 쓰인 조그만 간판이 눈에 들어온다. '학현'은 변형윤 교수의 아호다. 열려져 있는 문을 들어서면 바깥과는 대조적으로 차분하고 조용한 실내가 전개된다. 이윽고 그런 분위기를 만들어내는 주인이 나타나 손님을 맞는다.

변형윤 교수(62세). 서울대를 나와 한평생 서울대에서 강의를 해온 서울대 토박이다. 1980년 서울대 교수협의회 회장을 했다가 그해 8월 가방을 챙겨 학교를 떠나야만 했다. 만 4년 1개월을 연구소가 아닌 낚시터나 등산로에서 소일하다가 84년 9월 복직되었다.

한 해에 땅값 상승으로 굴러들어간 불로소득이 34조 8천억

자신을 학교에서 몰아냈던 잘못된 힘은, 역시 나라의 살림살이까지도 어렵게 만들었다. 하늘 높은 줄 모르고 치솟는 땅값, 집값에 내 집을 마련하겠다는 서민들의 꿈 또한 사라진 지 오래다. 이래서는 안 된다 싶어 지난 7월 8일 몇몇 용기 있는 사람들이 모여 '경제정의실천시민연합'(약칭 경실련)이란 걸 만들었다. 그 발기인대회에서 변형윤 교수는 공동대표로 선출되었다.

"소득 분배가 최악의 상탭니다. 그것도 물가와 상관없이 투기 현상이 일어나니, 잘사는 사람은 더 잘살고 못사는 사람은 내내 밑바닥입니다. 그동안 시정돼야 한다는 얘기는 많았지만 힘으로 조직되진 못했어요. 작년 하반기부터 부동산 투기 상황을 보고 많은 사람들이 공감하고 있어요. 시기적으로 적절한 모임이 생긴 겁니다. 그래서 '경실련'에서는 토지와 주택 문제를 최우선 과제로 삼고 있습니다."

실제로, 서울시민 중 반 이상이 자기 집이 없다. 그리고 열이면 일곱 집이 한 평의 땅도 못 가진 사람들이다. 그런데 전국의 토지 소유자 중 상위 5퍼센트의 사람들이 사유지의 65.2퍼센트나 차지하고 있다. 그것도 노른자위를 중심으로 말이다.

87년 한 해 동안 땅 가진 사람들이 땅값 상승으로 벌어들인 돈은 자그마치 34조 8천억 원이라고 한다. 그 돈은 우리나라 국민총생산(GNP)의 3분의 1이 넘고, 우리나라 전체 월급쟁이들이 1년간 벌어들인 월급을 모두 합친 금액의 84.6퍼센트에 해당한다. 그러니 무슨 일 할 맛이 나겠는가.

"그것도 땅값이 14.7퍼센트 오른 87년의 애깁니다. 88년에는 그 두 배나 되는 27.4퍼센트나 올랐어요. 불로소득도 그만큼 늘어난다 말입니다. 그 엄청난 액수의 돈이 고스란히 일부 가진 자들에게만 돌아간다면, 이건 정말 한심한 겁니다.”

이렇게 엄청난 부의 편중은 우리 경제 전체를 흩트려 놓고 있다. 국민 간의 위화감은 물론, 간부급 샐러리맨도 월급만 받아가지고는 집 한 칸 마련 못할 지경이다. 열심히 성실하게 살던 사람도 이젠 더 이상 그럴 필요가 없음을 뼈저리게 느끼고 있다. 땅이나 조금 사서 쉽게 돈벌 수 있는 방법이 있으니까 말이다. 그러니 퇴폐·향락 풍조가 만연하지 않을 수 없고 인신매매 등의 흉악범죄만 난무하게 되는 것이다.

소득분배 제대로 되려면 경제민주화부터

이렇게 극심한 투기가 조장된 데는 몇 가지 이유가 있다는 게 변형윤 교수의 설명이다.

우선, 선거가 있었던 2, 3년 전부터 돈이 굉장히 많이 풀려 있다는 것이다. 이 돈이 생산적인 곳으로 몰리면 문제가 없겠지만, 주로 증권이나 부동산에 가 있다는 것. 이윤이 있는 곳이면 어디든 쫓아가는 돈의 논리대로 증권에서 한탕하고 쏙 빠지고 부동산에서 한탕하고 쏙 빠진다.

“통장이나 증권으로 들어있는 그런 개인보유 금융자산이 작년 4월 말에 103조 원이나 됩니다. 그 중에서 10조 원만 대전으로 내려가도 대전이 흔들립니다. 그런 돈은 먹이가 된다 싶으면 언제나 부동산이나 증권으로 몰려갈 수 있는 돈이죠.”

그런 돈이 생산적 활동에 재투입돼야 하는데, 그게 안 되고 투기나 향락업소로 몰리는 것이다. 돈이 이렇게 엉뚱한 곳으로 몰려다니는 이유가 결국엔 정부의 잘못된 정책 때문이라는 걸 변 교수는 서슴없이 얘기한다.

"78년도에 부동산 투기를 막기 위한 '8·8 조치'가 있었어요. 그리고 꼭 10년이 지난 작년에 역시 투기를 막기 위한 '8·10 조치'가 있었습니다. 그게 참 가슴 아픈 일이에요. 정책이 제대로 효과를 못 거두니 이젠 투기 규모도 10년 전보다 훨씬 커지고 그 해독도 엄청나게 커져버렸어요."

폐병 1기 환자가 있다. 한 번 처방을 해서 낫는 듯했으나 치료가 지속적이지 못했다. 그래서 재발했고 마침내 2기가 돼버렸다. 그러자 이번에는 좀더 센 고단위 처방을 했다. 그러나 역시 지속적이지 못해 재발했고 3기가 돼버렸다. 더욱더 센 고단위 처방이 내려지고 그럴수록 폐병균은 면역이 생겨 더욱 악화되기만 한다. 이런 악순환이 바로 정부의 부동산 정책이었다는 것이다.

지난 75년 이후 지금까지 물가는 2.9배 오른 데 비해 주택가격은 4.9배, 땅값은 8.4배나 올랐다는 게 이를 증명하고 있다. 토지 문제가 우리만큼 심각한 나라는 없다.

"이런 것들이 사실은 경제민주화가 안 됐기 때문입니다. 빈부 격차가 이런 부동산 때문에 더욱 악화되고 있지만, 그보다 더 우선적인 것은 바로 저임금입니다. 이젠 저임금을 강요하는 것은 시대착오적인 것입니다. 노동자들의 얘기를 들어줘야 합니다. 그리고 그 의사를 제대로 반영할 수 있는 민주노조가 만들어져야 합니다. 임금 오른다고 물가 오른다는 얘기는 맞지 않습니다."

노사분규가 일어났을 때의 언론 보도도 그렇다. 변 교수는 노동자들의 목소리는 한 번도 들어보지 못했다고 한다. 보도 내용은 거의 전부가 정부나 기업가의 논리일 뿐, 노동자들의 생생한 요구 그대로가 국민들에게 전달되는 것을 못 봤다고 한다. 노동자들이 나라 망하고 기업 망하기를 바라는 것은 아닐 텐데, 그들을 과격한 사람들인 양 여론을 끌고 가는 언론에 큰 문제가 있다고 한다.

"전에 울산에서도 말입니다. 신문에서는 무슨 난리라도 난 것처럼 떠들어대는데 그래선 안 됩니다. 경제발전 시작한 지 30년이나 됐는데, 서른 살이면 이제 어른스러워져야죠. 정부나 기업가가 나서서 근로자와 대화를 하도록 해야지, 정부는 만날 기업가 편만 들고 있어요. 근로자 요구를 우선적으로 들어주지 않으면 분배 정책이 성공할 수가 없어요. 대화 상대자를 정말 대화 상대자로 생각하고 있는지가 참 의문스럽습니다."

농촌 문제도 마찬가지다. 농민들의 소리를 대변할 수 있는 기구가 있어야 한다. 현재의 농협이 불신 받고 있다면 민주적인 농민조합이 만들어져야 한다. 그래서 농민들의 얘기가 굴절 없이 위정자들에게 전달되어야 한다. 그게 농촌 문제를 해결하는 기본이다.

그 농촌이 못사니까 농민들은 도시로 떠나 달동네로 들어가고, 그 달동네 사는 사람들이 노점상을 하는 것이다. 무작정 단속한다고 해서 없어질 노점상도 아니다. 자기 가게를 낼 수 있는 기업형 노점과 생계가 달린 노점상과는 분명히 구분해야 한다.

"도시 미관이 어쩌구저쩌구 하는데 그거 너무 낭만적인 애깁니다. 당사자의 생존이 달린 문젠데……. 외국에 가 봐요. 아름다운 런던이라 파리에도 노점상은 다 있습니다. 특별히 교통에 방해가 안 된다면 그렇게 무작정 철거로 나가선 안 됩니다. 그리고 노점상이 늘지 않도록 취업구조를 개선하는 게 병행돼야 합니다."

올 9월 국회에 상정될 토지공개념 도입을 위한 법률

최근 정부에서도 땅값의 폭등과 분배구조 악화에 대해 그 심각성을 인식하고 나름대로의 대책을 마련하고 있다. 분당·일산 지역 개발도 임기응변적인 요소가 있지만, 일단 그 대책의 하나로 꼽힌다. 그러나 무엇보다도 관심거리가 되고 있는 것은 지난 7월 6일 정부가 입법예고한 토지공개념 도입에 관한 법률시안이다.

이 법안에 따르면, 우선 서울을 비롯한 전국 6개 도시에서 △ 택지 소유를 2백 평(5인 가족 기준) 이하로 제한하고, △ 어느 지역을 개발해서 생긴 추가 이익금 중 70퍼센트를 개발부담금으로 거두어들이고, 또 △ 전국 어느 곳의 땅이든 3년 동안 평균 지가상승률을 웃돌거나 1년 동안 평균 상승률의 1.5배를 웃돌면 50퍼센트의 개발이익금을 거두어들인다는 것이다.

서울 서초동에 문을 연 진로유통센터는 정부로부터 개발 허가를 받아 437억 원이 투입된 사업체다. 그런데 공사를 시작한 지 5년 만에 땅값이 엄청나게 올라 총사업비를 빼고도 524억 원을 남겼다. 이런 경우 70퍼센트의 '개발부담금'을 물게 된다.

그리고 분당 신도시 건설지역 근처에 60여 만 평의 임야를 소유해 화제가 됐던 곽명덕 씨의 경우, 땅값이 평당 10만 원씩만 올라도 앉아서 6백억 원의 불로소득이 생기게 된다. 이런 경우 50퍼센트를 '개발이익금'으로 거두어들인다는 얘기다.

전혀 일을 하지 않고서도 이렇게 엄청난 돈을 벌 수 있는 사회는, 아무리 자본주의사회라 할지라도 결코 바람직하지 못하다. 6백억 원이라면 50만 원짜리 월급쟁이가 장장 1만 년 동안 한 푼도 안 쓰고 모은 돈과 같다. 늦어도 한참 늦긴 했지만 정부가 이 법안을 들고 나온 것은 그나마 다행한 일이다.

경제민주화 여론을 엮어낼 '경실련'

"정부에서 모처럼 하겠다고 했지만, 그게 법률로 통과되기까지는 결코 순탄하지가 않을 겁니다. 정부나 여야 국회의원 모두가 가진 자들의 편이거나, 아니면 가진 자들의 로비에 약했다는 게 그동안 보여준 모습이니까요."

정부의 경제팀이 토지공개념 시안을 들고 민정당을 찾아갔는데, 그때 당 고위 당직자가 했다는 말이 시중에 공공연히 퍼지고 있다. '우리 당이 무슨 사회주의당이냐, 우린 부자들의 당이라고.' 땅값 집값의 폭등으로 밤마다 신음하듯 토해내는 이땅 서민들의 수많은 한숨소리가 그 고위 당직자에겐 전혀 들리지 않는 모양이다.

"경제팀이 '형평'을 강조하고 있는 것을 보니 문제를 파악하고는 있는 것 같습니다. 더 악화되기 전에 고쳐야죠. '경실련'은 바로 이런 여론들을 하나로 엮어내 힘을 발휘케 하자는 겁니다."

'경제정의실천시민연합'이 개선코자 하는 목표는 광범위하다. 우선 토지와 주택에 관한 공정한 제도를 마련하는 것, 임금 격차를 줄이고 공정한 노사관계를 수립하는 것, 경제력 집중을 해소하고 중소기업을 육성하는 것, 정경유착을 근절하는 것, 금융 조세를 공평히 하는 것 등 12가지에 이른다.

그래서 우선은 정부가 추진하는 토지공개념 도입이 올 9월 정기국회에서 왜곡 없이 통과되도록 여론을 형성하는 것이다. 그래서 국회나 정부에 압력을 가해야 한다. 그리고 국공유지를 더 이상 민간인에게 팔지 말 것이며 서민들을 위한 임대주택도 충분히 건설토록 한다는 것이다.

"그러나 이 운동은 반드시 법의 테두리 내에서 평화적으로 이루어져야 합니다. 그리고 각계의 의견을 수렴하고 연구해서 완전한 국민의 합의 위에서 추진되어야 합니다. 비록 '경실련'이 정치적인 힘을 발휘하는 단체가 아니라는 한계는 있지만, 시민들이 자발적으로 호응을 해줄 때는 재작년 6·10 때 못지않게 커다란 힘이 될 것입니다."

현재 발기대회를 마친 경실련은 올 9월에 회원을 더 모집해 정식 창립대회를 가질 예정이다. 그렇게 되면, 이제 경제민주화를 하자는 여론의 구슬들은 일단 꿰맬 실을 얻게 된다.

이젠 더 이상 위정자들에게 우리의 삶을 맡길 수 없다. 오늘의 한국을 만들어낸 이 땅의 서민들도 이젠 두 다리 쭉 뻗고 쉴 수 있는 집 한 칸은 마련해야 한다. 휴일이면 도시락 싸들고 근교로 소풍 나갈 여유는 주어져야 한다. 언제까지나 찌든 삶일 수는 없다. 평생을 경제학에 바쳐온 변형윤 교수의 바람도 바로 그것이다.

《여원》(1989. 8)

꼿꼿한 외길, 표창으로 인정

고희를 얼마 앞두지 않은 노(老)석학이 난생 처음 표창장을 받아든 국민학교 1학년 학생처럼 수줍은 미소를 지었다. 경제정의실천시민연합(경실련)이 태동한 89년부터 5년간 이 단체의 공동 대표를 지낸 변형윤 서울대 명예교수(68)가 그러했다.

지난 10월 20일 서울 세종문화회관에서 열린 경제정의연구소 창립 제5주년 기념식에서 변 교수는 이 연구소와 경실련 창립에, 또 '경제정의 기업상' 제도를 신설하여 기업 윤리를 창달하는 데 이바지한 보답으로 경실련이 주는 공로패를 받았다. 경실련은 한국 시민운동사에 이정표를 세운 단체이기에 이 공로패의 무게는 세상의 여느 흔한 상패와 사뭇 다르다.

변 교수는 어려웠던 경실련 초창기를 회상하며, 정부와 운동단체가 모두 인정할 수 있었던 것은 늘 합리적인 대안을 내놓으려 애썼기 때문이라고 말했다. 그는 "경실련이 출발할 때처럼 정부나 기업 등 누구의 지원도 받지 않고 한국 경제를 연구하는 길을 걷겠다. 이번 공로패도 계속 이런 길을 걸으라는 뜻으로 알고 받았다"고 말했다.

《시사저널》(1995. 11. 2)

제4편
사회활동

제1장 철 학

"무엇이 옳고 그른가 판단이 가장 중요"

　　변형윤 전 서울대 교수는 학문의 길을 외곬으로 걸어온 분이다. 그가 교수시절에 보여준 강직한 성품과 소신 있는 행동은 지금도 학문의 길은 물론 다른 분야에서 활동하고 있는 많은 제자들에게 영향을 주고 있다. 그는 과거 수차례 입각요청을 받았지만 모름지기 상아탑을 지켜온 것으로도 유명하다. 서울상대에서 처음 강의할 때 끝까지 강단을 지키겠다는 자기와의 약속 때문에 입각을 거절했다고 한다. 그렇다고 그가 사회현실에 대해 무관심한 것은 아니다. 지난 80년 초 '서울의 봄'이 왔을 때는 서울대교수협의회장을 맡아 민주화에 앞장섰고, 89년에는 경실련 공동대표로 시민운동에 나서기도 했다. 지난 92년 서울대 교수를 정년퇴직하고는 제자들의 도움으로 서울 강남에 서울사회경제연구소를 설립, 학문 연구활동을 계속하고 있다. 변 교수를 서울사회경제연구소 사무실에서 만났다.

　　—많은 경제학계의 원로들이 정부 요직에 진출해 이론을 현실에 적용해 왔습니다. 선생님도 입각요청을 수차례 받으신 것으로 알고 있는데 입각하지 않으신 특별한 이유라도 있나요.

　　"이유가 분명히 있습니다. 일종의 자기하고의 약속 때문이지요. 55

년 서울대 상대 강사를 처음 시작할 때 내가 선택한 것이니까 강단을 끝까지 지키겠다고 자신과 약속했었습니다. 정부에서 맡으라고 하는 대로 했으면 장관이나 국회의원도 아마 몇 번은 했을 겁니다."

─민간단체이기는 하지만 경실련에 참여하신 것을 현실참여로 볼 수 있지 않습니까.

"경실련을 추진하고 있던 제자들이 경제정의 실천을 위한 시민운동을 하겠다고 하면서 부탁을 해 공동대표를 맡았습니다. 경제학을 하면서 줄곧 성장보다는 분배정의가 실현돼야 한다고 주장해온 점도 청탁을 뿌리치지 못하게 만들었다고 봐야죠. 그러나 이것은 글을 통해 자기주장을 펴는 행위와 일맥상통한다고 봤습니다."

─그래도 경제학은 사회과학인데 학문을 현실에 적용해보고 싶은 욕구 같은 것은 없었습니까.

"자기가 찾아낸 이론이나 학설을 실천해보고 싶은 마음이 없었다고 볼 수는 없지요. 그러나 관료조직에 혼자 덜렁 들어가면 아무것도 할 수 없어요. 들어가려면 경제팀을 조직해 들어가야죠. 이미 짜인 틀에 혼자 들어가 뭘 하겠다는 겁니까. 아무것도 못해요. 그리고 자기주장을 현실에 적용하는 게 꼭 정부에 들어가는 방식만 있는 것은 아니에요. 잡지나 논문 등을 통해 자기주장을 펴는 것도 간접적인 참여방식이지요. 정부가 그 같은 주장을 받아들이면 되는 것 아니겠어요."

─최근에 관심을 갖고 계신 분야는 어떤 것입니까.

"〈마셜경제학의 진화론적 기초〉라는 글을 완성하려고 해요. 그래서 요즘은 진화론에 관심을 갖고 있어요. 또 요즘 기업들의 해외투자가 왕성하고 외국인투자도 많아 다국적기업에 대한 연구를 다시 한 번 해야겠다고 마음먹고 있습니다."

─흔히 21세기는 정보화시대라고 합니다. 경제화의 패러다임도 바

꿔지 않을까요.

"단시일 내에 패러다임이 바뀌기는 어려울 겁니다. 새로운 패러다임을 찾으려면 시간이 걸리게 마련이지요. 수학의 원리라든가 공리 같은 것도 몇 개 안 됩니다.

갤브레이스는 최근 브리태니커 서문에서 정보혁명, 정보고속도로 등은 하나의 전달수단에 불과하다고 말했어요. 중요한 것은 무엇이 옳고 그른가를 판단하는 것인데 역시 좋은 책들을 많이 읽어야 된다고 생각해요."

—정년퇴직 하신 후 특별한 계획이라도 세운 게 있습니까.

"저는 새해가 돼도 특별히 계획을 세우지는 않습니다. 그저 연속적으로 생활을 하는 것이지요. 퇴임 후 외국에서 요청이 있어 4~5편 영문으로 발표한 게 있고 《한국경제론》도 일부 수정했지요.

《마셜경제학》은 계속 연구하고 있는데 1년 정도 더 걸려야 책이 나올 것 같습니다."

《한국경제신문》(1997. 1. 14)

행동하는 지식인으로 존경받아

"정년퇴직을 했지만 그저 담담하기만 합니다. 항상 언제 쫓겨날지 모른다는 생각을 했었는데 명예롭게 정년퇴직을 할 수 있어 그것으로 족합니다."

국내 경제학의 대가(大家)로서 후학(後學)들의 존경과 신망을 한 몸에 받아 온 학현(學峴) 변형윤(邊衡尹·65) 교수의 정년퇴임 소감이다.

지난 55년 9월 첫 대학 강단에 선 이후 37년간 몸담았던 서울대를 지난 2월 29일 정년퇴임한 변 교수는 새 학기 개강 후인 3월 13일 서울대 문화관을 가득 메운 60여 명의 후배 교수들과 학생 등 500여 명이 참석한 가운데 고별강의를 가졌다. 이날 고별강의의 주제는 대학생 시절부터 그를 사로잡아 왔고 경제학자로서 정신적 축(軸)이 됐던 영국 케임브리지 대학의 앨프리드 마셜(1842~1924) 교수의 〈경제기사도(騎士道)에 관하여〉였다.

계량경제학 국내 본격도입 등 업적

"경제학은 한 면에서는 부(富)의 연구지만 더 중요한 것은 인간연구의 일부분입니다. 중세의 기사가 조국과 십자군을 위해 사심 없는 충성심을 가졌던 것처럼 산업에서 기사도는 공공적 정신입니다. 이것은 다름 아닌 근로자와 공공의 복지, 사회발전에 대해 관심을 갖는 것이지요.”

변 교수는 특히 마셜이 케임브리지 대학 경제학교수로 취임하면서 행한 강연 내용 중 맨 끝 부분의 ‘냉철한 머리와 따뜻한 마음’이란 구절에 매료돼 왔다. 그는 이 구절을 강의시간 때마다 학생들에게 꼭 들려주곤 했는데 70년 9월 케임브리지 대학에서 열린 세계계량경제학회에 참가했을 때 기숙사에서 일주일여를 지내는 동안 마셜의 체취를 맛볼 수 있어 감개무량했다고 회고할 정도로 이 구절은 변 교수의 학문연구의 바탕이 되었다.

그는 “어느 사람이건 간에 냉철한 이성과 따뜻한 마음을 가져야 한다. 인간에게는 지성과 감성이 있는데 지성 면에서는 냉철해야 하고 감성 면에서는 따뜻해야 한다. 경제학을 하는 사람이나 과학을 하는 사람은 한쪽에만 치중할 가능성이 크다. 따라서 항상 양쪽을 두루 고려해야 한다”고 말하고 따뜻한 마음을 가지라는 것은 “없는 사람들과 이웃의 경제적 약자를 강하게 의식하라는 것”이라고 풀이한다.

황해도 해주에서 3남 4녀 중 맏아들로 태어난 변 교수는 경기중(5년제)과 서울대 상대 및 대학원을 거쳐 지난 55년 서울대 강사로 부임하여 경제수학, 통계학, 계량경제학 등을 강의해왔다. 86년 한국계량경제학회, 87년 사회경제학회를 각각 창립하여 회장직을 맡았으며 89년엔 한국경제학회장을 역임하는 등 경제학계에선 계량경제학을 국내에 본격 소개한 사람으로 그 업적을 높이 평가받고 있다.

바른 말을 거침없이 해 대쪽 같은 성격의 학자로 소문난 그는 “교수는 교수로서 자기의 생각을 논문이나 책, 신문 기고(寄稿) 등 간접 참여방식으로 펴야 한다”고 주장한다. 이러한 사고방식은 그동안 그가

펴낸 《현대경제학》《통계학》《한국경제론》《한국경제의 진단과 반성》
《역사와 인간》《분배의 경제학》《현대경제학 연구》《한국경제 연구》
등 20여 권의 저서에 그대로 반영되었다.

'분배정의의 실현'에 앞장

변 교수는 경제의 고도성장과 아울러 분배도 고려해야 한다는 '분배
정의의 실현'을 주장해왔다. 이러한 연유로 학계, 종교계, 법조계, 문화
예술계 등 사회 각 분야의 인사들이 모여서 한국 사회에 만연하고 있
는 심각한 경제적 부정의를 척결하고 경제정의를 수립·실천하기 위해
89년 가을에 결성한 경제정의실천시민연합(경실련)의 공동대표로 추대
되었다. 이에 대해 변 교수는 "대외적으로는 내가 경실련을 만든 것으
로 알고 있는데 이는 사실과 다르다. 몇몇 젊은 사람들이 모여서 우리
사회가 이래서는 안 되겠다, 경제정의가 시급하다고 논의하는 과정에
나를 찾아 온 것이며 평소에 내가 주장해온 경제정의의 실현과 의견
이 일치해 공동대표직을 수락했을 뿐"이라고 밝혔다.

분배정의를 주장하는 사람이 많아지고 동조자가 늘 때 분배 문제가
개선되리라고 보는 변 교수는 '분배정의의 실현'을 위해서는 일단 기
반조성을 해야 하고 다음으로 적극적인 정책적 노력이 뒤따라야 한다
고 주장한다. 농촌을 예로 들면서 "고속도로변에서 보면 울긋불긋 페
인트칠 해놓은 시골집들이 우선은 보기 산뜻하다. 그러나 실제 속에
들어가 보면 농촌은 매우 피폐한 지경이다"면서 농민의 소득수준을 향
상시키는 방향으로 경제정책을 펴야 한다고 주장한다.

그는 이어 중소기업 육성, 소득재분배정책, 그리고 누진세를 강화해
서 '있는 사람'들로부터 거둔 세금을 '없는 사람'들에게 혜택이 가도록

하는 정책을 실시해야 한다고 말한다. 물론 금융실명제가 전제되어야 한다며 "맑은 물에 노는 고기들을 바라보듯 어떤 사람이 얼마만큼의 부(富)를 가지고 있는지, 또 어느 사람이 돈을 여기저기에 분산시켜 두었을 때 한자리에서 파악할 수 있도록 해야 한다"고 금융실명제 실시를 강력히 주장한다.

변 교수는 그러나 경제난이 전 국민의 과소비 때문이라는 일부의 주장을 강력하게 반박한다. "과소비란 과소비를 할 수 있는 사람이 한 것이지 없는 사람은 하고 싶어도 할 수 없다. 일부 계층의 과소비 풍조가 없는 사람에게 영향을 주는 것이 사실이기 때문에 과소비를 할 수 있는 사람으로 하여금 과소비를 하지 못하도록 해야 한다" 말한다.

결코 순탄치 않은 학자의 길을 걸어온 그는 교수의 기본사명은 학문연구에 있고 이와 함께 교육자로서 사회에 대한 확실한 소신이 있어야 한다고 강조한다.

"젊었을 때는 열심히 연구를 해야 하고 나이가 들면 자기가 속한 사회와 인류를 걱정해야 합니다. 교수는 한 나라의 지성을 대표한다고 할 수 있기 때문에 자기가 몸담고 있는 사회가 잘못되었을 때는 '이대로 가서는 안 된다'고 과감히 외칠 수 있는 용기를 가져야 합니다."

학현연구실 개설, '토론의 장'으로

'행동하는 지식인'으로 널리 알려진 변 교수는 80년 '서울의 봄' 때 서울대 교수협의회장으로 시국선언을 주도했다는 이유로 그토록 자랑스럽게 생각하던 모교의 교수직에서 그해 8월 강제 해직되었다. 그는 해직교수 시절 탄압받던 동료 지식인들이 모여 만든 '거시기산우회'에 가입하여 북한산을 비롯해 전국의 산들을 누볐다. "갑자기 해직을 당하고 보니까 사실 몹시 불안했다. 걱정하면서 잠도 못자고 정신불안, 생계문제도 있고 더욱이 1년 동안 글도 못 쓰고 강의도 못 하고… … 그때 산악회 멤버들이 그런저런 심정을 아는지라 나를 그냥 산으로 끌고 다니는데 걱정할 시간조차 없었다"고 해직시절을 회고하는 변 교수는 이제 비가 오나 눈이 오나 산에 오르지 않으면 견디지 못할 정도로 산에 매료되었으며 등산이야말로 최고의 건강유지 방법이라고 자랑한다.

해직시절 그는 제자들의 도움으로 그의 호를 딴 학현(學峴)연구실을 82년에 열어 원고를 쓰고 책을 읽는 등 학문의 길로 계속 정진했다. 84년 9월 복직된 이후에도 학현연구실은 변 교수에게는 학문연구의 장(場)인 동시에 후배 교수들과 논문발표도 하고 세미나도 정기적으로 개최하는 등 토론의 장(場)이 되고 있다. 특히 매주 둘째 주에는 부교수, 전임강사 등 20여 명으로 구성된 경제발전론 연구팀이 세미나를 개최하고 있는데 보통 오후 2시에 모이면 밤 8~9시경에 끝날 정도로 그 열기가 뜨겁다.

변 교수는 정년퇴임 후에도 명예교수로 남아 서울대 대학원 과학부에서 경제발전론과 경제발전특수연구 등 두 강좌를 계속 맡고 있는데 기존의 저서 《한국경제연구》를 보완·수정하여 올 8월까지 탈고할 예정이며 또 10년 전부터 준비해온 마셜경제학에 대한 책도 출판해야 하는 등 요즘이 더 분주하다고 소탈하게 웃는다.

60 평생 먼저 약속을 깬 적이 없고 4·19학생의거 당시 교수데모에도 참여하는 등 지금까지 불합리한 현실을 날카롭게 비판해온 대쪽 같은 선비 변 교수는 현재 1남 2녀를 모두 결혼시켜 내보내고 부인 최명순(崔明淳·63) 여사와 단 둘이 관악구 봉천동의 한 아파트에서 살고 있다.

《월간화보》(1992. 4)

법정의 '학문자유' 공방

18일 오전 서울대 사회연구소 사건과 관련, 연구논문이 말썽이 돼 국가보안법 위반혐의로 구속기소된 권현정 피고인(26·여)의 공판이 열린 서울형사지법 법정.

학문의 자유와 그 한계를 놓고 젊은 검사와 노교수가 치열한 토론을 벌이고 있었다.

민족경제학계의 태두로 꼽히는 서울대 경제학과 변형윤 교수가 제자의 혐의 내용을 순수한 학문적 활동으로 본다는 의견을 밝히기 위해 변호인 측 증인으로 법정에 선 것.

―우리나라를 신식민지로 보는 것은 잘못된 것 아닌가요.

"경제적으로 대외의존도가 심하다는 면에서 신식민지로 볼 수도 있습니다."

―북한의 혁명이론과 피고인의 변혁이론도 내용상은 같은 것 아닙니까.

"북한이 우리 정부의 정통성을 부정하고 자본주의가 성숙되지 않았다고 인식하는데 비해 권 양이 주장하는 이론은 이와 다른 인식을 가지고 있어 같다고 볼 수 없습니다."

검사와 노교수의 논쟁이 점점 더 치열해지자 변호인이 갑자기 제동을 걸었다.

"정치경제학에 대해 석사학위도 없는 검사가 이 분야에서 가장 권위 있는 교수를 데려다 놓고 무슨 토론을 벌인다는 것입니까."

그러나 재판부는 검사의 논리도 존중해야 한다며 토론을 계속 진행시켰다.

─교수님은 학문의 자유라는 것이 계급혁명의 선동까지 포함한다고 생각하십니까.

"학문을 하는 사람은 자신의 연구결과가 최선의 방법으로 이용되리라 믿고 연구를 하는 것입니다. 따라서 학문의 입장에서라면 혁명까지도 이론적 대안으로 삼을 수 있습니다."

계속 이어지는 공방 속에서 변 교수는 권 양의 연구가 순수한 진리탐구의 범위에 포함된다고 옹호했으나 검사는 북한의 전략처럼 학문의 탈을 쓴 반국가적인 폭력혁명의 일환이라는 주장을 굽히지 않았다.

이어지는 최후 변론에서 변호사는 검찰을 향해 물었다.

"남북한 간 합의서가 교환되는 현 상황에서 북한을 여전히 반국가단체로 보아야 하나요, 아니면 통일을 향해 함께 노력해야 할 민족공동체로 봅니까."

남북한이 통일을 향한 새로운 걸음을 내딛는 시점에서 과연 우리가 북한을 어떻게 규정해야 할 것인지 새로운 이론정립이 절실히 필요하다는 느낌이 든다.

《중앙일보》(1991. 12. 19)

제2장 활 동

"연탄 나눔은 많고 넉넉해서 베푸는 게 아닙니다. 서로 나누는 것입니다"

'사랑의 연탄'으로 7년 동안 남한의 가난한 이웃에는 1천5백만 장, 북한 동포들에게는 1천만 장의 연탄을 나누어준 '(사)따뜻한 한반도 사랑의 연탄 나눔 운동'이 지난 2010년 11월 23일, 민족화해협력범국민협의회에서 수여하는 '제8회민족화해상' 단체부문을 수상하였다.

《민족화해》는 이번에 '민족화해상'을 수상한 '(사)따뜻한 한반도 사랑의 연탄 나눔 운동'의 변형윤 이사장을 만나 수상소감과 지원 활동, 그리고 남북문제에 대한 생각을 들어봤다. 변형윤 이사장은 원로 경제학자로 서울대학교 교수, 한국사회경제학회 초대 회장, 경제정의실천시민연합 초대 공동대표 등을 역임했으며, 현재 서울대학교 명예교수로 서울사회경제연구소 이사장 등을 맡고 있다.

—먼저, 민족화해상 수상을 축하드립니다. 의례적인 질문이지만 수상소감을 간단하게 부탁드립니다.

"고맙다는 이야기밖에 할 말이 없습니다. 상을 의식하고 나눔 운동을 한 건 아닌데, 그동안의 활동에 대해 좋게 평가를 해주셔서 이번에

상을 받았으니 좋은 일이고, 고마운 일입니다. 앞으로 나눔 운동을 하는 데 있어서 자극이 되리라고 봅니다."

—요즘에는 '민족화해'라는 단어를 쓰는 게 개인적으로 부담이 됩니다. 선생님께서는 어떻게 생각하시는지요?

"그래도 통일로 가는 길은 '민족화해'밖에 없다고 생각합니다. 싸움으로 가느냐, 아니면 반대쪽인 화해로 가느냐인데, 그래도 화해의 길로 가야지만 우리가 통일로 갈 수 있다고 봅니다. 언제일지는 모르겠지만, 통일이 되지 않겠습니까? 만약 통일이 된다면 '화해' 쪽으로 가는 게 맞다고 봅니다. 둘이 손을 잡아야만 하나가 되는 것입니다. 그렇기 때문에 쑥스럽다는 생각을 할 필요는 없습니다. 현재의 남북관계가 '화해'라는 말과 정반대로 돌아가는 상황이기 때문에 그런 표현을 하는 게 쑥스럽지 않은가라는 의미로 받아들였는데, 그래도 우리가 가야 할 길은 '화해'라는 길밖에 없다고 봅니다. 그렇기에 '민족화해'라는 표현을 써도 저는 괜찮다고 생각합니다."

—원로분들과 인터뷰를 할 때마다 물어보고, 저 또한 후배들과 만남의 자리를 가지면 항상 듣게 되는 질문인데, 북한을 어떻게 봐야 한다고 생각하십니까?

"북한은 그야말로 사회주의 국가이지 않습니까? 중국하고 같은 체제의 국가입니다. 결국 우리하고 다른 체제를 가지고 있기 때문에 그들 나름대로의 방식이 있지 않겠습니까? 북한을 몇 번 가보긴 했지만, 단순히 몇 번 간 것만으로 그 사회를 알 수는 없습니다. 알다시피 체제가 다르기에 자유주의라는 것을 모르는 사람들입니다. 계획하에서 경제가 운영이 됐기 때문에 자유주의시장하에서의 경제운영 방식은 모르지 않겠습니까? 누구든지 자극을 주면 반응을 보이기 마련입니다. 그렇기 때문에 말 한마디를 해도 서로의 자존심을 건드리지 않는 게 중요합니다. 돈 없는 사람들이 가장 싫어하는 게 베푸는 생색을 내는 것입니다. 북쪽에 대해서는 같은 민족의 입장에서 나누고 있다는 것을 보여줘야 한다고 봅니다. 말과 행동에 있어서 서로 존중하는 분위기를 만드는 게 민화협에서 하는 일이지 않습니까? 민화협에 기대하는 게 바로 그것입니다."

―연탄 나눔의 사업수혜자들은 북한 주민들이지 않습니까? 북한 정권은 비판해도 북한 주민들에 대해서는 같은 동포의식을 가져야 한다는 말로 이해해도 되겠습니까?

"제가 황해도 황주에서 태어났습니다. 단순히 태어난 곳을 그리워해서 한 말은 아닙니다. 싸움은 없어야 한다는 생각에 자극적인 표현은 안 했으면 좋겠다는 의미에서 하는 말입니다. 남북이 모두 서로에 대한 자극적인 표현은 사용하지 않아야 합니다. 북쪽에서 잘못한 일이 있으면 그들을 비판하고, 남쪽에서 잘못한 일이 있으면 이들을 비판해야 한다고 생각합니다. 그러나 상대방을 자극하는 말과 행동은 삼가야 한다고 생각합니다."

―고향 이야기가 나온 김에 개인적인 질문을 좀 드리겠습니다. 고향인 황해도 황주에서는 언제까지 사셨습니까? 그렇다면 혹시, 이산가족은 아니십니까?

"고향인 황주에서는 13살까지 살았습니다. 1939년에 중학교를 서울로 오면서 고향을 떠났습니다. 안타깝게도 이산가족이 맞습니다. 당시에 부모님들은 이북에 계셨습니다. 해방 이후, 대학교 2학년 방학 때에 한 번 간 적이 있긴 합니다. 1946년 6월 중순경인데, 당시에는 38선을 넘을 때에 조사도 받고, 걸리기도 하고 그랬습니다. 저 같은 경우는 집이 이북이라고 말한 게 이해가 되어서 38선을 무사히 넘을 수 있었습니다. 한 달 정도 머물렀었는데, 당시 소학교 교장이셨던 은사님이

인민위원회의 무슨 회의에 소집이 되어 가셨었는데 그 자리에서 제 이야기가 나왔다고 합니다. 그 분이 ‘상황이 여기 있어서는 안 되겠다’는 쪽지를 급히 보내왔습니다. 그래서 그날 밤중으로 출발해서 해주에 가서 배를 타고 넘어왔습니다. 그런데 갑자기 6·25전쟁이 나는 바람에 남동생 2명은 왔는데 부모님은 못 오셨습니다. 그리고 지금 소식이 없습니다. 소식이라는 게 이산가족 상봉을 말합니다. 밑에 동생이 이산가족 상봉신청을 한 적이 있는데, 적십자사에서 답이 오길 ‘찾을 수 없다’고 했습니다. 그래서 어떻게 됐는지 모르는 상황입니다. 이산가족 상봉장면을 보면 제가 불효자라는 생각이 듭니다. 만약 누이동생들이 생존해 있다면, 이북의 인물사전에 제 얼굴이 나오니까 소식이 왔었을 텐데, 아직까지 없었습니다.”

─저서 중에 ‘냉철한 머리, 따뜻한 가슴’이라는 제목을 가진 저서가 있으시던데, 저희들에게 주는 의미가 강합니다. 어떻게 이런 제목을 달 수 있으셨습니까?

“경제학파에서 케인스보다 앞선 분들 중에 마셜이라는 사람이 있는데, 제가 학생시절에 상당히 동경하던 인물이십니다. 신고전학파인 마셜이 모교의 경제학부 교수로 취임하면서 취임 강연회를 가졌는데, 강연사 중 마지막 구절에 ‘케임브리지 학생들이 냉철한 머리와 따뜻한 마음을 가질 수 있도록 최선의 노력을 하겠습니다’고 표현하셨습니다. 그 구절에서 따온 제목입니다.”

─후학들은 선생님을 진보적인 경제학자로 보고 있습니다. 스스로도 평가하시기를 진보학자라고 생각하십니까?

“저는 중도적인 사람입니다. 그런데 왜 나를 진보적인 학자라고 표현하는지 알 수가 없습니다. 최근 2~3년 사이 신문도 보면, 진보학자로 많이 표현이 된 것 같습니다. 그래서 제가 가만히 생각해보니, 요즘

이승만 전 대통령을 존경하는 사람들이 꽤 있는 것 같습니다. 그런데 저는 이승만 전 대통령보다도 백범선생님을 존경합니다. 그 분이 얼마나 고생을 많이 하셨습니까? 이승만 전 대통령을 존경하는 사람들의 시각에서 저를 반이승만 세력으로 봐서 그런지 모르겠지만 좌익, 우익으로 편을 나누는 것 같습니다. 본래 '진보'라는 말이 앞을 보면서 나가는 사람이라는 의미이지 않습니까? 그런데 '진보적'이라는 의미를 모르고, 자꾸 진보적인 사람을 '좌파'로 보는 것은 잘못된 시각입니다."

—진보 쪽에서 보면, 또 보수를 완전히 '극우'로 보는 경향이 있지 않습니까?

"그렇습니다. 양쪽이 서로 그렇게 보는 경향이 있습니다. 제 생각으로는 이야기할 기회를 많이 만들어서 서로 대화를 해야 한다고 봅니다. 그런데 요즘 일부 보수언론에서는 진보적인 사람들을 다 '좌파'로 표현하지 않습니까? 그런 표현을 하지 말아야 합니다. 신문사를 욕하는 게 아니라 언론일수록 중간적인 역할을 해줘야 한다고 생각합니다."

—평양에는 몇 번 다녀오셨습니까?

"3번 정도 다녀왔습니다. 두 번은 남북어린이어깨동무라는 단체를 통해 어린이병원 개원식과 연필공장에 갔었습니다. 한겨레통일문화재단 이사장으로 있을 때에 어깨동무에서 가자고 해서 어린이병원 개원식에 다녀왔는데, 그때에 백두산도 갔었습니다. 그리고 1년 뒤에 연필공장을 보수한다고 해서 갔었는데, 그때는 묘향산을 갔던 걸로 기억됩니다. 그렇게 해서 가고 싶은 곳에 갔다 올 수 있었습니다. 그리고 세 번째는 6·15공동선언 5주년 기념일 때에 어떤 학술위원회의 고문 자격으로 갔었습니다. 당시에 북쪽에서 상당히 비중 있는 사람이 나올 것 같으니까 이쪽에서도 내가 가는 게 좋겠다고 해서 갔었습니다. 그런데 실제로는 그렇지 않았습니다. 실무자들 사이에 이야기가 달라져서 그랬는지, 학술교류에 관한 이야기는 거의 하지도 못했습니다."

—연탄 나눔이 2010년 2월 25일을 기준으로 7년간 총 1천만 장의 연탄을 북에 지원한 것으로 알고 있습니다. 당시 개성에 직접 가셨다고 들었는데, 감회가 어떠셨는지요?

"연탄 나눔은 개성하고 금강산 두 곳을 지원하고 있습니다. 북한주민들에게 연탄 1천만 장을 지원했다는 건 대단한 것입니다. 그때까지 남쪽에는 1천5백만 장을 지원했었습니다. '따뜻한 한반도'라는 말은 남과 북 모두에게 연탄을 지원한다는 것을 의미합니다. 처음에는 남쪽의 어려운 가정들을 위해 지원을 시작했지만, 북쪽에도 같이 나누어 주자고 해서 가게 된 것입니다. 북쪽이 추위가 먼저 오기 때문에 먼저 보내야 하지만 그건 쉽지 않기 때문에 남쪽의 어려운 이웃들에게 먼저 지원하고, 일주일 뒤에 북쪽에 연탄을 가지고 갑니다.

기억에 가장 남는 건 2010년 2월 25일에 1천만 장째의 연탄을 가지고 개성에 갔었을 때, 개성과 금강산 지역의 담당 국장이 직접 나와서 우리를 맞이하고 접대를 했던 일입니다. 그날만큼은 북측에서 접대를 하겠다고 해서 통일관에서 식사대접을 처음 받았습니다. 통일관에서 저는 '우리가 많고 넉넉해서 주는 게 아니라 나누는 것입니다. 그래서 가지고 왔습니다'라는 말을 했습니다. 처음에 북에 갔을 때와 지금을 비교하면 북이 굉장히 많이 달라졌다는 것을 느낍니다. 그래서 교류가 잘 될 것이라고 생각했는데, 지금은 닫혀 버렸습니다. 하지만 실망하지 알고 길게 봐야 한다고 생각합니다. 겨울이 있으면 봄이 올 것이고, 봄이 오면 겨울이 있다고 생각하면서 극단적으로 가지 않았으면 좋겠습니다. 싸움이 있어서는 안 됩니다. 싸움이라는 게 조그마한 일에서 생겨나지 않습니까? 조금 여유를 가지고, 서로 극단적인 상황으로 가지 않도록 해야 할 것입니다."

─지금은 막혀서 북쪽에 갈 수 없는 상황이신데, 남쪽에서의 연탄 나눔 운동은 계속하고 계십니까?

"그렇습니다. 남쪽에서는 나눔 운동은 계속하고 있습니다. 저희 단체는 2004년 6월에 만들어졌습니다. 그리고 그해 9월 20일경에 인천 남구에서부터 연탄 나눔 운동을 시작했습니다. 그리고 한 달 뒤인 10월 26일에 금강산지역 주민들에게 지원을 시작했고, 개성은 2005년 11월부터 나눔 운동을 시작했습니다.

이 사진이 남쪽에 1천만 장을 지원할 때의 사진입니다. 이때가 2008년 2월인데, 여기가 신림동입니다. 개그맨 김미화 씨가 민낯으로 직접 달려 나와서 연탄을 날랐습니다. 이런 열정을 가진 후원자들이 있기에 어려운 상황 속에서도 '연탄 나눔 운동'은 앞으로도 더 열심히 노력할 것입니다.

연탄나눔운동에서는 연탄과 함께 북한 주민들에게 쌀도 지원한 바 있습니다. 해마다 준비했던 지역사랑운동 덕분인데, 지역에서 5천 원, 만 원씩 모아서 그 지역 농민들에게 수매 안 된 쌀을 사서 북으로 가져가곤 했습니다. 농협 쌀이 아닌 지역농민들에게 직접 쌀을 산 게 3년째입니다. 그리고 연탄도 2010년 12월까지 해서 약 40만 장의 후원이 들어와 대기상태에 있습니다. 물론 연평도 사건이 발생해 어렵긴 하지만, 연탄나눔운동은 주민들한테 나눠주는 인도적 지원운동이기 때문에 빨리 풀릴 수 있지 않을까 하고 생각합니다. 그리고 후원자들이 '지금은 어렵지만 연탄이라면 꼭 풀 수 있을 것이고, 뚫을 수 있을 것이기 때문에 기다리겠다'라는 말씀을 하십니다. 그게 저희가 계속 나눔 운동을 할 수 있는 힘입니다. 겨울철인 지금이 연탄이 절대적으로 필요한 시기이기 때문에 남북관계가 조금 완화되면 저희가 먼저 북한에 가야 할 것 같습니다."

—자원봉사자가 굉장히 많은 걸로 알고 있습니다. 어떻게 그렇게 많은 사람들이 연탄 나눔에서 봉사활동을 할 수 있었는지요?

"저희와 함께 북한을 방문한 자원봉사자가 5천 명에 이르고 있습니다. 방북횟수는 현재까지 2백여 차례가 됩니다. 1천만 장을 지원하기까지 약 125차례 방북했었습니다. 1차례 방북에 약 5만 장씩 연탄을 가져갑니다. 그리고 나무심기를 위해서 개성으로 2006년도에 1천 명, 2007년도에 1천 명, 그리고 금강산에 해마다 150명씩 갔었습니다. 그리고 연탄을 나를 때에는 적어도 20명에서 80명까지는 후원하신 분들이 한꺼번에 가서 북한 주민들과 같이 공동하역을 했기 때문에 연탄 나눔운동을 통해서 방북하신 인원이 약 5천 명 정도 됩니다. 연탄나눔운동이 2004년도에 만들어졌지만 2006년부터 자원봉사 체계가 잡혀서 지난 2009년 9월부터 2010년 2월까지 겨울사업에만 서울에서 1만 5천 명, 전국적으로는 3만 5천 명의 자원봉사자가 연탄을 나른 경험을 가지고 있습니다."

—2006년에 직접 심어놓으신 나무를 2010년 2월 25일에 가서 보시고 굉장히 감격하셨다는 말을 전해 들었습니다.

"2006년에 개성관광이 되기 전에 2백 명씩 해서 5차례 1천 명이 방북을 해서 나무를 심었습니다. 그때에 10만 그루의 잣나무와 소나무 5년생 이상을 가져갔고 1인당 10그루씩을 심었으며, 나머지 9만 그루는 북한 주민들이 심었습니다. 그때에 심었던 나무가 개성공단 맞은 편면 진봉산 자락에 있는데, 지난번에 연탄 1천만 장을 지원할 때에 가서 봤습니다. 그때에 심은 나무들이 지금 허리만큼 자라 있었습니다. 다른 곳에는 나무가 거의 없고 보존지역만 되어 있는데 그곳에서 나무가 자란 모습을 보니 굉장히 감격스러웠습니다. 그러고 지난 방북 때에 아주 따뜻한 마음을 느낀 일화가 하나 있습니다. 연탄을 나르고 밥을 먹으러 가려는데, 북한 주민들이 손을 씻으라고 데운 물을 갖다 주었습니다. 수건 2개, 비누 2개, 바가지 2개를 들고 물을 데워서 가져오는데 그 모습을 보니, 마음이 절로 따뜻해졌습니다. 공동하역 작업장에서 마을까지 1백 미터가 넘는 거리였는데도 물을 끓여서 가지고 온 것입니다. 따뜻한 마음을 가지고 나누면 북이 변하는 것 같습니다. 우리도 변하고, 북도 정말 변하는 것 같습니다.”

─연탄 나눔의 따뜻한 기운이 있기 때문에 남북관계에도 희망이 보였으면 좋겠습니다.

“연탄에 대한 향수가 많은 것 같습니다. 그리고 요새 연탄 사용량이 많이 느는 것 같습니다. 그래서 그런지 모르겠는데 모두들 상당히 열심히 하는 것 같습니다. 어찌됐든 저는 연탄나눔운동이 빨리 끝나야 한다고 생각합니다. 연탄을 안 때고 지낼 수 있는 때가 빨리 와야 할 것입니다.”

《민족화해》(2010. 1~2)

"추위에 떠는 이웃 없어질 때까지 계속"

"연탄이 전달될 때마다 힘겹게 살아가는 우리 이웃과 북녘 동포에게 큰 위로가 됐을 생각을 하니 가슴이 벅찰 따름입니다. '사랑의 연탄' 1천만 장 달성은 우리 사회의 희망을 상징합니다."

우리나라 '분배경제학의 거두'로 연탄 한 장에 온정을 담아 나눔 운동을 펼치고 있는 사단법인 '따뜻한 한반도 사랑의 연탄나눔운동'의 변형윤(80) 이사장. 4일 '사랑의 연탄 나눔' 1천만 장 돌파라는 위업을 달성한 변 이사장은 "시작한 지 3년도 채 안 돼 놀라운 결과를 가져온 것은 우리 사회에 나눔 정신이 그만큼 뜨겁게 타올랐음을 보여주는 것"이라며 "사랑의 연탄 배달에 참가한 자원봉사자는 1만여 명, 후원한 업체는 6백 곳에 달한다"고 말했다. 다음은 일문일답.

—'연탄 나눔' 1천만 장 돌파의 의미는 무엇입니까.

"지난해 통계에 따르면 연탄을 난방연료로 사용하는 곳은 20만 가구를 넘으며, 그 중 10만여 가구는 생활이 어렵다고 합니다. 국민소득 2만 달러 시대인데도 여전히 수많은 가구가 연탄을 사용한다는 것은 우리 사회의 양극화를 그대로 보여주는 것입니다. '연탄 나눔'은 이러한 양극화 해소에 기여하고 에너지난에 시달리는 북한 주민을 도울 뿐 아니라 석탄 재고로 고충을 겪는 탄광지역 주민의 활로를 찾는 데에도 일조하고 있다고 봅니다.”

―‘한반도 사랑의 연탄’이란 어떤 단체인가요.

“‘따뜻한 한반도 사랑의 연탄 나눔’은 메마른 우리 사회에 연탄 한 장의 온정으로 따뜻함을 전하려는 사회봉사단체입니다. 사람이 가장 견디기 힘든 것은 춥고 배고픈 것이라고 합니다. 사흘은 굶을 수 있어도 하룻밤 추위는 견디기 어렵다는 말이 있듯이, 온기가 사라진 구들장에서 떨며 지내는 이웃이 곁에 있는데 ‘나’만 행복을 누릴 수 없다고 봅니다. 지난날 대다수가 연탄불로 추위를 이겨냈듯이 작은 정성을 모아 사랑을 나누려고 합니다. 더욱이 북녘 동포와도 연탄을 나눔으로써 남과 북 사이에 따뜻한 정을 쌓고자 합니다.”

―그동안 성과를 평가한다면.

“잊혀져 가던 연탄이 이 시대의 사랑을 상징할 정도로 전국에 확산됐다는 점입니다. 우리 활동을 시발로 많은 봉사단체가 연탄을 통해 사랑을 실천하는 모습은 이제 자연스러운 일이 됐습니다. 또한 연탄을 전달받은 북한 주민들이 강한 동포애를 느끼게 됐다는 것입니다. 북쪽 관계자도 남쪽 주민이 여유가 있어서가 아니라 아껴 쓰고 절약해서 모은 성금으로 연탄을 구입해 자신들에게 전달하는 것을 잘 알고 있다면서 눈물 나게 고맙다고 말할 정도입니다. 하지만 가장 큰 성과는 삭막해져 가는 우리 사회에 연탄 1천만 장만큼이나 가득한 사랑이 흘렀다는 것이지요.”

―창립 과정을 설명한다면.

“1997년 태백 주민들이 북한동포석탄보내기 모금 활동을 전개했지만 남북관계 긴장 조성으로 성사되지 못했습니다. 2000년부터 사랑의 연탄나눔운동이 다시 전개돼 태백 시민운동으로 확산됐습니다. 이러한 운동을 밑바탕으로 한 사랑의 봉사 활동을 전국적으로, 그리고 북녘 동포에게도 전하자는 취지로 2004년 6월 학계, 재계, 예술계 등 각계 인사 1백여 명이 모여 '따뜻한 한반도 사랑의 연탄나눔운동'을 창립했습니다. 후원의 첫발은 대한석탄공사 직원 전원이 1인당 3만 원씩 모아서 후원금을 마련했지요."

—후원금의 규모는 얼마나 됩니까.

"연탄 한 장에 3백 원 정도 합니다. 하루에 연탄 석 장을 때면 한 달에 1백 장, 즉 3만 원이면 따뜻하게 지낼 수 있습니다. 후원금을 보면 2004년 4억 2천만 원, 2005년 20억 3천5백만 원(사회복지공동모금회서 10억 원 지원), 2006년 10억 5천만 원인데 고무적인 것은 자원봉사자와 개인 후원자가 갈수록 늘고 있다는 것입니다. 그 중 후원금의 60퍼센트는 국내에, 40퍼센트는 북한에 연탄으로 보내지고 있습니다."

—이 운동을 하게 된 이유는 무엇입니까.

"특별히 직접 사회봉사 활동에 나서지는 못했지만 늘 제자들에게 어려운 이웃에게 관심을 가져야 한다고 강조해 왔습니다. 그런데 IMF 경제위기 이후 빈부 격차가 심화하는 것을 걱정하던 차에 제자들이 그늘진 곳에 있는 이웃에게 연탄을 통해 따뜻한 사랑을 전했으면 한다고 해 기꺼이 동참했습니다. 저 역시 연탄을 사용하던 기억이 생생한데, 연탄으로 어려운 우리 이웃과 북녘 동포를 돕는 데 함께 한다는 것은 큰 기쁨이었지요."

—연탄나눔운동을 이끌며 인상 깊었던 점이 있다면.

"창립 당시 과연 연탄을 이웃과 나누는 것이 국민에게 얼마나 호소력을 가질 수 있을지 내심 걱정을 했지요. 하지만 수많은 개인과 단체가 모금에 동참하고 기꺼이 연탄배달 봉사에 참여하는 것을 보면서 우리 사회가 정말 저력이 있고 가슴이 따뜻하다는 것을 확인할 수 있었습니다.”

─그동안 일하며 어려웠던 점을 들자면.

“2005년 겨울로 기억합니다. 당시 이라크전쟁 여파로 유가가 급등했지요. 게다가 복고바람이 불면서 수요가 급격히 늘어 연탄을 필요로 하는 분들에게 제때 배달되지 못했어요. 어느 지역에서는 11월에 연탄을 주문했는데 2월이 돼서 배달된 경우도 있었어요. 그러다 보니 국내 물량도 대기 어려운데 왜 북한에 연탄을 보내느냐는 여론으로 곤혹을 치르기도 했습니다. 한 해 북한에 1백만 장 정도를 보내는데, 어떠한 이유든 지원을 중단하는 것은 바람직하지 않다고 봅니다.”

─기억에 남는 후원자가 있다면.

“모금에는 초등학교 어린이부터 기업체에 이르기까지 각계각층에서 참여하고 있습니다. 그 중 강원 사북에 있는 진폐증 환자들은 정성껏 모은 저금통을 기탁하고, 한 초등학교에선 고사리 손으로 한푼 두푼 모은 5백만 원을 보내오기도 했습니다. 연탄을 배달받기로 되어 있는 한 독거노인은 자신보다 더 어려운 사람을 위해 써 달라고 말해 가슴 뭉클했던 일도 있지요. 또 매년 석탄을 직접 캐는 탄광 근로자들이 연탄 1백 장씩을 모아 기부하기도 합니다.”

─‘한반도 사랑의 연탄’의 향후 계획은.

“‘한반도 사랑의 연탄’은 앞으로도 도움이 필요한 구석구석을 찾아 갈 것입니다. 남쪽이든 북쪽이든 따뜻하게 해줘야 할 이웃이 있고 동포가 있다면 콩 한 조각을 나누듯이 서로 온기를 나눌 것입니다. 이제 1천만 장을 넘어섰으니 2천만 장이 될 때까지 더욱 연탄배달에 온 힘을 다할 것이며, 올해에는 350만 장을 남과 북에 배달할 작정입니다. 연탄나눔운동은 더 이상 연탄이 필요 없고 추위에 떠는 이웃이 없어질 때까지 지속될 것입니다.”

—연탄나눔운동을 하며 하고 싶은 말씀이 있다면.

“경기가 점점 나빠져 많은 사람이 살기 힘들다고 합니다. 하지만 우리 곁에 정말 어렵게 살아가는 이웃이 많다는 것을 잊어서는 안 됩니다. 나눔은 꼭 많이 가져서 나눌 수 있는 것이 아닙니다. 작은 것 하나라도 나누는 습관, 나눌 수 있는 마음이 삶을 더욱 풍요롭게 하고 진정한 행복을 느끼게 해줍니다. 정부에선 ‘에너지자원 복지대책’을 수립해 저소득층이 안정적으로 난방연료를 공급받을 수 있도록 관심을 기울였으면 합니다.”

《세계일보》(2007. 2. 5)

서울이코노미스트클럽

서울대 변형윤 교수 등 19명 발기, 국내 경영과 경제 연구

"공정거래제도를 한마디로 표현하면 운동경기의 심판이라고 할 수 있습니다. 가령 권투경기의 예를 들어보면 경기하는 선수는 기업, 4각 링은 시장, 그리고 심판은 공정거래위원회가 되는 셈이지요."

지난 9월 21일 서울이코노미스트클럽(회장 변형윤) 초청 조찬회에 참석한 최수병 공정거래위원장의 주제연설은 계속된다.

"우리 경제가 더욱더 국제화·개방화되어감에 따라 공정거래제도의 발전을 위한 국제협력 활동도 강화돼야 한다고 생각합니다. 공정거래위원회는 비단 국내기업 간의 불공정 거래뿐만 아니라, 국내에 진출한 외국기업의 불공정 거래행위에 대해서도 감시를 게을리 하지 않고 있습니다."

'경제토론회' 매월 개최

조찬모임에 참석한 1백여 명 남짓한 서울이코노미스트클럽 회원들의 표정은 진지했다. 그것은 회원 대부분이 실제 회사를 운영해오고 있는 사장이나 임원들이고, 공정거래제도에 관한 문제는 실제 그들의 중요한 관심사이기 때문.

그 밖에 그룹관련 연구원이나 대학의 강단에 서는 회원들도 무엇인가를 적어가며 열심히 귀를 기울이고 있었다.

'공정거래제도 확립을 위한 정부의 역할'이란 최 위원장의 주제연설이 끝나자 몇몇 기업인들은 즉석에서 질의에 나섰다.

"증권업이 불황을 맞이하고 있는데, 증권사의 주식매각에 좀더 관대할 수 없느냐."

"건설업의 하도급 계약에 있어 정부의 규제선을 어긴 쌍방의 계약 합의는 불공정거래 행위에 의한 처벌대상인가."

"대기업의 새로운 품목을 개발, 중소기업의 고유영역을 침범하는 경우가 있고 심지어는 정부 출연의 공공기업이 중소기업을 위태롭게 하는 경우도 있다. 공정거래법상 중소기업을 보호하는 규정은 어떤 것인가."

질문에 대한 최 위원장의 간단한 대답이 있고, 회의를 주재하던 변형윤 회장은 공정거래법의 바람직한 방향은 불공정 기업의 적발이 아닌 불공정 거래행위의 예방에 초점이 맞춰져야 한다는 맺음말을 끝으로 회의는 끝이 났다.

서울이코노미스트클럽이 주최하는 '경제토론회'는 매월 한 번 꼴로 모이며 이번 모임이 35회째가 된다. 토론의 주제는 회원들이 주체가 되어 클럽 사무국에 의견을 보내고 모인 의견을 종합, 주제를 선정한다. 또 사무국은 주제에 맞는 초청자를 선정한다.

지난 7월의 34회 모임에는 정근모 과기처 장관이 초청연사로 참여했고, 33회 때는 정영의 재무장관, 그 앞서는 수출경쟁력에 관한 주제로 박필수 상공장관이 초빙됐다.

지난 87년 5월 제1회 경제토론을 시작으로 4년째가 되는 이 모임에는 많은 경제관료·학자 등이 초빙된다. 그렇다고 해서 정부의 출연을 받는 것은 아니다.

서울이코노미스트클럽은 한마디로 우리나라 경제와 경영을 연구하는 순수한 민간경제모임. 이 모임의 회원들은 앞서도 언급했듯이 공·사기업체의 회장·사장·임원들과 학계·경제계의 인사들이다.

설립 초기 때는 개인회원들만이 가입할 수 있었으나 90년도부터는 법인도 회원에 가입할 수 있는 자격을 부여했다. 현재 회원 수는 법인회원 19개사에 개인회원 190여 명 정도.

클럽은 회원들에게 '경제토론회' 같은 만남의 장이나 친목도모를 위한 활동뿐 아니라 회보와 경영자료를 발간하고 있으며, 기타 연구기관과 정보를 교환하면서 필요한 때는 회원들에게 제공하기도 한다.

회원, 법인 19개 · 개인 190여 명

또한 "경영에 관한 주요자료를 분석하고 연구해서 회원들이 필요한 때는 어떤 종류의 자료라도 제공할 수 있는 시스템을 개발, 시행할 계획도 세우고 있다"고 클럽사무국의 양국진 국장은 말한다.

그러면 어떤 사람들이 이 클럽에 속해 있을까. 먼저 발기인을 보면, 창립 당시부터 회장직을 맡고 있는 변형윤 교수(서울대)를 포함, 경제학자들이 대부분이다. 구석모(한국경제연구원 부원장)·어윤대(고려대 교수)·엄영석(국민경제제도연구원 원장)·윤계섭(서울대 교수)·이종윤(한국외대 교수)·임동승(삼성경제연구소 소장)·전철환 씨(충남대 교수) 등 19명이 발기인으로 참여했다.

회원들은 법인회원과 개인회원으로 나뉘는데, 법인회원은 이사급

이상의 임원이 회의에 참석할 수 있는 자격을 갖는다.

19개사가 참여한 법인회원 중 (주)범주해운(대표 이일선)·(주)삼나스포츠(대표 한승희)·국민은행(행장 이상철)·한국외환은행(행장 황창기)·삼성생명보험(대표 이수빈) 등은 모임에 거의 빠지지 않고 참여한다.

개인회원으로는 기업의 사장들이 제일 많다.

마경석(한국엔지니어클럽 명예회장)·이효익(삼익악기 회장)·홍관의(동부건설 사장)·배주원(아산해운 사장)·김종규(삼성출판사 사장)·김진수(논노 사장)·조갑주(신송식품 사장)·홍영기(부국사료 사장)·이범창 씨(기아자동차 사장) 등이 기업을 경영하면서 클럽에 참여하는 회원들.

금융계 인사로는 하영기(제일생명보험 사장)·이일훈(동부창업투자 사장)·장명섭(경수투자금융 사장)·이상근(한미은행장)·박병희(금성투자금융 사장)·김창희(대우증권 사장)·최동수(웨스트팩은행 지점장)·이만기(한양증권 사장)·이정우 씨(고려증권 사장) 등이 있다.

그 밖에 이한구(대우경제연구소 소장)·신영무(세종합동법률사무소 대표변호사)·배명호 씨(다이너스클럽 한국지점장) 등도 자주 모습을 드러낸다.

서울이코노미스트클럽은 아직은 단순한 모임의 성격이지만, 앞으로 회원이 늘어나고 영역이 확대되면 사단법인으로 전환할 장기계획도 세우고 있다. 또한 자체 연구시설과 연구진을 갖춰 회원들에게 필요한 자료를 빠르고 정확하게 제공할 수 있는 체제가 갖춰져야 한다고 회원들은 바라고 있다.

그것은 이 모임이 순수한 민간주체의 클럽이고 자본주의 역시 탄탄한 민간경제의 기반에서 건전한 성장을 이룰 수 있다는 강한 믿음 때문이다.

《주간매경》(1990. 10. 4)

산학 인사들의 토론공동체

서울대 변형윤 교수(60·경제학)는 최근 산학(産學)계 인사들이 발족한 서울이코노미스트 클럽의 초대회장에 추대됐다. 산학의 연구공동체, 토론공동체로서 '세계경제 속의 주도적 한국경제'란 원대한 목표를 내건 이 클럽은 한국의 경제·경영문제를 공동 연구하는 격조 높은 사교 모임.

이들은 매월 한 차례 모임을 가져 경제현안을 토론한다. 첫 모임은 5월 28일 여의도 63빌딩 글로리아룸에서 가지며, 이날 하루 종일 토론하는 주제는 '환율과 기업경영대책'. 변형윤 교수, 강철규 박사(산업연구원), 진념 씨(기획원 기획차관보)가 주제를 발표하며 학계·재계 인사 50여 명이 토론을 벌일 예정.

현재 50여 명의 회원이 있는 이 클럽은 연말까지 2백여 명으로 늘릴 것이라고. 경영능률연구소(소장 박동순)가 사무기능을 맡고 있다.

《주간조선》(1987. 5. 31)

제5편
대학민주화

제1장 철 학

추한 짓 거부해 온 경제학자*
: "학원민주화가 내 꿈입니다."

황해도 황주서 장남으로 출생, 부친은 유학자풍 국수주의자

이상도 하지. 그는 생육신 같은 얼굴을 하고 있다. 물론 생육신이란 것이 추억할 만한 어떤 구체적인 모양을 하고 있는 것은 아니다. 그래도 신림동하고도 동광약국, 그 아래 만화점포, 다시 그 2층…… 그렇게 찾아간 개인연구실에서 만난 그 육순의 남자는 첫눈에 생육신 같은 얼굴을 하고 있었다. 소녀처럼 갸름한 턱, 작지만 청명한 조도(照度)로 가득 찬 눈, 재즈처럼 빠른 속도의 말, 6세 이후 도무지 진보하지 않은 것 같은 천진한 웃음, 겨울 양광(陽光)처럼 짧은 머리, 그것이 그였다. 더 보탤 것이 있다면 식물적인 긴 키와 적막하고 고급스런 치즈빛 두 손일 것이다. 알 수 없는 일이지만 이 모든 것들은 가만히 합쳐져 그의 고집, 그의 순도, 그의 소년성을 발언해 주고 있었다. 첫 대면에도 불구하고 생육신 같은 돌연한 향기로 기억되는 남자, 그가 바

---

* 강유일 소설가.

로 계량경제학의 권위자, 명강의, 해직교수, 15권의 저서, 서울대 교수 협의회장, 국립대 교수협의회 회장단의장 등으로 수식되는 경제학자 변형윤 교수(62)이다.

방금 결혼주례를 마치고 오는 길이라고 그는 말했다. "주례사요" 그는 웃었다. "궁극적으로 참 잘한 결혼이라는 생각이 들게 살라고 했죠 뭐. 물론 건강하고 오래 살라고도 했구요." 건강, 장수, 잘한 결혼. 소문난 경제학자임에도 불구하고 그는 도무지 그 "부자가 돼라"는 부탁은 하지 않았던 모양이다. 그와 마주앉아 보면 경제학자는 당연히 이재에 밝을 것이라는 발상은 포기해 버리게 된다. 그는 툭하면 "돈이 없어서"라든지, "내 수입으로는 불가능해서"라는 말을 자주 쓴다. 그런 발언은 정말이지 경제학자답질 않다. 더구나 15권이나 되는 그의 저서들, 특히 그가 가장 소중한 작업으로 생각하는 《현대경제학 연구》, 《한국경제 연구》를 비롯해서 《한국경제의 진단과 반성》, 《분배의 경제학》, 《경제학 교수와 경제현실》 등의 책이름을 보고 있노라면 도무지 이재와는 거리가 먼 것이 분명한 그의 개인적 모순에 그만 아연해지고 마는 것이다.

"그 문제에 대해선 우리 집사람이 가장 기막혀 하지요. 나라경제가 어떻고 한국경제 전망이 어떻다고 떠들어대면서 자기 집 생활 하나 제대로 못 꾸려가는 부실한 사람이라구요."

수십 년을 국가경제에 대한 연구로 살아가면서도 자신의 가정경제에 대해선 '영점'이라는 변 교수의 아내 최명순 씨(60)의 발언은 일품이다.

"서울대 교수협의회는 4·19혁명 후 시국선언으로 정국을 진정시키고 대학가의 안정과 질서유지에 힘써 왔지요. 그러나 5·16 이후엔 이름만 존재할 뿐 결의기관이 아닌 심의기관으로 해내야 할 몫이 평가절하된 것이 사실입니다. 80년 '서울의 봄'이 도래할 무렵 이 협의회 회장으로 선출됐다 해직된 후 4년 만에 복직됐고 6·29선언 이후 다시 제2의 서울의 봄이 되자 또다시 회장직을 맡게 됐죠. 국립대 교수협의회 회장단의장이 된 것도 내 개인의 능력에 점수를 준 것이 아니라 내가 몸담고 있는 곳이 서울대이기 때문인 것이죠. 뭐니 뭐니 해도 교육법 개정문제 등 소신 있게 학원민주화를 완성시키라는 요청이겠죠. 요즘 대학생들이 정치바람에 공부를 안 한다구요. 천만에요. 우리 같은 기성세대들의 부실하기 짝이 없는 대학시절보다는 비교할 수도 없이 월등하다는 것이 그들에 대한 내 느낌입니다."

"기업인의 북한방문이요"라고 그는 다시 반문한다. 북한과의 경제교류가 무슨 대단한 소득이 있을 것은 없고 다만 통일을 위한 몸부림의 상징으로는 아름답다고 그는 말했다. 앞으로 한국경제의 전망에 대해 물었을 때도 국내 유수의 경제학자인 그의 대답은 지나치게 반경제적이었다. 그는 이렇게 대답했으니까. "좀 두고 봐야 알겠는데요."

그는 1927년 1월 6일 황해도 황주군 황주읍 예동리 239번지에서 태어났다. 봉산에 살던 부친 변철희 씨가 두 딸을 데리고 낙향해 낳은 장남이 바로 그였다. 이 낙향에는 좀 우수어린 사연이 있다. 그의 모친 이정사 씨는 유년시절 그에게 이렇게 말했다는 것이다. "네 할아버지가 강원도 철원의 간척사업에 돈을 대셨다 날리셨단다." 강원도 철원의 간척사업, 그것은 2대째 진사를 지내온 변진사댁 외아들인 그의 조부가 강원도 철원에 있던 의암 유인석 장군에게 군자금을 댔던 것을 의미하는 것이었다. 독립운동을 간척사업이라고 은유해 말할 수 있었던 그의 모친의 표현법이 인상적이다. 황주는 이를테면 모친의 고향이었다. 그곳에서도 농사 그루터기를 소유한 채 부농 소리를 들었던 그의 부친은 그때까지도 상투와 갓 쓰기를 고집하는 유학자풍의 소문난

국수주의자였던 모양이다. 그의 부친이 이 고집스런 상투를 그만 잃고 만 것은 외조모 진갑잔칫날이었다고 변 교수는 추억한다. "모친의 6촌들이 모여 의논을 했죠. 오늘은 기필코 저 고집스런 매부의 상투를 자르자구요." 이 젊은 남자들은 진갑을 맞은 외조모에게 예절을 다한 인사를 드리고 나오는 매부를 문간에서 기다리고 있다가 순식간에 달려들어 바로 그 소문난 '상투'를 잘라버렸다는 것이다.

부친은 장남인 그에 대한 기대가 각별했던 모양이다. 어린 시절부터 그는 부친 앞에 앉아 그 천자문이란 걸 배워야 했는데 그걸 유창하게 못해내는 통에 부친은 문을 닫아걸고 그에게 회초리를 들곤 했던 모양이다. 그 매질은 어찌나 단호했는지 그는 지금도 "죽을 뻔하게 혼이 나곤 했다"고 말한다. 그러나 그가 명문이라고 강조한 동네 명덕국민학교에 들어간 후에 그는 아주 공부를 잘했던 모양이다. 그제서야 가친의 실망이 좀 풀렸을 것이라며 그는 웃는다. 완벽주의자인 부친에게 잠시나마 장남으로서 어떤 결정적인 실망을 안겨주었다는 것이 견딜 수 없는 상처로 남아 있는지도 모를 일이다. 그의 양친 중 아무도 월남하지 못했다는 사실을 안다면 그가 부친에 대해 지니고 있는 이 섬세한 반응은 아주 당연한 것이다.

학관 영어교사로 대학공부, 6·25 땐 UN군 연락장교 역

경기중학교에 입학한 그는 고향인 황주를 떠나 성북동 친척집이나 소격동 하숙집에서 소위 그 서울 유학생활을 시작한다. 그는 그 시절의 자신을 "말동무 없는 촌뜨기에 수학은 곧잘 하는 소년"으로 추억한다. 5년제 졸업인 이 학교 4학년 시절 그는 법과에 진학해 판·검사가 되라는 모친의 권유로 경성제대 예과 문과갑에 응시했으나 낙방한다.

이듬해 그는 졸업반인 5학년이 됐고 태평양전쟁은 더 치열해서 징집 유예를 받을 수 있는 유일한 길인 이과에 응시한다. "그런데 말예요. 난 심한 색약이었거든요." 그가 색맹이라는 사실은 참 충격적이다. 아마도 62년 동안 그의 삶의 테마는 그 '고집'이란, 바로 오직 정결하고 의미 있는 색깔만 구분해 낼 수 있는 그의 '색맹적 고집'에서 나온 것인지도 모를 일이다.

여하튼 그는 숙명적으로 이과 학생이 될 수 없어 잘하는 수학을 살릴 겸 서울상대 전신인 경성경제전문대학에 입학한다. 용두동에 있는 싸구려 하숙집에서 그는 대학시절을 보낸다. 집에선 소위 그 송금이란 것이 오지 않아 그는 밤중이면 남산에 있는 서울 영수학관 속성과 영어교사 노릇을 했다. 그 일이 분주했던 것은 아니었지만 그는 자신의 공부는 대개는 학교에 가지 않고 중앙도서관이나, 동숭동에 있는 학교 도서관을 찾아다니며 직접 원서들을 읽는 것으로 보내곤 했다. 그 시절의 학교수업이란 참 부실했다는 것이 그의 의견이다.

6·25사변이 나고 9·28수복이 됐을 때 그는 유엔군 연락장교로 들어가 대부분 미군인 유엔군과 한국군 사이에 통역하는 일을 맡게 된다. 그러나 그 시절 그는 통역보다는 번역이 더 적성에 맞아 문서나 교본 같은 것의 번역을 담당했다. 이듬해인 1951년 3월 1일, 육군병기학교가 창설되자 그는 그곳 연락장교 자격인 변 중위로서 그곳에 취직된다. 병기학교는 울산군 농소면 호계리 호계국민학교를 접수해 그곳에서 문을 열었는데 그는 지휘관용 교본들이나 병기계통의 서적들을 번역해 냈다. 그가 변 중위라는 이름으로 지내야 하는 그 병기학교 생활을 선택한 것은 언제라도 원하면 제대할 수 있다는 매력 때문이었다고 했다.

그해 11월이 되자 학교는 다시 부산 동래로 이주했고 그는 그곳에서 월남한 두 동생을 각각 누이가 있는 제주도로, 육사로 보낸 후 방 한 칸을 얻어 독신생활을 계속한다. 이듬해 8월인가 외가의 누이뻘 되는 사람이 쓸 만한 후배라며 결혼을 권유해 왔다. 전쟁 중에 결혼이라니, 결혼이라는 말조차도 모순에 찬 시절이었다고 그는 웃는다. 규수는 충청북도 청주 여자로 서울교대 전신인 경기사범학교를 나온, 서울 종암국민학교에서 교편을 잡다 피난 온 23세의 처녀였다. 왜 그랬을까. 변 교수의 모친은 언제나 그에게 넌 충청도 여자와 결혼해야 한다고 말했었는데, 결국 그는 그해 바로 그 충청도 처녀와 약혼을 했고 이듬해인 1953년 3월 21일, 부산 광복동에 있는 백화당 예식장에서 기독교 집안인 처갓집에서 모신, 이름을 알 길 없는 목사의 주례로 결혼식을 올리고 있는 것이다. 독립투사의 결혼식도 아닌데 태극기를 배경으로 26세의 변 중위와 일생을 맹세하고 있는 충청도 신부, 그녀가 바로 '나라경제 운운하지만 집안경제는 제로'라고 말함으로써 변 교수의 경제학에 치명타를 가하고 있는, 지금의 아내 최명순 씨다. 올해로 결혼 36주년을 맞고 있는 이 두 부부는 슬하에 1남 2녀를 두고 있다.

휴전이 되자 그는 육군사관학교 교관이 되어 서울의 태릉으로 돌아온다. 그즈음 육사는 4년제로 승격되어 졸업과 동시에 육군 소위로 임관되는 것은 물론 이학사 학위증을 수여받게 돼 있었다. 그래서 그는 결국 교양과목 중 경제학 강의를 맡게 되었던 것인데, 54년 6월에 육사로 옮겨와 55년 6월부터 소위 육사 11기생들에게 경제학을 가르치기 시작했던 것이다. 말이 경제학 교관이지 그는 겨우 28세의 남자였고, 바로 그 경제학을 통해 25년 후엔 우리나라 정치사의 거물들로 등장하게 될, 그러나 그즈음만 해도 그런 사실을 상상도 하지 못한 젊은 예비장교들인 전두환, 노태우 생도들과 만나고 있는 것이다. 육사와 그의 인연은 13기생까지 이어진다.

육사교관 시절 그는 서울상대 시간강사로 출강함으로써 모교에서 전 생애를 바칠 행복한 학자로서의 길을 시작하고 있다. 물론 그는 육사교관으로 부임할 즈음 군인전시연합대학이란 곳에서 경제학을 강의하기도 했었다. 그러고 보니 그의 강단 경력은 흥미롭다. 대학시절 남산에 있는 서울 영수학관 야간부 속성과 영어교사로부터 시작해서 연락장교로서 병기학교 강단에 이따금 섰던 일, 군인전시연합대학의 젊은 경제학 선생, 육사교관, 서울상대 시간강사…… 그것이 바로 변 교수의 이십대 강단 편력이다.

전쟁 중에도 그는 서울상대 대학원에 적을 두고 있었는데, 그것은 그의 유일한 이상이었던 '교수'의 꿈 때문이었던 것 같다. 대학시절부터 그는 '쥐꼬리 같은 월급'에도 불구하고 언제든 대학에 남겠다는 결의를 갖고 있었고, 그런 일로 돈이 필요한 시절에도 불구하고 은행 같은 곳으로는 옮겨가지 않고 그 가르치는 일을 선택했던 것이다. 결국 그는 55년 10월 제대함으로써 변 대위에서 변 교수로의 인생을 시작하고 있는 것이다.

미 내슈빌서 '학문의 의미' 체득, 앨프리드 마셜에게 깊은 감명

1955년 모교인 서울상대 시간강사가 되었을 때 그의 나이는 28세였다. 그로부터 15년 후인 1970년, 그는 43세의 나이로 그 대학의 학장으로 임명되고 있다. 물론 그 15년 동안 그는 전임강사, 조교수, 부교수 생활을 거쳤을 것이고 1964년엔 미국 테네시 주 내슈빌에 있는 밴더빌트 대학원으로 건너가 경제학과 수학에 몰두하기도 한다. 그를 그곳에 초청해 준 것은 세계적인 수리경제학자 조제스큐 로젠(N. Georgescu-Roegen)이었다. "그가 나에게 포드재단의 펠로십을 얻어주었다”고 변 교수는 말했다. 내슈빌에 있는 이 대학에서 그는 비로소 ‘학문의 의미’를 깨달았다고 고백한다. 생의 대부분을 연구와 저술에 소비하는 그곳 교수들의 모습과 수준 높은 논문들이 그에게 학문만이 지니는 견고한 황홀, 견고한 충격을 안겨주었던 모양이다. 결국 그 내슈빌 생활을 통해 그는 세계계량경제학회와 미국경제학회의 회원으로 가입하게 되고 이런 세계대회를 통해 당대의 눈부신 경제학자들과 만나게 된다. 특히 1970년 9월 영국 케임브리지 대학에서 열린 제2차 세계계량경제학회의에서 그는 새뮤얼슨, 로빈슨, 칼도어, 프리드먼, 토빈, 클라인, 존슨, 솔로 등과 같은 유능하고 진지한 학자들과 만났을 뿐 아니라 세계 경제학의 방향을 감각할 수 있었던 것을 잊을 수 없는 감동으로 간직하고 있다.

그러나 그 대회가 그에게 그토록 소중한 추억으로 남아 있는 것은 회의가 열렸던 바로 그 장소, 케임브리지가 그의 경제학에 깊은 영향과 연정을 남겼던, 형이상학과 윤리학 연구를 거쳐 경제학에 이른 영국 신고전학파의 창시자 앨프리드 마셜의 체온이 남아 있는 곳이기 때문이었다. “내게 있어 가장 큰 기쁨은 자주 마셜도서관을 찾아 그의 사진, 원고, 저서, 자료들을 열람할 수 있었던 것”이었다고 그는 고백하고 있다. 마셜에 대한 그의 연정은 아직도 여전해서 그는 마셜이 자신을 “사로잡았다”고 표현할 정도이다. 그리하여 그는 마셜의 눈부신 유산 중 하나인 저 경제학자로서의 겸허한 선언 “강한 인간의 위대한 케임브리지가 세계로 배출하는 사람은 냉철한 머리와 따뜻한 마음을 갖고서 자기 주위의 사회적 고뇌와 싸우기 위해 그 최선의 힘 중 얼마라도 기꺼이 바치지 않으면 안 된다”는 자신이 간직해야 할 최고의 연애편지 정도로 생각하고 있다. 해직교수로서 어려운 시절의 추억을 담은 그의 수필집 《냉철한 머리 따뜻한 마음》이 바로 그 마셜의 선언 속에서 인용된 것은 조금도 이상한 일이 아니다.

이제 1980년 7월 16일, 그날 저녁의 일을 얘기할 시간이 되었다. 10년 전 그는 자기 모교의 학장이 되었고 그로부터 5년 후엔 서울대학교 기구개편으로 상과대학이 해산되는 아쉬움을 경험하게 된다. 결국 경제학과가 사회과학대학으로 개편되자 그는 상과대학장직을 사임했었다. 1980년 3월 이른바 서울의 봄이 도래할 무렵 그는 서울대학교 교수협의회 회장으로 선출된다. 그리고 곧 그 당시 집권층에서 가장 치명적으로 생각했던 저 〈지식인 선언〉이 만들어진다. 특히 그 선언의 마지막 조항 속에 '군인은 즉시 제 위치로 돌아가라'는 의미의 문장도 들어 있었다. "여하튼 문서상으로는 내가 그 선언의 '주역'이 돼 있었다"고 그는 말한다. 그해 7월 16일, 그는 이른 저녁을 먹고 잠시 눈을 붙이고 있었다. 바로 전날 부산대학에 다녀온 데다 새벽열차의 여독, 청탁원고 마감 등으로 그는 다소 지쳐 있었던 것이다. 초인종 소리가 났고 아내 최 씨가 그에게 말했다. "합수부에서 왔다는군요." 왜 그랬을까. 그는 올 것이 왔다는 생각을 했다고 한다. 그 여름 밤 아홉 시쯤 그는 남산 제2터널 옆 육중한 철문이 있는 보안사령부 지하신문실로 옮겨졌다. 그곳에 당도했을 때 그의 가슴을 관통해온 것은 북에 두고 온 모친의 음성, "사내는 절대 비굴해서는 안 된다"는 것이었다. 그곳에서 그는 집중적으로 〈134인 지식인 선언〉에 대한 추궁을 받았다. "신문자들은 나와 그해 5월에 연행된 김대중 사건과의 관련 여부에 신경을 쓰는 것 같았다"고 그는 말했다. 그 일과는 아무 상관이 없었지만 그곳에 감금돼 있던 3박 4일 동안 그는 서울대 교수협의회에 관한 것이면 그것이 무엇이건 전부 다 자신의 책임이라고 주장했다. "나중엔 이렇게 묻습디다. 파면을 당하겠느냐, 아니면 사직서를 내겠느냐고요."

〈134인 지식인 선언〉으로 연행, 합수부서 사직서 강요당해

25년 동안 청춘과 열정을 바쳐온 학교였다. 그런데도 그는 그때의 심경을 이렇게 추억했다. "역설적이지만 난 언제나 교수직을 그만둬도 좋다는 신념으로 살아왔답니다." 그는 파면이 되면 나중에 소송해야 할 일이 끔찍해 사직을 택했다. 친필로 사직서를 작성했다. 도장이 필요해 신문자들은 그의 아내를 찾아갔던 모양이다. 아내 최 씨는 맨 처음엔 완강하게 거절했으나 부탁이 적힌 남편의 친필을 발견하자 결국 사직서에 도장을 찍었던 모양이다. 그의 사표가 수리되고 그의 해임이 결정된 것은 그로부터 10여 일이 지난 7월 31일의 일이었다.

해직이라니, 아는 것이라곤 경제학밖에 없는, 소망이라곤 교수직밖에 없었던 그에게 너무도 잔인한 분리였다. 여하튼 그날부터 그는 해직교수라는 이름으로, 항공여행 신고서의 직업란에 차마 직업이라고 적을 마땅한 소속 하나 없이 만 49개월을 살아간다. 견딜 수 없는 것은 생활의 불안도, 강단을 잃은 자의 분노도 아닌, 자신이 왜 해직되었는지를 도무지 이해하지 못하는 사람들의 그 '야만하고 단단한 오해'였다. 그 절벽 같은 몰이해 속에서 그는 산행과 집필을 계속한다. 소위 반체제 지식인들이 모여 만든 '거시기산우회'를 통해 그는 해직이라는 극한적 절망 속에서, 그래도 생존을 위한 마지막 요새는 오직 자신의 육체뿐이라는 비감함과 만나게 된다. 산우회의 이름인 '거시기'란, 회원 중 경상도 출신인 한 사람이 일 분간 말하는 동안 오십 초는 '거시기' 소리를 해대는 통에 그렇게 지어진 것이었다. 이 산우회 회원으로는 송건호, 이영희, 백낙청, 박현채 교수 등과 소설가 이호철 씨, 변호사 이돈명 씨 등의 이름이 눈에 띈다. 광화문 세종문화회관 뒤쪽 영진 빌딩이란 곳에 자신의 호를 적어 '학현연구실'을 마련한 것도 바로 해직이 주는 처절한 공백에 도전하기 위한 몸부림이었다. 1982년 5월 1일 문을 연 이 연구실은 말하자면 그의 제자들이 곤경에 처한 스승에게 바친 최고의 선물이었다. 그는 특히 이 연구실 임대료 전액을 담당해 주었던 모 물산회사의 이사장을 잊지 못한다. 그는 이 연구실에서 《반주류의 경제학》,《분배의 경제학》 등을 저술했었다.

49개월 후, 정확히 말해 해직된 날로부터 4년 1개월 1주일 만인 1984년 9월 8일 오전 10시, 그는 다시 자신의 학문적 고향인 서울대로 돌아왔다. 9월 1일자로 복직된 후 검은 양복의 윗저고리를 벗어 던진 채 진행된 그의 첫 강의는 '경제변동론'이었다. 학교 측은 그날 그의 몫의 연구실로 관악캠퍼스 14동 419호실을 배정했고, 그날 이후 그는 바로 그곳에서 해직 전과는 또 다른 감회로 그 소문난 명강의를 계속하고 있는 것이다. 그날 그 감격의 첫 강의에서 그는 사랑하는 앨프리드 마셜의 그 유명한 선언 '냉철한 두뇌, 따뜻한 마음'으로 재회의 인사를 했고 "거짓말을 모르는 제자가 돼 달라"는 당부로 다시 강단에 선 자신의 교육철학을 즐겁게 폭로해 주었던 것이다.

세 자녀 모두 뛰어난 학구파 "한 달 용돈은 10만 원 쓴다"

6·29선언—그는 이것을 '제2의 서울의 봄'이라 부른다— 이후인 1987년 9월 4일 그는 다시 서울대 교수협의회장으로 선출된다. '복권'의 기분으로 수락했었다고 그는 말한다. 이듬해 유성에선 국립대 교수협의회 회장단회의가 열렸고 그는 그곳에서 회장단의장으로 다시 선출된다. "지겹다고 생각하면 정말이지 못할 일"이라고 그는 자신이 맡은 그 교수협의회 일을 말해 준다. 그러나 학원민주화란 "결국은 누군가는 해내야 할 필연적인 일"이라는 것이 그의 신념이다. 정말이지 49

개월간의 해직의 비극을 가져온 바로 그 직함을 그가 다시 수락했다는 것은 그런 신념 없이는 불가능한 것이다.

그는 요즘 관악구 봉천 11동에 있는 현대아파트 102동 503호에서 아내 최씨와 단둘이 살고 있다. 그는 이 아파트에 대해 "87년 10월 9일 한글날 공휴일에 6천7백만 원을 주고 산 49.6평짜리 아파트"라고 말해 준다. 해직으로 그가 낙망의 시절을 보낼 때 미국 아이오와 주립대학으로 외롭고 가난한 유학을 떠났던 장남 기홍(34)은 그곳에서 기계공학 박사학위를 받고 귀국해 대덕에 있는 동력자원연구소 책임연구원으로 근무중이고, 식품영양학 전공의 장녀 기원(32)은 신구전문대 강사로, 차녀 기혜(31)는 의류직물학을 전공한 후 미국에서 돌아와 역시 대덕전자통신연구소 선임연구원인 남편과 대덕에 살고 있다. 변 교수의 유교적 성품 때문일까. 그를 손자 다섯을 둔 할아버지로 만든 세 자녀는 모두 중매결혼을 하고 있어 인상적이다.

계량경제학의 권위자이며 소문난 경제학자임에도 불구하고 그는 요즘도 승용차 한 대 없이 저 4백 원짜리 51번 좌석버스를 타고 학교를 출근한다. 세금 떼고 130만 원인 자신의 월급으로는 승용차 끌기가 어렵고, 뭔가 그런 식의 편안함을 누리려면 진지한 연구나 저술과는 거리가 먼 프로젝트를 맡아야 하는 등, 도무지 추한 짓을 하고 싶지 않아서 그는 오늘도 여전히 4백 원짜리 좌석버스에 몸을 싣는 그 '향기 투성이의 고집'을 계속하고 있는 것이다.

정말이지 그는 철저하게 비경제적 생애를 살아온 미모의 경제학자이다. 향기, 미모, 이런 명사는 한 남자를 수식하기엔 옳지 않다. 그래도 그에겐 이런 호사한 명사들을 바칠 만하다. 이제야 알 것 같다. 그의 학문적 사랑인 앨프리드 마셜처럼 그도 신고전주의자의 향기를 풍기고 있다는 것을. 정말이지 4백 원짜리 좌석버스에 한 달 용돈 10만

원의 그의 경제학도, "모든 것은 다 내 책임"이라고 주장한 후 당당히 해직당한 그의 신념도, 신고전주의자만이 해낼 수 있는 장렬한 '명연기'가 아닌가 말이다.

《주간조선》(1989. 2. 5)

좌담

오늘의 대학, 대학인*

명랑해진 대학생…… 활기

양호민 요즘 전반적인 민주화 작업과 병행하여 학원의 민주화가 활발히 진행되고 있습니다. 학원의 민주화는 자율화를 통해 이룩해야 한다는 것이 하나의 공식처럼 돼 있기도 합니다. 이는 사태변화를 뜻하는 것이고 변화는 또 파동을 수반하게 마련입니다. 구시대를 청산하는 의미에서 볼 때 딛고 넘어야 할 불기피한 과정이겠지요. 이젠 잠잠해졌지만, 최근 몇몇 대학에서는 진통이 표면화되기도 했습니다. 민주화시대를 맞아 학원에서도 여러 가지 복잡하고 어려운 문제들을 안고 있을 겁니다.

김 교수님은 오랫동안 캠퍼스를 떠나셨다가 이번에 복권과 함께 복직돼 감회가 깊으시리라 믿습니다만.

김동길 꼭 6년 만에 강단으로 되돌아왔는데, 예전에 비해 크게 달라진 것이 있다면 학생들이 아주 명랑해졌다는 겁니다. 제가 학교를 떠

---

* 이 좌담회는 양호민 씨(조선일보 논설위원) 사회로 김동길 교수(연세대·서양사)와 변형윤 교수(서울대교수협의회장)가 참석했다.

날 때에는 체제가 주는 여러 가지 시련을 겪고 있었지요. 그러니 분위기가 우울할 수밖에 없었지만, 이제는 활기가 도는 것을 느낍니다. 그러나 진통을 겪고 있는 것도 사실입니다. 학원 자체가 안고 있는 문제 때문에 빚어지고 있는 이러한 진통은 새삼스러운 것이 아닙니다. 과거에도 있었고 미래에도 있을 테지요. 구체제 아래서는 문제 삼는 대상이 체제 자체였습니다.

그런데 10·26 이후 민주화 작업이 진행되면서 대상이 외부 아닌 내부적인 문제들로 바뀌었습니다. 사립의 경우 재단의 부정이라든가, 운영 면에서 잘못된 점을 학생들이 들고 일어나는 것은 불가피하다고 봅니다. 이를 우려하는 분들도 있지만, 저는 심각하게 생각하지 않습니다. 제가 몸담고 있는 연세대의 경우를 예로 든다면 4·19나 6·3사태 후와 오늘의 학생들 사이에는 많은 의식의 변화가 있습니다. 4·19 때는 민주주의 연륜이 짧아서인지 문제를 쉽게 생각하는 경향이 있었고 6·3 때는 그것보다 나았으나, 성급한 편이었는데, 이번에는 행동을 신중하게 하고 있습니다.

한국적 상황을 이해하고 결과까지 내다보는 것 같기도 합니다. 그러나 당할 사람은 당해야겠지요. 오랫동안 총장 자리에 앉아있는 사람, 집안끼리 해먹는 사람 등등, 그렇다고 학생들이 이성을 잃으면 곤란합니다. 또 학생들이 그렇게 우둔하지도 않다고 봅니다.

변형윤 서울대에 몸담고 있고 그 학교만 봤기 때문에 다른 대학은 잘 모르나, 그 경험을 토대로 말한다면 대학의 전망은 아주 밝습니다. 3백 명도 넘는 복학생들이 참 어른스러워요. 어찌 보면 기성세대보다 한 단계 위인 것 같기도 해요. 따라서 그들이 난폭한 행동을 하리라는 생각은 들지 않습니다. 지난번 총학생회장 선거광경을 지켜봤는데 놀랐어요.

한마디로 참여의식이 대단하고 질서가 정연하더군요. 신문을 보면 다른 대학에서 혼란이 일고 있다지만 최소한 우리 학교는 그런 걱정이 없다고 봅니다. 학생들을 만나 얘기해 보면 한국의 지성을 대표한다는 생각에서 신중을 기한다고 합니다. 그러나 과거에 잘못을 저지른 사람에게 아무 말도 하고 있지 않은 것은 결코 아닙니다. 서로가 자제하면서 자연스럽게 해결되리라고 믿고 기다리는 거지요. 복학생들이 앞장서서 자제시키고 있는 것 같기도 합니다. 딴 데서 특히 기성세대가 자극을 주지 않는 한, 학원은 큰 혼란이 없을 것으로 봅니다.

양호민 학원의 주인인 학생들이 대표를 선출함에 있어 그토록 성숙했다는 점이 희망을 갖게 하는군요. 4·19 때는 학생들의 프라이드가 강했고 모든 것을 학생들이 해결하려는 경향도 있었습니다. 그러나 요즘에는 학생들이 할 수 있는 일, 할 수 없는 일을 구분하는 슬기를 지니고 있는 것 같습니다. 그러나 합리적으로 해결하려고 하는 것과 비판정신은 다릅니다. 이런 문제를 어떻게 조화시켜 나가느냐가 진통을 극소화시키는 요체로 제기되겠죠.

"정권이 교수를 이용"

김동길 4·19 때 교수들이 취한 태도는 반성할 점도 있습니다. 그때 교수들이 학생들의 힘을 이용하려는 경향이 있었습니다. 특정인의 과거를 들춰 선동하는 등, 이번에는 그런 일이 없을 것으로 봅니다만, 지나간 정권이 교수들을 이용한 사례는 자유당 때보다 많을 것입니다. 본의건, 아니건 교육자적 양심을 지니지 못한 사람이 있다는 것은 엄연한 사실입니다. 지나치게 정권과 밀착됐던 사람들은 이 기회에 자숙하고 반성해야 하며 그것이 대학사회를 옳게 이끌어나가는 방향입니다. '총장 물러나라'는 학생들 요구가 있을 때 이를 바로 받아들인 사람이 과거에는 없었습니다. 끝까지 버텼는데 근래에는 스스로 물러나는 분들이 많아졌습니다. 좋은 현상입니다. 교육자답지 않게 행동한 사람은 학생들이 무어라 하기 전에 알아서 처신해야지요.

변형윤 사실 지나간 18년의 세월 속에 현실 참여 형식을 정권과 밀착된 교수가 훨씬 많습니다. 교수는 대부분 약합니다. 바깥이 강하면 움츠러들고 유혹도 뿌리치지 못하고, 학생들이 희생당할 때 교수들은 속수무책이었습니다. 교수회의도 협의기구로 약화돼 힘을 쓸 수도 없었지요. 또 교수재임용 제도란 것이 생겨 학생들이 볼 때 교수의 꼴은 말이 아니었을 것으로 느껴집니다. 제도적으로 고칠 것은 손을 대고 환부는 도려내야 할 것입니다. 문제인사들이 스스로가 자숙하는 것이 바람직하지만 현실적으로 어려운 얘기입니다. 정부에서 이런 문제를 해결해 주는 방안도 병행돼야 하겠지요.

김동길 한 시대의 권력에 밀착돼서 살았다는 점만으로 낙인을 찍어서는 안 되겠죠. 일제 때도 부득이해서 협조하면 목숨을 유지한 사람이 있고 적극적으로 동조한 사람이 있습니다. 교수 양성에 10년 이상 걸리는데 다 그만두면 교육은 누가 시킵니까. 적극적으로 참여한 교수에 국한돼야 하며, 이들이 스스로 물러나지 않으면 학원사회에서 정리되는 과정이 반드시 있어야 할 것입니다.

양호민 두 분 말씀을 들어보니 어려운 문제가 한두 가지가 아닌 것 같습니다. 권력은 동원체제를 뜻하기 때문에 여기에 끌려들어간 사람이 상당수에 이를 것으로 봅니다. 교수회의의 무력화, 재임용제도 등으로 교수의 상은 빛이 바래고 생활은 또 말이 아니었기에 언론·학문의 제한 속에 관청프로젝트에 참여할 수밖에 없던 면도 있겠지요. 권력의 교만과 기만을 잘 알면서 비판이 없으므로 해서 결과적으로 도운 경우도 있습니다. 이런 소극적인 참여 교수는 관용과 이해로 표용해야 되겠지요. 그러나 적극적으로 참여하면서 딴 사람에게 피해를 준 사람이 물러나야 한다는 얘기에는 동감입니다.

지탄대상자가 "내가 왜……"

변형윤 누가 봐도 문제가 있는 사람은 당연히 제 발로 걸어 나가야 합니다. 그러나 지탄을 받는 대상 중에는 '내가 왜―'라 시치미를 떼는 사람도 있습니다. 이런 사람은 어떻게든 밀어내야 불씨가 꺼지지 않겠습니까. 그냥 방치하면 교수와 학생이 맞붙는 불행이 예상됩니다. 과도정부라고 하지만 학원에서 이런 인사를 털어버리고 새 정부에 정권을 이양하는 것도 한 방안이라고 생각합니다.

김동길 학교책임자가 결단을 내려야 할 겁니다. 어떻습니까. 서울대 측에 다른 대학보다 더 많은 문제교수가 있는 것으로 아는데…….

변형윤 교수의 수가 많으니까 그렇겠죠. 수에 따른 비율은 다른 대학과 비슷하다고 봅니다. 또 기준에 따라 숫자가 달라지겠는데, 학생들은 배척대상을 최소한으로 줄이겠다고 말합니다.

양호민 교육자의 문제는 일반회사와는 다릅니다. 교육자는 인격을 앞세운 직업이기 때문에 학생들에게 규탄을 받으면 견딜 수 없습니다. 학생들이 들고 나오기 전에 문제인사가 퇴진하면 좋겠지만, 현실적으로는 그런 사람일수록 유들유들하니 참 어렵군요. 변 교수님은 정부의 개입을 희망하셨지만 그것은 대학자율에 어긋나는 것이 아닙니까.

변형윤 서울대는 국립이고 따라서 교수 신분이 공무원이니까 답답해서 정부를 인용한 것이지요.

양호민 고민이 있다는 것을 서로 알면 뭔가 해결의 실마리를 찾을 수 있게 되겠지요.

김동길 교수끼리 서로 반목하는 상황에까지는 이르지 말아야 할 텐데…….

양호민 학원의 자율화는 지금까지 정부의 슬로건이었고 민주국가에 있어서의 원칙입니다. 이 학원의 자율화가 과연 무엇인지 정의부터 짚고 넘어가야 할 것 같습니다. 국·공립대학과 사립대학이 서로 다른데, 학생들이 지나치게 학교경영에 간섭해선 안 되지만 그렇다고 교수나 재단 측이 전단하는 것도 문제가 아닐 수 없습니다.

김동길 자율화라는 이 말은 지금까지 대학이 너무나 타율적으로 움직였기 때문에 나왔다고 봅니다. '학원의 정상화'가 옳은 표현이죠. 대학이 정상적으로 운영되는 풍토에서나 자율화가 가능하지, 그렇지 않으면 이뤄질 수가 없는 겁니다. 종래는 상당수의 재단이 비판적인 교수를 임의로 쫓아내는 등 마음대로 해왔습니다. 자율에도 한계가 있는데 마음대로 부정을 저지르는 것이 자율은 아닙니다.

변형윤 재단 측의 횡포가 심한 학교에 대해선 정부가 규제를 해야 합니다. 또 일반적으로 '문제학교'로 지목받는 학교는 운영방식을 더욱 개선해야 하겠지요. 그러기 위해선 교수회의를 강화하는 것이 선결문제입니다. 학원의 정상화를 위해선 교수회의의 강화는 필요하고도 충분한 조건입니다. 교수가 아무리 약하다 해도 지성인인데 터무니없이 엉뚱한 주장은 하지 않습니다.

양호민 학원의 정상화는 유신과 관련된 정치적인 성격도 있지만, 학교재정이 정치 못지않게 중대한 영향을 끼친 점도 있다고 봅니다. 몇몇 학교는 그런 문제가 없지만 학교를 통해 치부(致富)한다는 소문과 함께 학생들이 총장실 기물을 부수는 등의 사태는 우연의 일치가 아닌 것 같습니다. 이들에게 '공부나 하라'는 식으로 억압하면 곤란합니다. 지적된 문제가 있으면 철저한 조사를 통해 합리적으로 해결해야 할 겁니다. 안정을 내세워 부정을 옹호한다면 학원문제는 해결될 수 없다고 봅니다.

변형윤 오죽했으면 학생들이 나섰겠느냐는 생각도 듭니다. 폭력에 의존하는 일은 없어야겠지만, 부정을 은폐하는 것도 안 되죠. 기성세대가 학생들에게 일방적으로 '공부'만을 요구해도 곤란하고, 또 학생들의 학교운영 참여도 바람직한 모습은 아닙니다. 사실 기성세대가 제 구실을 못하니까 불만이 쌓이고 거기서 문제가 생깁니다.

김동길 사립학교를 '집안기업'으로 생각하는 풍토는 큰 폐단입니다. 최근의 격변기는 이들이 체질을 개선할 좋은 기회입니다. 차제에 모두 시정돼야 합니다. 교육은 누가 뭐래도 공적인 사업인데, 이걸 사사로운 기업으로 생각하는 것은 이번 사태를 계기로 없어져야 합니다.

'금지된 학문'에 호기심

양호민 건국 이후 변하지 않은 것은 학원의 운영뿐이란 말이 있습니다. 이는 대학이 치부의 수단이었다는 말이겠는데, 30세 전후의 후손이 이사장을 물려받는 것이 그 증좌(證左)랄 수 있습니다. 이를 시정하는 것도 과제라고 하겠습니다. 화제를 바꿔서 민주화가 이룩되면 미국·프랑스·독일의 경우처럼 스튜던트 파워가 커질 것으로 예상됩니다. 그것이 바람직한 것인가의 여부는 그때 가서 판단할 문제지만 세간에선 학생들에 대한 신임도 많은 반면, 스튜던트 파워가 비대하면 할수록 급진적인 방향으로 흐르게 되는 것을 우려하는 경향도 있습니다. 4·19 이후 계속 대두돼온 문제인데, 이들의 사상적 급진성과 스튜던트 파워의 사회적 역할 등에 대해……

김동길 학원에선 학문적 토론이 자유로워야 하는데, 우리는 지금까지 공산주의나 사회주의에 대한 연구를 엄격히 통제받아왔습니다. 그 바람에 금지된 것에의 호기심으로 극단적인 주장이 일부 계층에 다분히 매력적으로 비쳐졌던 것도 사실입니다. 또 학생사회에 좌익사상이 전혀 없다고는 할 수 없고, 급진적인 그룹이 있는 것도 부인할 수 없습니다. 그러나 그런 게 존재할 수 있다는 것이 이쪽 체제의 장점입니다. 우리가 자유와 평등의 두 가치 중에서 자유를 택했다면 저쪽이 주장하는 평등의 개념에 대해 국민에게는 부담이 있지만, 대학사회에선 다를 수 있다고 봅니다. 나는 비교적 그런 생각을 가진 학생을 많이 봐왔는데 막상 얘기해보면 제대로 알고 있지도 못하고 있는 형편이더군요. 그걸 해결키 위해선 철두철미 자유주의 쪽이어야지, 전체주의로 흐르면 나로선 이런 학생들을 다룰 자신이 없습니다.

미국이 마르쿠제를 교수로 쓰지 못한다면 이미 자유주의사회가 아닙니다. 반대로 자유민주주의를 주장하는 교수를 모스크바 대학에선 못 씁니다. 소수지만 학원에선 진보적인 학생이 자유롭게 연구하는 분위기가 돼야 합니다. 학생운동이 지하운동으로 돼서는 안 되는 겁니다.

변형윤 젊은이들이니까 이상주의자인 동시에 급진주의자일 수 있는데, 크게 걱정할 것은 못됩니다. 관심을 갖고 끌어주면 됩니다. 급진주의 내용이 마르크시즘에 접근한다면 모르지만 대개가 호기심이나 환상적인 것이니까 숨통을 터줄 필요가 있습니다. 오히려 지나친 억압에서 문제가 생긴다고 봅니다. 이번에 겪어보니 학생들이 무척 어른스러워졌습니다. 기성세대가 넓은 아량으로 이해하고 자신의 얼굴을 비추는 거울로 삼도록 노력해야 할 것입니다.

김동길 스튜던트 파워가 있으면 교수 파워도 있는 겁니다. 문제는 학생을 다루는 교수의 자세가 의연해야 한다는 겁니다. 학생의 경영참여도 미국의 경우를 보면 나중엔 학생이 지쳐서 그만둬 버립니다. 그러나 세월이 흐른 뒤에 살펴 볼 때 그것이 자극이 돼 많은 것이 개선됐다는 것만은 확실합니다.

학생 정치활동 허용 안 돼

양호민 소수의 급진주의자가 있지만 우리 학생들의 사상적인 절대 공약수는 자유민주주의라고 봅니다. 과거 프랑스, 독일 학생들의 급진성향에 비하면 월등히 보수적이라고 할 수 있죠. 이런 것을 밖에선 급진주의라고 보고, 급진적이면 공산주의로 몰리는 위협을 받아왔는데 하루빨리 시정돼야 합니다. 이게 거꾸로 되면 진짜 급진적으로 변화합니다. 일반적으로 좌익이란 말을 많이 쓰는데 그 가운데는 민주적 좌익, 전체주의적 좌익도 있습니다. 노사문제, 사회보장분야는 민주적 좌익인데 우리는 범벅이 돼서 사상적 혼란만 야기시킨 감이 있습니다.

학원의 자율화는 말로만 해선 혼란이 생깁니다. 이를 제도화하기 위해선 학생의 현실참여, 정치활동 보장 등의 문제가 논의돼야 할 것 같은데…….

김동길 우선 경찰력이 캠퍼스에 들어가지 못하도록 법적으로 보장돼야 합니다. 총·학장이 필요해 부르면 모르지만. 또 교수들의 의견이 학교 운영에 가장 큰 비중을 차지하도록 교수회의 등의 제도적 장치를 마련해야 합니다. 학원을 식구들끼리 재단하는 것도 금지시켜야 할 것이고. 그러나 무엇보다도 중요한 것은 제도가 자유를 보장하지는 못한다는 것입니다. 학생이나 교수가 나름대로의 도덕적 규범을 확정하고 그에 따른다면 외부권력이 작용하지 못하리라고 봅니다.

양호민 총·학장을 재단에서 계속 임명토록 할 것인가, 아니면 재단은 재정적 뒷받침만 하고 교권에 간섭하지 못하도록 할 것이냐도 중요합니다. 제일 큰 문제는 학교운영에 대한 재단의 관여라고 생각합니다.

변형윤 애덤 스미스의 '값싼 정부'(Cheap Government)에서도 교육은 정부가 해야 될 일이라고 했습니다. 재단이 학생들에게 공납금을 받아 치부하는 식의 문제가 생기면 정부가 그 학교를 인수, 운영토록 해야 합니다.

또 자율과 관련해서 교수와 학생간의 문제는 교수들이 양심의 판단에 따라 자신의 생각으로 운영해야 합니다. 이런 방편이 교수회의입니다. 교수회의의 권한이 강화되지 않으면 얘기는 원점으로 돌아갑니다. 또 학원 내에서의 학생의 정치활동은 허용해선 안 됩니다. 개인적인 의사표시라면 경우가 다르지만, 교수는 학생들이 연구에만 전념할 수 있도록 지도해야 하고 정치활동 등 기타활동은 일반 법리를 적용, 해결해야 할 겁니다.

양호민 정치활동은 곧 정당활동이라고 할 수 있습니다. 미국의 경우는 학생회 안에 정당의 지부가 있고 서독의 경우는 군인까지도 정당활동을 합니다.

변형윤 나는 시기상조라고 봅니다.

김동길 교수회의는 원칙적으로 강화돼야 합니다. 그러나 사립대학의 경우는 일종의 계파로 인해 문제가 있습니다. 학교운영에 대한 교수의 의견 반영은 이사회에 교수가 참여하는 정도가 좋을 것 같습니다. 또 학생의 정치참여 문제는 우리 사회가 아직은 감당하기 어렵다고 판단됩니다. 개인적으로는 정치적인 의사표시를 하는 것은 좋지만 정당활동은 시기상조입니다.

《조선일보》(1980. 4. 5)

"학원민주화 적극 추진"

"학교와 학생 사이의 교량 역할을 하면서 학원의 민주화를 추진할 생각입니다. 가정처럼 훈훈한 느낌이 드는 대학을 보고 싶습니다."

지난 4일 서울대교수협의회 회장으로 선임된 변형윤 교수(60·경제학과)는 앞으로 교수협의회 활동 방향을 이렇게 밝혔다.

변 교수는 지난 80년 봄에 구성됐던 서울대교수협의회 회장직을 맡았다가 5·17로 학교를 떠났으며 84년 9월 교수직을 되찾았었다.

"5·16 이전에 각 단과대학 교수회는 학장 선출권을 가진 의결기관이었습니다. 5·16 이전 상태로 교수회를 환원하는 것이 가장 큰 목표입니다."

변 교수는 그동안 학생들이 시국사태와 관련, 무더기로 징계당할 때마다 교수회가 아무런 권한이 없어 안타까웠다고 회고하면서 교수회를 의결기관으로 만들기 위해 최선을 다하겠다고 밝혔다. 변 교수는 1천2백여 교수들의 의견을 어떻게 수렴해 나가느냐는 문제가 걱정이지만 교수협의회는 5명의 부회장과 각 대학별로 선출된 1~3명의 이사로 회장단을 구성한 협의체이므로 자주 모임을 갖고 교수를 상대로 여론조사를 실시할 계획이라고 밝혔다.

“지난 70년부터 5년여 동안 상대 학장을 맡고 있을 때만 해도 학생 징계를 놓고 이틀씩이나 교수회에서 격론을 벌이기도 했습니다. 학생 징계야말로 대학 내에서 가장 예민한 문제이므로 그동안 교수들의 의견이 반영되지 않고 학생들이 징계를 받아왔다는 것은 부당한 일이었습니다.”

변 교수는 교수협의회 안에 학생들의 문제를 다루기 위한 별도의 분과위를 구성, 최근 시험거부 등 학원사태와 학생징계 등의 문제를 풀어나가기 위해 노력하겠다고 밝혔다.

변 교수는 구속된 총학생회장 이남주 군(22·경제과 4년 휴학)의 석방 등을 요구하며 1학기말시험을 거부한 데 대해 “학생들의 심정을 이해는 하지만 시험은 보았으면 했던 것이 솔직한 심정이었다”며 앞으로 학생들과 자주 만나 이 같은 문제가 재발되지 않도록 노력하겠다고 말했다.

변 교수는 “신임 조완규 총장도 5·16 이전 교수협의회가 총 학장의 선출권을 가진 의결기관이었던 시절을 잘 알기 때문에 이번에 구성된 서울대 교수협의회가 제 기능을 회복하는 데는 별다른 어려움이 없을 것으로 본다”면서 교수협의회가 총·학장 선출권을 회복하는 문제에 대해서도 낙관론을 폈다.

《동아일보》(1987. 9. 8)

제2장 활 동

교수회의는 결의기관 돼야

지난 4일, '교수협의회'에서 회장으로 선출된 변형윤 교수(사회대·경제학)를 찾았다.

"나보다는 더 나은 사람들이 많이 있는데…… 어려운 시기에 힘에 부치는 직책을 맡았지만, 조용하게 결실이 맺어지도록 노력하겠다"고 취임소감을 밝혔다.

교수협의회는 "학교 당국에 대해 보완적이며 견제적인 기능을 수행하는 데 본래의 취지가 있는 것"이라고 설명하는 신임 변 회장은 "이제까지의 '교수협의회'가 교수의 권익옹호, 교수 간의 친선도모라는 소극적 목적에 제약되어 있었기 때문에 학생지도 등 대학의 제반 문제에 대해 일반 교수들의 생각을 능동적으로 반영할 수 없었던 것이 사실이었다"고 지적했다.

"5·16 이전에는 '교수협의회'가 결의기관이었기 때문에 제대로의 기능을 수행할 수 있었지만 그 후 심의기관으로 성격이 바뀌고 침체되면서 이런 현상이 초래된 것"이라고 전제하고 "시대적 상황의 변화와 함께 5·16 이전의 결의기관으로 되돌아가야 한다는 것이 대다수 교수의 의견"이라고 강조한다.

조만간에 이사회를 소집하고 지난 총회에서 결의된 사항들을 구체적으로 추진해나갈 계획에 있지만 "상황이 가변적인 만큼 지금 어떻게 될 것인지 말하기는 힘들고 1년쯤 뒤에 되돌아보면 무슨 일을 했는지 알 것"이라면서 지나친 기대를 하지 말라고 당부한다.

그렇지만 4·19 직후 학원 소용돌이 속에서 당시 상대의 교무과장을 역임하면서 소위 '상대교수 문제'를 해결한 주역인 변 회장에게 거는 기대는 적지 않을 것이다.

"교수협의회는 교육자의 모임이고 최고 지성인의 모임인 만큼 교수의 권위와 연구자로서의 자세를 견지하면서 일해 가게 될 것"이라고 말하고, 동료 교수들의 깊은 이해와 협력을 부탁하면서 이야기를 끝맺었다.

《대학신문》(서울대, 1980. 3. 10)

학원민주화
: 변 회장에게 듣는다

지난 4일(금) 문화관에서 개최된 교육협의회 임시총회에서 변형윤 교수(사회과학대·경제학)가 교수협의회 회장에 선임되었다. 앞으로 학원민주화에 큰 역할을 담당하리라 예상되는 교수협의 이모저모를 변 회장을 만나서 알아보았다.

—교수협의회 회장을 다시 맡게 된 소감은…….

"덤덤해요. 80년 당시 회장을 하다가 해직되었는데 다시 제자리로 '복권'된 것 같은 기분이에요. 과연 감당해낼 수 있을지 걱정스러워요."

—교수협의회의 성격에 대해 말하면…….

"여기에는 좀 오해가 있는 것 같아요. 항간에는 교수들이 교수협의회를 의결기관화해야 한다고 주장하는 것으로 알고 있는데 그게 아닙니다. 우리의 입장은 일단 자문기관으로 되어 있는 각 대학 교수회를 '의결기관화'하고 총장·학장을 교수들에 의해 직접 선출하자는 겁니다. 교수협의회는 바로 이런 대학의 기능을 회복시키는 역할을 수행해야 한다고 보는 거죠. 교수는 다른 사유가 없는 한 전임으로 들어오면 정년퇴임할 때까지 대학에서 생활할 수 있게 됩니다. 그러하기 때문에 교수들은 대학의 문제를 장기적이고 진지하게 검토할 수밖에 없습니다. 이런 교수들의 의견을 수렴할 곳이 바로 각 단대의 교수회이기 때문에 그 기구를 의결기관화하여야 한다는 겁니다.

즉 교수협의회는 위의 일들을 해나가기 위한 교수들의 자율적 모임으로 현 단계에서는 친목단체에서 벗어나 학원자율화를 위해 온갖 노력을 다할 생각입니다."

—학원자율화를 위한 교수협의회의 역할은?

"일단 지난 총회에서 결정되었다시피 '대학자율화(민주화)추진위원회'를 결성할 생각입니다. 이 위원회에서 광범위하게 대학의 제반 문제를 다루어 나갈 거예요. 일단 위원회에는 4개 하부 위원회가 조직되어 문제 검토를 통해 빠른 시일 내에 연구보고서가 제출될 겁니다. 이 보고서를 바탕으로 즉시 실행에 옮길 수 있도록 할 것입니다."

—교수협의회 정상화에는 각 단대 교수들로 구성되는 분회가 중요하다고 하는데…….

"교수협의회 활성화는 곧 분회의 활성화예요. 여건이 다른 각 단대의 특성 등을 살리면서 운영할 수 있도록 교수님들의 적극적인 참여가 요구됩니다. 이 분회를 통해 모아진 의견은 분회의 대표인 이사가 이사회에서 교수들의 의사를 반영시킬 겁니다."

—학교 측에서는 91년까지 외부인사도 참가하는 '대학평의회'를 '최고의사결정기구'로 한다고 밝혔는데, 교수회와 역할이 상충할 수도 있을 텐데요.

"일단 대학평의원회의 기능이 명확해져야 합니다. '최고의사결정기구'라 해도 기존의 각 단대 교수회가 의결기관화만 되면 교수협의회는 친목단체가 되기 때문에 큰 문제는 없으리라 봐요. 더 자세하게 검토를 해봐야겠지만 '하기에 따라서는' 옥상옥이 될 수도 있겠죠. 이것도 역시 '대학자율화추진위원회'에서 검토·결정할 것입니다."

―총장 선거와 단대 학장 선출에 대해서는 어떻게 보는지…….

"이 문제도 '위원회'에서 다룰 거지만 개인적으로는 5·16 이전의 상태로의 환원을 생각하고 있어요. 즉, 총장을 교수들이 직접 복수 선출해 임명권자(국립대학이기 때문에)가 선택하고, 학장은 새 총장이 지명, 교수회의에서 동의받는 형식이 될 거예요. 앞으로 제도가 바뀐다고 하면 그 제도에 맞추어 총장도 새로이 선출되어야 할 겁니다."

―학교 측과의 접촉은?

"학원자율화를 위해 적극적인 자세를 취한다고 하니까, 협력적인 관계가 되도록 해야죠."

―문교부와 민주화 후 관계는 어떠해야 한다고 보는지…….

"교수회나 교수협의회가 교수들의 의사가 결집되는 것이니까 문교부도 교수 의사에 반하는 지시를 한다면 교수들에 의해 받아들여지지 않을 거라 보아야죠. 이제 문교부도 지시만 해선 안 될 겁니다."

―'발전장기계획'에 대해 어떤 생각인지…….

"서울대가 장기적 발전을 지향해야 하지만 나는 일단 의욕적인 것보다는 현실에 뿌리박은 계획을 가져야 된다고 생각해요. 만일 장기발전계획이 너무 의욕에만 치우쳤다고 하면 '현실'로 되돌려지는 게 순리이겠죠."

―마지막으로 당부하실 말씀은.

"교수뿐 아니라 학교 측이나 학생들 모두가 학원이 민주화되는 방향으로 갈 수 있도록 다 같이 노력하도록 합시다."

《대학신문》(서울대, 1987. 9. 14)

교수탐방
: 변형윤 교수님을 찾아뵙고*

인터뷰어 안녕하십니까? 이렇게 시간을 내주셔서 감사합니다. 지난 번 저희 《경맥》에서 설문조사를 했는데, 결과는 《경맥》이 별로 효용이 없었다고 나왔습니다. 《경맥》에 대한 관심을 학생들에게 갖게 하고 내용의 확충을 위해, 교수님과 학생 간의 유대를 위해 교수님의 견해를 듣고 싶어 인터뷰하러 왔습니다.

변형윤 고맙다.

인터뷰어 우선 교수님께서 서울대학교 교수협의회의 의장이 되셔서 저희들은 그 의회 결성에 앞장을 서셨다고 알고 있는데…….

변형윤 아니다. 회장이 되기는 했으나 준비까지는 관계가 없었고 그 과정도 모른다. 예전에 교수협의회 회장이어서 복권 후 다시 추대된 것 같다.

인터뷰어 과 활동에 대한 생각은 어떠하십니까?

변형윤 옛날엔 과 성원이 적어 그들 사이에서의 공통성이 있었고,

---

* 이 글은 1987년 10월 19일 《경맥》 편집부원(인터뷰어)이 변형윤 교수의 연구실을 방문하여 취재한 내용이다.

그 울타리 안의 학문의 영향을 공동적으로 받아 인간관계가 좋았다. 그러나 현재는 과 성원들이 많아 교수와 학생 간의 대화가 단절되었고 학생들 사이에서도 얼굴과 이름도 모르는 경우도 있는 것 같다. 이것은 현 사회현상이 그렇게 만들었다고 본다. 현재 우리 과는 많은 인원이 있고 그들을 묶을 수 있는 울타리가 없어 아이덴티티를 찾기 어렵다. 그러므로 유대강화는 힘들 것이고 아무리 노력해도 한계는 있으므로 그것을 인식했으면 좋겠어.

인터뷰어 학내 상황이 정치와 관계가 깊어 성원들과 유대가 더 힘듭니다.

변형윤 그렇다. 학생들이 공부를 할 수 있는 상황을 만들어 주도록 기성세대는 노력을 해야 된다. 또 학생들은 현 상황을 무시한 채 공부만 하는 것은 안 좋다. 소위 운동권과 공부만 하는 학생 간에 유대가 없는 것은 사실이지만 경맥은 노력해 주길 바란다.

인터뷰어 다음은 한국의 현실 속에서의 학원민주화에 대해 듣고 싶습니다.

변형윤 학생들이 희생을 무릅쓰며 사회변혁에 큰 관심을 갖고 행동하는 것은 매우 큰 의미를 띤다. 그것은 당연하고, 그것이 기성세대에 영향을 주어 민주화의 발전에 크게 기여하는 것은 좋은 일이다. 그러나 지금 현 시점에서 민주화가 성립되어 있다고 보지 않는다. 이유는 아직 변한 것이 없기 때문이다. 예로, 교수협의회가 아직은 결의기관으로 되어 있지 않고 교수가 일하는 데 전혀 바뀐 것이 없다. 정권이 그대로 있는 현 상황에서의 학원민주화는 이루어지지 않고 있다. 또, 학생들이 지금 민주화가 된 듯이 생각하여 흩어지는 경향이 있으나 '감시자로서의 기능'을 잊지 말았으면 하고 당부한다.

인터뷰어 6월 투쟁 후 노사분규로 경기가 퇴조됐다고 하는데 그것에 대한 입장은 어떠하십니까?

변형윤 나는 노동자의 정당한 요구는 성의 있게 받아줘야 한다고 생각한다. 임금은 비용(cost)과 소득의 원천으로 두 가지 측면이 있는데 이제까지는 '임금↑ → 가격↑ → 국제경쟁력↓'으로 인식되어 주장됐지만 임금은 노동자들의—노동 하나만으로 사는 사람— 소득원천으로 보아야 할 것이다. 이번 노사분규에서 외친 것이 임금인상, 민주노조 결성, 노동자의 인격 대우인 것으로 보아 이제까지의 노동환경이 얼마나 열악한 것인가를 알 수 있다. 이제까지는 노동자가 약한 위치였으나 이제는 정부에서 기업에 채찍을 가해야 한다. 즉 노사분규로 공장 문을 닫는 악덕기업가를 엄중히 처벌해야 한다.

인터뷰어 한국 경제에서 노동자, 소득분배에 대해 어떤 의견을 가지고 계시나요?

변형윤 대답하기가 어렵다. 한마디로 말하면 개발전략에 의해 소득 분배가 나쁜 상황에 있다고 본다. 공장을 통한 고도성장이 인플레를 유발시켰고 실질임금이 떨어지고 재산소득층이 이익을 보는 반면, 근로소득층은 손해를 보게 되는 것이다. 또, 공업화에 치중하다 보니 농촌이 상대적으로 처졌고 도·농 간의 소득격차는 더욱 커졌다.

인터뷰어 옛날에 학문의 자유는 어떠했습니까?

변형윤 체제가 바뀌지 않고는 자본주의 체제가 아닌 것을 공부할 수 없다고 생각하는 이도 있으나 일본의 경우를 보면 반드시 그런 것도 아니라는 것을 알 수 있다. 체제가 바뀌어야 열린사회가 된다는 것은 너무 공식적이므로 곡 체제변혁이 있어야 한다는 것은 조금 조급한 생각이라 할 수 있겠지.

인터뷰어 생활신조는 무엇으로…….

변형윤 첫째, 떳떳하게 산다. 둘째, 꾸밈이 덜하고 자연스럽게 산다.

셋째, 학문하는 사람으로 겸손하고 없는 사람의 처지를 생각하며 그와 더불어 산다는 것으로 삼고 있다. 또 제군들에게 부탁하는 것은 경제학도로서 어느 한쪽 학문 부류에만 치우치지 말고 주류와 비주류를 공부하며 나중에 선택을 하도록 하고 싶다.

인터뷰어 요즘 건강은요?

변형윤 매우 좋다. 거의 매주 산에 다닌다. 몇 명이 모여 팀을 이루어 등산을 다니는데 팀 이름은 '거시기산우회'이다. 거기서 낭만도 느끼며 피로도 푼다. 나는 또, 연예인과 권투에 관심을 갖고 있는데 연예인에게서는 인기관리법을 배우고 권투에선 '방심하면 안 된다'는 신조를 배우고 있다. 교수라는 직업은 자기 인기관리이며 후배 교수들의 추적에 대한 경계, 즉 자기 자신과의 싸움을 잘 이겨나가야 하는 것이므로 매우 어렵다.

인터뷰어 후배 경제학도에게 하고 싶은 말은?

변형윤 경제학도는 달동네를 가봐야 한다고 말하고 싶다. 사람은 냉철한 이성을 가지고 있더라도 달동네에의 생활상을 보며 느끼는 감정도 있어야 한다. 즉, 날카로운 이성과 뜨거운 가슴을 가져야겠지.

인터뷰어 이렇게 좋은 얘기 많이 해주셔서 감사합니다. 앞으로도 좋은 얘기 저희 학우들에게 많이 들려주시고 건강하게 지내십시오.

변형윤 좀더 이야기하고 싶으면 찾아오고 경맥이 교수와 학생과 또 학생과 학생 간에 유대관계를 넓히는 장이 되길 바란다. 잘 가게.

인터뷰어 안녕히 계십시오.

《경맥》(1987. 10. 19)

5분 인터뷰
: 서울대 교수협의회 회장 변형윤

　6월 민주혁명의 민주화 열풍이 대학가에도 불어오고 있다. 서울대의 경우 지난 9월 4일 변형윤 교수(60)가 서울대 교수협의회 회장으로 선임되면서 오랜 동면 속에 침잠해 있던 대학이 활기를 되찾고 있다.

　"5·16 이전처럼 교수회의가 의결기구가 되어 총·학장을 임명하고, 학원의 일을 자율적으로 결정해나갈 수 있어야 합니다. 그리고 총·학장은 집행기구로서 교수회의의 결정사항을 충실히 이행할 때 대학은 명실공히 자율화가 이루어질 수 있습니다."

　변 교수는 교수회의가 의결기구가 되도록 노력하겠다고 다짐한다. 전에는 교수회의가 의결기구로서 총·학장 선출을 비롯하여 학내 일을 결정하였는데, 5·16 이후 모든 것이 관권에 종속되면서 자문기구가 돼버려, 교수회의는 정부의 지시를 충실히 시달하는 곳이 되고 말았다. 현재 서울대에는 교수회의의 의결기구화 문제 등과 관련, 대학자율화 추진위원회가 구성되었다. 변 교수는 정부가 민주화에 성의를 가지고 있으면 교수회의의 의결기구화는 별 어려움이 없을 것이라고 낙관적으로 말한다.

　—작년 올해 이태 동안 서울대에서는 졸업식장에서 학생들이 퇴장하였고, 교수들의 권위가 실추되어 있다는 얘기도 들리는데.

　"교수회의가 자문기구이어서 학생들을 처벌하는 데 아무리 반대해도 효과가 없었어요. 그러니 자연히 입을 다물게 되고, 이래서 교수는 무력하다는 얘기를 듣기도 하고, 학생들에게 설득력도 약했던 것이 사실입니다. 그러나 교수들에게 책임이 지워지고, 자신들의 생각대로 학내 일이 실현되면, 크게 달라질 것입니다. 모든 문제에 대해 교수회의에서 충분히 논의하여 합의점을 찾아내려고 할 것이고, 그렇게 되면 학생들도 자연히 찾아와 의논을 하게 돼 교수의 권위가 회복될 거예요."

　변 교수는 아울러 학문의 자유, 발표의 자유가 없으면, 교수와 학생 사이의 대화는 끊어질 수밖에 없다고 경고한다. 또 사무직원의 권한 확대가 배제되어야 교수가 학원 내에서 제몫을 할 수 있을 것이라고 밝힌다. 많은 교수들이 사무직원들의 관료적 단순함과 '고자세'에 대해 비판적인 것 같다.

　—80년대에 들어와 4년여 동안 학원에서 '추방'당하셨는데.

　"다시는 그런 일이 없어야 합니다. 처음에는 참으로 침통했고 일말의 불안도 없지 않았지만 1년쯤 지나니까 담담해지더군요."

　1970년부터 5년여 동안 서울대 상과대 학장을 맡다가 80년 3월 '서울의 봄'이 한창 피어오를 때 서울대 교수협의회 회장이 되었다. 그러나 80년 5월 이후 대학은 침묵을 강요당하고 변 교수 등은 그해 7월 대학에서 '추방'당해야 했다. 변 교수가 다시 복직된 것은 1984년 9월. 그는 '정치방학' 4년 동안 많은 공부를 하였지만, 야나이하라 다다오(矢內原忠雄)한테서 감명을 받은 것도 잊을 수 없다고 말한다. 야나이하라 다다오 교수는 군국주의자들한테 1937년 추방된 후, 2차 대전

종전과 함께 복직, 동경대 총장을 지냈다. '정치방학' 기간 학현연구실을 개설한 것도 특기할 만한 일.

"제자들이 나를 위해 연구소를 만들겠다고 하는데 부담이 커요. 계속 많은 도움을 받는 것도 곤란하고, 그렇지 않으면 프로젝트를 잡으러 뛰어다녀야 하는데, 그러면 꼴이 아니고요, 그래서 연구소 대신 연구실을 냈지요."

선비의 집안에 태어나 꼿꼿한 자세가 몸에 밴 변 교수는 이렇게 말하면서 소탈하게 웃는다. 이 학현연구실은 학계에 적지 않은 영향을 미쳐 결과적으로 대학에 계속 있게 된 것보다도 학계에 더 큰 수확을 가져왔다고 주변에서는 평한다. 학현연구실은 중견 및 소장학자들이 중심이 되어 82년 5월 개설한 이후 한국근대경제사팀, 경제발전연구팀, 한국현대경제사팀이 돌아가며 세미나를 열었고, 뒤에 노동경제팀과 정치경제학을 하는 이론팀이 더 들어왔다.

변 교수는 금년 4월에 발족, 3백여 명의 학자들이 참여하고 있는 한국사회경제학회의 회장이기도 하다.

—가장 영향을 많이 미친 학자를 꼽는다면.

"'앨프리드 마셜'과 그의 주저 《경제학원리》입니다. '마셜'은 경제학을 인간 연구의 일부로 봤어요. 경제학은 인간을 증시하는 학문이 되어야 합니다."

변 교수의 수필집 중에는 《냉철한 머리 따뜻한 마음》이 있는데, 이 말은 '마셜'이 케임브리지대의 경제학교수로 취임하면서 한 말. 계량경제학으로 시작한 변 교수의 학풍은 넓은 의미에서 정치경제학으로 볼 수 있지만, 자신은 구조론자라고 말한다. 그는 미국과 서구의 경제학을 무비판적으로 수용하는 데 대하여 아주 비판적이다. 《통계학》(1958), 《현대경제학》(1962), 《현대경제학연구》(1985), 《한국경제연구》

(1986) 등 다수의 저서와 논문이 있다.

─학생운동에 대해서도 한마디.

"민주화가 되어야 합니다. 민주화로 가야 한다는 방향이 국민들에 의해 확고히 밝혀진 이상, 각 부문, 분야에서 민주화를 위해 적극 협력하고 노력해야지요. 기성세대가 제 할 일을 했으면 오늘날 같은 학생운동은 없었을 거예요. 기성세대는 통렬히 자기비판을 해야 합니다."

부인 최명순 씨(58) 사이에 1남 2녀가 있다.

《신동아》(1987. 10)

긴급인터뷰—서울대 교수협의회 회장 학현 변형윤 박사
: 대학의 자율화에 선도 역할

고뇌하는 교수들의 자각

6월부터 일기 시작하여 우리 사회 전역을 휩쓰는 민주화바람은 오랫동안 진통을 거듭해 오던 학원에도 자율화·민주화의 물결을 드높이고 있다. 그 중에서도 주목되는 움직임은 학교와 학생과 당국의 틈바구니에서 '고뇌하는 교수상'을 떨쳐버리려는 집단적인 자각이 각 대학마다 일어나고 있다는 점이다.

물론 4·19 직후 4·25 교수데모의 유구한 전통을 비롯하여 많은 교수들이 나라가 겪는 어려움에 기꺼이 동참하려는 모습을 보여 왔다. 게다가 이미 4·13조치 철회와 개헌지지 서명운동으로 전례 없는 대규모의 정치적 실천행위가 일어났다. 이에 이어, 이제는 조직적 차원에서 민주적 자치기구 구성 움직임으로 정착되어 가고 있는 것이다.

"지금까지는 학원 내 어떠한 결정사항에도 교수의 의견이 반영될 수 없었고 책임 있는 학생지도도 제도적으로 불가능했습니다. 이제 교수협의회는 학교 당국과 학생 사이의 교량적 역할을 하면서 학원민주화를 추진해 나갈 생각입니다.”

금년도 ‘다산(茶山)경제학상’을 수상하기도 한 변형윤 교수.

신림동 네거리에서 조금 골목으로 빠지면 아담한 2층 건물이 나온다. 여기가 지난 9월 4일 서울대교수협의회 회장으로 선임된 변형윤 교수(60·경제학과)의 연구실이다. ‘학현(學峴)연구실’. 80년 해직 이후 한 6개월쯤 되었을 때 ‘언젠가 학교로 돌아가기 위해서’는 학문적 노력을 계속해야지 않겠냐는 제자들의 권유로 마련한 것이다. 여기서 매주 토요일마다 세미나가 열린다. 현재는 전임강사 이상으로 구성된 4팀이 번갈아 사용하고 있단다.

변 교수가 회장으로 있는 서울대학교 교수협의회는 지난 60년부터 친목단체의 성격으로 출발했다. 이후 80년 민주화의 봄을 맞아 학내(學內) 민주화 추진기구로 성격전환 되면서 변 교수가 회장직을 맡았었다. 그러나 5·17로 시국상황이 변하면서 다른 대학의 교수협의회와 마찬가지로 된서리를 맞았고, 변 교수는 학교를 떠났다가 84년 9월에야 교수직을 되찾았다.

침묵의 7년간 교수협의회 자체가 해체되어 버린 건 아니었으나 교수들 간의 단순한 친목도모로 그 활동이 국한된 채 간신히 명맥만 이어왔던 것이 이번에 다시 변 교수를 회장으로 추대하면서 활성화를 기한 것이다.

—서울대학교 교수협의회의 성격과 구성은 국민들의 관심사가 아닐 수 없는데요.

“서울대학교 교수협의회는 서울대학 내의 민주화와 자율화에 전력 경주하는 것을 목표로 합니다. 그 구성은 각 단과대학별 분회회의-이사회의-교수협의회로 이루어져 있지요. 여기서 한 가지 일반에 잘못 이해되는 게 있는데, 교수회의와 교수협의회를 혼동하는 것입니다. 서울대학의 경우 기존에 이미 각 단과대학별 교수회의-학장회의-총장의 순으로 기구가 존재했으며, 교수회의는 전임강사 이상이면 전원 소속되어 있는 기관입니다. 이 교수회의가 5·16 이전에는 의결기관이었는데 현행은 자문기관에 불과해 아무런 실질적 권한이 없어요.

교수협의회는 전체 교수들의 의견을 결집시켜 행사하는 대표기구·의결기구가 아니라 교수회의가 실질적인 자기 역할을 되찾을 수 있도록 하기 위해 노력하는 산파 구실에 충실할 것입니다. 하루빨리 교수회의가 의결기관으로서 제 모습을 찾아 교수협의회는 도로 친목단체로 돌아가는 게 저의 바램이에요.”

산파 역할로 규정되는 교수협의회는 서울대학교의 특수성에 근거한 것이다. 최근에 일고 있는 교수들의 학내 위상정립 요구는 ‘교수협의회’, ‘교수평의회’ 등으로 명칭도 조금씩 다르고, 그 역할 규정도 각 대학의 특수한 사정에 맞춰 설정되고 있다. 단, 하나같이 지향하는 바는 학내외의 부정적 압력에 맞서 교권을 수호하고 교수의 위치를 바로 세우자는 것이고, 그 궁극적 목표는 대학운영의 주체로서 교수의 민주적 자치기구를 건설하는 것이다.

—교수협의회에서 보는 학원민주화의 요체가 무엇인지 궁금합니다.

“교수협의회가 주장하는 골자는 두 가지입니다. 교수회의의 의결기관화가 그 하나고, 총·학장의 교수에 의한 직접선출이 다른 하나입니다.

5·16 이전까지의 교수회의는 학사에 관한 모든 사항을 논의, 의결했고, 총·학장도 직접 선출했지요. 그런데 5·16 후 심의 내지는 자문기관으로 전락하여 대학의 자치에는 아무런 영향력도 행사할 수 없는 형식적 기관이 돼 버렸어요. 총·학장도 임명제로 되었고요.

대학민주화의 유일하고 핵심적인 방안은 바로 이 교수회의가 제 기능을 회복하는 데 있습니다.”

교수 제 기능 회복이 우선

—교수회의가 제 모습을 되찾는다 해서 학원민주화가 다 성취되는 건 아니리라 생각되는데요, 학원민주화의 구체적인 내용이나 방안은 서 있습니까?

"교수협의회 산하에 학원자율화추진위원회라는 특별위원회를 구성 중에 있습니다. 각 단과대별 이사회가 구성되면 이사회의 동의를 얻어 활동을 시작할 예정입니다. 이 학원자율화 추진위원회에서 학원민주화의 여러 구체적인 방안들을 연구하여 최종안을 확정할 것입니다. 가령 총·학장 직접선거 문제도 마땅히 그러해야 한다는 게 제 생각입니다만, 이 특별위원회의 연구결과에 따라 달라질 수 있습니다."

—그런 문제로 인해 신임 조완규 총장과 마찰이 일어나지는 않을까요?

"조 총장은 5·16 이전에 서울대학 교수로 재직했었습니다. 몸소 교수회의 의결에도 참가하여 그 시절을 겪어본지라 잘 알기 때문에 별다른 부대낌은 없을 것으로 봐요."

이 문제와 관련, 지난 8월 20일부터 2박 3일간 강원도 속초시 설악파크호텔에서 열린 전국 11개 국립대 총장 간담회에서는 교수들에 앞서 파격적인 의견이 제시되었다. 총장들 스스로 단과대 소속 교수 수에 비례해 선출된 대표교수들로 평의회를 구성, 여기에서 총·학장을 복수 추천하고, 이 중 한명을 정부가 임명하는 것이 바람직하다는 의견을 낸 것이다. 또 평의회에 인사권·재정권·행정권 등을 부여해야 한다고까지 주장했다.

국립대총장간담회에서 제시된 이 같은 의견이 구속력을 갖는 것은 아니지만 변 교수의 낙관적 전망을 뒷받침해 주는 것만은 틀림없다.

한편으로는, 학생들 자체 내에서 이 문제가 제기되기도 한다. 9월 16일 중앙대에서는 '15개단과대학생연합' 주최의 비상학생총회가 열려 신임 이재철 총장의 취임을 거부하기로 결의했다. 학생들은 집회에서 "신임 이 총장의 선임에 교수·학생들의 의견이 전혀 반영되지 않아 이 총장의 취임을 거부한다"고 밝히고 "평교수협의회가 구성되는 대로 이 기구에서 신임총장을 선출해야 할 것"이라고 주장했다.

학생 의견 옳으면 받아들여야

—학교당국과 학생의 사이에서 교량적 역할을 한다는 것이 쉽지 않으리라는 생각이 드는데요.

"과거에는 학생과 교수의 대화가 힘들었죠. 요새 민주화바람이 불면서 대화가 좀 이뤄지는 조짐이 보이긴 합니다만, 아직 미흡합니다. 교수-학생 간의 대화가 제대로 이뤄지려면 먼저, 학생징계를 비롯한 대학 내 모든 문제를 외부의 입김 없이 교수 스스로 해결할 수 있는 제도적 장치가 갖춰져야죠. 학생들의 주장이 전적으로 옳은 건 아니지만 맞는 것은 찬성하고 실현시키는 데 도와줘야 하지 않겠습니까."

그러나 교량의 역할이 그리 간단하지는 않다. 재단의 비리나 전횡 같은 문제야 교수-학생 간 의견의 일치를 구해나갈 수 있겠지만 어용교수·무능교수 시비에 이르면 실로 난감하지 않을 수 없다.

9월 11일 대전 목원대에서는 법학과 학생들의 '무능교수퇴진' 요구 농성이 잇따르자 법학과 이순철 교수(40)를 직무수행 능력 부족(교칙 48조 2항)을 이유로 직위해제했다. 이 교수는 교칙에 따라 3개월간 대기발령 상태로 있다가 학교 측이 제시한 '사제지간의 관계개선'에 대한 연구과제 결과에 따라 복직여부가 결정된다.

9월 16일 전남대에서는 복학대상 학생들이 총장실을 점거, '어용총장 및 학생처장 퇴진'을 요구하며 농성을 벌였다. 이에 대해 김영인 전남대 총장은 문교부로부터 지침이 내려오는 9월 말경까지 자신의 진퇴문제를 결정하겠다고 밝혔다.

고려대에서 있었던 현민 유진오 박사 빈소 철거 시비의 경우는 더욱 미묘한 갈등으로 번졌다. '국정자문위원'이라는 현민의 전력에 대해 '시비곡직'(是非曲直)을 가리려는 측과 '고인(故人)에 대한 예우'란 명분으로 이를 무마시키려는 측의 의견대립은 교수 간의 분열까지 야기시켰다. 여기에 경찰이 개입, 복직교수협의회·고대출신교수·한국기독교교회협의회(KNCC)·고대총학생회 등이 "미풍양속을 명분으로 한 민주교수탄압이며 교권위협행위"라고 성명서를 내는 등의 반발을 불러일으켰다.

대화와 협력이 해결의 열쇠

"몹시 어려운 문제입니다"

제자로부터 '어용' 비난을 받은 교수가 과연 스스로 강단을 지킬 수 있을 것인가 하는 반문으로 답을 암시하던 변 교수도 교수들 간의 미묘한 견해차와 이해관계에 대해서는 명쾌한 대답을 하지 못한다.

"교수들 사이에서도 경험세계의 차이, 의식의 차이는 있습니다. 하지만 지성인으로서, 설득과 대화로 잘 풀어나갈 수 있으리라고 봅니다."

변 교수의 낙관론은 앞으로 직면하게 될 교수 내부의 미묘한 갈등과 마찰을 애써 덮어두려는 게 아니라 보다 순리적으로 학원의 자율화·민주화라는 해묵은 과제를 풀어나가려는 의지의 소산으로 보인다.

지나치게 정부와 밀착된 이들에게는 비판을 가해야 하지 않겠느냐고 덧붙이기도 한다.

—앞으로 교수협의회를 전국적인 조직으로 발전시킬 의향은 없으십니까? '민주화를 위한 전국교수협의회'와의 관계도 궁금한데요.

"지난 7월 21일 창설된 '민주화를 위한 전국교수협의회'는 학원민주화와 정치민주화의 촉진자극제가 되기 위해 결성한 기구로, 희망자가 개인자격으로 가입하지요. 주로 서명교수 중심으로 가입해 있고 서울대학에는 7~8명이 있습니다.

'교수협의회'는 이와는 무관하게 자기 대학의 민주화·자율화를 목표로 각 대학별로 전체 교수들의 의지를 모아 건설하는 것입니다. 우선은 각 대학의 특수한 사정에 따라 활동하되 필요하다면 전국적 연계도 할 수 있지요."

경제학 교수로서 한·미 통상마찰 해결안이 없겠냐는 질문에 "국민의 절대적 지지를 받는 정권이 서야 대외관계에서 자주성을 견지하여 선진국의 압력에 대항하는 것이 가능"하며 이것이 '유일한 해결책'이라는 변 교수는 학생들의 반미구호도 '나이 든 세대의 경험과 젊은 세대의 이론과의 대화'가 필요하다며 학원민주화를 이끄는 주역으로서 학생들과의 대화와 협력을 다짐하는 말도 잊지 않는다.

조용히 지낼 날 기다려

—교수님이 애쓰시는 학원민주화도 요즘의 정치적 분위기와 밀접한 관계를 지닌 것 아닙니까? 학생들 주장도 정치적 요구가 큰 비중을 차지하는 만큼…….

"학원민주화를 위한 노력은 정치적 민주화를 촉진합니다. 그래도 먼저 선행돼야 할 것은 정치적 민주화지요. 일단 정치적으로 민주화가 되면 학원민주화는 상당 수준 진척될 것이며 자연스레 풀려나가리라 봐요.

교수된 입장에서야 신분을 감안해서 학원민주화에 주력하면서 투표를 통해 실천하는 게 바람직하지요. 뭐, 되도록이면 그래야잖겠어요? 교수가 직접 성명서를 발표한다든가 정치적 태도를 선언하는 일은 그 횟수가 차츰 적어지길 바랍니다."

4·19 때 4·25교수데모에 앞장섰던 경력이 있으며 해직시절에는 해직교수협의회 대표로 있었던 변 교수.

서울대교수협의회 회장으로의 선임은 '복권'에 불과하다는 변 교수는 어느 정도만 활동이 궤도에 올라서면 그 다음은 새사람이 꾸려가야 한다고 말한다. 뭐든지 한 사람이 오래하는 것은 좋지 않다는 웃음이 한결 돋보인다.

"나는 앞으로의 정치일정이나 교수협의회의 활동에는 낙관합니다. 이번 선거를 통해 민간정부가 들어서면 어느 정도 정계개편도 일어나고 혁신정당도 생겨나지 않겠습니까, 이제 하나씩 하나씩 진척되고 우리 사회 내부에서 소화해 나갈 겁니다."

그저 평범한 대학교수로서의 외길 하나만을 걷길 바라기에 회장직도 오래 머물 뜻이 없고 교수협의회도 어서 친목단체로 돌아가길 바라는 변 교수. 이른바 '민주교수'로 일컬어지는 그의 소박한 바람이 실현되는 날이야말로 이 나라 민주화 완성의 날이 아니겠는가.

《월간현대》(1987. 11)

교수협의회 회장 회고록[*]
: 80년대 초 서울대 교수협의회

과거의 역사는 현재의 거울이다. 이런 측면에서 볼 때 암울한 시대적 분위기 속에서 어려움을 겪었던 80년대 초 교수협의회의 활동은 다시 한 번 되새겨 봄직하다. 본보는 80년 당시 교수협의회 회장이셨던 변형윤 교수의 회고록과 당신이 오랜 세월 동안 책장 속에 묻어둘 수밖에 없었던 80년 5월의 미발표 성명서 〈서울대교수 시국선언〉을 게재한다. 앞으로도 본보는 전임 교수협의회 회장님들의 회고록을 연재할 예정이다. ─편집자

나는 1960년대 후반에 부회장직을 맡은 바 있다. 그리고 회장 대리직을 약 3개월간 맡기도 했다. 그때의 회장은 의대의 김성환 교수였는데 임기 중 정년퇴임을 맞이한 탓으로 회장 자리에 공백이 생기게 되어 부회장 2인 중 연장자가 맡아야 한다는 주장에 따르다 보니 그렇게 되었다. 그 당시의 협의회는 회원들의 복지향상이나 친목 등에 주력하는 편이었던 것으로 기억된다. 후임회장은 문리대나 농대 등에서 나오

---

[*] 변형윤 사회대 경제학과 교수.

기를 강하게 바랐기 때문에 그 뜻을 받아들여 문리대의 이숭녕 교수를 이사회에서 천거하여 총회의 동의를 얻었다. 그리하여 나의 후임회장은 이숭녕 교수가 되었다.

그 뒤에는 협의회에 관여한 바가 없기 때문에 삼선개헌, 유신 등의 시기에 협의회가 어떻게 대응했는지 그리고 그 이후에 어떤 일을 했는지 잘 알지 못한다.

내가 회장으로 다시 선출된 것은 1980년 3월 초의 일이다. 2월 중이었다고 생각되는데, 법대를 대표하는 이사 중의 한 사람이었던 최기원 교수가 나의 연구실로 와서 이사회에서 회장으로 추천될 것이라는 귀띔을 미리 해주었다. 나는 무척 당황했지만 그대로 맡기로 했다.

그때는 바로 제2의 서울의 봄을 맞이한 시기로 사회의 흐름에 발맞추어 혹은 선도적으로 학원민주화의 요구가 강하게 제기되는 때였으므로 그것을 수용하는 데 주력하는 것이 협의회의 할 일이라고 생각했었다. 간략한 취임사에서도 그런 생각을 밝힌 것으로 기억된다.

부회장 2인은 문과와 이과계에서 각각 내기로 하여 법대의 김철수 교수와 의대의 고광욱 교수로 했다. 그리고 새로 구성될 이사들의 선출이 각 대학에서 행해졌는데 그 중에는 금년 3월까지 회장을 지낸 공대의 전낙원 교수와 현 회장인 사회대의 이상희 교수도 포함되어 있었다. 첫 이사회는 4월 중순경에 교수회관의 현재의 제3회의실에서 열렸던 것으로 기억한다. 2시간여에 걸친 토의 끝에 학원민주화안을 만들기로 하고 그것을 위한 위원회의 위원장을 부회장인 김철수 교수에 맡기기로 하였다. 동 위원회는 위원장을 중심으로 약간 명의 위원으로 구성되었으며, 즉시 5·16 전의 서울대학교 교수회의 성격, 총장선출에 관한 규정 등을 비롯해서 일본 동경대학에 관한 자료, 미국, 영국, 독일 등의 유명대학에 관한 자료 등을 모아 안을 만들기 위한 활동을 본격적으로 시작했다. 교수의 복지문제 등에 대해서도 관심을 갖고 자료를 모은 것은 물론이다. 동 위원회의 위원 중에는 이상희 교수, 인문대의 이명현 교수 등이 포함되어 있었던 것으로 기억된다.

그러나 정국의 흐름은 매우 불투명하였다. 민주화의 외침이 매우 드센 가운데 군부의 움직임이 심상치 않다는 이야기가 끊이지 않았다. 학원에서도 학원민주화의 요구로 소용돌이치고 있었고, 특히 문제가 많은 것으로 알려져 있던 사립대에서의 학원분규는 심각했고 또 장기화의 조짐을 보이고 있었다. 그리하여 학생과 재단의 중간에 몰린 양심적인 교수들의 간절한 바람에 조금이나마 부응해야 할 필요성이 절실해졌다. 그래서 분규에 휘말리지 않은 타 대학의 교수들의 선언 그리고 대학교수와 양심적인 지성인의 시국선언 등에 관련을 갖지 않을 수 없었다.

그러던 중 5월 10일을 조금 지나서 이제까지 학내에서 토론, 규탄, 농성 등을 해오던 학생들은 드디어 거리로 뛰쳐나왔다. 서울대의 경우에는 5월 12, 13일경이었던 것으로 생각된다. 학내에서 철야농성을 하던 학생들 사이에서 저녁 9시쯤 무장군인이 지금 정문으로 쳐들어오고 있다는 말이 퍼지자 학생들은 농성을 풀고 해산했는데 그것이 거짓 소문인 것으로 확인된 것이 계기가 되었다. 그 다음 아침 격해진 학생들은 캠퍼스를 뛰쳐나갔던 것이다. 사정은 타 대학의 경우도 비슷했던 것 같다. 어떻든 그때쯤 각 대학에서 학생들이 일제히 거리로 뛰쳐나옴으로써 종로, 광화문, 시청, 미도파, 서울역 광장은 말할 것도 없고 영등포 일대도 성난 학생들의 물결로 메우어졌고 그들은 지지부진한 개헌작업에 대한 불만, 이원집정제 개헌음모에 대한 반대 등 조속한 민주화 조치를 외치면서 시위를 계속했다. 시위는 5월 17일까지 지속되었다.

그렇지 않아도 사태를 진정시키는 데 도움이 될 수도 있으니까 현 상황에 대한 서울대 교수들의 의견을 개진하는 선언을 낼 필요가 있다는 주장을 하는 교수들이 많이 있었던 데다가 이제는 시국선언을 내야 할 때가 왔다는 이사들의 주장까지 있고 해서 교수 시국선언을 내기로 하고 준비를 서둘러 5월 19일(일) 오전 10시에 이사회, 11시에 교수협의회 전체회의를 각각 열기로 했다. 시국선언(안)이 작성 완료된 것은 5월 17일(토) 저녁 가까워서였다. 문안작성은 학원민주화안을 만들기 위한 위원회가 주관했다. 물론 그동안 이사들에게 5월 19일 이사회 소집을 급히 알리는 한편 관악캠퍼스 내에 소재하는 대학의 이사들에게는 가급적이면 그날 교수협의회로 오도록 하였다.

준비도 모두 끝나고 모처럼 많은 이사들이 모이기도 하고 또 저녁식사 때도 되고 해서 지금 그대로 있는지 알 수 없지만 봉천동 네거리의 봉천동 고개 우측 입구에 있는 일식집에서 간단히 저녁 회식을 했다. 거사를 앞둔 탓인지 결연한 의지가 좌중을 압도하는 분위기였던 것으로 기억된다. 식사를 끝낸 뒤 5월 19일의 이사회와 전체회의에 차질이 없도록 최선을 다하자는 다짐을 하고 헤어졌다. 집으로 돌아와서 MBC 9시 뉴스를 들었는데 뉴스 끝머리에서 서울대 교수들이 5월 19일 시국선언을 한다는 것과 우리의 주장 일부가 소개되는 것을 보고 나는 크게 놀랐다. 그러나 다른 한편 이미 보도기관에서 우리의 시국선언(안)을 입수했을 리는 없을 텐데 하는 생각을 해보기도 했다.

그러나 약 3시간 뒤인 5월 18일 오전 0시를 기해 계엄령이 선포되고 많은 사람들과 학생들이 체포되는 일이 일어날 줄은 전혀 예상치 못했던 것이 사실이다. 뒤에 알고 보니 우리가 회식을 하는 동안에 이미 부분적으로 그런 일이 진행되고 있었던 것이다. 다음 날인 5월 18일(일) 학교에서 연락이 왔다. 계엄령이 내려져 공수단이 학교에 주둔

하고 있어 일반교수들의 출입이 금지되고 있으니 추후 연락이 있을 때까지 학교에 나오지 말라는 연락이었다. 이렇게 일반교수들의 학교 출입이 금지되니 자연히 5월 19일의 모임은 무산될 수밖에 없었다. 그리고 작성된 〈서울대교수 시국선언〉도 햇빛을 보지 못한 채 묻혀 버렸던 것이다. 그러나 이 선언은 1980년 당시의 상황을 잘 반영하고 있는 것이라고 생각된다.

나는 약 1주일간 서울 근교의 어느 시골로 내려가서 지냈다. 집으로 돌아와 보니 교수들의 학교출입은 허용되고 있었다. 그래서 나도 학교에 나갔으나 이미 교수협의회에 신경 쓸 상황은 아니었다. 그러던 중에 나는 7월 16일 저녁 합동수사부 요원에 의해 남산으로 연행되어 7월 19일에 풀려났다. 자연히 교수협의회 활동과 관련된 심문조사도 받았다. 풀려나기 전에 파면 당하느냐 사표제출이냐의 강요된 선택에서 나는 후자를 택했다. 이렇게 학교를 떠나는 몸이 되어 나는 회장직을 부회장에 넘기지 않을 수 없었는데, 2인의 부회장 중 김철수 교수는 부회장마저 사퇴하지 않을 수 없는 처지에 있었기에 고광욱 교수에게 떠맡길 수밖에 없었다. 드디어 8월 초 어느 날 7월 31일자로 해직되었음을 통고받고, 정든 서울대 교수직을 떠나게 되었다.

나는 4년 1개월의 해직교수 생활을 1984년 9월 1일자로 끝냈다. 그 날짜로 서울대 교수직으로 복직되었던 것이다. 전혀 교수협의회와는 관계없는 생활이 시작되었음은 물론이다. 그러다가 1987년의 6·29선언 이후 이른바 서울대교수협의회도, 그렇게 불러도 가히 잘못이 아닌 그동안의 동면기에서 벗어나 제2의 태동기를 맞이하게 되었다. 준비 기간을 거친 후 9월 초에 총회가 열려 내가 다시 회장으로 선출되었다. 준비기간에 있었던 일은 이상희 교수에 의해서 뒤에 밝혀지리라고 생각한다. 나는 교수직에 복직하는 마음으로 회장직을 다시 맡았던 것이다.

1980년 때와 달라진 점은 부회장을 인문계, 사회계, 이공계, 의치학계, 농수의계를 각각 대표하는 5인으로 하고 있는 점이었다. 그래서 인문대의 소광희 교수, 법대의 심승규 교수, 공대의 전용원 교수, 의대의 김상인 교수, 농대의 한인규 교수에게 각각 부회장직을 부탁드렸다. 그리고 각 대학에서 이사가 선출된 뒤에 교수회관에서 첫 이사회가 10월 초에 열렸다. 여러 시간의 토의 끝에 '대학자율화 추진분과위원회'를 우선 발족시키기로 했다. 위원은 이사나 이사가 추천하는 사람 외에 대학자율화 문제에 관심이 많은 몇몇 사람으로 구성하기로 그리고 위원장은 호선에 의하여 선출하기로 했다. 이상희 교수가 위원장으로 선출되었다.

한편 1988년에 들어와서는 교수권익증진 분과위원회도 발족되었다. 구성방식은 대학자율화 추진분과위원회의 그것과 같았다. 위원장으로는 전용원 교수가 선출되었다. 이들 분과 위원회의 성과가 다름 아닌 《서울대학교 자율화 지침》, 총장에게 제출된 〈서울대학교 총장 선출방법〉, 국공립대학 교수 연구수당 50퍼센트 인상 등이다. 그 밖의 1989년 2월까지의 교수협의회 활동은 《교수협의회 소식》에 기록되어 있으므로 그것에 미루기로 한다.

다만 여기서 두 가지만 밝혀두기로 한다.

하나는 국립대학교 교수협의회 간의 연대를 위해서 한국교원대학교를 제외한 서울대학교 교수협의회를 비롯한 10개 국립대학의 교수협의회 회장으로 구성된 전국 국립대학교 교수협의회 회장단을 1988년 2월 하순에 대전 유성에서 발족시킨 일이다. 그 이후 대전, 광주, 대구, 춘천 등에서 여러 차례 모임을 갖고 그때그때 성명을 내기도 했다.

다른 하나는 정관에 의하면 정기총회는 학년 초에 열리기로 되어 있으므로 회장은 정기총회에서 선출되는 것이 좋겠다는 생각에서 임기 6개월을 남긴 채 1989년 3월 초의 정기총회에서 사임한 일이다. 그렇지 않으면 새 회장은 항상 임시총회인 9월에 선출될 것이기 때문이었다.

《교수협의회보》(서울대, 1991. 6. 15)

제6편
정치민주화

제1장 철 학

대통령 중심제냐? 내각 책임제냐?
: 한국의 저명인사 100명 어떤 정부형태 바라는가

《주간조선》은 국민의 지대한 관심사가 되어 있는 헌법 개정에 대해 각계의 저명인사 1백 명으로부터 의견을 들어보는 기획을 마련했다.

취재진은 《한국인명사전》 등을 자료로 우선 230여 명의 명단을 만들었다.

이 작업엔 몇 가기 기준을 두었다. 각 분야의 지도적 인사로서 사회적 지명도가 비교적 높은 사람들을 대상으로 하되, 정치적 이력을 가졌거나 정치현실과 밀접한 관련을 가진 사람들은 제외했다. 헌법학자들도 대상에 넣지 않았다. 순수지식인 계층의 소박한 여론을 알아보자는 게 편집의도였기 때문이다.

취재진은 대상인사들을 전화로 인터뷰하면서 편의상 서울거주자에 국한시키게 됐다. 대상인사들의 외유, 지방출장 등 여러 사정으로 통화를 못한 경우가 더 많아 결국 16명을 인터뷰하게 된 셈이다. 이 중 응답을 완강히 거부하며 이름을 빼 달라고 말한 6명을 제외한 숫자가 1백 명이다.

취재진은 대상인사들에게 편집의도를 설명한 뒤 국민적인 관심사가 되어 있는 개헌에 대해 △ 대통령중심제와 내각책임제 혹은 다른 정부형태 가운데 어느 제도를 선호하며 △ 그 이유는 무엇인가를 물었다. 그 응답을 모은 것이 이 특집 〈한국의 저명인사 100명, 어떤 정부형태 바라는가〉이다.

1백 명 중 21명이 대통령중심제를, 13명이 내각책임제를 선호했다

한 가지 특기할 만한 사실은 저명인사 1백 명 중 66명이 장래의 정부형태에 대해 '노코멘트'이었다 점이다. 이 중 41명은 의견개진을 거부한 채 '함구'로 일관했으며, 나머지는 제도의 선택보다 운용의 묘, 민주적 장치, 원만한 타협, 정치인들의 양심 등 주로 원론적인 주장으로 응답에 대신했다.

이 점은 물론, 사안의 중대성에 비해 전화인터뷰라는 의외적 설문이 빚은 결과일 수도 있겠다. 아무튼 1백 명의 저명인사들 중 절대다수가 정부 형태의 선택에 대해 '노코멘트'의 태도를 보였다는 사실은, 개헌이 요즘 초미의 국민적 관심사가 되어 있는 점에 비춰 시사하는 바가 없지 않다.

취재진은 한국 저명인사들과 통화중 정치현실에 대한 혐오감, 무관심 등 소극적인 감정이 그들 사이에 넓게 깔려 있다는 강한 인상을 받았다.

변형윤(59·서울대 교수·경제학)

나는 대통령직선제를 찬성한다. 내각책임제는 정치 불안을 초래할 우려가 있다. 내각책임제를 실시한다면 선거구는 소선거구제도여야 한

다. 대통령중심제로 하되, 독재로 흐르지 않도록 삼권분립을 철저히
해야겠다.

《주간조선》(1986. 7. 27)

"시장경제와 민주주의 병행 발전이 기본 철학"

지난 98년 10월 2일 출범한 '제2의 건국 범국민추진위원회' 대표공동위원장을 맡고 있는 변형윤(51년 상대졸·모교 명예교수) 동문을 서초동 서울사회경제연구소 소장실에서 만나보았다.

―'제2건국위'이 지향하는 새로운 나라의 모습은 어떤 것인지요.

"제2건국위가 지향하는 것은 흔히 말하는 신 혁명을 거친 선진국의 모습이라고 생각합니다. 다시 말해 상식이 잘 통하고 질서가 있으며 불의에 굴하지 않고 낭비와 허세가 없는 모습이라고 할 수 있습니다."

―'제2건국위'가 대통령 자문기구로서 본연의 성격을 벗어나 초법적 권력기관으로 변질되는 것이 아니냐는 논란이 있습니다만…….

"일각에서 제2건국위의 순수성을 의심하는데 그것은 좋게 보면 오해를 한 것이고 나쁘게 보면 곡해를 한 것입니다. 제2건국위는 국정 전반에 관한 자문기구가 아니라 국민의 의식, 생활 양태, 제도 개혁에 관해서 대통령에게 자문하는 기구입니다. 이같이 개혁을 추진하는 것은 대통령의 몫이라고 봅니다."

―21대 기획과제의 구체적인 내용을 소개해 주십시오.

"김대중 대통령이 제시한 7대 국정과제를 보다 세분화해 분야별로 3개씩, 21개 기획과제를 선정한 것입니다. 우선 1순위로 추진할 것이 정부혁신, 경제 살리기, 부정부패 추방, 세계기준에 상응한 기업·금융 시스템 선진화, 창의적 인적자원 개발, 노사 간 협력과 신뢰 구축, 남북 간 화해 환경조성 등이며 2순위로 각 부처 추진과제, 3순위로 국민들이 염원하고 있는 국민제안 과제 등을 종합 검토해서 자문하게 될 것입니다."

—'제2건국위'의 조직은 어떻게 구성돼 있는지요.

"흔히 제2건국위가 중앙과 시·도 조직으로 구성돼 있다고 생각하는데 그것은 잘못된 견해입니다. 제2건국위는 대통령 자문기구이고 시·도 및 또는 시·군·구별로 조직된 위원회는 시장, 도지사, 군수, 구청장 등 각 단체장의 자문기구로서 중앙조직의 산하단체가 아닙니다.

제2건국위는 19명의 공동위원장, 450여 명의 민·관 합동위원으로 구성된 전체위원회, 50여 명의 상임위원회, 30여 명의 기획단, 각 위원회와 기획단의 업무를 지원하는 기획운영실로 구성되어 있습니다. 전체위원회는 3개월에 1회, 상임위원회는 1개월에 1회, 기획단은 1개월에 2회씩 회의를 갖게 됩니다."

—'제2건국위' 활동에 있어서 국민적 공감대 형성이 중요하리라 봅니다. 국민들의 자발적인 참여를 유도할 방안은 무엇인지요.

"20억 원의 예산으로 각 시민단체의 활동을 도와주는 거지요. 각 시민단체가 국민의 의식, 생활, 제도 개혁을 위해 하고자 하는 일을 검토해서 지원해주는 것도 하나의 방안이지요."

—원로 경제학자로서 작금의 경제·사회 상황과 현 정부의 경제정책과 관련해 앞으로 우리의 경제는 어떻게 변화·발전해 가리라 보시는지요.

"우선 시장경제가 창달되어야 합니다. 정부개입이 심한 관치경제에서 공정성·경쟁성을 복원시키는 게 무엇보다 중요합니다. 제2건국위가 지향하는 기본 철학이 바로 이것입니다. 또한 역대의 권위주의적 통치방식에서 벗어나 민주주의의 새로운 발전모델을 추구해야 하겠지요. 작금의 경제 상황은 내년 후반기쯤에 회복되리라고 전망합니다."

—동문들에게 당부하고 싶은 말씀은.

"지금까지 방식으로는 선진국이 될 수 없다고 봅니다. 선진국이 되려고 한다면 동문을 비롯해 국민 모두가 의식은 물론 생활 행태부터 바꿔 21세기에는 세계일류국가로 재도약해야 합니다.

더불어 동창회보에 바라는 것이 있다면 소위 알려지지 않은 사람, 불우하거나 고생하면서 음지에서 일하는 동문들에 대해 일부 지면을 할애했으면 좋겠습니다."

평소 '절차탁마'를 몸소 실천해온 변 동문은 80년 모교에서 해직, 84년 복직되었을 때부터 일주일에 한 번씩 산행을 하면서 건강관리를 하고 있다.

가족 중 동문으로는 장남 변기홍(78년 공대졸) 동국대 교수, 장녀 변기원(80년 가정대졸) 부천대 교수, 첫째 사위 고 이종훈(77년 사회대졸) 전재무부 과장, 둘째 사위 최익권(74년 공대졸) 충북대 교수가 있다.

《서울대학교 동창회보》(1999. 1)

제2장 한겨레신문 참여활동

《한겨레신문》 탄압 관련 성명서 1

우리는 현 정권이 《한겨레신문》에 대해서
가하고 있는 일련의 탄압을 엄중히 규탄한다

정부가 북방정책을 내세우고 남북교류를 강조했을 때 국내외 언론사들이 북한에 특파원을 보내어 취재한 것과 마찬가지로 《한겨레신문》도 분단된 조국의 북녘 땅을 찾아가 동족의 삶을 직접 취재·보도할 수 있기를 바랐던 것이다.

그런데 다른 신문사의 북한 방문 보도는 묵인 내지는 허용한 이 정부가 유독 《한겨레신문》의 유산된 북한 취재 계획만을 대대적으로 문제 삼는 저의는 무엇인가.

그것은 언제나 민주화와 민족통일을 열망하는 국민의 편에 서서 현 정권을 과감하게 비판해 온 《한겨레신문》을 탄압하려는 것 외에 아무것도 아니다.

정부는 리영희 논설고문을 비롯한 《한겨레신문》 간부들에 대한 부당한 국가보안법 발동을 그만둘 것이며 나아가 이 땅의 통일·민주세력에 대한 일체의 탄압을 중지할 것을 강력히 요구한다.

 우리는 고난의 시대를 뚫고 감격스럽게 창간 사업에 임했던 그 자세와 의지를 되살려서 오늘의 이 박해를 물리치고 《한겨레신문》을 굳게 지켜나갈 것을 다짐한다.

1989년 4월 15일
한겨레신문 창간위원회

고문: 계훈제, 변형윤, 김지길

위원장: 한승헌

부위원장: 이우정, 이문영

사외위원: 강정문, 고 은, 김승훈, 김윤수, 김천주, 문재인, 배동순,
　　　　　성내운, 성 문, 심성보, 안평수, 이광우, 이기웅, 이부영,
　　　　　이소선, 이오덕, 조아라, 조준희, 차범석, 천영세, 최원식,
　　　　　최장학, 팽원순, 하봉룡, 한용희

《한겨레신문》(1989. 4. 22)

《한겨레신문》 탄압 관련 성명서 2

통일지향 민족언론 탄압말라

민족·민주언론의 대들보인《한겨레신문》창간이념의 지속적 구현을 소임으로 하는 우리 한겨레신문 창간위원회는 아직도 계속되고 있는 정부당국의 공안통치와 언론탄압에 대하여 온 국민과 더불어 우려를 금할 수 없다.

이미 드러난 바와 같이 당국은 문익환 목사를 비롯한 임수경 씨와 서경원 의원 등의 방북 사건을 빌미로 좋은 기회라도 만났다는 양 민주세력과 민주언론에 대한 탄압을 서슴지 않고 있다.

이에 한겨레신문 창간위원회는 우리 6만 주주와 120만 독자의 염원을 받들어 현 정권의 그러한 탄압에 엄중 항의하면서 다음과 같이 주장한다.

1. 한겨레신문사의 방북취재 계획과 관련하여 리영희 논설고문을 국가보안법 위반으로 구속, 재판하는 것은 민족의 통일염원에 반함은 물론 현 정권이 내세운 7·7선언에도 어긋나는 조치이므로 이제라도

정부는 그에 대한 부당한 공소를 취하해야 한다.

2. 서경원 의원의 방북사실을 취재한 윤재걸 기자를 악명 높은 '불고지죄'로 구속하려는 것은 언론인에게 첩자 노릇을 강요하는 처사나 다름이 없다. 따라서 그에 대하여 발부되었다는 구속영장은 결코 집행되어서는 안 되며, 사법부는 그간의 영장 남발을 반성하고 앞으로는 법관 영장주의의 본뜻을 저버리지 말아야 한다.

3. 지난 7월 12일 이른 아침 안기부가 8백여 명의 경찰을 동원한 가운데 강행한 한겨레신문사 편집국에 대한 압수수색은 폭력을 수반한 언론유린 사태의 세계적 표본이었다. 무릇 언론사(인)는 취재를 통해서 얻은 정보와 자료를 보도 아닌 다른 목적과 방법으로 사용해서는 안 된다. 더구나 취재원 내지 제보자의 처벌을 위한 증거로 내어줄 수는 없다. 따라서 수사당국은 지난번의 압수수색은 영장의 발부와 집행의 전 과정에 몇 가지 부적합한 문제점이 있었다는 점을 유의하여, 압수해 간 보도용 자료를 즉각 한겨레신문사에 반환하여야 한다.

4. 현 정권은 마땅히 서둘러야 할 5공 천산과 민주화 개혁은 외면한 채, 반역사적 압제를 자행해 온 점을 반성하고 온 국민과 한겨레신문사에 대하여 사과해야 한다. 동시에 다시는 그런 일이 되풀이되지 않도록 촉구해마지 않는다.

1989. 7. 19

한겨레신문 창간위원회

고문: 계훈제 변형윤 김지길

위원장: 한승헌

부위원장: 이우정 이문영

사외위원: 강정문, 고　은, 김승훈, 김윤수, 김천주, 문재인, 배동순,
　　　　　 성내운, 성　문, 심성보, 안평수, 이광우, 이기웅, 이부영,
　　　　　 이소선, 이오덕, 조아라, 조준희, 차범석, 천영세, 최원식,
　　　　　 최장학, 팽원순, 하봉룡, 한용희

《한겨레신문》(1989. 7. 22)

한겨레통일문화재단 임직원 구성
: 이사장 변형윤 교수… 민족화해·통일사업 본격화

'한겨레통일문화재단'이 통일원으로부터 재단법인 설립허가를 받음에 따라 민법 제32조가 정한 비영리 재단법인으로 정식 출범하게 되었습니다.

'한겨레통일문화재단'은 지난 95년 민족화해를 위한 사업에 써 달라며 7억여 원의 재산을 한겨레신문사에 기탁한 고 김철호 선생의 뜻을 받아 김수환 추기경을 비롯한 원로 23분의 발의와 통일을 염원하는 각계각층 3만 2천여 '국민발기인'의 참여로 세워진 국민재단입니다. '한겨레통일문화재단'은 재단법인으로 정식 출범함에 따라 민족통일을 향한 구체적 사업을 벌여나갈 모든 준비를 마쳤습니다.

바람직한 통일을 위해 민족의 지혜를 한데 모아야 할 필요성이 어느 때보다 커진 지금 '한겨레통일문화재단'이 민주·평화·자주의 바탕 위에서 통일을 앞당기는 사업을 적극 펼쳐 나갈 수 있도록 국민 여러분께서 뜨거운 성원을 보내주시기 바랍니다.

'한겨레통일문화재단'은 지금까지의 재단활동과 법인설립 후 활동계획 등을 담은 소식지 《통일가족》 2호를 국민발기인들에게 보내 드릴 예정입니다. 주소가 바뀐 분은 재단 사무국(7100-195/196, 팩스 706-6009)으로 연락해 주시기 바랍니다.

임원진 명단

■ 이사장

변형윤 서울대 명예교수·사단법인 서울사회경제연구소 이사장/전 경실련 공동대표

■ 이 사

권근술 한겨레신문사 대표이사 사장

김용준 고려대 명예교수/전《씨알의 소리》발행인 겸 편집인

백낙청 서울대 교수·사단법인 민족문학작가회의 이사장/전 창작과 비평사 대표

서중석 성균관대 교수·역사문제연구소 부소장

이세중 시민단체협의회 공동대표/전 대한변협 회장

이효재 여성한국사회연구회 회장·이화여대 명예교수/전 한국여성단체연합 공동대표

한완상 한국방송대 총장/전 부총리·서울대 교수

허　웅 한글학회 이사장/전 서울대 교수

홍창의 서울대 의대 명예교수·소아과 전문의/전 소아과학회 이사장(가나다 순)

■ 감 사

박재승 변호사·한겨레신문 감사

이계종 회계사

《한겨레신문》(1997. 6. 9)

제1회 한겨레통일문화상 시상식

한겨레통일문화재단이 주관하는 제1회 한겨레통일문화상 시상식이 28일 오후 2시 한겨레신문사 8층 회의실에서 열렸다. 이날 시상식에서는 첫 수상자로 결정된 작곡가 윤이상 씨를 대신해 딸 윤정 씨가 통일문화상과 함께 상금 500만 원, 백두산 여행권을 받았다.

지난 25일 귀국한 윤 씨는 "민족의 화합과 통일을 위해 힘쓰시던 아버지께서 생전에 이 상을 받으셨다면 얼마나 좋아하셨겠느냐"며 "큰 상을 주신 재단 쪽에 감사한다"고 소감을 밝혔다.

재단은 지난달 열린 이사회에서 '훌륭한 음악인에 머물지 않고 행동하는 지성인으로서 민족의 화합과 통일에 기여한 윤이상 선생'을 첫 수상자로 선정했다.

이날 시상식에는 변형윤 이사장, 최학래 사무총장, 권근술 한겨레신문사 사장, 김승근 국제윤이상협회 한국 사무국장, 소프라노 윤인숙 씨 등 20여 명이 참석했다.

《한겨레신문》(1999. 1. 29)

제3장 제2의건국범국민추진위원회 활동

'제2건국운동'의 의의 및 '제2건국위'의 역할*

1. 머리말

요즘 정치권을 비롯, 사회 각계각층에서 제2건국운동과 관련하여 많은 논란이 제기되고 있다. 논란의 주된 쟁점은 제2건국운동에 어떤 정치적 저의가 있지 않느냐는 것이다.

이러한 논란이 제기되고 있는 일차적인 이유는 제2건국운동의 의의, 제2건국위의 회의 성격·역할 등에 관하여 정치적인 시각에서 편향적으로 해석하는 점에서 바탕하고 있지만, 보다 근본적으로는 제2건국운동의 추진배경, 취지 및 제2건국위원회의 역할 등에 대하여 국민들이 충분히 알지 못할 뿐만 아니라 나아가 일부 오해를 하는 경우도 있다는 점에서 그 원인을 찾을 수 있다고 본다.

제2건국운동에 대하여 일부에서의 오해와 논란이 있는 것은 그동안 추진체계를 갖추는 등 추진기반을 정비하는 데 노력하다 보니 각계각층의 국민들에게 이 운동의 배경과 취지를 올바르게 전달하는 노력이

---

* 변형윤(제2의건국범국민추진위원회 대표공동위원장).

미흡하였던 데에도 그 원인이 일단이 있다고 스스로 반성하고 있다.

2. 제2건국운동의 의의 및 추진체계

1) 제2건국운동의 의의

현재 우리나라는 6·25 이후 최대의 국난이라는 국가적 위기에 직면하여 기업의 연쇄도산 및 대량 실업사태 등으로 말미암아 심각한 어려움을 겪고 있는 한편, 가치체계와 생산양식이 산업사회에서 정보사회로 변하고 있는 문명사적 대전환기에 놓여 있다.

'제2건국운동'은 이러한 국가적 위기와 세계사적 대전환에 직면하여 과거의 낡은 틀과 방식으로는 오늘의 위기를 극복할 수 없고 다가오는 21세기의 치열한 국가 간의 경쟁에서도 이길 수 없다는 절박한 인식하에 나라를 다시 세운다는 새로운 각오로 의식과 생활 그리고 제도에 대한 총체적 개혁을 통하여 국난을 극복하고 21세기 민족 재도약을 이룩하려는 범국민운동이다. 일부에서는 이 운동을 정계개편이나 신당 창당 등 정치적인 문제와 결부시키고 있으나, 이것은 과거의 정치적 행태와 관점에서 비롯된 기우에 불과하다. 제2건국운동은 오늘의 난국을 극복하고 우리나라가 선진국가로 도약할 수 있는 토대를 마련하기 위하여 국민의 자발적 지지와 참여를 기반으로 하는 범국민적 순수 민간운동임을 분명하게 밝힌다.

2) 제2건국운동의 추진체계

의식·생활·제도 전반에 걸친 총체적 개혁인 제2건국운동의 추진은 민간만에 의해서는 어렵고 관만으로는 더더욱 어렵기 때문에 민과 관의 상호 지원·협조하에 민·관 합동으로 추진하게 된다.

제2건국위원회가 개혁추진의 방향 및 개혁과제 등에 관하여 대통령 또는 자치단체장에게 정책대안을 건의하면, 사안의 성격에 따라 공공부문의 제도개혁과 관련된 것은 중앙정부, 지방자치단체, 국회 등의 상호 협조하에 추진하고, 국민들의 의식·생활개혁과 관련된 것은 민간단체 및 국민들의 협조를 받아 추진하게 된다.

3. 제2건국위원회의 성격과 역할

1) 제2건국위원회의 성격

제2건국운동이 성공적으로 추진되기 위해서는 중앙은 물론 지방을 망라하는 전국적인 지도·지원체제를 갖출 필요가 있기 때문에 중앙 및 지방에 각각 제2건국위원회가 설치되어 있다.

중앙의 '제2의건국범국민추진위원회'는 대통령의 자문에 응하기 위한 기구이며, 각 자치단체 제2건국추진위원회는 지역실정에 맞는 개혁과제의 발굴·추진에 관하여 자치단체장의 자문에 응하기 위한 기구로서, 양자 모두 집행기능이 없는 순수 자문기구의 성격을 갖는다.

2) 제2건국위원회의 구성

제2건국운동은 국난을 극복하고 21세기 국가발전에 대비하는 범국민적 실천운동인 까닭에 정부는 물론 사회 각계각층의 인사들이 제2건국위원회에 참여하고 있다. 추진기반을 구축하는 초기단계인 현재는 중앙과 지방 각 위원회별로 공공부문 측 위원이 20~30퍼센트를 점하고 있으나, 운동이 어느 정도 정착단계에 들어서면 이 비율을 줄여나갈 예정이다.

3) 제2건국위원회의 역할

위원회의 활동은 제2건국을 위한 개혁추진의 방향 및 개혁과제 발굴 등 정책대안을 개발하여 대통령 또는 자치단체장에게 자문하는 역할에 국한하고, 개혁과제를 직접 집행하지는 않는다. 제2건국위원회는 순수 자문기구로서의 성격을 가지므로 자문의 범위를 민간부문의 생활·의식개혁 분야에 국한하여야 한다는 견해도 있으나, 위원회가 특정 사안을 직접 행하는 것이 아니라 정책대안을 개발하여 자문하는 것에 그치므로 생활개혁·의식개혁은 물론 제도개혁까지 포괄하여 자문하되, 사안에 따라 우선순위와 강도를 조정하여 다루게 될 것이다.

4. 맺음말

제2건국운동을 둘러싼 논란—특히 정치적 잡음과 시비—이 있다 하여 이 운동을 통하여 추진하려고 하는 개혁을 포기할 수는 없다. 국가가 누란의 위기에 처하고 세기적·문명사적 대전환이 급속하게 진행되고 있는 현 상황에서 총체적인 개혁추진은 우리에게 부여된 시대적 당위이기 때문이다.

제2건국운동을 통한 총체적 개혁추진은 정권의 문제가 아닌 국가생존의 문제이다. 제2의 건국운동이 정치적 목적에 이용되는 것은 있을 수·없고, 또 있어서도 안 될 것이다.

제2건국운동의 본뜻과 오늘 우리에게 부여된 시대적 요청을 바로 인식하여 제2건국운동의 대열에 범국민적인 참여가 이루어지기를 기대한다.

《대한지방행정》(1999)

"제2건국운동 정치적 이용 막겠다"

사람들은 그를 '학자 아니고는 다른 모습을 상상할 수 없는 어른'이라고 부른다. 그렇다고 칠십 평생 그가 '온실 속 학자'인 적은 없었다. 목소리만 높이는 정치교수는 더더욱 아니었다. 80년 해직 경험, 경실련 초대 공동대표. '학현(변형윤의 호)학파'를 거느린 경제학계의 대부. 행동하는 지성을 상징해 온 그가 드디어 정권의 부름에 응했다. '제2건국 범국민 추진위원회'(제2건국위) 대표공동위원장을 맡게 된 변 교수를 강남의 서울사회경제연구소에서 만나보았다.

―역대 정권으로부터 장관이나 국회의원 직을 주겠다는 제의를 여러 차례 받았던 것으로 알고 있습니다. 이번에는 어떻게 수락할 생각을 하셨는지요.

"제안을 받고 사실 많이 망설였습니다. 군사 정권 때야 내가 싫어 안 간다고 하면 그만이었지만, 이번에는 나라가 어려움에 처했는데 개혁 세력이 바깥에서 구경만 하고 있을 수는 없지 않겠느냐는 설득을 흘려듣기만도 어려웠어요."

―선생님께서는 김 대통령 당선 이전부터 자문 교수를 하셨고, 지난

대선 때는 '정권교체국민위원회' 발족에도 앞장을 서셨습니다. 그 때문에 선생님에게 'DJ사람'이라는 딱지를 붙이는 사람들도 있습니다.

"그렇게 본다 해도 어쩔 수 없지요. 79년 박정희 대통령 시해 직후 DJ를 처음 만났으니까 벌써 20년 인연입니다. 김영삼 전 대통령과도 나쁜 관계는 아니었어요. 그렇지만 저 개인적으로 DJ가 더 아는 것이 많고 판단도 빠르다고 생각해 그를 지지해 왔습니다. 저는 DJ를 '국비 장학생'이라고 불러요. 교도소 생활을 하다 보면 소일하기 위해서라도 책을 많이 읽게 되잖아요. 세금 들여 공부시켜, 이제 다시 국민들이 부리게 됐으니 국비 장학생이죠."

—언론이 대대적으로 보도하고 있는데도 '제2건국' 개념이 모호한 것 같습니다. 보수 세력들은 역대 정권의 정통성을 무시하는 용어라고 반발하던대요.

"공동위원장끼리 아직 자리를 같이한 일이 없어 뚜렷하게 개념을 정리하기는 어려워요. 그렇지만 저 개인적으로는 그렇게 복잡한 개념이라고 생각하지 않습니다. 건국한 지 50년이 지났고 새로운 50년이 열리는 이 시점에서 '이대로는 안 되겠다. (모든 분야가) 뭔가 바뀌지 않으면 안 되겠다'는 공감대가 형성됐다면 이를 제2건국이라 불러도 되겠지요. 명칭이야 다르면 또 어떻습니까."

—그렇다면 제2건국 운동은 일종의 의식 개혁 운동입니까? 일부 시민 단체는 이처럼 모호한 개념이 개혁의 본질을 흐리고 있다고 공격합니다.

"노(No), 그것은 오해입니다. 제2건국 운동은 의식 개혁·생활 개혁·제도 개혁 이렇게 세 가지 개혁을 지향하고 있습니다. 제도 개혁까지 포함하려다 보니 관과 정당까지 이 운동 조직에 들어오게 된 것이지요. 제2건국위 산하에 설치된 정부 기획단을 두고 야당이나 일부 시민

단체가 관제 운동이라고 비판하는 것은 잘 알고 있습니다. 그러나 제2
건국 운동의 중심은 누가 뭐래도 민간입니다. 단지 민간단체가 시·군·
구 단위 행정 부처의 협조를 받을 수 있도록 행자부장관이 기획단장
을 맡고, 국무조정실장·청와대 정무수석이 부단장을 맡게끔 한 것입니
다. 정부 부처 간 협의를 끌어내고, 대통령과 민간운동을 중계하려면
이들의 역할이 필요할 테니까요. 정부가 이 운동의 주도권을 쥐는 일
은 결코 없을 것입니다."

—그러나 정부가 개입 유혹을 이겨내기란 쉽지 않을 듯싶습니다. 실
제로 한나라당은 제2건국운동을 '제2의 관제 국민운동'이라 부르며,
이 운동 배후에 거대 신당을 창당해 장기 집권을 피하려는 여권의 음
모가 도사리고 있는 것 아니냐는 의혹을 제기하고 있는데요.

"정권을 뺏긴 야당 처지에서야 무슨 말인들 못하겠습니까. 만에 하
나 최고 통치권자가 제2건국운동을 자기 의지대로 밀어붙이고 싶은
유혹을 느낄 수도 있겠지요. 그러나 그런 일은 절대로 막아야 합니다.
더욱이 야당 주장처럼 여권이 새 정권 창출을 위한 사전 정지 작업으
로 이 기구를 이용하려 든다면 그것은 용납할 수 없는 일입니다. 그러
려면 처음부터 정당을 따로 만들어라, 이겁니다. 혹시라도 현 정부가
이 조직을 정략적으로 이용하려 든다면 그때는 위원장직을 미련 없이
그만두겠습니다."

—제2건국위는 명실상부한 민간 주도 개혁기구라고 말씀하셨는데
요. 그런데도 공동위원장 17명의 면면이 지나치게 보수 쪽에 기울어
있다는 비판도 있었습니다.

"저로서도 조금 미진한 감이 있습니다. 그렇지만 개혁을 드러내놓고
반대하는 세력만 아니라면 보수 세력도 얼마든지 이 운동에 참여할
수 있음을 보여주는 측면도 있다고 생각합니다. 이미 제안한 대로 야

당 내부의 개혁 세력도 이 운동에 동참하기를 바라고 있습니다.”

─제2건국 운동은 추진 과정에서부터 잡음이 많았습니다. 위로부터의 동원식 발상이 시민단체의 자율성을 훼손했다는 주장입니다.

“이 사람들(정부)이 시간에 쫓기다보니 착오가 있었던 것 같습니다. ‘시민단체 네트워크’라는 구상 자체가 말 안 되지요. 시민단체의 본분이 자기 영역에서 견제하는 목소리를 내는 것인데 이것을 한 틀로 묶으려 들어서는 안 됩니다. 단 NGO(비정부 기구)란 게 조직력이 떨어지고 돈도 많이 부족한 것이 현실이잖아요. 일부 단체처럼 기업에 아쉽게 손을 벌리거나 준조세 형식으로 돈을 뜯느니, (제2건국위에 참여해) 최소한으로 필요한 돈은 국민 세금으로 받으면서 발로 뛰는 데 힘을 쏟았으면 좋겠다는 바람은 있습니다.”

─경실련·환경운동연합·참여연대처럼 영향력 있는 시민단체들이 제2건국위에 불참하기로 확정 또는 잠정 합의하자 다른 단체들도 동요하고 있습니다.

“동참하기 싫다는 단체들을 억지로 설득해 끌어들일 생각은 없어요. 몇 달 지나 이 운동이 자기들이 생각했던 것과는 다르구나 하는 것을 현실로 느끼고 동참하고 싶어 할 때 받아들이면 그만입니다. 한때 제가 경실련 공동대표를 지냈던 것 때문에 시민단체들이 부담을 갖는 것 같은데 그럴 것 없습니다. ‘막판에 정치적으로 이용만 당하는 것 아니냐’는 동료·후배들의 걱정도 참으로 고맙게 받아들이고 있습니다. 저는 담담합니다. 일단 지켜보면 알게 될 것입니다(변 교수는 인터뷰 도중 지켜봐 달라는 말을 서너 차례 되풀이했다).”

─김대중 정부의 개혁을 어떻게 평가하십니까? 일각에서는 이번 겨울이 개혁의 마지노선이 될 것이라는 얘기가 흘러나옵니다.

“개혁을 평가하기는 이르다고 생각합니다. 그렇지만 전망은 낙관적입니다. 이번 정기국회에서 개혁 입법만 통과시키면 내년에는 법과 제도의 뒷받침을 받아 개혁을 추진할 수 있을 것입니다. 방법에 문제가 있었지만 여대야소를 이룬 이상 개혁 입법 통과는 가능할 것으로 봅니다. 이 같은 전망이 없었다면 저도 대표위원장 직을 쉽게 수락하지는 못했을 것입니다. 내년 들어 내각제 논의가 시작되면 개혁이 물 건너갈 것이라고 생각하는 사람이 많은데, 내각제를 주장하는 사람들도 개혁을 안 하겠다는 것은 아니잖아요."

—너무 낙관적인 전망 아닙니까?

"저를 보고 이상주의자라고 욕할지도 모르겠습니다만, 저는 이상주의지로 살아왔고 앞으로도 그렇게 저의 길을 갈 것입니다. 학계에 40년 넘게 있었던 사람이 아무리 현실을 잘 안다고 우긴들 이상주의자일 수밖에 없겠지요. 그렇지만 이상주의자의 강점은 잡다한 것 없이 깨끗하다는 것입니다. 마음속을 깨끗하게 비우다 보니까 추진력도 나올 수 있는 것입니다."

《시사저널》(1998. 10. 8)

"사회저변의 잘못된 관행 바로잡아야"

학현(學峴) 변형윤(邊衡尹·71) 서울대 명예교수. 국민의 정부 경제이론가들을 대거 배출한 이른바 '학현학맥'의 좌장이다. 김태동(金泰東) 청와대정책기획수석, 윤원배(尹源培) 금융감독위원회부위원장, 이진순(李鎭淳) KDI원장 등은 그의 애제자들이다. 모두 개혁 성향의 경제학자 출신으로 국민의 정부 경제정책의 방향을 가다듬고 있다.

서민들이 느낄 수 있을 때까지 개혁해야 성공

이들의 정신적 지주인 변 교수가 국가개혁운동이랄 수 있는 '제2의건국운동'에 뛰어들었다. 변 교수는 최근 '제2건국 범국민추진위원회(약칭 제2건국위)'의 대표공동위원장에 선임됐다. 민·관 합동으로 구성되는 제2건국위는 제2건국운동의 이론적 뒷받침과 '발'로 뛰게 될 범국민운동본부에 대한 지원을 주로 맡는다.

'실천하는 지식인'으로 잘 알려진 변 교수는 제2건국위 대표공동위원장에 내정된 직후 "제2건국운동의 가장 시급한 과제는 변화된 주변상황을 제대로 판단하고 적응하는 데 필요한 의식개혁"이라고 밝혔다.

복잡하게 생각할 필요 없이 사회 저변에 깔려 있는 잘못된 관행을 바로잡는 것이 바로 제2건국운동이라고도 말했다.

변 교수는 특히 "지난 50년을 되돌아보면서 '이제는 바뀌어야 한다'는 생각이 국민들 사이에 폭넓게 퍼져 있다"면서 "이런 생각이 제2건국운동의 시작일 것"이라고 말했다. 지금의 국가위기를 새로운 도약의 기회로 삼기 위해서도 변해야 한다는 것이 변 교수의 생각이다.

지난 9월 24일 서울 서초동 서울사회경제연구소 사무실에서 만난 변 교수는 이제 막 가다듬기 시작한 제2건국운동에 대한 자신의 생각들을 조심스럽게 내비쳤다.

제2건국위 공동위원장단 및 고문단

■ 공동위원장(17명)

강문규(姜汶奎) 새마을운동중앙협의회장

김민하(金玟河) 한국교원단체총연합회장

김상하(金相夏) 대한상공회의소장

김용운(金容雲) 한국수학문화연구소장

변형윤(邊衡尹) 한겨레통일문화재단 이사장

서영훈(徐英勳) 신사회공동선운동연합 공동대표

양순직(楊淳稙) 한국자유총연맹 총재

이경숙(李慶淑) 숙명여대 총장

이문영(李文永) 경기대 석좌교수

이수성(李壽成) 평화통일자문회의 수석부의장

이우정(李愚貞) 평화를 만드는 여성회 수석대표

정광모(鄭光謨) 소비자연맹 회장

정명훈(鄭明勳) 지휘자

정원식(鄭元植) 대한적십자 총재

정의숙(鄭義淑) 이화학당 이사장

조완규(趙完圭) 한국과학기술한림원장

한석룡(韓錫龍) 전 강원지사

■ 고문(10명)

강영훈(姜英勳) 세종재단 이사장

강원룡(姜元龍) 크리스찬아카데미 이사장

김수환(金壽煥) 천주교 추기경

김종필(金鍾泌) 총리

박태준(朴泰俊) 자민련 총재

송월주(宋月珠) 조계종 총무원장

이회창(李會昌) 한나라당 총재

조세형(趙世衡) 국민회의 총재대행

조영식(趙永植) 세계평화위 의장

정진석(鄭鎭奭) 천주교 대주교

—제2건국의 의미는 무엇입니까?

"과거 50년, IMF 관리체제로 전락한 것을 보면서 많은 국민들이 '이대로는 안 된다' '바뀌어야 한다'는 생각을 갖게 됐습니다. 복잡하게 생각할 필요가 없습니다. 사실 지난 반세기는 너무 형식에 치우친 감이 있습니다. 실질과는 괴리가 있었어요. 겉으로는 번지레 한데 실제로는 그렇지 않았습니다. 그래서 여기까지 온 것 아닙니까? 연줄보다는 초등학교만 나와도 실력만 있으면 중용하는 사회, 열심히 하는 사람이 우대받는 사회가 돼야 합니다. 제2건국의 의미는 바로 이런 데 있다고 생각합니다."

—제2건국운동은 어디서부터 시작해야 한다고 생각하십니까?

"제2건국운동은 개혁추진의 일환입니다. 어느 한 분야가 아니라 전체적인 차원입니다. 정치, 경제 등 모든 분야에서 개혁이 이뤄져야 합니다. 그렇다고 해서 모든 것을 뒤집어엎자는 것은 아닙니다."

—제2건국위 활동방향은 어떻게 설정해 놓고 계십니까?

"일회성 이벤트 위주의 추진은 성과를 거둘 수 없다고 생각합니다. 지속적으로 끌고 갈 것입니다. 국민, 아니 서민들이 '이젠 정말 바뀐 것 같다'는 생각을 갖게 될 때 비로소 이 국민운동의 성공의 '싹'이 보일 것입니다. 거창하게 생각할 필요가 없습니다. 서민들이 쉽게 접할 수 있는 분야와 사람들부터 바뀌면 됩니다."

—제2건국위의 역할은 무엇입니까?

"방향을 제시하는 것이라고 봅니다. 지원을 하는 기구이지요. 제2건국운동의 '발' 역할을 할 범국민운동본부를 지원하는 역할이 가장 중요합니다."

—국민들에게 하고 싶은 말은 무엇입니까?

"지금처럼은 안 된다는 생각에 공감한다면 애정을 갖고 제2건국위의 활동을 충분한 시간을 갖고 지켜봐 줬으면 좋겠습니다. 무엇보다도 긍정적인 사고가 가장 중요합니다."

경제난 '자초' 재벌들 국민 앞에 사죄해야

변 교수는 지난 55년 서울대 상대에서 교수생활을 시작한 이래 퇴직 때까지 강단을 떠나지 않은 원로 경제학자이다. 학계·관계·업계 등 사회 각 분야에 그의 아호를 딴 '학현학맥' 인사들이 포진해 있다. 현 정부에도 중요한 자리에 그의 제자들이 포진해 있다. 스승으로서 제자들의 '능력'을 평가해 달라자 변 교수는 이렇게 대답했다.

"지금의 개혁은 형평성을 강조하는 것입니다. 이제는 효율보다는 형평이 중요합니다. 이를 추진하는 과정에서 기득권층의 저항이 강한 것으로 알고 있습니다. 새 정부에 중용된 제자들이 이런 난관을 헤쳐 나가면서 개혁을 잘하고 있다고 생각합니다." 평소 '분배'의 중요성을 강조해온 변 교수의 소신이 배어있는 답변인 셈이다.

기업구조조정 문제에 대해서도 변 교수의 답변은 명쾌했다. 변 교수는 직접적으로 '재벌사과론'을 주장했다.

—구조조정 문제를 놓고 정부와 기업 간에 이견이 있는 것으로 보입니다. 구조조정 문제에 대해서는 어떻게 생각하십니까?

"우리 경제가 도대체 누구 때문에 이렇게 됐는지 생각하면 대답은 간단합니다. 많은 기업들이 은행돈과 국민의 세금을 가지고 결국 손해보는 장사했습니다. 재벌들이 국민 앞에 머리 숙여 사죄해야 합니다. 구조조정 안 해도 되면 하지 않으면 될 일입니다. 그러나 은행에서 돈 안 대줘 살아남을 기업이 있습니까? 구조조정은 반드시 필요합니다."

DJ노믹스 이론기초 제공한 인물로 정평

변 교수는 역대정권으로부터 정권참여 요청을 받았으나 이에 응하지 않고 비판적인 학문, 사회활동을 계속해왔다. 지난 60년 4·19 때 대학교수단 데모에 참가한 것을 비롯, 80년 서울대 대학교수협의회장, '134인 시국성명' 준비위원 겸 운영위원, 해직교수협의회장 등의 경력은 그의 대학 민주주의 활동을 말해준다. 경제정의실천시민연합(경실련) 공동대표 등 활발한 사회운동을 통해 '경제적 약자' 편에 서는 노력도 게을리 하지 않았다. 그런 그가 최근의 사정과 개혁을 어떻게 평가할지 궁금해졌다.

─최근의 여론조사에 따르면 현재 사정과 개혁이 국민들의 전폭적인 지지를 받지는 못하고 있습니다.

"전폭적인 지지는 있을 수 없습니다. 지난 대선 때 현 정부의 출범을 원치 않는 국민들이 분명히 있었습니다. 반대세력은 있을 수밖에 없습니다. 다만 시간이 흐를수록 사정이나 개혁이 필요하다는 인식이 확산되면 성공이라고 생각합니다."

변 교수는 김대중(金大中) 대통령과는 지난해 대선전 '새시대 포럼' 이사장직을 맡아 공개적인 지지활동을 벌이는 등 상당히 우호적인 관계이다. DJ노믹스의 이론적 기초를 제공한 인물로 평가된다. 그런 그도 최근의 경제난에 대해서는 상당히 오랫동안 지속될 것이라면서 국민들의 자각과 노력을 당부했다.

"내년까지는 경제난이 심화될 것으로 봅니다. 5년까지 지속될 수도 있습니다. 모든 사람들이 정신을 차려야 합니다. 아직도 많은 사람들이 힘든 일을 하지 않으려고 합니다. 농촌에도 가지 않으려 합니다. 이래서는 안 됩니다. 현실을 직시하고 허공에 떠있는 발을 빨리 땅에 내려놓아야 합니다."

80년 해직됐을 때 건강유지를 위해 시작한 등산이 이제는 일상화돼 매주 한차례는 꼭 산행에 나선다는 변 교수는 "위기는 곧 기회"라면서 "국민들이 자세를 가다듬는다면 현재의 위기를 충분히 극복할 수 있다"고 말했다. 개혁성과 도덕성, '칼 같은' 원칙과 실천력을 겸비한 노(老)교수가 추진할 제2건국운동의 성과가 궁금해진다.

《뉴스피플》(1998. 10. 15)

"제2건국은 사회 전 분야를 전부 바꿔 나가자는 것"

김대중 개혁의 총괄본부

지난 10월 2일 창립총회를 갖고 공식 출범한 제2건국 추진위는 김대중 대통령이 추진하는 '총체적 개혁'을 국민운동으로 발전시켜 보기 위해 출범한 대통령 자문기구로, 민과 관이 함께 하는 독특한 형태의 의식운동을 목표로 하고 있다. 창립선언문도 "이제 우리는 나라의 기본을 바로 세우는 제2의 건국에 나서야 한다"며 "시민사회의 저변으로부터 분출하는 광범한 개혁 열기를 하나로 결집시키는 개혁의 선도자가 되고자 한다"고 그 목표를 밝혔다.

이렇게 '김대중 개혁의 민-관 합동 총괄기구' 성격을 갖고 있는 제2건국 추진위원회는 대통령이 임명·위촉하는 위원만 해도 5백 명 가까이 된다. 이들은 2년 임기에 연임이 가능하며 당연직 위원으로 국무위원 등 정부 측 인사들도 포함됐고, 하부에 상임위원회와 분과위원회를 두는 광범위한 조직을 갖추게 된다.

'개혁 총괄위원장' 격인 변형윤 제2건국 추진위 대표 공동위원장(71·전 서울대 경제학과 교수)을 만나 이 단체의 성격과 운동 방향 등에 대해 들어 보았다.

—제2건국 추진위는 민관 합동기구의 성격을 띠고 있다고 이야기들을 합니다만 실제로는 정부가 주도하는 기구가 아닌가 생각됩니다. 실무 인원이나 돈이 모두 정부에서 나오고 있는 것으로 압니다.

"제2건국 추진위는 자문기구입니다. 상임위원들은 정기적인 모임을 가질 것이고 위원들 전체 모임은 3개월에 한 번 정도가 될 것입니다. 실무자들은 정부 쪽에서 파견 근무하게 되지만 상임위원회와 각 시민단체 대표들이 모여 운동 방향과 사업을 논의 결정해서 추진하게 됩니다."

변 위원장의 답변을 좀더 잘 이해하기 위해서는 추진위가 어떻게 구성돼 활동할 것인지를 살펴볼 필요가 있다. 추진위는 대통령 자문기구로서 심의·조정기능을 갖고 있으며, 개혁 추진 방향 및 의제 설정, 국민운동 지원 및 민간단체 협조·지원 방안 등을 심의해 대통령에 보고한다. 위원회는 분기마다, 상임위원회는 매달 2번씩 정례회의를 열 계획이다. 정부는 활동을 지원하기 위해 각 부처에 자체 추진반을 구성·운영하고 자치단체에도 위원회 구성을 권고할 방침이다. 또 사회·시민·직능단체 등으로 국민운동본부 구성도 검토하고 있다.

실무조직으로 기획단이 구성되며 단장은 행정자치부장관, 공동 부단장은 국무조정실장과 대통령 정무수석이 맡도록 했다. 기획단은 관계부처 차관, 정부출연연구기관장, 시민단체 등 30명 이내의 기획위원으로 구성된다. 또 산하 실무지원 조직으로 기획운영실을 두고 공무원들을 파견 근무토록 했다.

"경실련(경제정의실천시민운동연합)이나 참여연대라든지 하는 비정부단체(NGO)들이 실질적으로 활동을 해 갈 겁니다. 실무진들은 이들의 활동에 도움을 주는 역할만을 하게 될 겁니다. 시민단체들이 얼마나

활발하게 일을 하고 이 운동에 참여하느냐에 성패가 달린 문제라고
봅니다."

"정부 돈 좀 쓰면 어떠냐"

―지금 말씀하신 대로 시민운동단체의 활동을 단순히 지원하는 역
에 그친다는 게 사실이라면 그렇게 거창한 단체를 만들 필요가 있는
지 의문입니다.

"시민단체들이 활동하기 위해서는 돈이 필요할 것이고, 지금까지는
많은 부분이 기업체로부터 나왔습니다. 정부의 돈이란 게 국민들로부
터 나온 세금 아닙니까. 그 돈을 받았다고 해서 시민운동단체들이 지
금까지와는 달리 다른 길로 간다고는 말할 수 없습니다. 정부 돈을 받
았다고 정부에 비판적인 활동을 못할 것이라고 보는 것은 속단입니다.
견제세력으로서의 역할은 그대로 해야 합니다."

―청와대를 비롯해 여권의 핵심 관계자들은 제2건국추진위가 시민
운동을 네트워크화 할 것이라고 누차 말해왔습니다.

"그 말도 그렇게 나쁘게 볼 필요 없습니다. 각기 분산돼 활동해 오
던 것을 뭔가 하나로 묶어 본다는 정도로 해석하면 되지 않을까요. 내
가 생각하는 네트워크는 각 단체들을 느슨하게 묶는 것입니다. 아주
짜임새 있게 묶을 필요는 없다고 봅니다. 이를테면, 정부 돈을 받게 되
면 제 역할을 못하게 될 것이라고 판단해 추진위에 참여하지 않겠다
면 그만이지, 그것을 굳이 억지로 들어오라고 강요할 필요는 없다는
겁니다."

―예를 들어 경실련 같은 단체가 정부 돈을 받아도 지금까지와 같
은 성격의 단체로 존속할 수 있을지, 또 그런 단체가 굳이 정부 돈을

받아 활동을 해야 하는지 의문입니다. 경실련에서도 정부의 시민단체 네트워크화 구성에 반발하고 있지 않습니까? 경실련 대표를 한 경험도 있는 위원장님의 생각은 어떻습니까?

"다시 말하지만, 경실련이건 어디건 싫으면 참여하지 않으면 그만입니다. 하지만 구차하게 기업에게 손 벌리지 말고 정부 돈을 받아 쓰는 게 더 낫지 않냐는 겁니다. 그리고 일부에서는 왜 제2건국이란 말을 썼느냐, 또 제2건국 추진위가 정치적으로 이용당하지 않겠느냐고 우려합니다만 참여해서 견제하면 되는 것 아닙니까. 우리 모두 지금까지와 같은 방식으로는 안 되지 않느냐, 바꿔야 한다는 데 다 공감하고 있지 않느냐, 그렇다면 말로만 그러지 말고 함께 참여해서 같이 가야 한다고 생각하면 되는 것이지, 그렇게 복잡하게 생각할 필요가 없습니다."

"다 썩었으니 모두 바꿔야"

—제2건국이란 용어는 누구의 발상입니까. 또 위원장님께서는 제2건국이란 말이 함축하고 있는 과거 부정의 의미에 대해선 어떤 생각을 갖고 계십니까?

"누구의 발상인지는 전혀 모르겠지만, 지금까지는 다 썩었다, 그걸 좀 고쳐가야 할 것 아니냐는 생각을 제2건국이란 말로 표현한 것 아니냐고 봅니다. 왜 제2라고 했냐 하면 올해가 마침 건국 50년이고 평화적으로 여야 정권교체도 됐고 했기 때문에 그런 말을 쓴 것 아니겠어요. 지난 50년을 통틀어 제1건국이라고 한다면 새로운 50년을 시작하는 시점에서 제2라는 말을 쓸 수 있는 것이라고 봐요."

변형윤 위원장은 이 대목에서 "그동안 비전이 없지 않았느냐" "그렇기 때문에 일반 국민들을 한데 확 묶을 수 있는 캐치프레이즈가 필요한 시점이 아니냐"면서 양손으로 큰 제스처를 지어 보였다. 그러나 자신은 "'제2건국'이란 말을 그리 좋아하는 것은 아니다"고 말했다.

"각 분야별로 다 바꾸어야 하는데, 이러한 운동이 진짜 어려운 것은 의식을 바꾸고 생활 자체를 바꾸는 게 한꺼번에 되는 게 아니라는 데 있습니다. 1~2년 사이에 가시적인 성과가 나타나기는 어렵지 않겠나 생각합니다. 한 1년쯤 지나고 나서 일반 국민들이 뭔가 좀 바뀔 것 같다는 인식만 들게 되더라도 성공이라고 봅니다."

─민주주의 국가에서 더구나 21세기를 앞둔 정보 산업사회에서 과연 그런 정부 주도의 의식개혁 운동이 가능하다고 보십니까? 정부가 나서서 국민들을 바꿔 보겠다는 발상 자체가 오만하고 권위주의적인 것 아니냐는 것입니다.

"민간에 전적으로 맡겨서는 우리가 구상하는 그런 국민운동 기구가 몇 년이 걸려도 구성되지 않을 겁니다. 마당을 만들어 주고 이렇게 이렇게 해보시오 하고 지원을 해주겠다는 것이지 정부가 주도적으로 나서서 무엇을 꾸며 보겠다는 것은 아닙니다."

─만약 그렇다면 왜 행정자치부 장관이 기획단장, 국무총리 국무조정실장과 청와대 정무수석이 부단장을 맡고 장관들이 전부 위원으로 참여하며 각 지방자치단체까지 조직을 갖추려고 하는 겁니까?

"전국 각 읍면동까지 조직을 갖춰 지원하려면 행자부가 나서야 하니까 행자부 장관이 기획단장을 맡은 것이고, 각 부처에서 지원할 일이 생길 수 있으니 장관들이 위원으로 참여한 것입니다. 또 각 부처간 이견을 조정하려면 국무총리실 국무조정실장이 나서야 할 것이고, 청와대나 정치권 쪽에서 협조를 받을 일은 정무수석이 나서서 해야 하기 때문에 두 사람이 부단장을 맡은 겁니다. 만약 지원을 맡은 이들이 뭔가 꾸미려고 하면, 그때는 정치적으로 이용한다는 말이 나올 텐데

이 점은 걱정하지 않아도 됩니다. 공동위원장이 나까지 19명인데 각계 각층을 대표하는 이 사람들이 충분히 막을 수 있다고 봅니다. 거기다 고문들도 있지 않습니까."

"정치에 이용하려 하면 해체"

기자가 '너무 순진한 생각 아니냐'고 다그치듯 묻자, 변 위원장은 "만약 정치적인 일에 앞장세우거나 선거에 이용하려 한다거나 하는 일 이 생기면 해체될 수밖에 없을 것"이라는 극단적인 표현까지 써가며 "절대로 그런 일은 없을 것"이라고 말했다.

"그래서 처음에 한나라당보고도 참여하라고 했는데 거부한 것 아닙 니까. 이야기가 나왔으니 하는 말이지만, 지금 야당은 참 이상한 야당 입니다. 기득권을 가진 사람들입니다. 기득권을 가지지 못했던 야당과 기득권을 가진 야당은 완전히 다릅니다. 과거에 자신들이 정권 잡았을 때 기분을 그대로 가지고 있어요. 빨리 그런 생각을 버려야 합니다."

—민간 부문의 시민단체가 나서서 개혁이나 국가 개조에 성공한 예 가 동서고금에 있습니까? 또 지금 하는 것을 보면 어차피 정부가 주 도권을 쥘 수밖에 없고, 그렇다면 솔직하게 터놓고 협조를 구하는 게 낫지 않겠나 하는 생각인데, 어떻습니까?

"정부가 나서서 하면 절대 성공 못합니다. 그런 생각을 불식하는 데 주력할 겁니다. 시민단체가 전적으로 개혁에만 매달릴 수는 없겠지만, 이들이 나서서 부정부패 척결하라고 외치고 바람도 좀 잡고 하면서 자극도 좀 주면 도움이 되지 않겠나 생각합니다."

—제2건국 추진위원회와는 별도로 제2건국 국민운동본부는 왜 구성 하려고 합니까?

"제2건국 추진위 산하에 둘 예정입니다. 경실련, 참여연대, 새마을 운동 중앙협의회, 바르게살기운동협의회, 자유총연맹 등 시민 사회단체들이 모여서 만드는 겁니다."

—국민운동본부도 읍면동 지방조직까지 갖추는 것으로 알려져 있는데요.

"그건 중앙에서만 떠들면 안 되니까요. 각 시민단체들도 지방조직을 다 갖추고 있지 않습니까."

—각 시민단체들이 다 제각기 지방조직을 갖추고 있는데 국민운동본부가 또 그런 지방조직을 갖출 필요가 있습니까?

"새마을 운동은 솔직히 말해 순수 시민단체와는 달리 정권에 추종하던 사람들이 많이 참여한 조직 아닙니까. 지방 유지나 사업하는 사람들이 다 관여하고……. 결과적으로 순수한 시민운동은 아닙니다. 이런 새마을 조직도 참여하고 정부에 견제 역할을 하던 경실련이나 참여연대 같은 조직이 각급 지방 조직별로 한데 모여 협의해서 일을 해보겠다는 겁니다. 각 단체들은 단체별로 자기 할 일은 하면서 의식개혁운동 같은 것은 별도로 모여서 해볼 수 있지 않겠습니까. 새마을 운동에 관여하는 분들이 의식개혁·생활개혁을 제대로만 해낼 수 있다면 모르겠지만 이 사람들은 한마디로 기득권 세력이고 이 기득권을 내놓지 않으려고 합니다. 내부적으로는 의식개혁에 적극 호응하려는 사람들로 조직을 바꾸어 나가야 할 거고, 순수 시민단체 사람들이 경계하는 역할을 해야 합니다."

"새마을은 박정희 추종세력 모임"

—위원장님께서는 새마을 조직에 대해 너무 부정적인 평가를 내리

는 것 같은데 실제로 새마을이 그렇게 가혹하게 비판받을 조직은 아닙니다. 조선일보가 건국 50년을 맞아 지난 7월 초에 조사한 결과에 의하면 조사 대상자의 45.6퍼센트가 '대한민국 역사상 위대한 업적'으로 새마을 운동을 꼽아 1위를 차지했습니다. 실제로 새마을은 자발적인 봉사활동을 통해 확고하게 자기 자리를 잡은 조직입니다.

"봉사활동을 하는 사람도 있겠지만 박정희의 영향을 그대로 받아, 극단적으로 표현하면 '박정희 복고운동'을 하는 조직 아닙니까. 유신 때 통일주체국민회의 하던 사람이고, 전두환·노태우 때 지지세력 아닙니까."

—박정희 경제개발 모델에 대해서도 부정적입니까?

"한마디로 노(NO)입니다. 지금 이 모양이 된 것도 직접적 원인은 박정희 때로부터 온 것이지 김영삼 대통령 때가 아닙니다. 관치금융·정경유착·부정부패·재벌의 문어발 경영 등 온갖 부정적 유산이 다 박정희로부터 비롯된 것 아닙니까. 그러니 우리 기업의 경쟁력이 없어져 이 꼴이 난 것 아닙니까."

—박정희 대통령을 1백 퍼센트 긍정은 않더라도 이만큼 우리가 살게 된 것은 박정희 대통령 때 그 기초를 닦은 것이고, 우리 현대사의 한 부분을 이끌었던 사람을 그렇게 완전히 부정한다는 것은 문제가 있는 것 같습니다.

"박정희보다 훨씬 더한 독재자가 나와도 그 혜택을 본 사람, 즉 기득권층은 그를 옹호하게 돼 있는 겁니다. 18년 동안 했으니 거기서 혜택 본 사람이 얼마나 많아요. 거기에 뭣도 모르는 지식인들이 놀아나고 있는 겁니다."

—세계의 근·현대사를 볼 때 영국과 미국을 빼고 권위주의를 거치지 않고 경제개발에 성공한 예는 없습니다. 서유럽국가에서도 민주적

인 정부가 들어섰다가도 근대화를 명분으로 다시 반동이 와 권위적이고 독재적 정권이 들어선 예가 많습니다. 박정희로 대표되는 지난 정권들에 대해 완전 부정을 하는 시각엔 문제가 있다고 봅니다.

"정상적인 민주주의 국가를 지향해야 하고 그런 관점에서 보면 박정희를 부정적으로 평가할 수밖에 없어요. 서양에서는 시민혁명을 거쳤고, 우리는 그런 과정을 거치지 못했기 때문에 이 모양이잖아요. 지금 우리는 시민혁명을 하고 있는 겁니다. 우리가 여기서 성공하지 못하면 그대로 가는 거예요."

—김대중 대통령의 국정 기본 철학인 '민주주의와 시장경제의 병행 발전'은 그 구체적 프로그램이 결여되어 있다는 느낌을 받는데 위원장님은 어떻게 해석하십니까?

"그거 뭐, 그렇게 어렵게 생각할 것 없어요. 박정희 정권이 독재정권이고 관치금융 아니었어요. 그것에서 벗어나자는 것이지 복잡하게 따질 필요 없어요. 독재의 반대가 민주주의고, 관치에서 벗어나 시장경제로 가자는 것 아닙니까."

—이승만 대통령의 남한 단독정부 수립과 대미 자주 외교노선에 대해선 긍정적으로 평가하십니까?

"일단은 단독정부는 뭐든 간에 우리의 정부를 수립했으니 그건 인정해야지요. 그리고 쿠데타(5·16을 뜻함)를 용납하는 것은 아니지만 3공화국까지는 그런대로 인정할 수 있으나, 유신으로 수립된 4공화국 정권부터는 전혀 인정할 수 없습니다."

"김영삼 정부도 독재정권과 맥이 같아"

—김영삼 정부도 마찬가지입니까?

"노태우 정권이나 마찬가지지, 무슨 문민정부입니까. 투표로 당선됐지만 정통성이 없어요. 야당으로 있으면서 싸워서 당선됐으면 모르지만 3당 합당으로 여당에 들어가 그 힘으로 당선됐으니 독재정권이나 맥을 같이 하는 정부 아닙니까."

—제2건국이란 용어도 그런 인식 위에서 나온 것으로 생각하십니까?

"누구한테 물어봐도 이제는 바꾸자고 하잖아요. 과거 정권을 뭐 어떻게 하겠다는 게 아니라 부정적인 것을 하나씩 바꿔 나가자는 것입니다. 과거도 참조하자는 것이지 모두 버리자는 이야기는 아닙니다."

—각 분야가 하나씩 바꿔나가는 것이 개혁이고 개혁은 상시적으로 조용히 해 나가면 된다고 생각합니다. 제2건국이란 슬로건을 내걸고 정부가 민간단체를 앞세워 요란하게 떠들어야만 된다고는 보지 않습니다.

"조용히 하면 진짜 개혁이 되지 않습니다. 개혁을 하겠다는 사람을 집결시켜야 하겠다, 그런 정도로 보면 되는 것 아닙니까. 개혁을 외치는 사람들의 집결체로 보면 됩니다. 나팔 불 사람은 불고, 실무적인 일을 할 사람은 하고 하면 되는 것 아닙니까."

변형윤 위원장은 70을 넘은 나이에도 불구하고 황해도 사투리(황해도 황주가 고향) 억양의 빠른 말투로 질문이 채 끝나기도 전에 먼저 답변을 이어 나갔다. 단순하면서도 호불호가 분명한 쾌도난마식 설명이었다. 그 때문에 어떤 부분에서는 전혀 반박할 여지를 남겨놓지 않아 그냥 넘어간 대목도 적지 않았다.

《월간조선》(1998. 11)

제7편
연설문

경기고 개교 72주년 기념축사

72주년 기념일인 10월 3일에 부쳐서 졸업생의 한 사람으로 축사를 쓰게 된 것을 무한한 영광으로 생각하면서, 나는 우선 모교에 진심으로 축하를 드리는 동시에 모교의 앞날에 무한한 발전이 계속 있기를 간절히 빕니다.

우리는 흔히 역사가 긴 것을 자랑하는 사람을 봅니다. 그러나 역사가 길다는 것만으로는 결코 자랑거리가 될 수 없습니다. 길면서도 진정으로 자랑할 만한 일을 감당해왔을 때 비로소 자랑거리가 됩니다. 그런데 경기는 역사가 길면서도 그간 모든 분야에서 자랑할 만한 유능한 인재를 무수히 배출해왔고 그러기에 이 나라에서 타의 추종을 불허하는 명문고교로서 군림해오고 있습니다.

분명히 경기출신은 유능하고 날카로운 판단력을 갖고 있는 것으로 말하여지고 있고 또 준재라고 불리고 있습니다. 그러나 나는 준재라는 것만으로는 결코 높이 사고 싶지 않습니다. 준재이기에 자칫하면 둔함, 끈기, 겸손을 결하기가 쉽습니다. 따라서 나는 여러분에게 우선 작은 일에는 둔하라는 부탁을 하고자 합니다.

요새같이 약삭빠른 사람들이 많은 시대에 둔하다는 말은 납득이 잘

안 갈는지 모르겠으나 길게 볼 때 매사에 약삭빠르려는 사람이 성공하는 예는 드뭅니다. 큰일을 위해서 작은 일에 둔한 것이 바람직한 일이 아닌가, 말하자면 '손톱 끊는 줄은 알면서 몸통 끊는 줄 모르는 사람'이 아니라 '아는 사람'이 바람직한 사람이 아닌가 생각됩니다.

다음에 끈기를 가지라는 부탁을 하고자 합니다. 요새같이 변덕스럽기 짝이 없는, 부단히 신기한 것만을 추구하려는, 그리고 결과만을 중시하려는 시대에 끈기를 가지라는 말은 이상할는지 모릅니다.

그러나 끈기를 가질 줄 모르면 행운 혹은 우연에 부닥칠 수 없을 것입니다. 발명의 왕이라고 하는 '에디슨'은 '천재는 99퍼센트의 노력과 1퍼센트의 우연의 결정'이라고 말한 바 있습니다. 노력은 끈기를 전제로 할진대 이 말에서 우연은 반드시 끈기와 결합되기 마련임을 알 수 있습니다. 그리고 끈기는 긴 시일을 기다릴 줄 안다는 것을 전제로 할진대 그것은 축적의 힘을 발휘하게 하는 것이라고 할 수 있습니다.

한번 큰 저수지를 생각해 봅시다. 저수지의 물은 샘물이 고여서 생기게 됩니다. 그런데 물이 많이 고이기까지는 상당히 긴 시일이 걸리는 것은 말할 나위도 없습니다. 하지만 일단 시일이 걸려서 저수지에 물이 많이 고이면 그것을 이용하여 발전을 할 수 있고 또 그것을 관개에 이용할 수도 있습니다. 그리고 수문이 열렸을 때의 그 파괴력은 대단히 클 것입니다. 물론 물이 많이 고이면 고일수록 발전량이 늘고 관개에의 이용량도 늘고 또 파괴력이 커질 것임은 명백한 일입니다.

이와 같이 축적의 힘을 발휘하게 하려면 끈기를 필요로 합니다.

셋째로, 겸손하라는 부탁을 하고자 합니다. 요새같이 그 실 아무것도 모르면서도 모든 것을 다 아는 것처럼 우쭐대는(또 어떤 의미에서는 그래야만 통하는) 시대에 있어서는 겸손한 사람은 둘도 없는 바보임에 틀림없을 것입니다.

그러나 머리에 자기 생각이 가득 차 있을 때에는 딴 사람의 유익한 충고나 조언을 받아들일 여지가 없을 뿐 아니라, 남이 알아주지 않는데 '나는 비범한 사람'이라는 생각에 빠진다면 반대심리가 강하게 작용할 것이기 때문에 조급 → 여유부족 → 실용부족·해박 → 노이로제·지탄받는 행동 → 고독감·격리감 → 불안·초조 → 조급이라는 악순환의 정도는 심해질 것입니다.

사실 아무것도 아니면서 프라이드만 강하거나 오만한 것은 자기 발전에 해로운 일입니다. 프라이드는 건전한 자기발전을 위해서만 필요한 것입니다.

끝으로, 순박하라는 부탁을 하고자 합니다. 상술한 세 가지 특성 즉 둔함, 끈기, 겸손은 순박하지 않고 악의에 찬 사람 다시 말하면 사람됨이 못된 사람이 지니고 있는 경우에는 악의에 찬 일을 위해서 오용 내지 악용될 가능성이 많습니다. 그러므로 순박함이 또 다른 하나의 특성으로서 들어지지 않을 수 없습니다.

나에게 진정으로 아쉬운 사람은 유능함과 날카로운 판단력에 둔함, 끈기, 겸손, 순박함이 결부된 형의 사람인 것입니다. 만약 이런 형의 경기인을 '발전지향형'의 경기인이라고 한다면 그것이 경기인의 참된 모습일 것입니다.

여러분의 일상적인 노력에 의해서 경기상이 형성되는 것일진대 여러분의 발전지향형의 경기인이 되기 위한 노력의 과정 속에서 발전지향형의 경기상은 틀림없이 형성되리라고 확신합니다. 아무쪼록 여러분은 열심히 하면서 발전지향형의 경기인이 되기 위한 노력을 계속하고 나아가서 발전지향형의 경기상의 형성에 이바지하는 생활을 행하는 가운데 학교생활을 마쳐주었으면 합니다.

《주간경기》(1972. 10. 3)

서울대 상과대학 '경상제' 격려사

젊음을 아끼고, 이상을 추구하는 후학이자 후배들과 함께 젊음의 이상을 함께 나눌 수 있는 시간을 맞이하게 됨을 기쁘게 생각합니다.

특히, 이번 모임은 공식적인 마지막 모임이니 만큼, 여느 때보다도 의미 깊은 모임이 아닐 수 없습니다.

그러나, 면연히 흐르는 우리의 전통과 동문간의 우애는 이러한 모임의 장소에서만 나타나는 것은 아닐진데, 관악이라는 한 울타리 안에서 함께 호흡하며, 백년대계를 구상하는 우리들에게는 새삼스러운 일은 아닐 것입니다.

아끼는 후배 여러분!

제군들이 차지할 역할이 큰 만큼, 더욱 우리는 겸손히 우리의 책임과 사명을 상기해야 할 것입니다. 사회가 우리에게 베푸는 만큼 우리도 사회에 베풀 책임은 더욱 절실해집니다. 험한 세상 속에서도 마지막 빛이 될 수 있다는 신념과 용기를 잃지 말아야 하겠습니다.

아울러, 이번 모임에서 제군들에게 부탁드리고 싶은 것은 언제나 우리에게 충고를 아끼지 않을 선배들의 뜻을 되새기고 이러한 모임이 형식적으로는 잠시 흐름을 멈출지라도 면연히 흘러 내려갈 영원한 맥락 속에서 함께 뜻을 나누며 웅지를 펼 수 있는 제군들을 기대해 봅니다.

끝으로, 이번 모임을 마련하는 데 수고를 아끼지 않은 경상회 임원들과, 많은 도움을 주신 동문들께 감사를 드립니다.

《서울대학교 상과대학》(1978)

한국사회발전시민실천협의회 창립 인사말

먼저 오늘 참석하여 주신 창립회원 여러분께 감사드립니다. 참 잘 오셨습니다.

1. 우리나라는 50년 만의 평화적인 여야 정권교체를 이루고 새 민주정부가 출범하였습니다. 이는 지난 50년간 민주시민들의 고난 가운데 이룩한 승리라 하겠습니다.

2. 지난해 12월 18일 대선의 결과 정권교체가 이루어진 후, 그동안 뜻을 같이하여 민주화와 정권교체를 위해서 힘을 모아왔던 몇몇 사람들이 새 정부가 출범한 후 우리 민주시민들이 무엇을, 어떻게 할 것인가를 논의한 바 있습니다.

3. 우리는 새 정부가 한국사회를 인간존중에 기반을 둔 민주적이고 정의롭고 자유로운 평등·평화·통일·복지국가로 발전시키는, 시민에 의한, 시민을 위한 시민의 정부, 민주시민이 원하는 국가사회 운영을 할 수 있는 정부가 되도록 비판하고 협력해야 한다는 데 의견을 모았습니다.

4. 그러기 위해서는 우리 민주시민이 앞장서서 직접·간접의 국정참여와 감시 그리고 비민주적 잔재를 청산하는 시민운동을 전개하여야

한다고 생각했습니다.

5. 그래서 그동안 준비과정을 거쳐 오늘 창립총회를 갖게 되었습니다. 1997년 12월 18일이 50년 만의 정권교체를 이룩한 날이었다면, 오늘 4월 16일은 이제 갓 쟁취한 민주주의를 지키고 발전시키는 시민운동의 날이라 하겠습니다.

6. 참 잘 오셨습니다. 본 협의회는 민주적 국가사회 운영과 IMF 관리 극복이 절실히 요구되는 이때 출범하게 되었습니다. 회원 여러분들, 민주시민들의 뜨거운 애정과 협력 및 참여를 부탁드리면서 개회인사를 대신합니다. 감사합니다.

(1998. 4. 16)

4·19혁명 38주년 기념식 인사말

안녕하십니까?

1. 38년 전 부패하고 타락하고 비민주적인 정권의 퇴진을 위해 같이 싸우고, 그리고 우리 운동의 승리의 감격을 같이 느꼈던 여러분들을 이렇게 만나게 되어 감회가 새롭습니다. 그리고 그때의 정신을 계승하는데 뜻을 같이 하고자 여기에 참석해 주신 많은 분들께 진심으로 감사드립니다.

2. 우리들 가슴속에는 그때의 열정과 환희가 그대로 남아 있지만, 서른여덟 해가 지나면서 4·19는 많은 사람들의 머리에서 점차 잊혀 가고 있는 것 같아 안타깝습니다. 몇 해 전만 해도 4월 19일이 되면 그때의 정신을 기리고자 젊은이들은 거리를 가득 메워 마라톤을 하기도 했고, 4·19에 참가했던 선배들로부터 당시의 상황과 그 운동의 의의를 귀담아 듣기도 했습니다. 하지만 그러한 행사도 점차 시들해져가고 있는 듯합니다.

3. 이러한 변화가 서운하기도 하지만, 다른 한편으로는 민주화라는 4·19의 바람이 조금씩 이 땅에서 실현되자, 민주주의에 대한 목마름도 가시면서 4·19에 대한 기억도 점차 사라져 가는 것이 아닌가 생각됨

니다. 하지만 지금도 이 땅에는 4·19의 정신이 실현되어야 하는 부분이 남아 있습니다.

4. 우리는 4·19가 미완의 혁명이라고 늘 말해왔습니다. 그때 우리의 감격도 잠시, 4·19의 고귀한 뜻은 이내 군사독재정권에 의해 유린되었습니다. 30년 가까이 우리는 또 다시 이 땅의 민주화를 위해 싸워야 했습니다. 이런 노력의 결과 지난해에는 우리 역사상 처음으로 선거에 의해 평화적인 여야 정권교체가 이루어졌습니다. 이것은 우리의 민주주의를 한 단계 끌어올린 것임에 틀림없습니다. 그렇다고 우리의 역할이 끝난 것은 아닙니다. 이 정부가 보다 민주적이고 정의롭고 또 평등한 사회를 만들 수 있도록 독려하고 비판하는 것 또한 4·19의 정신을 계승하는 길이 될 것입니다.

5. 그리고 정치적 민주화를 바탕으로 경제적 민주화를 달성하는 데 더욱 힘을 모아야 할 것입니다. 지금의 경제적 어려움은 무엇보다도 재벌 위주의 경제력 집중이 낳은 경제의 비효율과 불균형에서 비롯되었습니다. 이제는 비민주적 정권과 같이 성장해 온 경제적 기득권층의 저항을 물리치고 보다 평등하고 균형 잡힌 경제구조를 만들어야 합니다. 이것이야말로 미완의 혁명을 완결 짓는 일이 될 것입니다.

6. 4·19가 세인들의 머리에서 멀어질수록 그때를 기억하면서 그 뜻을 간직하고자 하는 우리의 책무는 더 커지고 있습니다. 이러한 책무를 기꺼이 떠맡고 열심히 일해오신 4월혁명연구소의 조영건 소장과 전기호 이사장, 그리고 회원 여러분의 노고에 박수를 보내면서 앞으로도 계속 정진하시기를 바랍니다.

감사합니다.

(1998. 4. 17)

참여연대 창립 4주년 축사

먼저 창립 4주년을 맞이한 참여연대에 축하의 말씀을 전합니다.

4년 전 국민 각계각층의 자발적인 참여에 기반하여 국가권력을 감시하고 정책대안을 제시함으로써 참여적 민주사회를 건설하는 것을 목적으로 참여연대는 출발하였습니다.

그동안 참여연대의 활동범위는 국가기관의 활동에 대한 감시와 참여, 인권신장을 위한 다방면의 활동, 그리고 경제민주화 분야까지 점점 넓어졌습니다. 참여연대에 대한 국민들의 관심이 점증하는 가운데 국민들의 적극적인 참여에 힘입어 4년 남짓한 기간 동안 회원 수도 급증하였습니다.

건국 이후 50년 만에 국민의 힘으로 평화적인 여야 정권교체를 이루고 새로운 민주정부가 출범한 지금, 우리나라는 외환위기에 따른 엄청난 경제적 어려움에 직면하고 있습니다. 따라서 우리 앞에는 현재의 어려움을 극복하고 우리 사회를 인간존중에 기반한 보다 민주적이고 정의로운 사회로 발전시켜야 한다는 큰 과제가 놓여 있습니다.

현재의 어려움은 과거 한국경제의 양적 성장과정에서 배태된 잘못된 정치·경제·사회구조에 기인한 바가 컸습니다. 그러므로 우리 앞에 놓인 과제를 해결하기 위해서는 역사적으로 형성된 잘못된 구조를 바로잡는 정치·경제·사회 전반에 걸친 개혁이 이루어져야 할 것입니다.

경제적 어려움을 극복하고 올바른 방향으로 개혁을 이루어내기 위해서는 우리 국민 모두가 앞장서서 국정에 참여하고 감시하여야 할 것입니다. 지금 그 어느 때보다도 참여연대에 거는 국민의 기대가 큰 이유가 바로 여기에 있습니다. 재벌 위주의 경제력 집중이 낳은 경제의 비효율과 불균형을 바로잡기 위한 재벌개혁운동, 그리고 부정부패의 척결을 위한 법제정운동 등 현재 참여연대가 추진하고 있는 다방면의 노력이 결실을 맺을 때 우리 사회의 민주화는 한층 성숙될 것입니다.

지난 4년간 참여연대의 회원여러분이 이룩한 성과에 찬사를 보내며, 앞으로도 국민들의 참여를 통해 현재의 어려움을 극복하는 큰 힘이 되기를 부탁드립니다.

감사합니다.

(1998. 9. 10)

신 노사문화 창출 정책협의회 인사말

안녕하십니까. 오시느라 수고하셨습니다.

국민의 힘으로 건국 50년 만에 평화적 여야 간 정권교체를 이룩한 지금의 우리에게는 당면한 경제위기를 극복함과 동시에 21세기의 무한경쟁시대를 대비하기 위한 변화와 개혁이 요구되고 있습니다.

IMF 경제관리체제로 들어선 지 벌써 9개월에 접어들었습니다. 우리는 거시경제정책, 금융·기업의 구조개혁, 그리고 노동시장의 유연화 등 IMF의 요구사항을 이행하는 것과 동시에 이에 따른 부작용을 어떻게 해소하느냐 하는 두 가지 큰 과제를 안고 있습니다.

이에 현 정부는 민주주의와 시장경제의 병행발전이란 기치 아래 각 분야에서 변화와 개혁을 위하여 노력하고 있습니다.

그렇지만 아직 우리 사회 내부에서는 개혁을 위한 구체적인 방법에 관한 어떠한 합일점에 이르지 못한 것도 사실입니다.

특히 노사문제와 관련하여, 노사 간의 화합, 참여, 그리고 협력을 통해 생산성을 향상시키고 나아가 분배의 정의를 실현시킬 수 있는 새로운 노사관계의 패러다임이 절실히 요구되고 있음에도 불구하고 아직도 그것이 마련되어 있지 않습니다. 따라서 지금은 바로 새로운 노사문화가 창출, 정착, 발전되어야 할 전환점에 와 있다고 할 수 있습니다.

(사)노사문제협의회와 한국사회발전시민실천협의회는 이러한 중요한 시점에서 신노사문화 창출 정책협의회를 출범시키게 되었습니다.

오늘의 주제는 'IMF 위기극복과 노사의 대책, 어떻게?'입니다.

우선, 노사 양측에서는 현재의 위기를 극복하기 위해 각자가 당면한 문제는 무엇이며 이를 어떤 방법으로 해결해 나갈 수 있을 것인가에 관해 이야기할 것입니다.

다음에, 정부(노동부) 측에서는 위기극복을 위해 노사 양측이 나아가야 할 방향과 관련된 정부의 입장을 설명할 것입니다.

끝으로, 학계 측에서는 지난 9개월간의 IMF 관리체제 아래에서 전개된 노사관계의 특징 및 현재 나타난 문제점에 관해 이야기 할 것입니다.

또 일본 도쿄대학 경제학과의 이사오 아카오카 박사께서 '경제위기 상황과 노사관계의 과제와 역할'이란 주제로 발표할 것입니다.

발표자와 참석자 여러분에게 깊은 감사의 말씀을 드립니다.

유종의 미를 거둘 수 있도록 여러분의 협력을 부탁드리면서 인사를 마칩니다.

감사합니다.

(1998. 9. 15)

《시민의 신문》 창간 5주년 축사

먼저 창간 다섯 돌을 맞이한 《시민의 신문》에 축하의 말씀을 전합니다.

5년 전 '건강한 시민사회를 가꾸는 시민운동의 정론지'를 표방하면서 시민의 신문은 창간되었습니다.

그동안 《시민의 신문》은 한국사회의 발전을 위해 시민운동과 언론이 나아갈 올바른 방향을 정립하고자 노력해 왔고, 시민운동에 대한 국민들의 점증하는 관심과 참여에 힘입어 명실상부한 시민운동의 정보지로서 성장하였습니다.

건국 이후 50년 만에 국민의 힘으로 평화적인 여야 정권교체를 이루고 현 정부가 탄생한 지금, 우리나라는 외환위기에 따른 엄청난 경제적 어려움에 직면하고 있습니다. 따라서 우리 앞에는 현재의 어려움을 극복하고 우리사회를 인간존중에 기반을 둔 보다 민주적이고 정의로운 사회로 발전시켜야 한다는 큰 과제가 놓여 있습니다.

현재의 어려움은 과거 한국경제의 양적 성장과정에서 배태된 잘못된 정치·경제·사회구조에 기인한 바가 큽니다. 그러므로 우리 앞에 놓인 과제를 해결하기 위해서는 역사적으로 형성된 잘못된 구조를 바로

잡는 정치·경제·사회 전반에 걸친 개혁이 이루어져야 할 것입니다.

경제적 어려움을 극복하고 올바른 방향으로 개혁을 이루어내기 위해서는 우리 국민 모두가 앞장서서 국정에 참여하고 감시하여야 할 것입니다. 지금 그 어느 때보다도 《시민의 신문》에 거는 기대가 큰 이유가 바로 여기에 있습니다. 시민운동단체들의 대화의 광장이자 시민운동의 정론지인 《시민의 신문》이 현재 추진하고 있는 다방면에 걸친 노력이 결실을 맺을 때 우리사회의 민주화는 한층 성숙될 것입니다.

지난 5년간 《시민의 신문》이 이룩한 성과에 찬사를 보내며, 앞으로도 국민들의 참여를 통해 현재의 어려움을 극복하는 큰 힘이 되기를 부탁드립니다. 감사합니다.

(1998. 9. 29)

한국출판인회의 창립 축사

먼저 한국출판인회의의 창립에 축하의 말씀을 전합니다.

문화는 사회 구성원의 사고방식과 행동유형, 나아가서는 구성원들의 물질적 삶 자체에 영향을 미칩니다. 특히 출판산업은 한 사회 내의 지적 활동의 결과물을 축적함과 동시에, 이를 당대의 구성원에게 전파시키고 후대에 전승함으로써 문화의 영속적 발전에 이바지하는 역할을 담당하고 있습니다.

건국 이후 50년 만에 국민의 힘으로 평화적인 여야 정권교체를 이루고 새로운 정부가 출범한 지금, 우리나라는 외환위기에 따른 엄청난 경제적 어려움에 직면하고 있습니다. 따라서 우리 앞에는 현재의 어려움을 극복하고 우리 사회를 인간존중에 기반한 보다 민주적이고 정의로운 사회로 발전시켜야 한다는 큰 과제가 놓여 있습니다.

이와 더불어 우리는 다가오는 21세기의 정보화시대에 능동적으로 대비해야 한다는 또 하나의 과제에 직면해 있습니다.

우리 사회의 지적 역량을 결집함으로써 당면한 난관을 극복하고 다가올 21세기를 준비해야 하는 지금 한국출판인회의에 거는 기대는 매우 큽니다. 이제부터라도 출판산업의 진흥은 이제 국가의 주요한 정책

과제의 하나로서 진지하게 논의되어야 할 것입니다.

작년 말 이후 우리 출판계 역시 많은 어려움을 겪고 있습니다. 그렇지만 출판인을 대상으로 한 교육, 출판유통의 개선, 그리고 독서풍토 조성을 위한 운동의 전개 등 한국출판인회의가 계획하고 있는 다방면의 노력이 결실을 맺을 때 현재의 위기는 극복될 것이고 우리 사회의 문화적 역량은 한 차원 높아질 것입니다.

그동안 어려운 여건 속에서도 양서 발간에 힘쓴 출판인 여러분의 노고에 찬사를 보내며, 앞으로도 당면한 어려움을 극복하고 문화 창달을 위한 큰 힘이 되기를 부탁드립니다. 감사합니다.

(1998. 11. 2)

한국외국어대학교 신년사

조규철 총장을 위시한 친애하는 한국외국어대학교 가족 여러분!

인류 역사상 또 하나의 굵은 획을 그을 새로운 한 해가 밝았습니다. 아시다시피 올해는 20세기의 마지막 해입니다. 올해를 넘기면 이제 인류 역사는 새로운 한 세기, 또 새로운 밀레니엄으로 진입하게 됩니다.

지난 세기는 인류사에 있어 전대미문의 발전과 엄청난 재난이 함께한 시대였습니다. 과학기술의 진보는 생산력의 비약적 발전을 가져왔습니다만 그것은 동시에 인류에게 큰 불행을 초래하기도 했습니다. 무엇보다도 식민주의는 제3세계 약소민족에게 씻을 수 없는 재앙을 가져왔던 것입니다. 오늘날의 남북문제는 바로 그 유산이라고 하겠습니다. 금세기 전반기에는 그를 극복하기 위한 혁명과 민족해방운동이 고양되었다면 후반기에는 각 민족이 다투어 빈곤으로부터의 해방과 산업화, 그리고 민주화와 국제화를 추진하였습니다.

실지로 우리 한국외국어대학교는 외국어에 능통하고 국제실무에 밝은 수많은 인재를 길러냄으로써 한국의 현대화와 국제화에 그 누구도 대신할 수 없는 중요한 역할과 공헌을 해왔습니다. 또한 오랜 군부독재시절 우리 한국외국어대학교 학생들은 줄기찬 반독재 투쟁을 통해서 우리나라의 민주화에 크게 기여하였으며, 민족통일운동에도 지울 수 없는 족적을 남겼습니다.

그런 우리 한국외국어대학교가 1980년대에는 다소 침체에 빠진 듯하더니 작년에는 큰 분규에 휩싸였고, 심지어 각종 구조적 비리마저 드러나게 되었습니다. 그래서 결국 교육부 특감 결과에 따라 운영주체가 책임을 지고 물러나기에 이르렀던 것입니다.

아시다시피 이 사람은 지난 8월 학교법인 동원육영회를 개혁하고 한국외국어대학교를 정상화하기 위해서 구성된 동원육영회 이사회의 이사장으로 선임되었습니다.

이 사람은 그 후 '제2의 건국 범국민추진위원회 대표공동위원장'을 맡아 국민의 생활과 의식, 제도 개혁운동의 전열에 서게 되었습니다만, 한국외국어대학교의 개혁과 발전 역시 한국 사학개혁과 발전의 새로운 모델이 될 수 있다는 판단에서 학교 일에 결코 소홀하지 않았습니다. 지난 5개월 동안 매주 3일 정도씩 학교에 나와서 우선 나름대로 재단과 학교의 경영상황을 파악하기 위해서 애써왔다는 것을 말씀드리고자 합니다.

재단 일을 맡은 뒤, 이 사람은 처음에는 한국외국어대학교 같이 훌륭한 대학이 어떻게 하여 그처럼 분규에 빠지고 옛날의 명성을 지키지 못하게 되었을까 하는 의구심이 들었습니다.

그러나 해답이 나왔습니다. 재무구조도 비교적 충실하고, 교수, 직원, 학생 등 인적 자원도 우수한 데다가, 수십 년 동안 형성된 선후배 간의 오랜 전통이 있지만, 문제는 바로 운영주체에 있었다는 해답이 그것입니다.

이 사람은 현재 우리 한국외국어대학교가 당면하고 있는 과제를 다음 세 가지로 정리해 보았습니다. 올해에는 이들 과제의 해결에 힘을 쏟아야 하리라고 생각합니다.

첫째, 작년부터 시작된 개혁과 정상화를 일관되게 추진할 수 있도록 내부의 분규 요인을 원만히 극복하고 안정된 개혁체제를 확고히 구축하는 것입니다. 올해는 개혁이 장기적으로 정착될 수 있도록 확실한 기틀을 마련해야 하겠습니다.

둘째, 구조조정과 경영혁신을 통해서 각급 행정조직의 비효율성과 예산의 낭비를 막고 효율적인 행정체계와 건전한 재정을 구현하는 것입니다.

오늘날 구조조정은 조직이 살아남기 위해서는 필수불가결한 일로 되었습니다만, 우리 한국외국어대학교도 방만한 조직의 군살을 빼고 효율성을 대폭 제고해야 할 것입니다. 직원들의 행정 전문성과 업무처리능력 제고도 시급한 과제라 하겠습니다. 또한 경영혁신을 통해서 예산을 절감하고 건전한 재정을 이룩해야 할 것입니다. 아울러 투명한 운영을 통해서 구성원 모두가 공감할 수 있도록 해야 할 것입니다.

셋째, 우수한 학생들을 유치하고 그들을 사회에서 필요로 하는 유능하고 진취적인 인재로 육성할 수 있도록 각종 학사제도를 진취적으로 개선하는 것입니다.

지금은 대학 간의 피할 수 없는 무한경쟁시대입니다. 교육의 본래 목적을 위해서 이는 반드시 바람직하다고 할 수는 없지만, 대학 간 경쟁에서 앞서가기 위해서는 미래지향적 정책의 수립과 시행이 절실히 요구됩니다.

친애하는 한국외국어대학교 가족 여러분!

우리는 그간 외국학종합연구센터의 설립을 위해서 많은 정성을 기울였습니다. 정부로부터 지원도 받고 발전기금도 모금했습니다. 올해에는 그 결실이 맺어져 외국학종합연구센터가 역사적인 개막식을 갖게 됩니다. 또 재단 재산의 내역을 면밀히 파악한 후에 전문가에게 의뢰하여 가능한 부분부터 수익사업을 펼칠 계획입니다. 과거에는 명목적으로만 있었던 재단 전입금을 얼마간이라도 실질적으로 학교에 낼 수 있도록 최대한 노력을 경주하겠습니다.

지난해는 우리나라도 IMF 관리하에서 매우 어려웠고, 우리 한국외국어대학교도 상당히 힘들었습니다. 9백억 원으로 계획되었던 예산이 750억 원으로 축소 조정되었습니다. 다른 대학의 경우 급여를 줄인 곳도 적지 않다고 듣고 있습니다만, 우리 한국외국어대학교는 다른 부분에서는 절감할지언정 절대로 급여만은 줄여서는 안 된다는 방침을 관철했습니다. 이는 올해도 마찬가지라 하겠습니다. 1년만 더 고생하면 내년에는 교직원들의 복지가 어느 정도는 향상될 수 있지 않을까 낙관해 봅니다.

친애하는 한국외국어대학교 가족 여러분!

올해는 한 세기를 마감하고 새로운 한 세기를 대비하는 해입니다. 21세기에 엄청나게 달라질 교육환경에 대비하고 앞서 나가기 위해서는 여러 각도에서 연구가 필요할 것입니다. 새로운 백년을 준비하는 문자 그대로 백년대계를 수립하는 한 해가 되도록 해야 할 것입니다.

이 사람은 여러 가지 부족합니다만 힘이 미치는 한 우리 한국외국어대학교가 '제2의 건학'에 성공하여 과거의 빛나던 명성을 되찾고, 21세기에는 세계 속에 특성화된 최우수대학의 꿈을 실현할 수 있도록 돕는 데 최선을 다하겠습니다.

한국외국어대학교 가족 여러분들도 한 마음 한 뜻으로 학교발전을 위해서 각자의 처지에서 최선을 다해 주시기 바랍니다.

친애하는 한국외국어대학교 가족 여러분!

새해는 살아온 지난 세월을 돌이켜보고 총결산하면서 21세기의 새로운 도약을 위한 굳건한 기틀을 마련하는 뜻 깊은 한 해가 되길 빕니다.

모든 한국외국어대학교 가족의 가정에 건강과 행운이 충만하길 빌며 신년사를 마칩니다.

감사합니다.

(1999. 1. 4.)

내일신문 제6기 주주총회 축사

먼저 제6기 주주총회를 개최하는 내일신문에 축하의 말씀을 전합니다.

창간 이후 내일신문은 건전한 상식이 뿌리내릴 수 있는 사회적 토양을 마련하고 개혁의 목소리를 우리 사회의 구석구석까지 전파하기 위해 노력해 왔습니다.

이제 내일신문은 본판 및 32개 지역판을 발행하는 유력 주간지로 성장했습니다. 더욱이 내일신문은 많은 임직원들이 주주의 자격으로 경영에 참가할 수 있도록 노력해 왔을 뿐 아니라, 어려운 경제적 여건 속에서도 흑자경영을 계속해 오고 있습니다.

현 정부가 출범한 지 1년이 지난 지금, 우리는 당면한 경제적 어려움을 극복하고 우리 사회를 인간존중에 기반을 둔 보다 민주적이고 정의로운 사회로 발전시켜야 한다는 큰 과제를 안고 있습니다.

현재의 어려움은 과거 한국경제의 양적 성장과정에서 배태된 잘못된 정치·경제·사회구조에 기인한 바가 큽니다. 그러므로 우리 앞에 놓여진 과제를 해결하기 위해서는 역사적으로 형성된 잘못된 구조를 바로잡는 정치·경제·사회 전반에 걸친 개혁이 이루어져야 할 것입니다.

　올바른 방향으로 개혁을 이루기 위해서는 개혁의 전파자인 언론 스스로가 개혁되어야 합니다. 이 점에서, 스스로의 개혁을 출발점으로 삼아 개혁의 전파자 역할을 하고 있는 내일신문의 노력은 매우 값진 것입니다. 부당한 권력과 금력에 대항하고 국난극복의 선봉장이 되기 위해 노력하는 내일신문은 우리 사회의 민주화를 한층 성숙시키는 데 기여할 것입니다.

　그동안 내일신문이 이룩한 성과에 찬사를 보내며, 앞으로도 개혁의 전파자로서의 역할을 통해 현재의 경제적 어려움을 극복하는 큰 힘이 되기를 부탁드립니다. 감사합니다.

(1999. 3. 1)

한국보건산업진흥원 국제심포지엄 축사

먼저 '보건산업 진흥전략'이라는 주제 아래 국제심포지엄을 개최하게 된 한국보건산업진흥원에 축하의 말씀을 전합니다.

아시다시피 한국보건산업진흥원은 보건산업을 보다 체계적으로 지원하기 위하여 기존의 한국식품위생연구원과 한국보건의료관리연구원을 통합함으로써 출범하게 되었습니다. 오늘의 모임은 한국보건산업진흥원의 출범을 기려 국내외 여러 석학들이 자리를 같이 하여 선진국 보건산업의 발전과정을 살펴보고 우리나라 보건산업의 진흥전략을 모색하기 위한 것입니다.

현 정부가 출범한 지 1년이 지난 지금, 우리는 당면한 경제적 어려움을 극복하고 우리 사회를 인간존중에 기반한 보다 민주적이고 정의로운 사회로 발전시켜야 한다는 큰 과제를 안고 있습니다. 이와 더불어 우리는 다가오는 21세기에 능동적으로 대비해야 하는 또 하나의 과제에 직면해 있습니다.

보건산업은 질병을 예방 및 치유하고 건강을 증진시키는 등 국민의 건강과 직결된 산업이며, 국민들의 건강한 삶에 대한 요구가 증대됨에 따라 다가오는 21세기에는 그 시장이 급속히 확대될 것으로 예상됩니다. 그렇지만 우리나라 보건산업의 기술수준은 선진국에 비해 열위에 있고 보건 관련 통계도 체계적으로 정비되어 있지 못한 실정입니다.

새로이 출범하는 한국보건산업진흥원에 거는 기대가 그 어느 때보다도 큰 이유가 바로 여기에 있습니다. 보건 기술개발에 대한 지원, 보건 관련 정보의 개발 및 제공, 그리고 보건산업에 대한 조사 등 한국보건산업진흥원이 추진하고 있는 노력이 결실을 맺게 될 때, 우리나라 보건산업의 경쟁력은 제고되고 국민의 기대에 부응하는 의료서비스를 제공할 수 있게 될 것입니다.

그동안 한국보건산업진흥원을 출범시키고 심포지엄을 준비하는 과정에서 애쓰신 여러분의 노고에 찬사를 보내며, 아무쪼록 이번 심포지엄을 통해 우리나라의 보건산업을 육성하는 전략을 마련하고 한국보건산업진흥원의 중·장기 비전을 정립하는 데 많은 도움을 받기를 바라마지 않습니다. 감사합니다.

(1999. 3. 3)

환경농업실천가족연대 창립총회 축사

　오늘 환경농업실천가족연대가 창립총회를 통해 정식으로 출범하게 된 것과, '환경농업은 지금 우리에게 무엇인가?'라는 주제로 창립기념 심포지엄을 개최하게 된 데 대해 축하의 말씀을 전합니다.

　환경농업실천가족연대는 농어민과 소비자 사이의 유대를 강화하고 환경친화적 농업생산기반을 구축하겠다는 목적으로 결성된 것으로 본인은 알고 있습니다. 그리고 심포지엄은 환경농업관련 전문가들이 한자리에 모여 우리나라 환경농업의 현황과 과제를 살펴보기 위한 것으로 생각합니다.

　과거 성장 위주의 공업화 과정에서 우리의 환경은 크게 오염되었고, 이로 인해 현재 우리 모두의 건강한 삶은 위협받고 있습니다. 농업부문 역시 농산물 생산량의 증대에만 치우쳐 화학비료와 농약의 사용이 급격히 증가하였습니다. 이러한 농업생산방식은 환경파괴적일 뿐만 아니라 먹거리를 오염시키는 문제를 낳았습니다.

　다가오는 21세기에는 그 어느 때보다 깨끗한 환경과 건강한 삶에 대한 국민 모두의 요구가 증대될 것으로 예상됩니다. 환경친화적 농업의 육성과 오염되지 않은 먹거리의 확보가 정부만의 과제라고 할 수는 없을 것입니다. 소비자와 생산자가 모두 힘을 합쳐야 이룰 수 있습니다. 그렇지만 선진국과 비교하면 우리나라의 경우는 정부나 민간단체가 지금까지 환경농업을 육성하려는 노력을 거의 하지 않았을 뿐만 아니라, 그 필요성조차 제대로 인식하지 못하고 있는 실정이라 하겠습니다.

새로이 출범하는 환경농업실천가족연대에 거는 기대가 그 어느 때보다도 큰 이유가 바로 여기에 있습니다. 생산자와 소비자 사이의 유대강화, 환경농업에 관한 교육 및 정보 제공, 그리고 환경친화적 농업 생산기반 구축을 위한 활동 및 정책 건의 등 환경농업실천가족연대가 계획하고 있는 일들이 결실을 맺게 될 때, 우리는 더욱 청정한 먹거리를 얻을 수 있을 것이고 우리 후손들은 보다 깨끗한 환경을 물려받을 수 있을 것입니다.

그동안 환경농업실천가족연대를 출범시키고 심포지엄을 준비하는 과정에서 애쓰신 여러분의 노고에 찬사를 보내며, 아무쪼록 이번 심포지엄이 환경농업에 대한 인식을 새로이 하고 환경농업운동이 앞으로 나아갈 바를 정립하는 데 많은 도움이 되기를 바랍니다.

감사합니다.

(1999. 4. 2)

한국경제연구원 창립 18주년 축사

　먼저 한국경제연구원이 창립 18주년을 맞아 '한국경제, 미래는 있는가?─성장의 한계와 새로운 가능성─'이라는 주제로 세미나를 개최하는 데 대해 축하의 말을 전합니다.

　현재 한국은 심각한 경제위기에 처해 있습니다. 이러한 위기가 발생하게 된 원인이 무엇인가에 대해서는 다양한 의견이 있을 수 있겠습니다. 하지만 본인은 위기의 근본원인을 무엇보다도 과거의 '관(官)주도 경제운영, 성장위주 발전전략'에서 찾고 싶습니다. 관주도 경제운영은 민간의 자율과 창의를 억압하고, 경쟁을 통한 효율적인 자원배분을 저해하였을 뿐만 아니라 부정부패를 낳았습니다. 성장위주 발전전략은 기업들의 차입의존적 투자 경쟁을 야기함으로써 현재의 위기를 촉발시킨 직접적인 계기가 되었습니다.

　따라서 당면한 경제위기를 극복하는 궁극적인 방법은 이러한 경제운영방식과 발전전략을 바꾸는 것입니다. 그리고 이에 맞추어 그동안 형성된 경제·사회 제 분야의 제도를 개혁하는 것입니다. 낡고 잘못된 제도는 자원의 오(誤)배분을 초래함으로써 경제의 효율성을 저하시키고 경제성장의 장애가 됩니다.

제도의 개혁은 자원배분의 효율성을 제고시킴으로써 현재의 경제위기를 극복하는 데 도움을 줄 뿐만 아니라, 앞으로 이런 위기를 다시 겪지 않고 보다 내실 있는 성장을 지속할 수 있도록 해줄 것입니다.

최근 경제학자들은, 생산요소의 양(量)이나 질(質) 이외에 다양한 제도적 요인들이 경제성장에 미치는 영향을 측정할 수 있는 방법을 개발하고자 노력하고 있습니다. 그 결과 우리는 제도가 경제적 성과에 영향을 미치는 메커니즘에 대해서 이전보다 많이 알 수 있게 되었습니다.

오늘 이 세미나에서 발표되는 몇 편의 논문들은 이러한 최근 연구 경향에 부응하여, 한국경제가 재도약을 하기 위해서는 어떠한 경제제도, 정치제도, 그리고 사회환경이 필요한가를 점검하고 있다는 점에서 그 시의성이 크다고 하겠습니다.

지난해 한국경제는 극심한 경기부진으로 마이너스 성장을 기록하였습니다. 올해도 아마 IMF 위기 이전의 경제성장 수준을 회복하기는 어려울 것입니다. 이와 관련하여, 국내외의 학계에서는 향후 한국경제의 성장 가능성을 둘러싸고 여러 가지 논의가 있는 것으로 알고 있습니다. 한국경제의 성장 잠재력을 추정하고 있는 1부 발표 논문들은 이와 관련하여 낙관적인 결론을 내리고 있는 것 같습니다.

다만 본인이 이에 덧붙여 강조하고 싶은 것은, 높은 성장률이 우리가 추구해야 할 유일한 목표도 최고의 목표도 아니라는 점입니다. 외형보다는 내실이 중요하며 내실없는 외형은 언제든 거품처럼 꺼져버릴 수 있다는 것을 우리는 IMF 위기를 통해서 절실히 깨달았습니다. 또 하나는 성장 잠재력이 크다는 것이 곧 높은 성장이 달성된다는 것을 의미하지는 않는다는 것입니다. 앞에서 말한 제도개혁이 뒷받침되어야 성장의 잠재력이 현실화되는 것입니다.

  아무쪼록 한국경제의 위기 극복과 관련하여 시의적절하게 개최되는 이번 세미나가 향후 한국의 제도개혁 방향을 정립하는 데 많은 도움이 되기를 바랍니다. 마지막으로 그동안 세미나를 준비하는 과정에서 애쓴 좌승희 원장을 비롯한 여러분의 노고에 찬사를 보냅니다.

  감사합니다.

(1999. 4. 9)

제2건국위 인사말

오늘 바쁘신 가운데서도 자치단체 추진위원장 워크숍에 참석해 주신 여러 추진위원장님들과 상임위원장님들께 깊은 감사의 말씀을 드리며, 그동안 여러 가지 어려운 여건 속에서도 제2의 건국운동 추진을 위해 헌신적으로 노력해 주신 여러분의 노고에 진심으로 경의를 표합니다.

오늘의 이 자리는 제2의 건국운동의 본격적인 추진에 앞서 위원장님들의 고견을 듣고 앞으로의 바람직한 활동방향을 논의하기 위한 자리라고 생각합니다.

사실 우리는 지난 수십 년간의 고도성장 기간 동안 빈곤으로부터 벗어나기 위하여 앞만 보고 달려왔습니다. 빵을 위해서는 자유가 희생될 수도 있었고 목적만 성취되면 절차와 수단이 비록 옳지 못하더라도 문제되지 않기도 하였습니다.

편법과 부정에 의한 비정상적인 행위가 도덕과 원칙에 기초한 정상적인 원리와 방식들을 밀어냄으로써, 옳은 것과 옳지 않은 것의 분별이 어려운 지경에 이르게 되었습니다. 이러한 역기능들이 누적된 결과 사회·경제 각 분야에서 문제점들이 노정되기 시작하여, 성수대교의 붕

괴·한보사태 등과 같은 각종 사건·사고들이 이어졌습니다.

위기를 예고하는 이러한 징후에도 불구하고 정부당국과 국민들은 과거의 성취감에 도취되어 근본적 변화를 위한 노력은 제대로 기울이지 않고 안이하게만 대처하였습니다. 그 결과 외환위기와 IMF 관리체제라는 국가존망의 위기까지 맞게 되었던 것입니다.

그동안의 한국식 고도성장이 낳은 이러한 그릇된 사고방식과 비정상적 관행들은 결코 단기적이고 부분적인 처방으로 치유될 수 없습니다. 이제 냉철하게 우리의 문제점들을 분석하여 장기적이고 근본적인 대책을 강구해야 할 때입니다. 다시 말씀드리면 지금이라도 나라의 기본을 바로 세워야 다가오는 21세기에 대비할 수 있다는 것입니다.

제2의 건국운동은 건국 이래 50년 동안 우리 사회 곳곳에 스며들어 있는 잘못된 의식과 관행을 청산함으로써, 당면한 IMF 위기를 극복하고 새로운 21세기에 대비하기 위한 범국민적인 의식개혁·생활개혁 운동입니다.

제2의 건국운동의 목표는 다음과 같습니다.

첫째로, 우리 사회에 만연된 부정·비효율·불신을 제거하여 정의롭고 효율적이며 신뢰할 수 있는 사회를 만들어, 우리 후손들에게 '살기 좋은 나라', '살고 싶은 나라'를 물려주는 데 있습니다.

둘째로, 극도의 이기주의와 분파주의를 극복하고 화합의 기반 위에 더불어 사는 공동체 사회를 건설하는 데 있습니다.

동서 간의 대립·노사 간의 대립과 같은 분열과 갈등은 우리 사회의 국민적 화합과 통합을 저해하여 사회 전체의 발전과 생산성을 저하시키는 결과를 초래하였습니다. 진정한 화합과 통합의 계기를 제공하여 국가적 응집력과 생산성을 높이기 위해 제2의 건국운동이 필요합니다.

셋째로, 국민 각자의 자율과 창의성을 존중하는 풍토를 조성하여 창조적 지식의 기반 위에서 국력을 새롭게 창출하고 증대시키는 데 있습니다.

사실 우리는 그동안 자율적 판단과 책임을 유보한 채 적당히 편하게 살아가는 것이 최선의 요령이라고 생각하는 경향도 없지 않았습니다. 다양성과 경쟁을 혐오하고 타율적 지배에 순종하는 이러한 관행에서 탈피하여 자율과 참여의 행동양식을 확립해 가야 하겠습니다. 스스로 생각하고 참여하고 책임질 줄 아는 민주시민을 길러내는 것 역시 제2의 건국운동입니다.

21세기 다원화된 국제사회의 치열한 경쟁 속에서 살아남기 위해서는 인적자원을 최대한 활용하고 창조적 지식에 기반하여 산업의 경쟁력을 높여야 합니다. 부존자원이 빈약한 나라에서 두뇌강국을 만들어가기 위해서는 사회 각 분야에 창조적 지식 기반을 굳건히 해야 하겠습니다.

이러한 제2의 건국운동이 결실을 거두게 되면 우리 사회는 보편적 상식과 규범이 통하고 밝고 건강한 사회, 세계와 호흡하고 공존할 줄 아는 사회, 정치적 자유와 경제적 성장이 균형된 사회, 정의와 인정이 넘치는 사회가 될 것입니다.

제2의건국범국민추진위원회는 바로 이러한 운동을 지원하기 위하여 과제를 개발하고 자문하는 기구입니다.

제2의건국범국민추진위원회는 민간의 창의성과 역동성을 바탕으로 개혁운동이 자발적으로 이루어질 수 있도록 민과 관의 가교(架橋)로서 민·관의 협력을 이끌어 내는 동력(動力)을 제공할 수 있어야 합니다.

특히 자치단체 제2의건국범국민추진위원회는 지역주민들의 삶의 현장에서 제2의 건국운동의 과제를 개발하고 자문하는 중요한 역할을 수행해야 합니다. 제2의 건국 운동을 진정으로 실감나게 하고 개혁의

맥박을 느낄 수 있도록 만드는 곳이 바로 자치단체 제2의건국범국민
추진위원회입니다. 따라서 제2의 건국운동의 성패는 이 자리에 참석해
주신 여러 위원장님들의 어깨에 달려 있다고 해도 결코 과언이 아닙
니다.

제2의 건국운동에 관하여 중앙에서 완벽한 과제나 지침을 제시해
주기를 기대해서는 곤란할 것입니다. 지역특색에 맞는 제2의 건국운동
과제들을 다양하게 개발하는 한편 주민들이 불편을 호소하는 사항들
도 함께 반영해 가시기 바랍니다.

그리고 특히 제2의 건국운동에 관한 교육과 홍보에 각별히 관심을
가져주시기 바랍니다. 성공적인 제2의 건국운동 추진을 위해서는 무엇
보다도 제2의 건국운동의 의미와 내용을 올바르게 인식하는 것이 매
우 중요합니다.

일반 국민은 물론 공무원들조차 제2의 건국운동의 필요성이나 목적
등에 대하여 잘 이해하지 못하고 있는 것이 현실정이 아닌가 생각합
니다. 다양한 교육과 홍보활동을 통하여 제2의 건국운동에 대한 이해
와 참여를 확산시켜 주시기 바랍니다.

끝으로 오늘 이 자리에 참석해주신 여러 위원장님들께 거듭 감사의
말씀을 드리며, 아무쪼록 오늘의 이 행사가 제2의 건국운동 추진에 기
폭제가 되기를 바라마지 않습니다.

감사합니다.

(1999. 4. 16)

외대 대학원 총동문회 치사
: 대학원의 개혁과 발전을 위한 교량 역할을

한국외국어대학교 대학원 가족 여러분, 점점 무더워지는 날씨에 안녕하십니까?

한국외국어대학교 대학원은 산업화에 필요한 고급인력양성을 목표로 1961년에 설치되어 1962년부터 입학생을 받기 시작하였으니, 어언 37년이라는 긴 세월이 흘렀습니다.

지난 37년간 대학원을 통해 배출된 수많은 석사와 박사 대다수는 현재 대학 강단에 서 있거나 연구업무에 종사하고 있으며, 정부 각 부처, 법조계, 언론계, 민간기업 그리고 해외에도 진출하여 우리나라의 최고급 두뇌로서 국가발전과 국위선양에 크게 기여하고 있습니다.

본인은 대학원 총동문회의 결성이 비록 때늦은 감은 있지만, 앞으로의 대학원 중심대학 시대를 대비하는 데 있어서 꼭 필요한 일이 아닌가 생각합니다. 그런 의미에서 대학원 총동문회의 결성을 충심으로 축하합니다.

현재 추진되고 있는 교육개혁은 학생들로 하여금 학부 과정에서는 보다 폭넓은 교양을 쌓도록 하고, 대학원 과정에서는 본격적으로 전공

분야의 연구를 심화하도록 권장하는 것으로 그 방향을 잡아가고 있습니다. 그러므로 앞으로 주요 대학에서는 대학원의 역할과 기능이 점점 더 강화될 것입니다. 한국외국어대학교도 이런 방향에 초점을 맞추어 대비하고 있는 것으로 알고 있습니다.

본인은 이 자리를 빌려 여러분에게 우선 여러분의 모교인 한국외국어대학교 대학원의 발전에 좀더 많은 관심과 애정을 가져주실 것을 부탁합니다.

정부는 대학원 중심대학 정책을 실시하면서 특성화에 앞장서는 대학원에 대하여 특별지원을 할 것을 약속하고 있습니다. 물론 앞에서 말한 바와 같이 한국외국어대학교도 이에 대비하고 있습니다. 그러나 앞으로 대학원이 중심적 역할을 다하기 위해서는 여러분의 물심양면의 지원이 매우 절실하다고 아니 할 수 없습니다.

다음에 이 총동문회를 동문 간의 유대강화뿐 아니라 학풍의 조성·심화를 위하여 활용해 주실 것을 부탁합니다.

한 인간에게 있어서 학창시절의 체험은 소중하고 값진 것입니다. 그러기에 그 체험을 같이 나눈 동료나 선후배 사이에는 끈끈한 인간관계가 형성되며, 언제 어디서 만나더라도 반갑고 한 가족처럼 느껴지기 마련입니다. 앞으로 이런 끈끈한 관계를 유지·강화해가시기 바랍니다.

그러나 여기에 그쳐서는 안 될 것입니다. '동문'이라는 말은 본래 '같은 교문을 드나들며 같은 스승 밑에서 공부한 사람들'이라는 뜻을 갖고 있습니다. 따라서 이 총동문회가 독특한 학풍을 조성하고 심화시키는 역할까지도 해야 할 것으로 생각합니다.

아시는 바와 같이 한국외국어대학교는 지난해부터 학교와 재단의 개혁을 통해서 새롭게 거듭나려고 애쓰고 있습니다. 현재는 대학평의회가 설치되어 대학 구성원들의 의견을 수렴하며 대학의 개혁과 발전에 박차를 가하고 있습니다. 여기에 이 대학원 총동문회의 힘이 더해지면, 한국외국어대학교 대학원은 21세기에는 외국어와 외국학 연구 분야에서 세계 최고 수준의 대학원으로 발전할 수 있을 것입니다.

끝으로 오늘 이 모임을 결성하기까지 여러모로 애써 주신 총동문회 간부를 비롯한 여러분께 격려의 말씀을 드리며, 대학원 총동문회의 무궁한 발전을 진심으로 기원합니다. 그리고 대학원 동문 가족 여러분들의 건승을 빕니다.

감사합니다.

(1999. 5. 19)

한겨레통일문화재단 문화사업 후원회 인사말

작년 3월 후원회 창립총회가 개최된 이후 벌써 1년 3개월이 흘렀습니다.

특히 오늘은 한겨레통일문화재단이 통일부로부터 설립허가를 받은 지 꼭 2년 1일째 되는 날입니다. 지난 97년 5월 30일 통일부로부터 설립허가서를 받고 모두가 감격에 젖었던 것이 바로 어제의 일인 것처럼 선명하게 떠오릅니다.

설립 이후 지금까지 한겨레통일문화재단은 자금과 인력이 부족한 여건 속에서도 민족의 화해와 통일을 위한 문화사업을 지속적으로 개최코자 노력해 왔습니다. 이러한 노력의 일환으로서 작년에는 '윤이상 통일 음악회'가 개최되었고, 오늘 이 후원회에 이어 이 자리에서는 '윤이상 실내악 페스티발'이 개최될 것입니다.

그동안 한겨레통일문화재단의 문화사업은 후원회원 여러분들의 도움에 힘입어 지속될 수 있었습니다. 이 점 후원회원 여러분께 깊이 감사드립니다. 앞으로도 후원회원 여러분들이 한겨레통일문화재단의 여러 행사에 활발히 참여해 주시기를 부탁드립니다. 후원회원 여러분에게 한겨레통일문화재단의 문은 언제나 열려 있으며, 한겨레통일문화재단은 후원회원 여러분이 참여하실 수 있는 보다 다양한 방법을 마련하고자 계속 노력할 것입니다.

후원회원 여러분의 보다 적극적인 활동을 기대하며 건승을 빕니다.
감사합니다.

(1999. 5. 31)

장애인과 더불어 사는 사회 만들기 운동(제2건국위) 인사말

제2의건국범국민추진위원회가 발족한 지 벌써 1년이 되었습니다. 지난 1년 동안 우리 위원회에서는 과거의 적폐를 청산하고 새로운 천년을 맞이하기 위한 5대 국민운동 등을 역점적으로 추진해 오고 있습니다.

즉 과거의 적폐 청산을 위하여 부정부패 추방운동, 국민화합운동을, 새로운 천년을 맞이하기 위하여 신지식인운동, 문화시민운동, 한마음공동체운동을 전개해 오고 있습니다.

이 중 한마음공동체운동은 IMF 위기 이후의 어려운 경제 여건하에서 우리 모두가 한마음이 되는 공동체의식을 회복하자는 운동입니다. 우리 위원회는 그 주요 운동 중 하나를 '장애인과 더불어 사는 사회 만들기 운동'으로 선정하고 민관합동으로 전개될 수 있도록 다양한 프로그램을 개발하고 있습니다.

새로운 천년을 맞이하여 우리 사회의 공동체의식을 회복하기 위해서는, 장애인이 우리 사회의 구성원으로서 아무런 불편을 느끼지 않고 살아갈 수 있는 환경을 조성하고 장애인에 대한 잘못된 인식과 태도를 바로잡는 일이 무엇보다도 선행되어야 합니다.

아직도 우리 주위에는 장애인에 대한 사회적 편견과 무관심이 만연해 있습니다. 민간기관은 물론이고 공공기관에서조차 장애인에 대한 이러한 잘못된 인식과 태도는 시정되지 않고 있습니다.

그래서 우리 위원회에서는 '장애인과 더불어 사는 사회 만들기 운동'의 1단계로서 우선 공공기관에서 장애인을 위한 대책을 세울 때 참고가 될 만한 사례들을 모아 작은 책자로 만들었습니다.

아무쪼록 각 공공기관에서 이 책의 여러 사례를 참고하여 각 기관의 현실과 특성을 감안하면서 실천해 주시기를 바랍니다. 이는 장애인이 우리 사회의 구성원으로서 스스럼없이 살아갈 수 있는 날을 앞당기는데 기여할 것입니다.

여러 기관의 많은 성원과 노력을 부탁드립니다.

(1999. 9)

뇌성마비인 체육·문화·예술의 장(제2건국위) 축사

결실의 계절 가을을 맞이하여, 뇌성마비인들과 그 가족들이 이곳 수락산 기슭의 마들근린공원에 모여 체육·문화·예술의 장을 열게 된 데 대해 진심으로 축하드립니다.

새로운 세기를 목전에 두고 있는 지금 우리 사회에는 해결되어야 할 과제들이 산적해 있지만, 그 중에서도 장애인 복지의 향상은 그 무엇보다도 우선적으로 해결되어야 할 과제가 아닐 수 없습니다.

장애인 복지를 향상시키려는 노력은 그 목표를 장애인의 완전한 사회참여와 평등을 보장하는 데에 두어야 할 것입니다. 이를 위해서는 우선 장애인에 대한 적절한 복지 서비스가 제공되어야 하며, 장애의 유형에 따른 적절한 교육이 뒷받침되어야 할 것입니다. 물론 복지 서비스 및 교육의 제공은 일차적으로는 정부의 몫이겠지만, 장애인이 우리 사회의 구성원으로서 아무런 불편을 느끼지 않고 살아갈 수 있는 환경은, 정부와 민간이, 나아가서 사회구성원 모두가 힘을 합해야만 비로소 만들어질 수 있습니다.

특히 우리 주위에는 장애인에 대한 사회적 편견과 무관심이 여전히 만연해 있습니다. 따라서 장애인에 대한 이러한 잘못된 인식과 태도를 바로잡는 일이 그 무엇보다도 선행되어야 합니다.

이에 제2의건국범국민추진위원회에서는 '장애인과 더불어 사는 사회 만들기 운동'이 민관합동으로 전개될 수 있도록 다양한 프로그램을 개발하고 있으며, 이러한 노력의 일환으로서, 최근에 공공기관에서 장애인을 위한 대책을 세울 때 참고가 될 만한 사례들을 모아 작은 책자로 만들기도 하였습니다.

한편 최근 들어, 지금까지 우리나라에서 지체부자유 장애를 가져오는 가장 주된 요인이었던 소아마비의 비율이 감소하는 가운데, 뇌성마비로 인한 지체부자유 장애의 비율이 증가하고 있습니다. 이에 따라 뇌성마비를 예방하고 뇌성마비인들의 사회참여를 지원하기 위한 우리 모두의 관심과 노력이 더욱 절실히 요구되고 있습니다. 또한 뇌성마비인 스스로도 자신의 신체적 장애에서 비롯된 열등감과 좌절감을 떨쳐 버리고 자신의 최대한의 역량을 발휘코자 노력해야 할 것입니다. 우리 모두의 이러한 노력이 하나 둘씩 결실을 맺는다면, 뇌성마비인들의 완전한 사회참여와 평등의 날은 앞당겨질 수 있을 것입니다.

지금까지 지속적으로 이와 같은 모임의 장을 마련해 왔고, 올해에도 행사를 준비하느라고 애쓰신 한국뇌성마비복지회의 김학묵 회장님을 비롯한 여러분께 수고와 감사의 말씀을 전합니다.

부디 오늘의 행사가 우리 뇌성마비인들 상호 간뿐만 아니라 사회의 일반인들과도 우정을 나눌 수 있는 뜻 깊은 자리가 되기를 바라며, 이를 통해 뇌성마비인들의 완전한 사회참여와 평등이 보장되는 사회가 앞당겨질 수 있는 계기가 되기를 간절히 기원합니다.

감사합니다.

(1999. 10. 7)

한겨레통일문화재단, 연세대 통일연구원 학술회의 인사말

요즘 한반도를 둘러싼 정세를 살펴보면 문득 1백 년 전의 한반도 상황이 생각납니다.

당시 한반도는 중국, 일본, 미국, 러시아 등 열강들이 자신의 세력을 확장하기 위해 경쟁하는 각축장이었습니다. 우리는 그러한 국제적 환경에 능동적으로 대응하지 못한 결과 주권마저 잃게 되었습니다.

지금의 국제정세도 당시의 상황과 유사하다고 할 수 있을 것입니다. 강대국들은 동북아시아 지역에서 자신의 경제적, 정치적 영향력을 확대하기 위해 노력하고 있습니다. 우리 민족이 남북으로 분단되어 있다는 현실은 이처럼 급박하게 전개되고 있는 국제환경 속에서 우리 민족의 발전을 도모하는 데 큰 장애가 되고 있습니다.

남북한 관계에 대해 과거의 편협한 시각을 버리고 대국적이고 개방적인 자세로 임하지 않는다면 통일은 더욱 요원해질 것이고, 우리는 또 다시 스스로의 문제를 주체적으로 해결하지 못하는 과오를 되풀이하게 될 것입니다.

남북한 관계에 대해 국민 모두가 서로 터놓고 공개적으로 논의할 수 있는 환경이 마련되어야 통일을 위한 방안도 더욱 쉽게 찾을 수 있을 것이고 우리 민족 앞에 놓인 과제에 대해서도 적극적으로 대응할 수 있을 것입니다.

그런 의미에서 우리 한겨레통일문화재단과 연세대학교 통일연구원이 함께 학술회의를 갖는 것은 매우 큰 의미를 갖는다고 생각합니다.

오늘 학술회의에서 논의된 내용들이 학자들만의 관심사로 국한되지 않고 현실에서 구현되어 통일을 앞당기는 데 큰 보탬이 되기를 바랍니다.

참석해주신 여러분께 감사드립니다.

(1999. 11)

경실련 10주년 격려사

한국 NGO 운동의 선구자 경제정의실천시민연합(경실련)이 창립된 지 벌써 10년이 되었습니다.

그동안의 많은 어려움을 극복하고 창립 10주년 기념행사와 후원의 밤을 개최하게 된 데 대해 축하와 격려를 보냅니다.

1989년 창립된 이래, 경실련은 특정 계층이나 정파의 이해를 넘어서 우리 사회 전체의 이익과 발전을 위한 활동에 주력해 왔습니다. '일한 만큼 대접받는 사회'의 추구를 모토로 내걸고 창립된 경실련은 우리 사회의 경제정의를 실천하기 위해 금융실명제 실시, 부동산 투기 근절, 재벌 개혁, 한국은행 독립 등의 경제적 과제를 제시하고 이를 해결하기 위해 노력해왔을 뿐 아니라, 중앙 및 지방 정부의 정책 입안·결정·집행 과정을 감시하고 합리적인 대안을 마련하는 데도 힘써 왔습니다.

더욱이 지난 10년간 우리 국민들의 애정 어린 관심과 적극적인 참여에 힘입어 경실련의 활동은 전국 각 지역으로 확대되었고 회원 수도 급증하였습니다.

초창기의 어려움을 극복하고 경실련이 우리 사회 NGO의 선구자로서 그때그때 제기되는 많은 과제들을 성실히 수행하면서 성장할 수 있었던 것은, 경실련을 이끌면서 적극적으로 정책대안을 제시한 여러 교수·변호사·회계사·세무사 등의 전문가들, 상근운동가들, 시민활동가들, 그리고 많은 일반회원들의 헌신적인 노력 때문이었습니다.

이들 모두에게 다시 한번 축하와 감사의 말씀을 전하는 바입니다.

그렇지만 지난 여름 겪은 진통은 경실련으로 하여금 새로운 10년(New Decade)의 개막을 앞두고 한 단계 성숙된 경실련으로 거듭 태어나기 위해서는 우리 모두가 어떠한 마음가짐을 가져야 할 것인가를 말해주고 있습니다.

본인이 하고 싶은 말은 경실련이 '10년 전의 초심(初心)'으로 돌아가자는 것입니다.

우선 지난 여름의 경험은 우리 모두에게 조직의 양분화와 구성원들 간의 반목이 얼마나 치명적인 결과를 초래할 수 있을지를 보여주었습니다. 이에 더하여 본인은 앞으로의 경실련 운영과 관련하여 몇 가지를 제안하고자 합니다.

첫째, 운영자금을 자체적으로 조달하려는 노력이 필요합니다. 특정 계층이나 정파의 이해와 무관하게 우리 사회의 곳곳을 제대로 감시하고 대안을 제시하기 위해서는 무엇보다도 재원조달에 있어서의 독립성은 필수적입니다.

둘째, 조직 운영에 있어서의 투명성이 필요합니다. 정의로운 사회를 지향하는 경실련의 운영은 그 어느 곳보다도 깨끗하고 투명하게 이루어져야 할 것입니다.

셋째, 활동 영역의 관련다각화가 필요합니다. 경실련의 활동 영역은 앞으로도 계속 확대되어야 할 것입니다만, 그것이 비관련된 영역으로 무리하게 다각화되는 방식으로 이루어져서는 곤란할 것입니다. 우리

경제가 위기를 맞이하고 경쟁력을 상실케 된 것이 재벌들의 과도한 비관련 다각화 행위와 무관하지 않다는 점에는 여러분 모두가 동의할 것입니다. 앞으로 경실련은 관련 영역으로 점차 그 활동을 확대하는 가운데, 착근(着根)을 위해 더욱 분발해야 할 것입니다.

그동안 경실련이 치른 곤욕은 새로운 출발을 다짐하는 경실련에게는 오히려 하나의 좋은 교훈이 될 수 있을 것입니다. 새로운 10년에는 한 단계 성숙된 경실련으로 거듭 태어나기를 바라며, 여러분 모두의 분발을 기원합니다.

감사합니다.

(1999. 12)

ACAES 국제컨퍼런스 개회사

Distinguished guests, participants, ladies and gentlemen. I would like to cordially welcome each of you to the opening of the 23rd ACAES International Conference on Asian Economies.

It is my honor and privilege to serve as a co-chair and to give the opening address of this conference, with the theme of, Post-Financial Crises: Challenges for Progressive Industrialization of Asian Economies, generously co-sponsored by the American Committee on Asian Economic Studies, Seoul National University, and the Korea Institute for International Economic Policy. On behalf of Seoul National University I would like to express my personal thanks to our two co-sponsors for financial and technical support. They have shown much enthusiasm and our cooperation has been very successful in coordinating this conference. Based upon our experiences in the preparation for this event, I undoubtedly believe that our mutual cooperation will bear many fruitful results.

I would like to extend our sincere appreciation to Professor Jang-Hee

YOO, who is Chairman of the APEC Studies Association of Korea and the Dean of the Graduate School of International Studies at Ewha University; Without his vision and organizational efforts, this conference would undoubtedly have been impossible.

I also thank Professor Manoranjan Dutta, who is the President and Chief Executive Officer of the American Committee on Asian Economic Studies. This conference benefits immensely from the unreserved dedication and resources of these two gentlemen.

During the previous two years, after the collapse of Thailands Baht in July 1997, Asian countries have gone through economic turmoil. About two years ago, November 21st 1997, to be exact, the Korean government publicly announced that it would apply for IMF emergency loans. This was quite a shock to the Korean people. The Korean people never thought that they would experience a foreign exchange crisis. Since then, many economist have been busy analyzing what may have caused the Asian financial crisis, and I think that it is safe to say that, everyone in this room has heard numerous explanations and opinions. Nevertheless, many important lessons have been learnt. First, we should at all times protect ourselves by maintaining sound economic fundamentals. Second, the international financial system right now remains imperfect; until it is improved, a future financial crisis is more or less up to fate. To prevent a future crisis in the region, necessary reforms in the international financial architecture should be made. Third, although to a certain extent the international financial system is currently under reform, we should also promote financial cooperation within our own region in order that we may more effectively manage future developments.

As a co-chair from the Korean-side, I would like to share with you some of my observations on the causes of the crisis as relates to Korea.

First of all, many foreign investors withdrew their money because they lost faith in Koreas ability to repay her debt. This credibility problem was due mainly because in a short space of time many large chaebol companies became bankrupt one after another. These bankruptcies occurred mainly because the chaebols were over-leveraged. Over-leveraged corporate financing stemmed from the too-big-to-fall doctrine, which in turn induced a state of prevalent moral hazard. The moral hazard and corruption were unavoidable consequences of the tight grip the government had on the economy.

Second, the Korean governments market economy policy, before the crisis, was premature, in the sense that Korea, at the time, did not possess the necessary market infrastructure to guarantee a smoothly working market mechanism. A prudential surveillance system for financial institutions simply did not exist. Among other deficiencies, neither a transparent accounting system for corporations, nor corporate governance to monitor and check the monopolized decision making of the chaebol owners were in place. Also, a bankruptcy system for easing the ailing companies was unavailable.

Third, although arguably the foreign exchange crisis might have been preventable, the banking crisis was in due course. I characterize the foreign exchange crisis as the flight of capital out of Korea, the depletion of foreign exchange reserves, and the sudden plummet of the value of the

Korean currency, and above all, the IMF rescue package.

Over the past two years, Korea has struggled to resolve the crisis. We have frankly admitted to some mistakes, and we have willingly listened to the criticisms and advice of our foreign friends. However, we also claim that we have been doing our best to cure the decades-long economic illness and to build a democratic market economy.

This conference is a very important event because by looking into the reasons for the past financial crisis, over 100 eminent participants from many countries will discuss ways to prevent the recurrence of crises in the future. They will share their individual country experiences in overcoming the Asian economic crisis, and seek ways to alleviate the economic and social disparities among the Asian countries and, thus, promote our common prosperity.

The participants will present their papers and ideas in 13 sessions over a period of 3 days. Many important issues pertaining to the Asian economy will be covered. We shall begin by looking into the structural reasons for the financial crisis, including corporate structure and governance in Asia, and policy response in the era of globalization. Regional economic issues shall be also presented in the categories of progress and prospects of Asia-Pacific Economic Cooperation, and trade and investment among Asian Industries. We will further consider new points for financial policy, and shall discuss industrialization strategy, international trade, and monetary arrangement in the post-crisis era. Asias post-financial crisis macroeconomic policy is yet another topical area that this conference will address.

Our presence here is evidence that we are determined to work together to overcome this economic crisis. I strongly believe that this conference will be seen as a historically important event in finding solutions to the financial crisis and in providing a future economically sound path for the region.

As you well know, ACAES, an inter-university educational, non-profit program with exclusive focus on studies in Asian economies, has in the past kindly sponsored 22 international conferences on Asian economies. However, this is the first time that an ACAES conference is held in Korea. We are very happy to put Korea on the list of hosting countries and we hope that another ACAES conference will be held in Korea in the years to come.

Once again, I would like to express my gratitude to all fellow participants and distinguished guests. I am sure that your active contribution will make this conference a big success to help towards a more viable economy. To our foreign guests, I hope that you will have a pleasant and fruitful stay in our beautiful country. Thank you.

(1999. 12)

새천년 맞이 외대인의 밤 치사

친애하는 한국외국어대학교 가족 여러분!

한 세기가 지나가고 새로운 세기가 다가오고 있습니다. 우리는 이 세기의 전환점에서 지난 반세기 동안 한국외국어대학교가 이룩한 업적을 자축하고 구성원들의 단합을 꾀하며 미래의 희망을 이야기하고자 이 자리에 모였습니다.

지난해 한국외국어대학교는 구각을 탈피하고 새롭게 태어났습니다. 이제 우리 앞에는 한국외국어대학교를 세계적 수준의 명문대학교로 만들어 나가야 하는 과제가 놓여 있습니다.

본인은 이와 관련하여 다음 세 가지 점을 말씀드릴까 합니다.

첫째, 본인은 작년 8월 한국외국어대학교 이사장으로 부임한 이후, 한국외국어대학교가 성장의 잠재력이 매우 큰 학교라는 점을 확인할 수 있었습니다. 무엇보다도 학교의 재무구조가 상당히 충실하고 부채도 거의 없었습니다. 교수, 직원, 학생 등 인적 자원도 우수한 데다가, 이미 배출된 7만 동문들이 국내외의 각 분야에서 활약하고 있어 학교 발전을 위한 튼튼한 디딤돌이 되고 있습니다. 따라서 한국외국어대학교는 그 어느 대학교보다도 더 큰 발전의 가능성을 갖고 있습니다. 오늘 이 자리에 참석하신 여러분들이 바로 새로운 한국외국어대학교를 만들어 가는 힘 그 자체라고 생각합니다.

둘째, 본인은 지난 1년 4개월간 한국외국어대학교 이사장으로 재직하는 동안 한국외국어대학교에 대해 참으로 깊은 애정을 갖게 되었습니다. 조규철 총장 이하 교직원들, 서울·용인 캠퍼스의 학생들, 최동호 회장을 비롯한 여러 동문들, 그리고 학부모 여러분 모두가 학교를 발전시키려는 강한 의지를 보여주었습니다. 본인도 이런 구성원과 함께라면 한국외국어대학교의 발전을 위해 어떠한 난관도 극복해 나갈 수 있겠다는 자신감을 갖게 되었습니다.

셋째, 오늘 이 자리는 한국외국어대학교 모든 가족의 단합을 도모할 뿐만 아니라 서울 본교의 본관과 용인 캠퍼스의 중앙도서관 건립을 위해 뜻과 정성을 모으는 축제의 장입니다. 새로운 세기의 시작에 즈음하여 한국외국어대학교의 모습을 일신하려는 사업이 이제 한국외국어대학교 가족 모두의 축복 속에서 시작되는 것입니다. 이는 한국외국어대학교 가족의 새로운 희망의 상징이 될 것입니다.

존경하고 친애하는 한국외국어대학교 가족 여러분!

본인의 바람은 사학의 명문 한국외국어대학교가 새로운 세기에는 세계로 뻗어나가 세계 속의 명문대학이 되는 것입니다. 본인은 이사장으로 재직하는 마지막 날까지 이를 위해 최선을 다하겠습니다. 끝으로 한국외국어대학교 가족 여러분의 가정에 희망과 건강이 충만하기를 기원합니다.

(1999. 12. 14)

제2건국위 신년사
: '제2의건국운동'으로 희망의 21세기를!

2000년 새해를 맞아 국민 여러분과 전국의 제2의건국 동지 여러분이 뜻하시는 일들이 모두 이루어지기를 바랍니다.

정부수립 50주년을 맞아 '제2의건국'이 주창된 뒤, '제2의건국범국민추진위원회'(제2건국위)는 민관합동의 국민운동을 표방하며 우리 사회의 적폐를 청산하고 변화의 새 시대에 능동적으로 대비하기 위한 제2의건국운동을 추진해 왔습니다. 지금까지의 활동을 통해 우리는 개혁이 성공하기 위해서는 정부 중심의 제도개혁뿐만 아니라 국민 각자의 낡은 의식과 관행을 바꾸는 것이 무엇보다 중요하며, 제2의건국운동이 범국민운동으로 전개되어야 한다는 것을 확인할 수 있었습니다.

제2건국위가 처한 현실의 여건상 뚜렷한 성과를 자랑하기에는 아직 미흡한 점이 많습니다. 그러나 제2건국위의 지난 활동은 온갖 어려움에도 불구하고, 급변하는 시대에 정부와 국민이 스스로 준비하고 변하지 않으면 안 된다는 사회적 공감대를 형성하는 데 충분히 기여했다고 자부합니다. 국민과 정부가 함께 하는 개혁, 체감할 수 있는 개혁으로 이끄는 제2의건국운동은 이미 도도한 흐름이 되었습니다. 앞으로도 국민 모두가 지혜와 힘을 모아 제2의건국운동을 성공적으로 이끌어 주시길 바랍니다.

새해에 제2건국위는 평소 일관되게 주장해온 것과 같이 다가오는 총선에 엄정중립을 견지하여 그동안 제2건국위 활동을 둘러싼 일부의 염려가 기우였음을 실천적으로 보여주면서 명실상부한 범국민운동으로 발전시키는 데 모든 노력을 다하겠습니다.

존경하는 국민 여러분!

21세기 새 시대가 우리 앞에 열렸습니다. 그러나 우리가 새 시대를 시간상의 의미로만 받아들이기에는 우리를 둘러싼 내외의 환경은 너무도 절박합니다. 우리는 이제 막 국가위기의 터널의 끝을 보고 있으며, 무한경쟁이라는 냉혹한 현실 또한 우리 앞에 가로놓여 있습니다. 새 시대는 우리에게 새로운 의식과 변화된 실천을 요구하고 있는 것입니다. 아직도 우리는 부끄러운 유산을 짊어진 채 시간상으로만 새 시대를 맞은 것에 불과할 뿐입니다.

제2건국위는 새해를 맞이하여 우리가 반드시 해결해야 할 다음 5가지 과제를 다시 한번 강조하며, 이 과제의 달성을 위해 국민과 정부가 함께 제2의건국운동을 힘차게 전개할 것을 제안합니다.

첫째, 부정부패를 추방하여 깨끗한 나라를 만들어야 합니다.

현재 우리나라의 부정부패는 국가와 사회의 자원을 낭비하고 공동체의 화합을 저해할 뿐 아니라 국민의 재산과 생명까지 위협하고 있는 실정입니다. 또한 편법과 부정이 어느덧 우리의 의식과 생활 깊숙이 자리 잡고 말았습니다.

제2건국위는 새해에 우리 국민 모두의 절박한 바람인 부정부패추방운동을 힘차게 전개하여 맑은 사회가 하루속히 건설되도록 하는 데 모든 노력을 다할 것입니다. 특히, 사회 각 분야의 자정운동을 적극적으로 추진해 나가겠습니다.

둘째, 망국적 지역갈등을 해소하고 국민화합을 이루어야겠습니다.

21세기 무한경쟁시대에 우리는 지역·계층·세대 간의 분열과 갈등을 극복하고 모든 국민들이 한마음 한뜻으로 서로 협력하여 국민대통합과 국가발전을 이룩하여 세계 일류국가로 발돋움해야 합니다. 분열과 갈등을 극복하지 않고 새 시대를 열어간다는 것은 바위를 짊어지고 산을 오르는 것과 같습니다.

제2건국위는 국민화합을 저해하는 제도·법률·시책들을 발굴하여 개선방안을 마련하는 등 제도적 여건조성에 노력함은 물론 시민교실 운영, 국민화합 저해행위근절 계도 활동, 국민화합 공동선언 채택, 지역 간 상호교류 활성화 등 다양한 사업들을 추진해 나가겠습니다.

셋째, 국민 모두가 새로운 발상으로 지식을 활용하여 부가가치를 창출하고자 하는 신지식인운동을 적극 전개하여야 합니다.

국가 간에 무역 및 투자장벽이 붕괴되고 지식과 정보통신산업이 발달하여 지식과 정보가 새로운 부의 원천으로 등장한 시대에 살고 있는 이때 제2건국위는 국민 모두가 맡은 분야에서 지식을 활용하여 세계적으로 경쟁력을 갖출 수 있도록 하기 위해 다양한 활동들을 전개하겠습니다.

이를 위해 새해에는 '우리직장신지식인' 캠페인을 통하여 전국 각지에서 직장단위로 신지식인을 발굴하는 한편, 발굴된 신지식인들의 사례를 널리 홍보함으로써 국민 모두가 신지식인이 될 수 있는 계기를 마련하도록 하겠습니다. 또한 신지식인들로 구성된 한국신지식인연합 및 신지식인운동추진본부와 연계하여 신지식인 박람회와 학술 세미나 등을 개최함으로써 신지식인들의 창의적인 아이디어들이 실제생활에 반영될 수 있도록 하겠습니다.

넷째, 소외된 계층의 고통을 온 사회가 함께 해결하는 '한마음공동체운동'이 전개되어야 합니다.

지난 세기 급속한 경제발전과정에서 소외되어온 저소득층과 노인, 장애인, 실업자 등 사회취약계층에 대해 정부와 시민·사회단체는 보다 많은 관심을 가져야 합니다.

제2건국위는 지난 1년간 장애인과 더불어 사는 사회 만들기 운동을 전개해 왔습니다만 새해에는 한마음공동체 운동의 범주를 확대하고 시민·사회단체와 연대하여 자원봉사운동과 결연·후원 운동이 우리 사회에 정착되도록 하겠습니다. 이를 위해 제도적인 여건을 조성하고 국가적 지원체계를 마련하는 데 노력하겠습니다.

다섯째, 새 시대의 생활문화 규범을 확고히 세우기 위한 문화시민운동을 전개해 나가야 합니다.

세계가 한식구가 된 지금 우리는 합리적 사고와 절제된 행동으로 성숙되고 긍지를 지닌 문화시민이 되어야 하겠습니다.

이를 위해 제2건국위는 공평한 기회가 보장되는 '한줄로서기운동'과 시민의식을 높이기 위한 여러 활동을 전국적으로 벌여 나가겠습니다.

이와 함께 변화와 개방의 새 시대에 정부가 모범을 보이기 위한 공직자의식개혁운동도 추진하도록 하겠습니다.

제2건국위는 제2의건국운동에 대한 국민의 이해의 폭을 넓히고 자발적 참여를 이끌어내기 위한 교육과 홍보사업도 계속해 나가겠습니다. 제2건국위는 자발성과 창의성을 바탕으로 사회 각 분야에서 제2의건국 교육이 활발히 전개될 수 있도록 지원하고 여건을 조성하도록 할 것입니다.

정부 각 부처와 지방자치단체는 효과적인 교육과 홍보를 통해 21세기에 요구되는 바람직한 공직자상을 정립해 나가야 할 것입니다. 아울러 시민·사회단체 등이 앞장서서 변화의 시대가 요구하는 국민상(像) 정립에 나서주실 것을 당부 드립니다.

전국의 제2의건국 동지 여러분!

새해는 제2건국위를 둘러싼 온갖 편견과 제약이 벗겨져 제2의건국운동을 본격적으로 전개할 수 있는 여건이 조성되는 해가 될 것입니다. 우리는 우리가 해나가야 하는 일들이 시대가 우리에게 부여한 일임을 자랑으로 여기며 우리부터 하면 된다는 자세로 현재의 제반 여건들을 극복해내야 할 것입니다. 따라서 우리에게는 더욱 신중한 몸가짐과 국민에게 봉사하고 희생하는 자세가 그 어느 때보다 요구된다 하겠습니다.

우리가 모범을 보일 때 국민과 정부도 제2의건국이라는 시대적 소명에 충실할 수 있다는 점을 명심하고 올해를 제2의건국운동을 대중화하는 해로 만듭시다.

존경하는 국민 여러분!

세계사적 전환기에 국가와 민족의 장래는 우리 국민의 어깨에 달려 있습니다. 변화의 파고를 넘지 못했던 20세기 지난날들은 우리에게 수많은 교훈을 남긴 채 이제 막을 내리게 되었습니다.

21세기는 더 이상 우리에게 잘못된 유산을 짊어지고 갈 것을 허락하지 않습니다. 이제 우리는 과거의 적폐를 하루빨리 청산하고, 21세기형 한국, 한국인으로 거듭나기 위한 제2의건국운동을 힘차게 전개해야 합니다.

특히, 미래를 짊어지고 나갈 청년들이 제2의건국에 앞장서 국가와 민족의 장래를 희망차게 해야 할 것입니다.

   제2건국위는 21세기를 희망의 시대로 만들기 위해 국민과 함께 혼신의 노력을 다하겠습니다.

   다시 한번 새해에 국민 여러분의 건강과 행복을 기원합니다.

   감사합니다.

(2000. 1)

민족화해협력범국민협의회 후원의 날 행사 축사

민족화해협력범국민협의회의 후원의 날 행사를 충심으로 축하합니다. 그리고 후원회의 김상하 회장님을 비롯한 임원 여러분께 그동안의 노고에 대해서 심심한 사의를 표합니다.

아시다시피 민화협은 우리 사회의 대표적인 정당·사회단체들이 함께 모인 통일운동의 상설협의체로써 그동안 많은 활동을 통해 통일문제에 대한 국민적 합의를 이끌어내어 민족의 화해협력과 평화를 실현하는 데 크게 기여해 왔습니다.

그동안 민화협이 추구해 온 민족의 화해를 바탕으로 남과 북이 공존공영 하는 평화통일의 원칙은 이제 온 국민의 지지를 받고 있으며 현 정부도 이러한 민화협의 목소리와 활동을 받아들여 그 어느 때보다도 평화공존과 통일을 위한 노력을 기울이고 있다고 봅니다.

우리는 분단이라는 우리 민족의 가장 큰 고통을 짊어진 채 21세기를 맞이했습니다.

우리 민족에게 있어 통일은 당위의 문제임과 동시에 경제적 이익을 가져다주는 매우 실질적인 문제이기도 합니다. 남북의 경제협력은 남북한 경제 모두에 커다란 발전을 가져다주고 있고 앞으로도 그 영향은 점점 더 커지리라고 봅니다.

이러한 통일을 위한 환경을 조성하고 구체적인 활동들을 지원하는 것은 민족의 구성원으로서 매우 필요한 일이며 매우 자랑스러운 일입니다.

우리의 관심과 노력을 구체화하는 의미에서 오늘의 후원의 날 행사를 맞아 재력이 있는 분은 금전으로 지혜가 있는 분은 지혜로 도와주시기 바랍니다.

특히 오늘 참여하신 많은 기업인들은 통일이 각 경제주체에게 실제적인 이익을 준다는 것을 명심하시고 민화협의 활동에 많은 지원을 아끼지 말아 주시기를 바랍니다. 민족 구성원으로서 지금에 있어서 가장 큰 투자는 통일 사업에 대한 것이라고 믿습니다.

다시 한 번 민화협의 후원의 날 행사를 축하합니다. 그리고 민화협의 오자복 상임의장님을 비롯한 8분의 상임의장님과 임원여러분에게도 그동안의 노고에 대해서 치하의 말씀을 드립니다. 앞으로도 더욱더 많은 일들을 하시고 큰 성과를 거두시기를 바랍니다.

끝으로 오늘 이 자리에 참석해 주신 여러분의 가정에 건강과 행복이 함께 하시길 빕니다.

감사합니다.

(2000. 1. 19)

한국외국어대학교 입학식 치사

친애하는 신입생 여러분! 그리고 존경하는 내외귀빈과 학부모님 여러분!

대지 속에 새로운 생명의 기운이 서서히 움터오고 있는 이 새로운 봄의 문턱에서 본교 조규철 총장님, 최동호 총동문회장님 등 내외귀빈과 학부형 여러분을 모시고 ○○○명의 우수한 신입생들을 우리 대학의 새로운 가족, 새로운 주인공으로 맞는 입학식을 갖게 된 것을 대단히 뜻 깊게 생각합니다.

올해는 특히 희망의 새 천년이 시작되는 해요, 21세기의 첫 신입생인 여러분들은 바로 외대의 새로운 희망이기 때문에 올해의 입학식은 과거의 그 어느 때보다도 의의가 크다고 하겠습니다.

먼저 이 사람은 한국외국어대학교 전 가족들과 함께 신입생 여러분들이 21세기 세계 속의 특성화된 유수 명문사학으로, 그리고 우리나라 사학의 민주개혁모델로 변신과 발전을 거듭하고 있는 우리 대학에 입학한 것을 충심으로 환영하는 바입니다.

친애하는 신입생 여러분!

　우리 한국외국어대학교는 지금으로부터 46년 전인 1954년, 전쟁의 폐허 속에서 민족적 자주의식의 바탕 위에 각종 외국어와 국제실무에 능통한 유능한 인재를 양성하여 5대양 6대주에 내보내 한민족의 얼을 세계 각지에 심기 위해 창립되었습니다. 그 후 지금에 이르기까지 46년간, 온갖 도전과 시련을 극복하면서 발전을 거듭하며 7만의 우수한 인재들을 배출하였습니다. 우리나라의 현대화와 세계화에 그 어느 대학도 대신할 수 없는 큰 공을 세운 것입니다. 또한 우리 대학은 과거 군부독재하에서 민주화와 민족통일을 앞당기기 위해 싸우고 기여해온 자랑스러운 역사를 가지고 있습니다.

　이런 훌륭한 전통이 있는 대학이 재작년 재단분규로 인한 큰 위기를 겪었습니다만, 학교를 사랑하는 구성원들의 일치된 민주역량으로 이를 극복할 수 있었고, 국민정부의 관심과 배려로 개혁적 소신과 사회적 경륜을 가진 새로운 이사진이 두 차례에 걸쳐 파견되어 이제 안정적인 개혁체제를 구축할 수 있게 되었습니다. 우리는 이를 학교의 비약적 발전의 호기로 보고 총력을 기울여 왔습니다.

　이제 우리 대학은 우리 대학 초유로 LG컨설팅팀의 우리 대학 진단에 바탕한 제2건학기획단 중장기 발전 프로그램이 확정되게 됩니다. 그렇게 되면 대학 간 무한경쟁시대의 선두그룹이 되기 위한 우리의 비전과 노력은 한 차원 더 높은 실현을 보게 될 것입니다. 대학의 체질개혁이 본격적으로 이루어지고 모든 분야에서 민주적 활기가 넘치고, 학교발전에 대한 열기가 넘칠 것입니다. 과거 '이문동의 하버드' 시절의 위상을 회복할 수 있는 날도 머지않다고 보고 있습니다.

　사랑하는 신입생 여러분!
　여러분들이 이처럼 엄청난 저력과 무한한 가능성을 지닌 대학의 일원이 된 데 대해 거듭 축하 말씀드립니다.

우리 대학은 진리·평화·창조의 창학정신에 바탕하여 '자주적 탐구인'·'국제적 한국인'·'독창적 지식인'을 양성하는 것을 목적으로 하고 있습니다. 이에 바탕하여 앞으로 4년간의 여러분들이 대학생활을 성공적으로 이끌도록 하기 위해 몇 가지 당부 말씀을 드리고자 합니다.

첫째, 대학의 열려진 자유 속에서 '자주적 탐구인'의 자세를 가져 달라는 것입니다.

여러분은 이제 피동적으로 지내오던 고등학교 시절과는 달리 자주적으로 사고하고 판단하며 행동하는 자유인이 되었습니다.

대학이 고등학교와 다른 점은 무엇보다도 타의에 의해 규제되고 주입되는 삶이 아니라, 자유를 만끽할 수 있다는 점일 것입니다. 그렇지만 자유는 자칫 방종과 무책임으로 흐르기 쉽기 때문에 스스로의 절제가 필요하고 주어진 자유만큼 스스로가 자주적으로 책임을 지는 자세를 갖지 않으면 안 될 것입니다. 대학의 열려진 자유 속에서 자주적으로 탐구하는 자세, 이것이 바로 우리 대학인이 가져야 할 첫 번째 자세인 것입니다.

여기서 신입생 여러분에게 꼭 드리고 싶은 말씀이 있습니다. 여러분들이 어떠한 과정을 거쳐 우리 대학에 입학하였든 간에 자기 자신의 의지로 선택한 것이라는 인식의 전환이 무엇보다도 필요하다는 점입니다. 이런 자주적인 자세로 대학 4년의 첫출발을 시작하고 부지런히 탐구해 나갈 때 자신의 대학생활의 주인은 바로 자신이 되는 것이고 진정한 자유인이 될 수 있으며, 우리 대학은 여러분의 자아실현의 장으로 기능할 수 있을 것입니다.

둘째, 21세기 세계화·정보화 시대를 맞이하여 민족적 자주성을 갖되 국제감각과 외국어에 능통한 '국제적 한국인'이 되어 달라는 것입니다.

우리 대학은 그 이름에서부터 알 수 있듯이 '외국어'와 '외국학'이 가장 중요한 특성입니다. '외국어'와 '외국학'을 배우려는 학생에게는 대단히 좋은 조건이 주어져 있다고 할 수 있습니다. 여러분들이 장래 우리 대학의 특성을 잘 살려 사회에 진출하려면 어문학도와 인문사회 과학도, 자연과학도, 공학도를 막론하고 한 가지 이상의 '외국어'에 능통할 수 있도록 해야 할 것입니다. 한민족의 얼을 지닌 주체성 있는 '한국인'에 이처럼 외국어에 능통하고 국제감각을 갖게 되면 자연히 훌륭한 '국제적 한국인'이 될 수 있을 것입니다.

셋째, 자기의 전공에 대한 전문가로서 탁월한 독창성을 갖되 사회적인 고통을 분담하고 고뇌할 수 있는 참된 '독창적 지성인'이 되어 달라는 것입니다.

대학은 우선적으로 전문 지식과 전문 기능을 갈고 닦는 곳이라고 하겠습니다. 신입생 여러분들은 우선 전공 속에서 의미와 가치를 발견하고 취미를 붙여 꾸준히 노력하여 4년 후에는 전공영역에서 훌륭한 전문가가 되도록 해야 할 것입니다. 21세기는 전문가의 시대라는 말이 있다는 사실을 결코 잊지 마시고 일단 자기 전공 영역에서 뚜렷하게 서야 할 것입니다.

그러나 동시에 전공만의 강조가 경우에 따라 자칫 의식 없는 기능적인 전문가 양성으로만 귀결되어 소외된 다른 사회집단의 고통에 대해 무감각해지는 이기적인 인간의 양산을 초래할 수도 있다는 사실을 잊어서는 안 될 것입니다.

대학은 전문적인 지식과 기능을 자기 자신만을 위해 쓰는 이기적인 인간을 양성하는 곳일 수는 없습니다. 대학은 자신이 사는 공동체와 사회에 대해 가슴 가득 열정을 품고 참여하고 봉사하는 지성인을 길러내는 곳입니다.

따라서 신입생 여러분들은 올바른 세계관 건립을 위한 학문도 병행해 연마하고, 그를 사회적 실천으로 옮기는 참된 지성인이 되도록 노력해야 하겠습니다.

친애하는 신입생 여러분!

4년 후에는 이처럼 자유를 자주적으로 책임 있게 구가할 수 있는 '자주적 탐구인', 한민족의 얼을 지니면서도 외국어에 능통하고 국제감각이 뛰어난 '국제적 한국인', 그리고 자기 전공영역에서 독창적인 뛰어난 전문가가 되되 동시에 사회적 고통에 고뇌하고 동참할 수 있는 '독창적 지식인'으로 훌륭히 성장하여 사회와 세계를 향해 의연하게 나갈 수 있게 되기를 바랍니다.

그런 의미에서 여러분들 인생의 새로운 출발점이 될 오늘의 이 입학을 다시 한 번 충심으로 축하드리는 바입니다.

마지막으로 학부모님께 말씀드리고 싶은 것은 자녀를 대학에 보냈다고 가정교육의 역할이 끝나는 것이 아니라는 점입니다. 자녀들이 훌륭한 지성인, 유능한 전문가로 성장할 수 있도록 계속 애정과 관심을 갖고 지도해 주시고 지원도 해 주시길 바라겠습니다. 그리고 동시에 학부모님 여러분도 우리 한국외국어대학교의 가족이 되었다는 사실입니다. 자녀의 모교가 잘 발전해야 자녀의 미래도 활짝 열린다는 의미에서 우리 대학의 발전에 대한 관심과 격려, 지원도 잊지 마시기를 충심으로 당부 드리고자 합니다.

이 사람은 한국외국어대학교의 총장님을 비롯한 훌륭한 교수님·직원분들과 함께 여러분의 자녀를 사회에서 제 몫을 해내는 훌륭한 인재로 키우기 위해 최선을 다할 것을 약속드리고자 합니다.

　여러분 가정이 두루 건안(建安)한 가운데 각종 사업이 더욱 발전하시기를 빌며 입학식 축사에 갈음할까 합니다. 감사합니다.

(2000. 3. 2)

제2건국위 전문강사단 워크숍 격려사

친애하는 제2의건국 전문강사 여러분!

먼저 바쁘신 중에서도 전국 각지에서 이번 제2의건국 전문강사단 워크숍에 참석하여 열정과 성의를 다해 1박 2일의 일정에 임해주신 데 대하여 감사의 말씀을 드립니다.

지금 우리에게는 부정부패, 비효율, 지역감정 등과 같은 과거 50년 동안의 낡은 적폐를 깨끗이 청산하고, 새로운 천년을 맞이하여 기존의 국가 시스템을 새롭게 변화시켜야 하는 과제가 주어져 있습니다.

이러한 시대적 소명에 의해 태동된 제2의건국운동의 목표는,

첫째로, 우리 사회에 만연된 부정·비효율·불신을 제거하여, 정의롭고 효율적이며 신뢰로운 사회를 만들어, 우리의 후손들에게 '살기 좋은 나라', '살고 싶은 나라'를 물려주는 데 있습니다.

둘째로, 극도의 이기주의와 편 가르기식 사고를 극복하고 화합의 기반 위에 더불어 사는 공동체 사회를 건설하는 데 있습니다.

셋째로, 국민 각자의 자율과 창의성을 존중하는 풍토를 조성하여, 창조적 지식 기반 위에 국력을 새롭게 창출하고 증대시키는 데 있습

니다.

21세기 국제사회의 치열한 경쟁 속에서 살아남기 위해서는 인적자원을 최대한 활용하고, 창조적 지식에 기반을 둔 산업의 경쟁력을 높여야 합니다. 전 국민이 모두 창의적 발상으로 새로운 가치를 창조하는 신지식인이 되어 선진강국을 실현하여야 할 것입니다.

제2의건국범국민추진위원회는 바로 이러한 사회를 실현하기 위해서 정책을 개발하여 대통령께 자문하고 있습니다. 그뿐만 아니라 의식·생활 개혁운동이 국민들 속에 자발적으로 뿌리내릴 수 있도록 민과 관의 가교로서, 민·관의 협력과 동반을 이끌어 내는 동력을 제공하고 있습니다.

제2의건국운동이 국민의 공감을 얻어 우리 일상생활에 뿌리내릴 수 있다면, 우리 사회는 상식과 규범이 통하는 밝고 건강한 사회, 세계와 호흡하고 공존할 줄 아는 사회, 정의와 타인을 존중하는 사회가 될 것입니다.

이러한 제2의건국운동의 확산에 있어서 무엇보다도 중요한 것은 말할 것도 없이 교육이라고 하겠습니다.

제2의건국운동의 성패는 국민들에게 이 운동의 취지를 잘 이해시키고, 이 운동에 동참하려는 의욕을 얼마나 많이 불러일으킬 수 있느냐에 달려있기 때문입니다.

이러한 점에서 오늘의 제2의건국 전문강사단 워크숍의 의미는 매우 크고, 전문강사단의 역할도 그만큼 막중하다고 하겠습니다.

이에 제2의건국 전문강사단 여러분께 특별히 세 가지 부탁의 말씀을 드리고자 합니다.

첫째로, 여러분은 각자가 독립된 제2의건국 교육기관이라는 자부심과 책임감을 갖고, 열과 성을 다하여 강의에 임하여 주실 필요가 있습니다. 우리 위원회 역시 여러분에게 각종 교육자료를 최우선적으로 제공하고, 또한 사명감을 가지고 교육하도록 지원할 것입니다.

둘째로, 여러분은 각급 공공 및 민간 연수기관과 유기적인 협력을 해갈 필요가 있습니다.

우리 위원회에서는 각급 공공 및 민간 연수기관에 제2의건국 교육과정을 설치하도록 유도하고, 강사 여러분이 교육대상의 특성에 맞게 적절히 강의할 수 있도록 지원할 것입니다.

여러분 또한 능동적인 자세로 연수기관과 협력하시기를 부탁드립니다.

셋째로, 여러분은 제2의건국 교육에 있어서 무엇보다 중요한 것은 현장의 경험이라는 데 유념할 필요가 있습니다.

현장의 생생한 경험이 녹아있는 교육내용만이 듣는 이의 가슴을 울리고 몸으로 실천할 수 있게 합니다. 여러분 스스로 각종 모범사례를 수집하고 이를 교육에 반영시키는 데 힘써 주시기 바랍니다.

나아가 각자 얻은 현장경험을 서로 활발하게 공유하는 데도 노력을 아끼지 말아야 합니다. 전문강사 여러분의 현장경험이 공유될 때 제2의건국 교육은 몇 갑절 풍성해질 것입니다.

우리 위원회에서도 지역별 또는 분야별로 전문강사 여러분을 네트워크화 하는 방안을 강구하여 현장경험의 공유를 지원할 것입니다.

앞으로 여러분이 만나게 될 각계·각층의 국민들이, 또한 그들이 속해있는 가정과 직장이, 나아가 우리 사회가, 얼마나 변화하고 발전하는가는 여러분의 손에 달려있다고 해도 과언이 아닙니다.

우리 위원회에서는 여러분이 자긍심을 갖고 활동할 수 있도록 최선의 노력을 다할 것입니다.

아무쪼록 여러분의 앞날에 성공과 행복이 함께 하기를 기원합니다.

그리고 여러분의 노력으로 제2의건국 운동이 국민의 관심과 사랑을 받는 운동으로 뿌리내리기를 기대합니다.

감사합니다.

(2000. 7. 28)

한겨레통일문화상 수상식 인사말

올해는 남북관계가 획기적으로 발전한 뜻 깊은 한해였습니다. 지난 6월 남북 정상이 평양에서 역사적인 만남을 가졌고, 두 차례의 감격적인 이산가족 상봉이 있었습니다. 남과 북은 이제 오랜 반목에서 벗어나 화해와 협력의 길로 돌아서고 있습니다.

이렇게 남북관계가 급류를 타며 변화한 것은 하루아침에 이루어진 일은 결코 아닙니다. 그동안 통일운동에 헌신해온 많은 분들의 노고가 밑거름이 되어 오늘의 이런 변화를 가능케 한 것입니다.

오늘 한겨레통일문화상을 받으실 문정현, 문규현 신부님은 한국의 민주주의와 인권향상, 그리고 한반도의 평화와 통일을 위해 앞장서 오신 분들입니다. 두 분은 특히, 분단의 철조망이 걷히지 않는 한, 민족의 고통이 계속되리라는 깨달음을 온몸으로 실천해 오셨습니다. 문정현, 문규현 신부님 같은 분들이 통일운동의 현장에서 보여준 실천이야말로 남북화해와 통일을 위한 값진 밑거름이 될 것입니다.

두 분의 수상을 진심으로 축하드립니다. 아울러 두 분 신부님의 수상으로 올해 세 돌을 맞는 한겨레통일문화상이 더욱 빛나고 뜻 깊어진 것에 대해 감사드립니다.

　오늘 이 자리에 축하하러 오신 모든 분들께 사의를 표합니다. 그리고 새해에는 한반도 평화에 더욱 큰 진전이 있기를 기원합니다.
　감사합니다.

(2000. 12)

노사문제협의회 창립 13주년 인사말

오늘 참석하여 주신 모든 분들께 감사드립니다.

사단법인 노사문제협의회(노사협)는 1987년 6·29 선언 이후 민주화의 진통과 함께 노사분규가 심화되고 있던 1989년 2월에 첫발을 디뎠습니다. 노사협은 노동계와 경제계 그리고 학계 및 사회단체의 요청에 따라 산업민주주의에 근거한 바람직한 노사관계의 발전을 바라는 마음에서 창립되었습니다.

이제 창립 13주년을 맞는 노사협은 그동안 어려움 속에서도 건전한 노동운동의 발전과 기업성장, 국민경제의 발전을 위해 많은 일들을 하여 왔습니다. 그 중 네 가지를 들면 다음과 같습니다.

첫째, 갈등과 대립이 있는 산업현장에서 갈등에서 화합으로, 대립에서 협력으로의 산업평화를 위한 노사분규대책사업을 하여 왔습니다(총 673건).

둘째, 어떻게 인간 존중과 민주적 협의가 있는 노사관계를 창출·정립·발전시킬 것인가라는 문제의식하에 기업인과 노동자에 대한 교육과 세미나사업을 시행해 왔고, 올바른 정책개발을 위한 연구를 지속적으로 수행해 왔습니다(참가인원 총 7만 2,529명).

셋째, 갈등이 있는 사업장에서 노사상담을 통해 노사 간의 문제를 대화와 협의로 해결하도록 노력하였습니다(총 2만 9,698건).

넷째, 노사문화의 창달을 위한 출판매체 발간활동을 벌여 왔습니다(월간《노사광장》총 46회 27만 6천 부, 노사문제에 관한 책자 64종 발행).

노사협은 유관단체들의 뜻을 받들어 겸손한 마음에서 산업사회의 각 주체 즉, 노동자와 노조지도자, 관리자와 기업인을 섬겨 왔습니다. 노사협이 오늘에 이르기까지 열렬한 지원을 아끼지 않은 노사단체, 학계 그리고 정부에 진심으로 감사를 드립니다.

지금까지 노사협은 일회적이고 요란스런 행사보다는 노동자와 기업인의 지속적인 대화와 협의의 자리를 마련하는 일에 매진해 왔습니다. 오늘과 같은 공개 행사는 처음 있는 일입니다. 그동안 지원하여 주신 모든 분들과 단체들에 감사드리고 앞으로 노사협의 사업에 격려를 부탁드리는 뜻에서 조촐하나마 이 자리를 마련하였습니다.

참석하신 모든 분들께 축하와 격려를 부탁드리며 인사를 마칩니다.

(2002. 3. 20)

노인문제 정책토론회 축사

존경하는 정경배 원장님, 이원덕 원장님, 장하진 원장님 그리고 사회복지, 노동 및 여성분야 전문가와 방청객 여러분.

오늘 본 정책토론회에서 축사를 하게된 것을 매우 기쁘게 생각하면서 참석하신 여러분께 충심으로 감사의 말씀을 드립니다.

우리나라의 65세 이상 노인인구는 2001년 현재로 약 354만 명으로 전체 인구의 7.4퍼센트를 차지하고 있습니다. 우리나라는 이미 2000년부터 고령화사회가 되었습니다. 그런데 20년 후인 2022년에는 노인인구가 14.3퍼센트로 되어 우리나라는 고령사회로 진입할 것으로 추정되고 있습니다.

이는 곧 2001년 현재로 노인부양비율이 10.5퍼센트이던 것이 2022년에는 20.8퍼센트로 되는 것을 말합니다. 바꾸어 말하면 2001년에 생산가능인구 9.5명이 노인인구 1명을 부양하던 것이 2022년에는 4.8명이 1명을 부양하게 되는 것을 의미합니다.

이런 노인인구의 매우 빠른 증가속도로 인해 우리나라에 노인복지, 노인고용, 노인여성 등 노령화 사회의 문제가 그만큼 빨리 다가올 것이 분명한 사실입니다. 따라서 이 문제에 대한 대비를 서둘러야 할 것입니다.

노인의 요구는 건강상태, 연령별, 성별, 경제상태 등에 따라 매우 다양합니다. 노인에 대한 대책에 있어서는 이런 점이 특별히 감안되어야 합니다. 다시 말하면 노인에 대한 대책에 있어서는 일률적인 접근이 아니라 차별화된 접근이 절실히 요청됩니다.

그런 의미에서 우선 노인복지정책에 있어서는 저소득층 노인에 대해서는 정부가 책임지고 기초생활을 보장하도록 하고 근로능력이 있는 노인에 대해서는 활동적인 고령화의 추구 즉, 직업훈련, 창업지원, 공공근로사업 등을 통해서 개개인이 생산적 삶을 영위할 수 있도록 하는 것이 필요할 것입니다.

다음에 2001년 현재로 경제활동인구 중에서 55세 이상이 차지하는 비중이 16.4퍼센트이고 2030년에는 35퍼센트가 될 것으로 전망됩니다. 그러므로 이들 연령계층의 실업 증가가 우려됩니다. 따라서 노인고용정책에 있어서는 60대 후반, 70대까지도 자신이 쌓아온 경력을 끊임없이 개발하고 기술과 환경의 변화에 잘 적응할 수 있도록 하기 위해서 40~50대 때에도 계속 재교육의 기회를 부여하도록 해야 합니다. 또한 노인에 적합한 고용형태가 창출, 확산되어야 합니다. 이를 위해 기업에 노인고용을 위한 유인을 제공할 필요가 있습니다. 이러한 정책적 지원을 통해 노인이 그들의 능력과 노하우를 활용할 수 있는 기회를 지속적으로 가질 수 있도록 해야 합니다.

끝으로 현재 핵가족화와 여성의 사회참여 확대 등으로 가족의 노인 부양기능이 약화되고 있습니다. 그런데 우리 사회는 아직도 남성 중심인데 여성은 남성보다 더 장수합니다. 따라서 노인여성에 대한 각별한 정책적 배려가 필요합니다. 또한 노인의 자립기반 마련이나 장기요양보호 지원체계를 구축하는 등의 정책 수립에 있어서 여성의 관점을 적극적으로 반영할 필요가 있을 것입니다.

오늘 이 정책토론회에서는 발표와 토론을 통해서 노인복지, 노인노동시장, 노인여성과 관련된 더 깊이 있고 훌륭한 정책방안이 구체적으로 논의될 것으로 기대됩니다. 아무쪼록 많은 성과 있기를 바랍니다.

감사합니다.

(2002. 5. 30)

김근태 의원 후원회장 인사말

존경하는 후원회원 여러분, 사랑하는 팬클럽 '희망' 회원 여러분, 그리고 이 자리를 빛내 주신 내외 귀빈 여러분! 반갑습니다.

본인은 김근태 의원 후원회장을 맡고 있는 변형윤입니다. 먼저 바쁘신 가운데서도 김근태 의원 후원회에 이처럼 참석해 주신 여러분께 진심으로 감사의 말씀을 드립니다.

잘 아시겠습니다만 지난 1년 동안 김근태 의원에게는 참으로 많은 일들이 있었습니다. 도전이 있었고, 좌절도 있었으며, 격려와 오해를 동시에 받기도 했습니다.

그러나 우리는 김근태 의원에 대한 믿음과 희망을 갖고 그가 걸어가는 길을 애정 어린 마음으로 지켜보며 성원해 왔습니다. 오늘의 후원회가 다시 한 번 우리의 마음을 모아내는 뜻 깊은 자리가 되기를 기대합니다.

김근태 의원은 꿈이 있는 정치인입니다.

깨끗한 정치를 만들겠다는 꿈, 강한 통일한국을 이루겠다는 꿈, 그리고 우리나라를 동북아 중심국가로 우뚝 세우겠다는 꿈이 그에게는 있습니다.

김근태 의원은 희망을 주는 정치인입니다.

늘 자기보다는 주위의 이웃을 걱정하며, 사욕보다는 대의를 지키며 자신을 버릴 줄 아는 정치인입니다. 자신을 던져 민주주의와 평화의 통일한국을 이루고자 하는 김근태 의원의 진심과 열정을 알기에 우리는 그 꿈이 현실로 이루어질 것을 믿을 수 있습니다.

김근태 의원은, 우리의 꿈을 맡겨도 좋을 그런 정치인입니다.

정치가 소란스럽고 희망이 없어 보일 때, 그래도 바라보게 되는 정치인입니다. 그렇기에 함께 해 달라고 여러분께 내미는 본인의 손이 부끄럽지 않은 정치인입니다.

김근태 의원이 가는 길은 걷기 힘겹고 오르기 어려울 때도 있습니다. 본인은 때로 그 힘든 길을 홀로 묵묵히 걷고 있는 김근태 의원을 볼 때도 있습니다. 그럴 때, 모두가 손을 잡고 힘을 합친다면 그 길은 한 걸음 성큼 내디딜 수 있고 단숨에 오를 수 있는 넓고 탁 트인 길이 될 것입니다.

여러분, 우리 김근태 의원의 손을 잡아 줍시다. 그가 내미는 손을 잡고 함께 걸읍시다. 적어도 김근태 의원은 사욕보다는 대의를 지키며 자신을 버릴 줄 아는 정치인이라는 것을 우리는 너무나 잘 알고 있지 않습니까.

오늘 이 자리에 참석해 주신 여러분의 성원과 따뜻한 마음은 지금의 김근태 의원에게 그 어느 때보다도 더욱 큰 힘이 될 것입니다.

늘 지금의 사랑과 관심을 간직해 주시기를 바라고, 김근태의 손을 잡고 함께 걸어 주시기를 청합니다.

감사합니다.

(2002. 10. 16)

한국사회발전시민실천협의회 재일한국상공인 환영사

재일한국상공인 여러분, 고국에 오신 것을 진심으로 환영합니다. 참 잘 오셨습니다.

이번 제5차 방문은 방문행사가 시작된 이래로 가장 많은 94명이 참석하셨습니다. 이는 재일한국상공인 고국방문 및 연수회 이우정 대표회장님을 비롯한 임원들과 각 지역 대표님들, 총무님들의 노력의 결과라고 생각되며 이분들의 노고에 감사드립니다.

한국사회발전시민실천협의회(이하 한실협)는 우리는 하나, 하나의 한민족이라는 민족공동체의식 아래 재일한국인을 섬기는 마음으로 이 행사를 계획하였고 금년으로 5년째를 맞이했습니다.

기억하고 싶지 않습니다만 박정희 정권은 한일국교정상화 비준 당시 재일한국인을 소외시켰습니다. 그래서 재일한국인들은 "조국이 우리를 버렸다"는 비통한 마음을 가져왔다고 생각합니다.

한실협은 한국정부가 과거사를 반성하고 사과하지 않는 상황에서 우리 민주시민단체라도 반성과 사과의 마음을 재일한국동포 여러분들에게 전하고, 여전히 남아있는 재일한국인 문제를 해결하는 데 다소나마 보탬이 되고자 민족공동체사업을 시작하게 되었습니다. 참석하신 여러분들께서 이런 충정을 이해하시고 공감해 주시면 이 행사를 추진하는 저희로서는 더할 나위 없이 기쁠 것입니다.

재일한국 상공인 여러분.

10월 7일 오늘부터 시작하여 10월 10일 떠나시는 날까지 저희들은 여러분이 고국에 계시는 동안 정성을 다해 모시겠습니다. 한실협은 이번 행사를 계획하고 준비하는 데 최선을 다했습니다. 하지만 여러모로 부족한 점이 있을 것이며 이 점 넓은 마음으로 이해해 주시기 바랍니다. 부디 계시는 동안 건강하시고 조국의 변화하는 모습을 많이 보고 듣고 가시길 희망합니다.

진심으로 환영합니다. 감사합니다.

(2003. 10. 7)

한겨레역사박물관 건립준비 심포지엄 인사말

한겨레통일문화재단과 지리산평화결사가 지리산 역사박물관 건립준비 심포지엄 '지리산은 생명을 노래한다'를 마련했습니다. 지리산 역사박물관 건립을 위한 심포지엄을 지리산을 대표하는 곳 중 하나인 전남 구례에서 개최하게 돼 기쁘게 생각합니다. 그리고 이 자리를 빛내주시기 위해 멀리 전북 남원에서, 경남 함양에서 그리고 서울 등 전국 각지에서 참석해주신 여러분들께 우선 감사의 말씀을 드립니다.

이번 심포지엄은 지리산이 겪은 20세기 갈등의 역사를 되돌아보고, 그 역사 속에서 21세기 통일·생명정신을 찾고자 열리는 것입니다. 지리산은 갈라져 살아온 우리 민족의 아픔을 고스란히 담고 있는 곳입니다. 이곳에서는 한 형제가 빨치산과 토벌대로 나뉘어 서로 총부리를 겨누기도 했습니다. 아직도 지리산 곳곳에는 서로 반목했던 이데올로기의 파편이 박혀 있습니다.

이것은 우리가 버려야 할 '20세기적 대립의 모습'입니다. 20세기적 대립은 아직도 한반도 전역에 남아 있습니다. 그 모습은 휴전선에 집중돼 있는 남북한 군대의 중화기로 나타나기도 하고, 서로를 비난하고 적대시하는 모습으로 나타나기도 합니다.

한민족의 21세기는 달라야 합니다. 대립을 넘어 화해의 세기가, 갈등을 넘어 평화의 세기가, 죽음을 넘어 생명의 세기가 되어야 합니다. 남북한이 20세기적 대립의 모습을 벗어버릴 때 남북한은 평화와 생명의 공동체가 되고 드넓은 유라시아 대륙으로 뻗어나갈 수 있을 것입니다.

우리는 지리산을 그러한 가르침을 일깨워줄 곳으로 꼽고 있습니다. 왜냐하면 지리산은 그 자신이 역사의 아픔을 고스란히 안고 있으면서도 남한 3개 도를 넉넉하게 끌어안고 있습니다. 그리고 변치 않는 생명의 목소리로 우리에게 말을 건넵니다. 한겨레통일문화재단과 지리산평화결사는 우리가 이런 지리산의 생명의 목소리에 귀 기울일 때 21세기를 앞서나갈 새로운 것을 발견해나갈 수 있다고 믿습니다.

우리는 지리산의 생명의 소리를 전할 구체적 매개체로 '역사박물관'을 생각하고 있습니다. 지리산 역사박물관은 지리산이 내고 있는 평화의 목소리, 생명의 목소리를 다양한 전시물의 형태로 사람들에게 전해줄 것입니다. 오늘 발제를 맡아주신 분들은 그 지리산 역사박물관을 설계해 가시는 분들입니다. 또한 이 자리를 함께 해주신 분들 역시 역사박물관의 모습을 구체적으로 같이 그려 가실 분들입니다.

앞으로도 많은 질책과 조언을 주실 것을 부탁드립니다. 그리고 오늘 이 자리가 있기까지 구례군이 특히 많은 도움을 주었습니다. 이 자리를 빌려 감사드립니다.

(2003. 11. 28)

연탄나눔운동 후원문화행사 축사

반갑습니다. 사단법인 따뜻한 한반도 사랑의 연탄나눔운동 이사장 변형윤입니다.

지난 6월 창립대회를 치를 때만 해도 무더운 여름 날씨였는데, 어느덧 가을로 접어들어 아침저녁으로 쌀쌀한 기운이 느껴지고 있습니다.

과거 이맘때면 서민들은 월동 준비에 마음이 바빠지기 시작했습니다. 무엇보다 연탄값을 걱정해야 했고, 창고에 연탄을 넉넉히 쌓아둔 후에야 안심을 하였습니다. 모두 어려웠던 시절이었지만, 더 형편이 어렵던 사람들이 새끼로 묶은 연탄 한 장을 들고 가던 모습이 여전히 기억에 남습니다.

지금은 우리의 형편이 과거보다 많이 나아졌습니다. 많은 사람들이 연탄 걱정을 하지 않을 뿐 아니라, 더 좋은 난방연료를 사용하느라 연탄을 사용하지도 않게 되었습니다.

그러나 아직도 우리 주위에서는 연탄 걱정을 하는 사람들이 있습니다. 한 장에 3백 원 하는 연탄 값을 걱정하는 이들은 대체로 우리 사회의 그늘이라 할 수 있는 저소득 가정입니다. 연탄은 아직도 추운 겨울, 이들의 구들장을 데우는 소중한 연료인 것입니다.

또한 연탄을 절실히 필요로 하는 사람들이 있습니다. 북한에 살고 있는 사람들입니다. 북한의 대부분의 사람들은 여전히 과거의 형편 그대로 겨울철 연탄 걱정을 하며 살고 있습니다. 더구나 장기적인 경제침체의 여파로 사정이 나아질 기미는 보이지 않고 있는 실정입니다.

우리 주위의 어려운 이웃들에게, 그리고 북한의 동포들에게 우리가 보내는 연탄 한 장은 추운 겨울을 이겨내는 데 정말로 큰 도움이 될 것입니다.

오늘, 창립대회 이후 처음으로 후원인 여러분과 함께 이와 같이 풍성한 후원문화행사를 치르게 된 것을 이사회를 대표하여 진심으로 감사의 마음을 전합니다.

저희는 여러분의 마음을 모아 다음주 21일부터 인천시 남구청에서 연탄배달을 시작해서 전국적으로 총 1천 가구에 연탄 5백 장씩 배달할 계획입니다. 또한 북측과도 조만간에 만나서 연탄 50만 장 전달문제를 협의할 것입니다.

우리는 1년에 연탄 1백 장 이상을 후원하는 사랑의 연탄나눔운동을 벌이고 있습니다. 오늘 이 행사를 계기로 이 운동이 범국민운동으로 발전할 수 있기를 기대합니다. 또, 오늘 참여한 후원인 여러분의 따뜻한 마음이 언제까지나 계속될 수 있기를 기대합니다.

평일임에도 이 자리에 참석해 주신 여러분에게 다시 한 번 감사의 마음을 전합니다. 즐거운 마음으로 끝까지 함께 해 주시길 바랍니다.

감사합니다.

(2004. 9)

상지대 총장 이취임에 즈음한 인사말

존경하는 내외귀빈, 학교법인 상지학원의 여러 이사와 감사, 그리고 교수, 직원 및 동문 여러분, 친애하는 학생 여러분!

안녕하십니까. 4년 동안 상지대학교를 이끌어 오신 강만길(姜萬吉) 총장이 퇴임하고 새로 김성훈(金成勳) 박사가 상지대학교 총장으로 취임하게 되었습니다.

상지학원은 10여 년간 계속되던 임시이사체제를 마감하고 정이사체제가 출범한 이후 대한민국 사학의 새로운 이정표를 세워 나가고 있습니다. 상지학원이 정상화될 수 있었던 것은 구재단과 맞서 싸운 구성원들의 피와 땀 덕분이었지만, 대학을 훌륭하게 이끌어 온 강만길 총장의 지도력도 큰 힘이 되었습니다.

강만길 총장은 2001년 3월 부임해서 4년의 재임 기간 동안 임시이사체제이던 상지학원을 정이사체제로 전환하는 데 크게 기여하였을 뿐만 아니라 한의학관, 자연과학관, 남학생기숙사, 제2학생회관을 신축하고 여학생기숙사를 리모델링하는 등 대학의 면모를 일신하는 데 큰 공적을 세웠습니다.

강만길 총장에 이어 새로 취임한 김성훈 총장은 농업경제학을 전공하고 농림부장관을 역임한 분으로 경영능력, 행정능력, 추진력을 두루 갖춘 대표적인 실학자(實學者)라고 할 수 있습니다. 상지대학교에서는 구재단 체제에서와 달리 민주적 절차에 따라 선출된 총장을 민주총장이라 칭하고 있는데 김성훈 총장은 김찬국, 한완상, 강만길 총장에 이어 4번째 민주총장이 되는 것입니다.

현재 상지대학교는 전환기에 처해 있습니다. 정이사체제의 출범으로 도약을 위한 기초는 확보되었지만 교육환경의 변화라는 새로운 도전에 직면하고 있습니다. 사실 대학은 신입생의 급격한 감소나 교육시장 개방과 같은 대내외적 변화의 급물살에 휩싸여 있습니다. 따라서 앞선 총장들에게 대학의 민주화와 정상화라는 임무가 주어졌다면 김성훈 총장 앞에는 대학의 새로운 비전을 수립하고 제시하여 상지대학교가 중부권의 중심대학으로 발전할 수 있는 발판을 마련해야 하는 어려운 임무가 놓여 있습니다.

상지대학교는 대학민주화의 상징성을 지닌 대학입니다. 이러한 대학의 총장으로 취임한다는 것은 한 개인의 영광을 넘어 한국 대학교육의 훌륭한 모델을 새롭게 만들어내는 무거운 짐을 짊어진다는 것을 뜻합니다. 상지대학교가 처한 객관적인 조건은 매우 어렵지만 민주화 과정에서 형성된 구성원의 주체적 역량을 결집시킨다면 이러한 어려움을 도약의 기회로 삼을 수 있을 것이라고 확신합니다.

이 사람은 신임 김성훈 총장에게 충심으로 축하를 드립니다. 그리고 많은 기대를 걸면서 상지대학교를 중부권의 중심대학, 나아가 전국의 명문사학의 하나로 키워나갈 수 있도록 적극적으로 뒷받침할 것을 굳게 약속드립니다.

한편 전임 총장 강만길 박사에게는 그동안의 노고에 깊은 감사와 치하의 말씀을 드립니다. 감사합니다.　　　　　　　　　　　　　　　(2005. 3. 9)

연탄나눔운동 후원회 인사말

안녕하십니까?

날씨가 제법 쌀쌀해졌습니다. 덕수궁 돌담길을 오다 보니 단풍이 예쁘게 들었습니다. 이제 곧 겨울이 오겠지요.

혹시 연탄에 구멍이 몇 개인지 아시나요? 70년대에는 십구공탄이라고 했는데 요즘은 이십이공탄이라고 합니다. 이렇게 바뀐 것을 모를 정도로 연탄은 이제 우리 주변에서 멀어진 감도 있습니다. 하지만 아직도 남한과 북한에는 연탄을 필요로 하는 사람들이 많이 있습니다. 남한에서도 저소득층에게는 연탄 한 장 한 장이 무척 소중합니다. 특히 북한에는 에너지 부족으로 나무를 땔감으로 사용하고 있습니다.

3년 전 처음 북한에 갔을 때와 지금은 무척 달라졌습니다. 밖에 있는 사진에서 보셨듯이 북한 인사와 함께 연탄을 나르며 남한과 북한이 하나 됨을 느끼고 있습니다.

그동안 연탄나눔운동에서 남북한에 올 2월까지 연탄 천만 장을 나누었습니다. 올해 나눔 사업이 끝나면 1천3백만 장 이상이 될 것입니다.

북한에 가 보신 분은 아시겠지만 산에 나무가 없습니다. 북한 인사가 말하기를 연탄 한 장이 나무 열 그루 몫을 한다고 합니다. 남한 땅이 푸르게 된 까닭은 나무를 열심히 심기도 하였지만 연탄의 역할이 지대하다는 것은 여기 계신 모두가 아실 것입니다. 연탄 한 장이 이제 남북한을 금수강산으로 만드는 지렛대 역할을 하고 있습니다.

촛불은 자신을 태워 어두운 곳을 밝힙니다. 연탄은 자신을 태워 남을 따뜻하게 합니다. 연탄이 따뜻한 한반도를 만들어 통일의 초석이 되었으면 합니다.

오늘 후원회에 오신 여러분들의 건강을 기원하며 인사말을 끝냅니다. 감사합니다.

(2007. 10. 30)

학현 변형윤 연보

1927. 1. 6	황해도 황주읍 예동리 231에서 아버지 변철희(邊喆熙)와 어머니 이정사(李貞姒)의 3남 4녀 중 장남으로 출생
1939. 3	황주명덕국민학교 졸업
1944. 3	경기공립중학교(5년제) 졸업
1951. 9	서울대학교 상과대학 졸업
1957. 2	서울대학교 대학원 졸업
1964. 8	미국 밴더빌트대학교 대학원 수료
1968. 2	경제학 박사(서울대학교 대학원)
1951. 3	육군병기학교·육군사관학교 교관(육군중위·육군대위) (~1955. 9)
1954. 6	군인전시연합대학 강사
1955. 9	서울대학교 상과대학 시간강사·전임강사 대우 (~1957. 1)
1955. 10	제대(육군대위로)
1957. 2	서울대학교 상과대학 전임강사·조교수·부교수(~1965. 2)
1960. 4. 25	대학교수 데모에 참가
1960. 9	서울대학교 상과대학 교무과장(~1963. 4)
1962. 6	세계계량경제학회원

1963. 3   동남아시아(일본·대만·태국·인도·파키스탄 등) 시찰

1964. 4   미국경제학회원

1965. 3   서울대학교 상과대학 교수(~1975. 2)

1965. 9   세계계량경제학회 제1차 세계회의(로마) 참석

1966. 9   경제개발5개년계획 평가교수(~1980. 2)

1967. 2   동남아시아(베트남·홍콩·대만 등) 시찰

1967. 7~현재   일본경제연구센터 특별회원

1967. 8   서울대학교 상과대학 한국경제연구소장(~1971. 2)

1968. 11   UN 경제개발연수원(방콕) 강사(~1968. 12)

1970. 3   UN 아시아통계연구소(도쿄) 운영위원(~1971. 8)

1970. 9   세계계량경제학회 제2차 세계회의(케임브리지) 참석

1970. 11   서울대학교 상과대학장(~1975. 2)

1972. 4   대한통계협회장

1974. 10   서울대학교 한국무역연구소장

1975. 3   서울대학교 사회과학대학 교수(~1980. 7)

1975. 9   세계계량경제학회 제3차 세계회의(토론토) 참석

1978. 3   대한상공회의소 한국경제연구센터 이사

1979. 2   대한상공회의소 물가안정대책위원장(~1980. 3)

1979. 12. 10   크리스챤아카데미 사건 재판에서 증언

1980. 3   서울대학교 교수협의회장(~1980. 7)

1980. 7   서울대학교 사회과학대학 교수 해직

1982. 5   학현연구실 개설(~1990. 12)

1983. 4   ‘오늘의 책’ 선정위원회 위원장

1983. 10   해직교수모임 운영위원(~1984. 9)

1984. 9   서울대학교 사회과학대학 교수 복직(~1992. 2)

1985. 2	프랑스 정부 초청으로 파리대학 등 시찰
1985. 8	세계계량경제학회 제5차 세계회의(미국 케임브리지) 참석
1986. 12	한국계량경제학회장
1987. 2	국민은행 고문
1987. 4	한국사회경제학회장
	서울 이코노미스트클럽 회장
1987. 9	서울대학교 교수협의회장(~1989. 3)
1988. 10	한겨레신문사 창간위원회 위원·고문
1989. 1	남북한 교수·대학생교류협의회 자문위원
1989. 2	한국경제학회장
	한국노사문제협의회 이사장
1989. 6	세계계량경제학회 제2차 극동회의(도쿄) 참석
1989. 7	경제정의실천시민연합 공동대표
	국토개발연구원 연구자문위원
1989. 8	세계경제학회(IEA) 제9차 세계회의(아테네) 참석
1990. 6	(사)경제정의연구소 이사장·《경제정의》 발행인
1990. 8	세계계량경제학회 제6차 세계회의(바르셀로나) 참석
1991. 3	한겨레신문사 이사
1991. 6	미·아시아경제학회 회의(일본 히라즈카) 참석
	세계계량경제학회 제3차 극동회의(서울) 참석
1991. 7	중국·소련, 헝가리, 동독 시찰
1992. 2	서울대학교 사회과학대학 교수 정년퇴임
1992. 4~현재	서울대학교 명예교수
1992. 9	한미경제학회(KAEA) 제2차 워싱턴회의 참석
1992. 11	미·아시아경제학회, 중국사회과학원 공동주최 북경회의

참석

1993. 3~현재	사단법인 서울사회경제연구소 이사장
1993. 6	중국(장백산, 천지 등)·일본 시찰
1993. 7~현재	대한민국 학술원 회원
1994. 1	미경제학회(보스턴) 참석
1994. 6	한국노동연구원 이사장
1994. 10	미국(실리콘밸리 등), 일본(도쿄) 산업시찰
1994. 12	한국경제발전학회장
1995. 8	세계계량경제학회 제7차 세계회의(도쿄) 참석
1995. 12	미국 LA 서울상대동창회 참석
	세계경제학회(IEA) 제11차 세계회의(튀니지 튀니스) 참석
1996. 1	학교법인 포항공과대학교 이사(~2005. 3)
1996. 2~현재	재단법인 수암장학문화재단 이사장
1996. 7	한겨레신문사 한겨레통일문화재단 이사장
1996. 10	일본 홋카이도대학 등 방문
1996. 11	서울시정개발연구원 이사장
1997. 5	사단법인 한국사회경제학회 이사장
1998. 5	통일부 통일고문
1998. 8	학교법인 한국외국어대학교 이사장(~2001. 12)
1998. 10	제2의건국 범국민추진위원회 대표공동위원장(~2000. 10)
1999. 6	한국사회정책학회장
2000. 3	재단법인 박현주장학문화재단 이사장(~2012. 3)
2000. 7	남미 3개국(브라질·아르헨티나·페루) 방문
2000. 10	제2의건국 범국민추진위원회 고문(~2003. 2)
2001. 7	동유럽 2개국(폴란드·체코슬로바키아) 방문

2001. 9	금강산 방문
2002. 8	바이칼호, 몽골 방문
2003. 11	시베리아(하바로프스크·블라디보스톡) 방문
2004. 1	학교법인 상지학원(상지대학교) 이사장(~2007. 5. 17)
2004. 6	평양·백두산 방문
	중국(상하이·충칭 등) 방문
2004. 8~현재	사단법인 따뜻한 한반도 사랑의 연탄나눔운동 이사장
2005. 2	베트남·캄보디아 방문
2005. 5	개성공단 방문
2005. 6	평양 방문(6·15공동선언 5주년 기념행사 참가차)
2005. 10	평양·묘향산 방문
2006. 4	개성공단 방문
	중국 광둥·선전 등 방문
2006. 8	금강산 방문
2007. 4	중국 동북2성(뤼순·선양 등) 방문
2007. 10~현재	사단법인 한국경제발전학회 이사장
2010. 2. 25	개성공단 방문
2010. 6	태국·미얀마 방문
2011. 7	세계경제학회(IEA) 제16차 세계회의(베이징) 참석

상 훈

1978 한국경제학술상 1985 다산경제학상 2001 서울특별시 문화상

1977 대통령 표창　　1992 국민포장　　2000 국민훈장 무궁화장

저서 및 논문 목록

1. 단행본

1957   《경제수학》, 일조각

1958   《통계학》(공저), 일조각

1960   《경제 및 경영통계》, 옥천사

1961   《후진국경제론》(공편), 진명문화사

1962   《현대경제학》, 박영사

1968   *Readings in Business Cycles*, 서울대 출판부

1969   《소비구조의 변화와 유통경제》, 대한상공회의소 한국경제연구센터

1971   *Readings in Statistics and Econometrics*, 서울대학교 출판부

1974   *Readings in Regional Economics*(공저), 광일사

1975   《통계학》(공저), 서울대학교 출판부

1976   《독과점규제의 경제적 효과》, 대한상공회의소 한국경제연구센터

1976   《경기순환연구》, 유풍출판사

1977   《한국경제론》(편저), 유풍출판사

1979   《제3세계의 경제발전》(공편역), 까치

1980   《한국경제의 진단과 반성》, 지식산업사

1981   《반주류의 경제학》(편역), 청람

1983   《분배의 경제학》, 한길사

1984   《경제학 대논쟁》(공편), 매일경제신문사

1984   《경제발전과 서비스산업에 관한 연구》, 대한상공회의소 한국경
         제연구센터

1985   《경제석학의 생애와 사상 상·하》(공편), 매일경제신문사

1985   《현대경제학연구》, 범조사

1986   《한국경제연구》, 유풍출판사

1986   《경제학교수와 경제현실》, 시인사

1986   《냉철한 머리 따뜻한 마음》, 지식산업사

1987   《한 구조론자의 변》, 유풍출판사

1989   《한국경제론》(개정판), 유풍출판사

1995   《한국경제론》(제3판), 유풍출판사

2000   《경제를 되새기며》, 여강출판사

2. 학위논문

1957   〈물가지수의 함수론적 해석〉, 서울대(석사)

1968   〈한국의 경제성장, 고용 및 임금〉, 서울대(박사)

3. 논 문

(1) 학술지 수록

1964. 9 〈한국의 임금〉, 서울대 한국경제연구소, 《경제논집》 3.3

1964   〈한국경제의 계량경제학적 모형〉, 서울대 논문집 《인문사회과학》 10

1965. 6 〈한국수출의 추세와 예측〉, 서울대 한국경제연구소, 《경제논집》 4.2

1966. 6 〈경제학에 있어서 요인분석의 적용〉, 서울대 한국경제연구소,
         《경제논집》 5.2

1966. 12 〈성장과 순환의 종합〉, 서울대 한국경제연구소, 《경제논집》 5.4

1967. 9 〈한국의 경제성장, 고용, 임금〉, 서울대 한국경제연구소, 《경제논집》 6.3

1967. 12 〈한국의 산업구조〉, 서울대 한국경제연구소, 《경제논집》 6.4

1968. 9 〈구드윈의 순환적 성장모형〉, 서울대 한국경제연구소, 《경제논집》 7.3

1968   〈한국의 경제개발계획〉, 고려대학교, 《경제논총》 1

1969. 4 "Industrial Structure of Korea", *The Seoul National University Economic Review* 1.1

1969. 9 〈한국산업구조의 특징〉, 서울대 한국경제연구소, 《경제논집》 8.3

1970. 6 〈과잉인구의 압력〉, 서울대 한국경제연구소, 《경제논집》 9.2

1970   〈한국의 대외경제거래〉, 한국국제관계연구소, 《국제관계연구》 1.1

1971. 9 〈경제체제에 관하여〉, 서울대 한국경제연구소, 《경제논집》 10.3

1972. 3 〈필립스의 순환적 성장모델〉, 서울대 한국경제연구소, 《경제논집》 11.1

1972. 12 〈칼레키의 경기순환론에 관하여〉, 서울대 한국경제연구소, 《경제논집》 11.4

1975. 3 〈한국에 있어서의 경제학교육의 과제〉, 서울대 경제연구소, 《경제논집》 14.1

1976. 12 〈아담 스미드와 현대경제학〉, 서울대 경제연구소, 《경제논집》 15.4

1977. 12 〈산업구조와 전환능력〉, 서울대 경제연구소, 《경제논집》 16.4

1987. 9 〈한국경제정책 개관〉, 숭실대 경제연구소, 《경제논집》

1988. 3 〈일본경제를 보는 한국의 시각〉, 서울대 경제연구소, 《경제논집》 27.1

1988   〈경제민주화의 과제〉, 한국경제학회, 《경제학연구》 36.1

1988. 12 〈마샬의 경제발전론〉, 서울대 경제연구소, 《경제논집》 27.4

1990. 6 〈한국경제발전의 전개과정〉, 서울대 경제연구소, 《경제논집》 29.2

1990. 6 "Korea's Five—Year Economic Plans and Their Impact", *Seoul Journal of Economics* 3.2

1992. 3　〈마샬경제학의 정책적 측면에 관한 연구〉, 서울대 경제연구소,
　　　　《경제논집》 31.1

1992　　 "Economic Development and Inflation: Lessons from the Korean
　　　　Experience", Seoul National University, *Seoul journal of Economics* 5.4

1992　　 〈마샬경제학의 정책적 측면에 관한 연구〉, 서울대 경제연구소,
　　　　《경제논집》 31.1

1993　　 〈경제정의와 시민윤리〉, 아산사회복지사업재단, 《한국자본주의
　　　　와 경제윤리》

1994　　 "Trade Liberalization in the Asia-Pacific Region", *Asia-Pacific
　　　　Economies: 1990s and Beyond*

1994　　 "What Are the Economic Issues Which Need To Be Emphasized?
　　　　Papers and Proceedings", *Korea-America Economic Association* 3.5

1994. 7　〈경제개혁과 한국경제학의 과제〉, 한국경제학회, 《경제학연구》 42.1

1996　　 "Technology Transfer and Multinational Enterprises: The case of
　　　　South Korea", Asia-Pacific Economic Cooperation: Theory and
　　　　Practice

1997. 9　〈마샬경제학의 진화론적 기초〉, 《대한민국학술원 논문집(인문
　　　　사회과학 편)》 36

1997. 12　〈계획시대(1962-79)의 교훈〉, 《경제발전연구》 3

1998　　 《IMF과제를 넘어서, 위기의 한국경제―어떻게 극복할 것인
　　　　가?》, 서경연 심포지움 시리즈 V

1998　　 〈한국경제발전모델의 평가와 교훈〉, 《대한민국학술원 논문집
　　　　(인문사회과학 편)》 37

1999　　 《21세기 한국경제의 방향, IMF 관리후 한국의 경제정책―평가
　　　　와 과제》, 서경연 연구총서 VI

2000	〈중화학공업화와 한국경제〉, 《대한민국학술원 논문집(인문사회과학 편)》 39
2000	"Industrial Alliance for Competitiveness: The Case of Korea", *Multinational Business Review*
2002	〈마셜의 경제기사도에 관하여〉, 《경제발전연구》 8.2
2003. 11	〈동북아시아 경제권형성과 九州〉, SIES Working Paper Series 162
2004. 12	〈한국의 Globalization의 전개방향〉, 대한민국학술원 학술세미나
2005	〈한국경제론〉, 《한국의 학술연구(인문사회과학 편)》 6, 대한민국학술원
2007	〈한·중의 경제계획비교연구〉, 《대한민국학술원 논문집(인문사회과학 편)》 46.2
2011. 10	"Change in the Global Economic Order and Challenges for the Korean Economy", The National Academy of Sciences Republic of Korea

(2) 단행본 수록 및 기타

1958. 3	〈한국 주요상품가격의 계절적 변동 연구〉, *mimeo*
1960. 11	〈사회과학에 있어서의 수학적 방법〉, 《현대사상강좌 7》
1967	〈경제개발계획〉, 《동화연감》
1969	〈대일무역불균형 시정방안〉, 《무역연구》
1969	〈로스토우 도약이론의 한국경제에 대한 적용문제〉, 《한국경제발전의 이론과 현실》
1969	〈한국경제성장의 제문제〉, 《한국경제발전의 이론과 현실》
1969	〈저축증대와 전시효과〉, 《저축과 성장》
1970. 12	"Comparative Study of Economic System in South and North

Korea", 고려대학교 아세아경제연구소

1970 〈경제계획과 통화〉,《경제기획원 통계월보》

1970 "Economy",《Korean Studies Today》

1971 〈1970년대의 세계무역의 전망과 한국무역의 진로〉,《무역연구》

1972 〈경제계획 10년의 결산〉,《합동연감》

1972 〈한국의 경제〉,《한국학》

1972 〈인플레이션의 경제학〉, 물가 3% 안정목표의 전망

1974 〈경제개발계획의 방향〉,《현대인의 사상》

1974 〈국제경제정세의 변화와 한국수출정책의 방향〉,《무역연구》

1974 〈중립적 기술진보〉,《한국경제경영학논총》

1975 "Korea's Economic Development", Economic Development of East and Southeast Asia

1978. 3 "Modernization of Private Enterprises in the Republic of Korea", Institute of Developing Economies

1979 〈현대경제학 비판〉,《동아연구》

1979. 11 〈마샬경제학 연구〉,《운암 이상구박사 화갑기념논문집》

1981. 12 〈한국통계의 현황과 장래〉,《통계학연구》

1982 〈한국 기술흡수 경험: 사례A—철강〉,《기술흡수 경제학》

1983 〈경제개발 현단계 과제〉,《한국 경제발전》

1984. 6 〈자유시장경제와 간섭주의〉, 한국무역학회

1984. 12 〈Smith, Marshall, Keynes〉, 한국국제경제학회

1984. 12 〈경제성장과 기술진보〉,《국민은행 조사월보》

1986 〈한국의 물가〉,《한국경제정책40년사》

1986 〈산업구조고도화와 서비스산업〉,《국민은행 조사월보》

1987. 2 〈한국경제의 성장과 변천〉,《한국경제의 이해》

1984	〈슈몰러와 멩거의 방법논쟁〉, 《경제학 대논쟁》
1984	〈신고전파와 그 비판〉, 《경제학 대논쟁》
1985	〈한국의 경제발전과 독점자본〉, 《한국사회의 재인식 Ⅰ》
1985	〈분단과 산업구조의 변화〉, 《분단시대와 한국사회》
1988. 6	〈서비스산업과 산업구조고도화〉, 《경제발전의 이론과 역사》
1988. 6	〈기술종속과 기술종속의 문제〉, 《사회과학의 제문제》
1990	〈한국의 복지정책〉, 《복지사회의 앞날》
1991. 3	〈통일한국의 경제상〉, 《민족통일》
1992. 3	〈경제민주화의 의의와 과제〉, 《경제민주화의 길》

1997. 12 〈한국경제, 무엇이 문제인가〉, 새얼아침대화 140회, 《시대의
　　　　 아침을 준비하는 사람들》(2006), 새얼문화재단

2011. 10 〈세계질서의 변화와 한국경제의 과제〉, 제38회 대한민국학술
　　　　 원 국제학술대회 기조 발표

4. 기념논문집

1987　　 학현 변형윤 박사 화갑기념논문집:
　　　　 《경제발전의 이론과 실제》; 《한국경제론》; *Theory and Practice
　　　　 of Economic Development*, 학현 변형윤 박사 화갑기념논문집 간
　　　　 행위원회, 비봉출판사

1992　　 학현 변형윤 박사 정년퇴임기념논문집:
　　　　 《경제민주화의 길》, 학현 변형윤 박사 정년퇴임기념논문집 간
　　　　 행위원회, 비봉출판사

1997　　 학현 변형윤 박사 고희기념논문집:
　　　　 《한국경제의 구조개혁과제》, 학현 변형윤 박사 고희기념논문집
　　　　 간행위원회, 서울사회경제연구소

가족사항

1. 부모, 형제자매

부 변철희(邊喆熙, 사망)·모 이정사(李貞姒, 사망)

— 장녀 변형순(邊衡順, 사망)

— 차녀 변형숙〔邊衡淑, 홍창의(洪彰義) 서울대학교 의과대학 명예교수 부인〕

— 장남 **변형윤**(邊衡尹)

— 차남 변형중(邊衡中, 전 황해도 중앙도민회 부회장)

— 삼남 변형하(邊衡夏, 사망·전 KBS 감사실장)

— 삼녀 변형애(邊衡愛, 생사 불분명)

— 사녀 변형복(邊衡福, 생사 불분명)

2. 처, 자녀, 손

1953. 3. 21   최명순〔崔明淳, 최경문(崔景文)과 김마리다(金瑪利多)의 차녀〕
과 부산에서 결혼

2008. 4. 11   최명순 사망

부 **변형윤**(邊衡尹)·모 **최명순**(崔明淳, 사망)

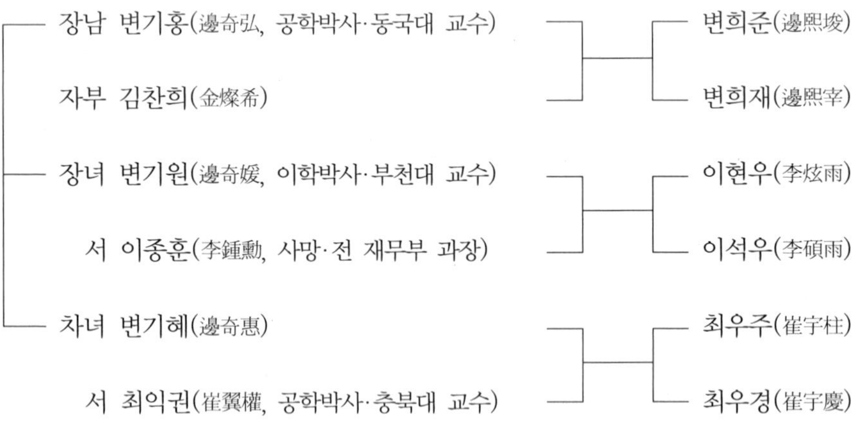